JN196405

時効・期間制限の理論と実務

岩田合同法律事務所◉編
田子真也◉編集代表
佐藤修二／村上雅哉／大櫛健一／飯田浩司◉編著

日本加除出版株式会社

はしがき

本書は，時効をはじめとする法律上の「期間制限」について，法曹実務家である筆者らが包括的に検討した実務書である。

周知のとおり，2017年に成立した債権法改正により，時効に関する規定についても大幅な改正が加えられた。これをきっかけに，日本加除出版より，時効について，債権法改正をも踏まえた決定版と言える書籍を作りたい，という，身に余る有り難いお話をいただいた。しかし，時効については定評のある先行書もいくつかあり，債権法改正を踏まえたとしても，単に時効のみを取り上げるのであれば，新たに一書をものする意味に乏しいとも感じられた。

そこで，本書においては，時効を中心としつつも，それに限らず，提訴期限や行政機関への諸届の期限，逆に行政機関側が行政処分を行う際の期限等々，広く法律上定められている「期間制限」を，可能な限り網羅的に取り上げて検討することにした。その際，訴訟・保全・執行や倒産などの通常の民事実務の場面に加えて，筆者らの所属する岩田合同法律事務所は企業法務を専門的に取り扱っているという特色を活かし，M&A，ファイナンス，独禁法，知的財産法，人事労務，税務といった，企業取引において問題となるさまざまな場面における「期間制限」について，それらの類型ごとに問題を取り上げて整理することを試みている。また，海外の法律事務所とのネットワークを活かし，主要な外国における消滅時効制度についても紹介することとした。

他方で，期間制限の基本中の基本である時効については，我が国の民法の沿革や比較法など，法制度の基礎に改めて立ち返った上で債権法改正を位置付けようとする総論的な検討も試みた。この部分については，法曹実務家による実務書らしからぬアカデミズムの香りを，若干とは言いながら持たせることができたように思う。

以上の工夫により，本書は，債権法改正や，「時効法」の理論的基礎も踏まえた上で，実務上問題となる種々の「期間制限」を広く取り上げた，類書のない一書に仕上がったのではないかと密かに自負している。もっとも，気宇壮大なだけで成果に乏しいというのもよくあることであり，本書が世に出る今となっては，評価は読者の方々に委ねざるを得ないが，弁護士をはじめとする実務法曹，企業法務部の方々等，多くの方々に手に取っていただければ，望外の幸せである。

平成30年の盛夏に

編集代表　田子真也
編著者　佐藤修二
村上雅哉
大櫛健一
飯田浩司

凡　　例

文中に掲げる法令・判例・文献等については，次のように略記する。

【法　令】

改正民法…………………平成29年法律第44号による改正民法
改正前民法／民法………（現行）民法
民訴法……………………民事訴訟法
民訴規則…………………民事訴訟規則
民調法……………………民事調停法
民執法……………………民事執行法
民執規則…………………民事執行規則
民保法……………………民事保全法
民再法……………………民事再生法
会更法……………………会社更生法
民再規則…………………民事再生規則
会更規則…………………会社更生規則
税通法……………………国税通則法
税通法施行令……………国税通則法施行令
労基法……………………労働基準法
厚保法……………………厚生年金保険法
労災保険法………………労働者災害補償保険法
労組法……………………労働組合法
不競法……………………不正競争防止法
労働契約承継法…………会社分割に伴う労働契約の承継等に関する法律
金商法……………………金融商品取引法
金商法施行令……………金融商品取引法施行令
独占禁止法／独禁法……私的独占の禁止及び公正取引の確保に関する法律
外為法……………………外国為替及び外国貿易法
外為令……………………外国為替令
外為省令…………………外国為替に関する省令
資産流動化法……………資産の流動化に関する法律
宅建業法…………………宅地建物取引業法

行訴法……………………行政事件訴訟法
行服法……………………行政不服審査法

【判　例】
最判………………………最高裁判所判決
最決………………………最高裁判所決定
高判………………………高等裁判所判決
高決………………………高等裁判所決定
地判………………………地方裁判所判決
地決………………………地方裁判所決定
○○地○○支判…………○○地方裁判所○○支部判決

【判例集】
民録………………………大審院民事判決録
民集………………………最高裁判集民事判例集
下民集……………………下級裁判所民事裁判例集
行集………………………行政事件裁判例集
裁判集民…………………最高裁判所裁判集民事
東高民……………………東京高等裁判所判決時報
労民………………………労働関係民事裁判例集
訟月………………………訟務月報
金判………………………金融・商事判例
金法………………………金融法務事情
交民………………………交通事故民事裁判例集
判時………………………判例時報
判タ………………………判例タイムズ
判自………………………判例地方自治
労判………………………労働判例

【文献等】
一問一答…………………筒井健夫・村松秀樹『一問一答民法（債権関係）改正』（商事法務・2018）
部会資料78A ……………民法（債権関係）部会資料「民法（債権関係）の改正に関する要綱案のたたき台⑿」

目　次

第1章　時効総論

第3　時効障害（時効の中断・停止）―― 45

第2章　民法一般

第3章　不法行為

第４章　訴　訟

第5章　倒　産

第6章　労　働

第7章　知的財産

第8章　M&A

第9章　ファイナンス

第10章　独占禁止法

第11章 行 政

第12章　税　務

第13章　国際取引

第 1 章

時効総論

第1　本稿の対象

1　本稿の対象及び構成

本書では，時効，特に消滅時効を取り扱う。

時効制度は，通説・判例に即していえば，「一定の時の経過により権利の得喪等の法的効果を生じさせる制度」である。[1)] 同様に，消滅時効は，「権利の不行使等の状態が一定期間継続する場合に，当該権利の消滅の効果を生じさせる制度」と理解される。

消滅時効の効果を主張するためには，上記のような通説・判例の理解に立ち，要件事実に即して整理すれば，一般に，①対象となる権利について，②権利者が権利を行使することができる時期が到来し（時効の起算点。民法166条），③当該時期から一定の期間が経過し（時効期間。民法167条等），④時効の援用がなされたこと（民法145条）の主張を要する。他方，これに対する抗弁（再抗弁）事由としては，⑤時効中断（更新・完成猶予）・停止事由の発生（民法147条から161条まで），⑥時効利益の放棄の意思表示又は時効完成後の債務者による承認（民法146条等）に大きく分かれる。

時効総論を扱う本稿では，これらを中心に，以下，概観していく。その前提として，時効制度の趣旨等について，議論状況等を実務的な範囲で概説する。

2　時効の趣旨等

(1)　総　論

法制度の解釈は，一般的には，その法的性質を措定して演繹的に，また，その趣旨を理解して帰納的になされることが多い。

しかし，時効については，その法的性質，趣旨のいずれについても議論があり，それが制度全体の理解を困難にしている面がある。一方の理解を他方

1）我が国の通説・判例は，時効を実体法上の権利の得喪原因として捉えている（大判明治38年11月25日民録11輯1581頁，大判大正８年７月４日民録25輯1215頁，最判昭和61年３月17日民集40巻２号420頁）。

の理解に係る主張に用いる場合もあり，議論が錯綜する理由となっているようにも見える。

ただ，そうした法的性質や趣旨についての議論が，時効の個別の法条に係る判例・学説に影響していることも否定できない。従前の判例・学説の理解のため，また，実務上の主張を行うために，それらの議論状況等について一定の整理をしていることは，実務上有用と思われる。

そこで以下では，議論状況を実務的に理解するための，最低限の整理をしておきたい。

⑵　機能・趣旨

時効制度は，大きくは，真実の権利者や弁済者を証明困難から救済する機能を有すると同時に，権利者でない者や未弁済者等の利益をその事実状態に合わせて保護する機能をも有する。

時効制度の趣旨については，かかる機能をどのように正当化するか，どちらの機能をどの程度重視するかにより，その理解が分かれ得るように思われる。[2)]

伝統的には，時効制度の趣旨については，①永続する事実状態の保護，②証明困難からの救済，③権利の上に眠る者は保護しない，という多元的な理解がなされてきた。そうした多元的な趣旨理解により，複数の機能があることを正当化しようとしてきたともいえる。

時効が実定法上，上記２つの機能を有することは否定できない。複数の機能を正面から正当化する説明の仕方として，上記伝統的な趣旨理解はなお存続し得ると思われる。[3) 4)] 実際，多くの判例がそうした伝統的な考え方に即し

2）また，時効の法的性質を実体法的に理解する場合には，権利の実体法的な得喪を生じさせる理由を説明する必要が生じる。

3）ただ，ある機能を制度の存立基盤そのものである「趣旨」として理解するか，弊害が許容可能な相当性を持つという意味で「正当化可能」と理解するかは，程度問題の面もあると思われる。

4）時効の中断の趣旨は時効自体の趣旨と整合的に説明することが適当と思われるが，請求，差押えといった事由が時効中断事由であることを説明するためには，時効自体の趣旨に事実状態の保護や権利不行使への制裁が含まれることを認める方が説明しやすい（さらに，時効中断事由としての「裁判上の請求」と異なり，権利行使の対象としての訴訟物と異なる「裁判上の請求に準じる事由」に係る権利について時効中断効を認める場合には（第３の２⑵ア参照。最大判昭和43年11月13日民集22巻12号2510頁参照），（厳密には権利行使がされていないため）「事実状態の保護」

た理由付けをしており,[5] そうした判例を前提とする限り，そうした伝統的な趣旨理解を完全に放棄することは難しいであろう。

他方，近時は，以下のような考え方が有力になりつつあるように見える。まず，取得時効と消滅時効は内容・機能が異なり，諸外国でも分けて考えることが主流であることから，これら２つの時効の趣旨は別個に検討されるべきとされる。そして，消滅時効については，「永続する事実状態の保護」(取引の安全等）により正当化できる場面が限られていること等から,[6] 証明困難からの救済を軸にする考え方が有力になりつつある。[7]

そうした考え方をする論者の中には，時効による救済がなされる場合を証明困難からの救済の場合にできるだけ限定する解釈をすべきとする論者もいる一方で，複数の機能を正当化するために，帳票の保管費用の削減や，(端的な）債務からの解放の必要性等，新たな趣旨理解を試みる論者もいるのが現状と思われる。

実務的には，①時効の趣旨理解が現在においても様々であり，また，②後

の趣旨があると説明した方が正当化しやすい。)。時効停止についても，その趣旨を，権利行使を期待できない者を保護することと考えたら，権利不行使への制裁が時効の趣旨に含まれるものとして理解する方が自然であろう。

5）例えば，判例は，時効制度は，法律が権利の上に眠る者の保護を拒否して社会の永続する状態を安定させようとすることを一事由とする，と説明しており，少なくとも，権利不行使への制裁，永続する事実状態の保護を時効制度の趣旨の一部として認めている（大判昭和14年３月22日民集18巻238頁)。権利不行使への制裁だけで説明する判例もある（最大判昭和38年１月30民集17巻１号99頁)。

6)「永続する事実状態の保護」については，民法上の他の取引安全制度との平仄が考えられていない，という指摘する論者も多い。

7）不法行為に基づく損害賠償請求権に係る短期消滅時効の趣旨について，判例は,「損害賠償の請求を受けるかどうか，いかなる範囲まで賠償義務を負うか等が不明である結果，極めて不安定な立場に置かれる加害者の法的地位を安定させ，加害者を保護することにある」としている（最判昭和49年12月17日民集28巻10号2059頁)。不法行為の場合には,「永続する事実状態の保護」で説明できる場合は少ないと思われ，加害者側の証明困難からの救済の面を重視せざるを得ないであろう。他方，時効の援用が可能な「当事者」(民法145条）の範囲が拡大し，抵当不動産の第三取得者等，当然に債務弁済に関わるとは言えない者が含まれるようになっている傾向については，権利行使の懈怠に対する制裁の趣旨を強調しないと，正当化しにくいようにも思われる。時効の効力が起算日に遡ること（民法144条）についても，事実状態の保護の観点の方が説明しやすいであろう。また，改正民法167条，724条の２において規定する人の生命又は身体の侵害による損害賠償請求権に係る時効期間の伸長は，権利行使が類型的に期待しにくい場合があることによって根拠付けることが合理的ではなかろうか。

述するように，時効制度は，その沿革においても，ローマ法以来の伝統的な制度であって，かつ，様々な曲折を経て日本に伝来した制度であり，この面においても，多様な側面を持ち得るのであって，それゆえ，時効制度の趣旨についても一元的かつ統一的な理解は困難であることを理解した上で，伝統的な趣旨理解を踏まえて運用すれば足りることも多いように想像される。

⑶　沿　革

時効制度の沿革については，実務的な意味で，最低限，以下の事項を理解しておくと，時効についての議論の理解が進みやすいと思われる。[8]

まず，時効制度は，沿革上，ローマ法まで遡ると理解されている（所有権の取得時効，訴権の消滅時効，役権の時効が別個に存在したとされる。）。

次に，中世の注釈学派及びカノン法において「取得時効」及び「消滅時効」の概念に大別され，また，カノン法においては時効の不道徳な面が着目され，時効を阻止する種々の制度が導入された（催告による中断，援用等）。

日本民法への影響が強いフランス民法とドイツ民法にも時効の規定はあるが，日本民法の規定とは，その内容は完全に同じではない。例えば，ドイツ民法では消滅時効は請求権に対する抗弁権として位置付けられ，[9] 取得時効は所有権その他の物権の取得原因と位置付けられ，性質が異なるものとして規

8）なお，沿革についての記載の多くは，原田慶吉『日本民法典の史的素描』（創文社，1954年），星野英一「時効に関する覚書」法学協会雑誌86巻６号，86巻８号，89巻１号，90巻６号，注釈民法⑸及び民法議事速記録の記載に負っている（本書の性質上，細かな出典は省略する。）。金山直樹教授の仏法に関する歴史的研究（判タ543号，551号，558号）も参考とした。比較的入手が容易で，引用の多い文献としては，松久三四彦「時効制度」星野英一ほか『民法講座１民法総則』（有斐閣，1984年）541頁，山本豊「民法一四五条（時効の援用の意味および援用権者の範囲）」広中俊雄=星野英一編『民法典の百年Ⅱ（個別的観察⑴総則編・物権編）』（有斐閣，1998年）257頁があり，各種文献については，差し当たり，金山直樹編『消滅時効法の現状と改正提言』（商事法務，2008年）の脚注が参考になる。石田穣助教授の民法総則に係る著書での論文の引用も，全ては把握しきれない量が挙げられており，網羅的と思われた。時効の中断については，金融法務事情，銀行法務，金融商事判例等が定期的に時効について特集をしており，実務的な内容はそちらの方が詳しい。もちろん，判例の内在的理解という点では各最高裁判例解説が参考になる。

9）そのため，ドイツでは時効完成によって実体権は消滅せず，例えば所有目的物がさらに第三者に移転した場合には，再度当該第三者に請求することが可能であるとされる。フランスにおいても，訴権の消滅時効の場合には，時効期間が経過しても債務は自然債務として残り，その後の弁済は非債弁済にはならないとする。

定されている（また，不動産についての公信の原則を前提として，取得時効が認められるのは原則として動産のみとされ，日本と比べて取得時効が機能する余地は狭いとされる。）。他方，フランス法では，取得時効と消滅時効を合わせて同じ章で規定されているが，消滅時効は訴権の消滅又は推定時効[10)]の問題として規定され，実体権の消滅と構成する日本民法の通説とは異なる。

日本の現行民法のうち時効についての多くの規定は旧民法の規定を引き継いでいる（一部は出訴期限規則（明治6年11月5日太政官布告第362号）にも影響されている。）。旧民法は，フランス法の系統に位置するが，時効を（原則として反証を許さない）「法律上の推定」と位置付けた点が独特のものと理解されている（旧民法証拠編89条，90条参照）。

これに対して，現行民法の立案過程では，ローマ法上の沿革（時効は法律上の推定として位置付けられていなかった。）や，理論上の理由（例えば，取得時効において善意悪意で年数を分けることは「法律上の推定」の構成と齟齬がある等）から，旧民法のそうした「法定証拠」としての規定ぶりを変更することが明示的に意識されていた（民法議事速記録（日本学術振興会版。以下同じ。）第4巻148頁以下）。もっとも，そのような時効の法的性質の部分以外については，上記立案過程では，旧民法の規定と実質的に変わらない，と説明されるものが多い（したがって，旧民法が影響を受けたフランス法由来のものが多いと考えられる。）。

そのように，日本の現行民法に係る時効の規定ぶりやその理解が，法制度上，論理必然的なものではないこと（例えば，時効の法的な位置付けは各国の制度により異なっており，また，取得時効と消滅時効を総合した「時効」という制度を観念するかどうかも異なること），そして，日本の時効法は様々な沿革の下に成立しており，それゆえ，ある種の混乱の契機が内在していることは，意識しておいてよいと思われる。

なお，近時，ドイツ法，フランス法を含め，諸外国で時効制度の改正が相次いでいた（例えば，金山直樹編『消滅時効法の現状と改正提言』別冊NBL122号（商事法務，2008年）の第2編「世界の時効法の現状」に掲載の各論文を参照。時効期間の短

10）推定時効においては，宣誓と自白だけが反証となる強い推定とされる。

縮や，起算点の二段階化等が指摘できる。)。これらの改正動向が，日本の債権法改正における時効制度の改正内容にも影響したといえる。

(4)　法的性質

通説・判例は，消滅時効・取得時効を共に「実体上の権利の得喪」を生じさせる制度として理解している。

そのような理解は，①民法162条各項が「所有権を取得」と規定し，同法167条各項が債権等の「消滅」と規定している文言や，[11] ②第１の２(3)「沿革」で見たように法律上の推定構成を意識的に否定した立案過程，③時効を訴訟法上の制度（法定証拠）として捉える見解に特別の実益がないと思われること等から，近時一般的に支持されていると考えられる（実体法説）。

そのように時効を実体法上の制度として捉えた上で，時効には援用を要すると解されていること（民法145条）をどのように説明するかについては，現時点では，以下の状況にあると考えられる。[12]

従前の判例や古い学説は，時効期間の満了により権利の得喪は確定的に生じ（確定効果説），援用は訴訟上の攻撃防御方法の提出（訴訟上の行為）と位置付けていた（大判明治38年11月25日民録11輯1581頁，[13] 大判大正７年７月６日民録24輯

11）民法145条が「時効は，当事者が援用しなければ，裁判所がこれによって裁判をすることができない。」と訴訟法的に記載されている点は訴訟法説に有利にも見える。同条は旧民法証拠編96条１項の「判事ハ職権ヲ以テ時効ヨリ生スル請求又ハ抗弁ノ方法ヲ補足スルコトヲ得ス時効ハ其条件ノ成就シタルカ為メ利益ヲ受クル者ヨリ之ヲ援用スルコトヲ要ス」と同じ意味であると立案過程では説明されていた（民法議事速記録第４巻164頁以下）。ただ，時効により実体法上の権利の得喪が生じるという前提をとった上で，民法145条を単に「裁判となった場合には裁判所は援用なくしても職権で判断してはならない」という趣旨にとどまるものと説明することも可能であろう（そして，立案過程においては，本文記載のように，旧民法の「法定証拠」としての規定ぶりを変更することも明示的に意識されていた。)。

12）なお，時効制度それ自体の法的性質が実体法上のものか，訴訟法上のものか（訴訟法上のものと理解する場合には，例えば，旧民法のように，権利の得喪の原因は別にあり時効はその法定証拠であるとの理解が考えられる。）の問題と，時効制度それ自体の法的性質が実体法上のものと理解した場合に，「時効の援用」をどのように理解するかの問題は，別個の問題である点に留意されたい。

13）本文の大判明治38年11月25日は「消滅時効ニ罹リタル権利ハ当事者カ時効ヲ援用スルニ因リ始メテ消滅スルモノニ非スシテ時効成就ノ時ニ於テ業已ニ消滅セルモノトス民法第百四十五条ノ規定ハ消滅時効ニ付テ之ヲ云ヘハ時効ニ因リ利益ヲ享有スル者カ抗弁方法トシテ之ヲ利用スルニ非サレハ裁判所ハ時効ニ因リテ権利ノ消滅シタル事実ヲ認定シ得サルモノト為シタルニ過キス要スルニ裁判所ハ職権ヲ以テ時効ノ法則ヲ適用スルヲ得サル趣旨ヲ明ニシタル規定ニ外ナラス」とし

1467頁，大判大正８年７月４日民録25輯1215頁）。これに対して，伝統的通説以来，学説の多くは，実体上の法律関係と裁判の内容とで矛盾を生じさせるのは好ましくないとして，[14]時効期間の満了によっては時効の効果は直ちに発生せず（不確定効果説），そして，当事者の援用によって初めて発生すべきとの見解が有力に説かれてきた（停止条件構成）。

近時，最判昭和61年３月17日民集40巻２号420頁は「民法167条１項は「債権ハ十年間之ヲ行ハサルニ因リテ消滅ス」と規定しているが，他方，同法145条及び146条は，時効による権利消滅の効果は当事者の意思をも顧慮して生じさせることとしていることが明らかであるから，時効による債権消滅の効果は，時効期間の経過とともに確定的に生ずるものではなく，時効が援用されたときにはじめて確定的に生ずるものと解するのが相当」であると述べており，条文の文言に沿って非常に一般的に述べていることから，最高裁は停止条件構成の不確定効果説に立場を転じたという見解が有力である。[15]

もっとも，多くの学説はそのような転回を断言してはいないと見られる。１つの理由としては，上記最判昭和61年３月17日は，過去の大審院判例を明示的に変更してはおらずその位置付けにはなお不透明なものが残ること，[16)17]時効の援用・時効完成後の時効利益の放棄等（それらの相対効を含む。）についての従前の判例・実務に影響が及び得るものであること等から，[18]慎重を期し

て，消滅時効にかかる権利は時効期間が完了した時には消滅すべきことを明確に述べていた。

14）なお，確定効果説に立った場合，時効期間の満了後，時効援用前の法的状態をどのように扱うかが問題となる。実務的には，時効利益の放棄又は時効完成後の承認により処理されるものと思われるが（第３の６参照），実体的に変動している権利について，時効利益の放棄により再度権利変動が生じるとするのは迂遠ではないか，あるいは税法上どのように扱われ得るかといった問題が生じる。

15）最判昭和61年３月17日以降に公刊された最高裁判所判例解説には，最高裁は停止条件付不確定効果説に立っている旨，付言しているものが多い。なお，同様に停止条件付不確定効果説に立つものとして，最判平成６年９月８日判時1511号66頁参照。

16）同判決の最高裁判例解説は，判例変更を明示していない理由を，過去の大審院判例が厳密な意味では民法145条と同法167条の関係を判決理由として扱っていたとは言えないため，と理由付けている（同最判は小法廷判決である。）。

17）同事案における消滅時効の対象が，農地の売買に基づく県知事に対する所有権移転許可申請協力請求権というやや特殊な権利であることも影響している可能性がある。

18）当該判例変更により，時効の援用の法的性質が変わり，時効の援用に係る従前の判例等の扱いも変わるおそれがある等の波及効果がないとはいえない。もっとも，従前の判例の立場（確定効果説に立ち，時効の援用を訴訟上の攻撃防御方法の提出として捉える）と，停止条件付不確定効

ていることが考えられる。

そのため，現時点での議論状況としては，おそらく最高裁は立場を変えたものと推測されるものの，なお，確実とまでは言い切れない（それゆえ，最高裁が立場を変えたと断言できない）と描写するのが正確なところと思われる。

(5)　民法改正の影響

今次の債権法改正により，民法の時効制度の規定は，外形上，多くが変更された。もっとも，実質的な改正点は基本的に以下のものであり，上述の趣旨・法的性質等に係る大枠は変わっていないといえる。

○　時効中断の効果を「完成猶予」と「更新」に再編成

○　時効中断事由及びその中断の効果の規定を，「裁判上の請求等」「強制執行等」等の大きな類型ごとに条を分けて再編成

○　いわゆる「裁判上の催告」に相当する効果の成文化・強制執行の場合についての追加（改正民法147条１項括弧書，148条１項括弧書）

○　差押え，仮差押え及び仮処分以外の強制執行が時効中断事由となることの明確化（改正民法148条）

○　仮差押え及び仮処分の時効中断効を完成猶予効に限定（改正民法149条）

○　和解又は調停が，不出頭又は不調で終わった場合の１か月内訴え提起

果説（時効の援用を実体法上の行為として捉える）の立場とで，紛争になった場合に大きな違いは生じないという考え方もあり得るであろう。例えば，両説により援用行為の相手方が裁判所であるか，時効の完成により不利益を受ける者であるかが異なり得るが，どちらにしても裁判上の紛争になった場合には裁判所において時効の援用が主張されることになる（したがって，行為の対象が誰であるかという問題は生じ難い）。また，いずれの説を採ったとしても，時効の効力について民法144条により時効の効力は起算日へと遡及効が生じるので，裁判外で時効を援用するか，裁判内でのみ援用ができるか（それだけ援用の日が繰り下がる可能性が高い）で当事者の保護に差が生じる可能性は大きくない（ただ，停止条件付不確定効果説であると時効期間満了後もまだ権利は消滅していないので，債務の弁済は法律上の原因があることになるが，確定効果説に立つと既に債務は実体法上消滅しているので本来非債弁済となるはずであり，時効完成後の時効利益の放棄・時効完成後の債務承認で実際には処理されるとしても，それらの行為の法的性質が何かが別途問題となり得ることになる）。また，一般論としては，ある行為が実体法上の行為であるか訴訟法上の行為であるかで，民法上の意思表示の規定が適用又は類推適用されるかについて結論が異なり得るものであるが，時効の援用という表示者にとって利益となる行為の性質に鑑みると，意思表示規定の適用が問題となること自体が通常は想定できないであろう。あえて言えば，時効の援用がなされた場合に，その効力が援用権者と時効の完成の不利益を受ける者との間の相対効であるという考え方を採る場合には，そのような考え方は従前の判例の立場の方が説明しやすいであろう（第２の５(1)参照）。時効完成後の時効利益の放棄が他の時効の利益を受ける者には影響しないことについても，従前の判例の立場の方が説明しやすいであろう（第３の６(2)参照）。

の期間制限の削除（改正前民法151条）
○　協議を行う旨の合意による時効の完成猶予の規定の新設（改正民法151条）
○　手続が時効の利益を受ける者との間でなされていない場合の当該時効の利益を受ける者への通知による時効中断（完成猶予・更新）がされる場合の範囲の拡大（改正民法154条）
○　天災等による時効の完成猶予の期間を３か月に伸長（改正民法161条）
○　債権の消滅時効についての主観的起算点及びその場合の時効期間の規定の新設（改正民法166条，168条）
○　人の生命または身体の侵害による損害賠償請求権の消滅時効についての特則（改正民法167条，724条の２）
○　定期金債権についての時効の規律の変更（改正前民法168条）
○　定期給付債権についての短期消滅時効の規定の削除（改正前民法169条）
○　職業別の短期消滅時効の廃止（改正前民法170条から174条まで）
○　不法行為による損害賠償請求権のうち長期の期間制限も時効によるものであることの明示（判例法理の不採用。民法724条）
○　商事消滅時効の廃止（改正前商法522条）

それゆえ，本稿でも大きく改正前と改正後に分けて論じることはせず，必要に応じて改正点に論及することで進めていく。

なお，債権法改正の前後に係る法令の適用関係のうち，時効一般については，改正法附則10条が規定している。

同条のうち重要なものとしては，まず，施行日前に債権が生じた場合（施行日以後に債権が生じた場合であって，その原因である法律行為が施行日前にされたときを含む。）におけるその債権の消滅時効の期間については，「なお従前の例による」とされ，旧法関係による（改正法附則10条４項・１項）。[19] したがって，施行日前に締結された契約に係る債権の時効期間は旧法によることになり，旧

19）商事消滅時効については，民法改正整備法４条７項（商法の一部改正に伴う経過措置）により，施行日前にされた商行為によって生じた債権に係る消滅時効の期間については，なお従前の例による，とされる。また，不法行為による損害賠償請求権に係る規定については，改正法附則35条１項は「旧法第724条後段……に規定する期間がこの法律の施行の際既に経過していた場合におけるその期間の制限については，なお従前の例による。」としている。

法の規律は相当期間続くことになる。

また，施行日前に旧法上の時効の中断の事由や時効の停止の事由が生じた場合におけるこれらの事由の効力については，「なお従前の例による」とされ，やはり旧法関係による（改正法附則10条２項）。上述の仮差押え及び仮処分の時効中断効の差異や，時効の利益を受ける者への通知による時効中断（完成猶予・更新）がされる場合の範囲等において結論に差が出る場合があると思われる。[20)]

3　隣接制度

時効制度の隣接制度等としては，例えば，除斥期間，権利失効の原則，抗弁権の永久性が挙げられる。

(1)　除斥期間

除斥期間は，判例上，「権利の客観的な行使期間」として位置付けられていると考えられる。[21)] この概念はドイツ法にもフランス法にもあるとされる。

除斥期間の特徴として，一般に，①当事者の主張の有無を問わず裁判所がその成否を判断しなければならないこと（最判平成元年12月21日民集43巻12号2209頁，最判平成10年６月12日民集52巻４号1087頁[22)]），[23)] ②時効の援用・中断の規定は適用されないことが広く認められ，また，③権利消滅の効果は遡及しないとも主張されている。[24)]

もっとも，民法が「除斥期間」という概念の定義やその法的効果について規定しているものではない。そのため，最終的には，ある期間制限が「除斥

---

20) このほか，改正法附則10条１項（民法145条の適用に係る経過措置），改正法附則10条３項（改正民法151条の適用に係る経過措置）に定める経過措置がある。
21) ただし，期間経過前に相殺適状に達していたときは，民法508条を類推適用して，相殺は可能であるとした判例はある（最判昭和51年３月４日民集30巻２号48頁）。
22) これらの判例は，それゆえ，信義則違反や権利濫用の主張も主張自体失当であるとしている。
23) なお，金銭の給付を目的とする国の権利については，「時効に因り消滅する」との規定があるが（会計法30条），別段の規定がない限り時効の援用を要さず，また時効利益を放棄できないとされる（同法31条。国税の徴収を目的とする国の権利に係る国税通則法72条２項も同様である。）。それらは，時効の中断（更新・完成猶予）についての民法の規定は準用されるとしており，除斥期間と時効期間の中間的な位置付けといえるかもしれない。
24) 起算点が権利行使時ではなく，権利発生時である点も有力に主張されるが，基本的には個々の規定の解釈の問題であろうか。

期間」に該当するかどうかや，その効果は個々の規定の解釈によるべきことになる。[25) 26)] 法律関係の早期の安定の必要性が高く，それが公益的要請といえるような場合に，当該期間制限を除斥期間と構成しやすいといえるであろう。

ある期間制限が，時効期間を定めたものであるか，除斥期間を定めたものであるかの基準については，一般論としては，法文上で「時効によって」と規定されているかどうかが１つの目安となるとされる。[27)] もっとも，最終的には期間制限の対象となる権利の性質と規定の実質に従って判断すべきとする見解が有力である。[28)]

この点，形成権に係る期間制限については，少なくとも，長期の期間制限（民法126条，426条等）についてはこれを除斥期間と理解する見解が有力であるが，最高裁判例で直接認められたものはないと思われる。[29) 30) 31)]

25）例えば，ある期間制限が請求権についてのものか，形成権についてのものかで期間制限の意味合いは変わり得る。形成権はその行使の結果として新たに不当利得返還請求権などの請求権が発生するものであるため「形成権と形成権行使後の請求権の扱い」が問題となるが，請求権は，「裁判外での権利行使後の当該請求権のその後の扱い」が問題となる。

26）除斥期間を規定するものと主張される規定として，改正前においては，民法126条，193条，195条，426条，564条，566条３項，600条，621条，637条，638条，724条，745条，746条，747条２項，808条１項，812条，866条２項，867条，877条２項，884条，1042条が指摘されている。

27）梅謙次郎『民法要義巻之一〔増訂補正版〕』（法政大学，1905年）370頁。

28）形成権については除斥期間と解すべきとする見解が有力であるところ，取消権についての民法126条等が「時効によって」と規定している点も影響しているのではないかと思われる。

29）伝統的有力説は，権利行使による時効中断が考えられないこと等から，形成権の期間制限（少なくとも長期の期間制限）は除斥期間であると解してきた（ただし，大判大正14年１月28日民集４巻19頁は詐害行為の目的物に対する仮処分が詐害行為取消権の時効を中断する，としている。）。もっとも，最高裁判例が民法典上の形成権について除斥期間として明言した例はないと思われる。むしろ，最高裁は詐害行為取消権の短期の期間制限を消滅時効と明言しているし（最判昭和47年４月13日判時669号63頁），期間制限についての特別の規定が設けられていない形成権については，時効の規定が適用されるとした例が多い（解除権（最判昭和56年６月16日民集35巻４号763頁，最判昭和62年10月８日民集41巻７号1445頁），売買の予約完結権（大判大正10年３月５日民録27輯493頁）など）。また，伝統的有力説は，形成権とその行使の結果としての請求権を合わせて除斥期間にかからしめるべきと主張している。この点，特別の期間制限についての規定ではないが，判例は，解除権については，その行使後の原状回復請求権について，契約解除の時より時効が進行するとしているし（大判大正７年４月13日民録24輯669頁），無権代理行為の追認についても追認後の受領金引渡請求権は追認の時より時効が進行するとしており（大判昭和17年８月６日民集21巻837頁），かかる主張を判例が受け入れるかは未知数といえる。なお，特別法においては，保険契約の告知義務違反による解除権の期間制限（保険法28条４項，55条４項，84条４項）については除斥期間とする見解が保険法学説上有力であり，これに沿った裁判例として大阪高判平成６年12月21日判時1544号119頁がある。

30）古い判例には，養子縁組合意に民法126条が適用されるかという文脈で長期の期間制限を「消滅時効」としているものがある（大判明治32年10月３日民録５輯９巻12頁）。ただ，時効期間か除斥期間かが争われたものではなく，判決の射程については即断が難しいであろう。

31）学説においては，特別の規定に基づく短期・長期の期間制限について，どちらも除斥期間と解また，請求権に係る期間制限については，売買の担保責任に係る規定の期間制限（民法564条，566条）があるところ，判例は，当該期間制限を除斥期間と解し，当該期間内に少なくとも裁判外で権利行使をすることを求めていた（最判昭和48年7月12日民集27巻7号785頁，最判平成4年10月20日民集46巻7号1129頁，最判平成13年11月27日民集55巻6号1311頁）。改正民法では，買主の負担軽減の観点から期間制限内に損害賠償のためにしなければならない行為が「損害賠償の請求」から「通知」に変更されたが，この期間制限の法的性質や趣旨自体は，改正民法566条でも変わらないと考えられる。[32] 請負契約上の担保責任に基づく損害賠償請求権（民法637条。改正民法637条1項参照。大判昭和5年2月5日大審院裁判例4巻民32頁）[33] や，賃貸借契約に基づく費用償還請求権（民法621条（改正民法622条），600条。大判昭和8年2月8日民集12巻60頁）についても同様に裁判外の行使で足りる。[34]

なお，不法行為による損害賠償請求権のうち長期の期間制限については，判例は除斥期間であるとしてきたが（最判平成元年12月21日民集43巻12号2209頁），改正民法724条は「時効によって消滅する」と規定している。（一般論としては「時効によって」という文言が決め手にならないとされつつも）法改正の沿革から見て，これは時効期間に改める改正がなされたということでよいであろう。[35] [36]

する見解も有力である。そうした見解は，特に形成権について除斥期間が定められている場合には，形成権行使の結果生じる請求権も含めて，形成権に係る除斥期間内に権利行使をすべきであると主張する。ただし，そうした処理を認めた判例は確認できない。

32）ただし，現行民法564条（565条で準用される場合を含む。），566条3項の期間制限に相当する規定は，改正民法には設けられていない（570条が準用する566条3項の場合を除く。）。

33）請負契約上の瑕疵修補請求権等の期間制限（改正前民法637条）も除斥期間と解されており（最判昭和51年3月4日民集30巻2号48頁），この期間制限の趣旨も，改正民法637条でも変わらないと考えられる。

34）民法234条2項に基づく建築の中止・変更請求権も裁判外の行使で足りるとされている（大判昭和6年11月27日民集10巻1113頁）。

35）もっとも，改正前から，除斥期間と構成することの不都合を修正するために，時効停止に係る規定の準用がなされ（最判平成10年6月12日民集52巻4号1087頁，最判平成21年4月28日民集63巻4号853頁），また，起算点である「不法行為の時」の操作による調整もなされてきていた（最判平成16年4月27日民集58巻4号1032頁，最判平成16年10月15日民集58巻7号1802頁）。今回の改正は，かかる判例の状況も考慮して，時効期間に改めたものと説明されている。

36）改正法附則35条1項は「旧法第724条後段…に規定する期間がこの法律の施行の際既に経過していた場合におけるその期間の制限については，なお従前の例による。」とされるため，判例に基づく長期の期間制限を除斥期間とする扱いは，相当長期に当たり存続するものと思われる。

⑵　権利失効の原則

時効とは別に，権利を久しく行使しないために相手方がもはや権利を行使しないと信頼すべき正当の事由を有するに至った場合に，信義則違反を根拠として，権利行使が認められないとされる場合がある（解除権について，最判昭和30年11月22日民集9巻12号1781頁。なお，最判昭和40年4月6日民集19巻3号564頁参照)。ドイツの判例・学説上認められている概念であり，日本でも消滅時効にかからないとされる物権的請求権の行使のような場合に適用の実益があるとされる。

もっとも，あくまで信義則という一般則によるものであり，また，時効制度が別途あることを考慮すれば，権利行使をしないことへの信頼が保護に値すると認められる場合は，例外的な場合にとどまると解すべきであろう。[37)]

⑶　抗弁権の永久性

「抗弁権の永久性」という考え方は，権利が（請求権という攻撃的な形態で訴訟上現象する場合と異なり）何人かの請求に対抗して現状の維持を主張する，抗弁権という防御的な形態で訴訟上現象する場合には，期間制限に服すべきではない，という考え方である。[38)] 抗弁権の前提となる実体上の権利関係（例えば取消権）について時効期間が完成した場合に，なお抗弁としての主張は可能かどうかという問題について扱うものといえる。[39)] ドイツやフランスでは学説・判例で承認されており，また，現状の維持を求める点で時効制度にも沿

37）日本の実務の下では，むしろ，例えば取消権行使が主張された場合の事前の追認の意思表示の有無や，解除権行使が主張された場合の事前の解除権放棄の意思表示の有無といった事実認定の問題となる場面の方が多いのではないか。また，日本民法とドイツ民法とでは形成権行使についての期間制限の期間の長さが異なっていた点も背景にあるのではないか。

38）抗弁権の永久性を有力に主張された川島武宜教授は，時効の法的性質について訴訟法説を採用されていた。他方，通説である実体法説を前提とする場合，時効期間の経過により債権等の実体権が消滅するとしても，なお，抗弁として主張することは許されるかという形で問題となるものと考えられる。また，抗弁権の永久性については，例えば，請求側と被請求側とで主張する実体権の期間制限に差がある場合に実益があるとされる（例えば，売主から買主への詐欺により売買がされた場合に，取消権の期間制限は一般には追認をすることができる時から5年であるのに対して，売買代金支払請求権は10年の場合もある。)。今回の債権法改正により，債権の時効期間が原則5年となったことにより，実益が若干減るところがあるかもしれない。

39）そうした問題と,「抗弁権」それ自体が時効の対象となる権利であるかとは区別して論じられるべきであろう（第2の1参照)。

うものであるとして，学説上，有力に主張されている。

もっとも，現時点では，判例が承認するには至っておらず，個別の抗弁権ごとにその主張の可否を検討していくべきことになると思われる。

第2　時効の効果を主張する要件

1　消滅時効の対象となる権利

現行民法167条１項及び同条２項（改正民法166条１項及び同条２項）は，消滅時効にかかる権利について，「債権」及び「債権又は所有権以外の財産権」と包括的に規定している。

「債権」については，主債務者について免責等がなされた場合に，当該主債務の消滅時効を保証人が援用できるかという文脈で，もはや消滅時効の対象となる「債権」ではないとされた例がある。[40)]

「債権又は所有権以外の財産権」の典型例としては，用益物権（地上権，永小作権等）が挙げられる。[41)]

担保物権についても，文言上，「債権又は所有権以外の財産権」に該当し得るし，それを前提とした判例もある（大判昭和15年11月26日民集19巻2100頁）。ただし，抵当権の被担保債権の債務者及び抵当権設定者については，民法396条が特則として，抵当権は，債務者及び抵当権設定者に対しては，その担保する債権と同時でなければ，時効によって消滅しないと規定し，現行民法167条２項（改正民法166条２項）の例外を定めている。[42)] これに対して，第三

40）例えば，免責決定の効力を受ける債権は，もはや権利行使を観念することができないことから，消滅時効の進行を観念できず，免責決定の効力の及ぶ債務の保証人は，その債権についての消滅時効を援用することはできない（最判平成11年11月９日民集53巻８号1403頁，最判平成30年２月23日裁時1694号３頁）。また，破産終結決定がされて法人格が消滅した会社については，これにより会社の負担していた債務も消滅するものと解すべきであり，時効消滅も観念できないため，保証人は主債務についての消滅時効が会社の法人格の消滅後に完成したことを主張してこれを援用することができないとされる（最判平成15年３月14日民集57巻３号286頁）。

41）用益物権である地役権については，民法291条で「債権又は所有権以外の財産権」に該当する趣旨が明記されている。

42）ただし，抵当権の被担保債権が免責許可の決定の効力を受ける場合には，被担保債権自体の消滅時効の進行を観念できないことから，民法396条は適用されず，原則に立ち返って債務者及び

取得者には民法396条の適用はない（前掲・大判昭和15年11月26日）。[43) 44)] もっとも，被担保債権自体の消滅時効を援用可能な「当事者」（同法145条）の範囲が第三取得者にも広がっており，被担保債権の消滅を理由として抵当権登記の抹消を請求できるため，議論の実益はやや乏しくなっているようにも見える。

形成権については，それ自体は「債権」とはいえないが，判例は，「形成権といえども，その消滅時効については，一概に民法167条2項を適用すべきものではなく，各種形成権について，その性質に従つて，消滅時効の期間を定むべきである」として，債権の消滅時効の規定を準用すべき場合があることを認めている（最判昭和36年11月24日民集15巻10号2536頁。白地手形の補充権に係る商事消滅時効の適用の事案。）。[45) 46) 47)]

また，所有権はその本質上，消滅時効にかからないと解されている。所有権に基づく物権的請求権（大判大正5年6月23日民録22輯1161頁，大判大正11年8月21日民集1巻493頁）や，所有権に基づく登記手続請求権も（大判大正9年8月2日民録26輯1293頁，最判昭和51年11月5日判時842号75頁），同様に，消滅時効にかからないとされている。[48)]

抵当権設定者に対する関係においても，当該抵当権自体が同法167条2項所定の20年の消滅時効にかかるとされる（前掲・最判平成30年2月23日）。

43）学説上は，債権が存続する限り担保物権だけが消滅時効にかかることはないと解すべきとして，判例に反対する主張も有力である。なお，抵当権以外の他の担保権に民法396条が類推適用されるかについては確立した見解がないと思われるが，大阪高判昭和52年1月21日判時850号41頁は，仮登記担保権にも民法396条は類推適用される，としている。

44）なお，第三取得者には同法397条の適用はないとする判例もある（大判昭和15年8月12日民集19巻1338頁，最判平成24年3月16日民集66巻5号2321頁）。

45）ただし，形成権については，これにかかる期間制限が除斥期間か時効期間であるかに議論があることについては前述した。また，形成権については明文の規定で特別の期間制限が定められている場合も多い。

46）判例は，商行為に係る契約の解除権について，民法547条を参照して，「債権ノ消滅時効ヨリモ長キ期間ノ不行使ヲ必要トセサル法意ヲ推知スルニ足」りるとし，当該案件の場合，商行為によって生じた債権と同視して5年の時効にかかるとしている（大判大正5年5月10日民録22輯936頁）。判例は，売買の一方の予約に基づく予約完結権（大判大正10年3月5日民録27輯493頁），建物買取請求権についても（最判昭和42年7月20日民集21巻6号1601頁，最判昭和54年9月21日判時945号43頁），同法167条1項が適用されるとしている。

47）なお，譲渡担保を設定した債務者による債務の弁済と当該弁済に伴う目的不動産の返還請求権とを合体し，1個の形成権たる受戻権として，これに民法167条2項の規定を適用することはできない，とする判例がある（最判昭和57年1月22日民集36巻1号92頁）。

48）所有権等に基づく相隣関係上の権利や共有物分割請求権も同様と理解されている。

なお，ある法的状態を保護するための防御的権利（例えば，占有権，同時履行の抗弁権等）は，独立して時効にかかることはないと解されている。

改正民法においては，条文番号は変更されたが，上記について特段の変更はないと考えられる。

2　時効の起算点

(1)「権利を行使することができる時」及び「権利を行使することができることを知った時」

現行民法166条（改正民法166条１項２号）は，いわゆる消滅時効の起算点について，「権利を行使することができる時」として，総則的に規定している（不法行為等の起算点の特則については後述する）[49]。

また，改正民法166条１項１号は，債権については，いわゆる主観的起算点に係るものとして，「権利を行使することができることを知った時」と規定しているが[50]，これも，この「権利を行使することができる時」が基準とな

49）なお，消滅時効の起算点を「権利を行使することができる時」を基準とすることは，（例えば「権利の発生時」を基準とする場合と比べ）基本的に妥当なものと考えられる。

50）改正法の立案過程においては（部会資料78-A），この「権利を行使することができることを知った時」とは「債権者が当該債権の発生と履行期の到来を現実に認識した時」をいい，「当該債権の発生を現実に認識したというためには，債権者が当該債権の発生を基礎づける事実を現実に認識する必要があるが，当該債権の法的評価（例えば，債務不履行に基づく損害賠償請求権であれば，債務不履行の要件を充足すること）については，一般人の判断を基準として決すべき」と説明されている。主観的起算点に基づく時効完成の領域を適切に画するためには，一般人に詳細な法律構成までを求めることは不能を強いることになるから，基本的には①「権利を行使することができること」を基礎づける事実及び債務者を認識したことで足りると考えることが適切であり，また，②「権利を行使することができること」という文言である以上，そもそも権利行使が可能であることの認識（権利行使を期待できること）が必要だが，かかる法的評価の面については，取り急ぎ，一般人を基準とするしかないという考え方は，一応，理解できるだろう。この点，上記「債権の発生」の認識の時期については，契約に基づく債権一般については通常問題となることは少ないと思われるが，例えば法律に基づいて発生する債権については，特に不完全履行や付随義務違反に係る債務不履行責任や不当利得等につき，債務者の特定や，権利行使可能であるとの法的評価の認識を含め，争いが生じることがあるだろう。「履行期の到来」その他法律上の障害がなくなったことの認識の時期については，確定履行期は別として，不確定期限の到来や停止条件成就等については争いが生じ得るだろう。また，後述の「権利の性質上，権利行使が現実に期待できない場合」に権利行使を期待できるようにする事情の発生の認識時期も争いが生じ得ると思われる。

ると考えられる。[51)]

この「権利を行使することができる時」については，通説・判例は，権利を行使することについて法律上の障害がない時であることを要し，事実上の障害があることでは足りないと理解している（最判昭和49年12月20日民集28巻10号2072頁）。例えば，権利を行使できることを知らなくても時効期間は開始するし（大判大正６年11月14日民録23輯1965頁），準禁治産者（現在の被保佐人に相当）が訴えを提起することにつき保佐人の同意を得られなかったことは事実上の障害にすぎないとされる（前掲・最判昭和49年12月20日）。

「事実上の障害」があれば時効が進行しないとすると個別具体的な事実認定の問題となり安定的な制度運用が困難であるし，権利行使の懈怠があることが時効の正当化理由の１つと考えられるところ，「事実上の障害」があっても「法律上の障害」がない場合には権利行使の懈怠があるともいえるから，通説・判例の考え方は基本的に支持できるであろう。

⑵　法律上の障害

「法律上の障害」の典型は，権利を行使し得る期限の未到来とか条件の未成就のような「権利行使」についての法律上の障害とされる（前掲・最判昭和49年12月20日）。ただし，権利者の意思に基づき取り除くことが可能な抗弁事由（例えば，同時履行抗弁権，保証人の催告・検索の抗弁権等）があることは抗弁事由にならないと考えられている。[52)] また，差押えがなされた債権や債権質が設定された債権については債権者への弁済が制限されるが（民法481条参照），かかる事情は起算点に影響しないと解されている。[53)]

「法律上の障害」は，一般には，「期限」についての種々の類型，問題状況に照らして検討されることが多い。[54)]

51）主観的起算点に基づく時効の完成を主張する場合には，形式的には，「権利を行使できることができた時」の主張と，同時又はその後で（時的要素），「権利を行使することができることを知った」ことの主張が必要となろう。

52）実質論及び「権利を行使することができる時」という文言に照らして適当であろう。なお，同時履行抗弁権について，債権者の意思で除去できない特段の事情があるときは別であろう（例えば，第三者のためにする契約において当該第三者が権利行使をする場合等）。

53）時効中断は確認の訴えを提起することにより可能である（第３の２⑵ア参照）。

54）対して，「条件」については明確な判例は確認できないが，停止条件付債権であれば条件成就のまず，一般論としては，履行期について，確定期限，不確定期限，期限の定めのない場合に分けて説明され，これが基本形となる。それぞれについて，「権利を行使することができる時」，すなわち法律上の障害がない時といえる時とは，確定期限の場合には期限到来の時（大判昭和６年６月９日法律新聞3292号14頁参照。履行期が合意により変更されれば，時効の起算点も変更される。[55][56]），不確定期限の場合も期限到来の時（大判大正４年３月24日民録21輯439頁[57]），期限の定めがない場合については債権成立の時と解されている（大判大正９年11月27日民録26輯1797頁参照[58]）。不確定期限の場合や期限の定めがない場合においては，相手方を付遅滞とすることまでは要されない（大判大正３年３月12日民録20輯152頁）。

もっとも，債権の履行期は当事者間の合意により様々に設定可能であり，判例は，そうした合意の性質や当事者の期待を考慮して，一定の修正を行っている。

例えば，債権者が履行の請求をした後で一定期間内に債務を履行する特約

時が起算点となり，解除条件付債権であれば債権成立の時が起算点となると思われる。なお，他人の農地の売買における買主が売主に対して有する農地法３条所定の所有権移転許可の申請協力請求権の消滅時効は，売主が当該農地の所有権を取得した時から進行するとした判例があるが（最判昭和55年２月29日民集34巻２号197頁），この判例は，農地の売主が許可申請をすることができるのは当該農地の所有者となってからであることを当該判旨の理由としている。当事者の合理的意思解釈上，売主が所有権を取得したことを停止条件とするものと構成することも可能であろう。

55）履行期の変更合意は不確定期限とするものでもよい。最判平成20年２月28日判時2000号130頁は，保険金支払条項に基づく履行期について，保険会社による調査結果が出るまで延期する合意により履行期が延期されたとしている。

56）特許法35条３項の規定による相当の対価の支払を受ける権利の消滅時効は，使用者等があらかじめ定める勤務規則その他の定めに対価の支払時期に関する条項がある場合には，その支払時期から進行するとした判例がある（最判平成15年４月22日民集57巻４号477頁）。

57）同判決は債権者が期限の到来を知っているか，また（知らないことに）過失があるかを問わないとしている。

58）不当利得返還請求権も期限の定めのない債権として債権成立時が時効の起算点となる（大判昭和12年９月17日民集16巻1435頁）。委託を受けた保証人の事後求償権は免責行為時に発生し，時効も進行し，このことは事前求償権を取得していたとしても異ならない（最判昭和60年２月12日民集39巻１号89頁）。なお，委託を受けた保証人の主たる債務者に対する事前求償権は，保証債務の事後求償権の発生が見込まれる場合，受託事務である保証債務の履行責任が存在する限り，事前求償権の行使要件が充足されたとしても，その消滅時効は進行を開始しないとする裁判例がある（東京高判平成19年12月５日判時1989号21頁）。

がある場合には，債権成立後に契約所定の期間が経過した時から時効を起算すべきとされる（前掲・大判大正３年３月12日）。

また，判例は，債権の履行期を到来させるかどうかについての債権者の選択権が法令又は契約において基礎付けられていたとしても，それが債権者の自由な判断に選択を委ねる趣旨と認められる場合には，当該選択権を行使できるからといって直ちに「法律上の障害」がないとはいえない，という姿勢を示しているように見える。例えば，判例は割賦払債権について割賦払の約定に違反した場合の請求失期の約定がある場合も，債権者が残債務全額について意思表示をした場合に限り，初めて残債務全額について消滅時効が進行する（大判昭和15年３月13日民集19巻544頁，最判昭和42年６月23日民集21巻６号1492頁）としているが，同大判昭和15年３月13日は，期限の利益を喪失させるかどうかを債権者の自由であることを重視している。[59)] [60)]

⑶　権利の性質上その権利行使が現実に期待できること

さらに，判例は，その幾つかにおいて，特殊の権利（供託物取戻請求権，自動車損害賠償保障法72条１項前段による後遺障害による損害の填補の請求権等）について，権利行使が可能であったとしても，なお時効期間が開始しない場合があることを認めている。

すなわち，判例は，そうした権利について，「権利の行使」につき法律上の障害がないというだけではなく，「権利の性質上，その権利行使が現実に期待のできるものであること」も必要であるとしている（最大判昭和45年７月

59）同様に，最判平成19年４月24日民集61巻３号1073頁は，自動継続特約付定期預金契約において預金者が継続停止の申出をするか否かは，預金契約上，預金者の自由に委ねられた行為であるとして，預金払戻請求権の消滅時効が初回満期日から進行することを否定した（最判平成19年６月７日判時1979号61頁も同旨）。また，最判平成28年３月31日民集70巻３号969頁は，宅地建物取引業法上の営業保証金の取戻しについて，同法30条２項本文の規定による公告をすることで，より早い段階で取戻しをするかどうかは宅建業者であった者等の自由な判断に委ねる趣旨であるとして，同様に，債権者の自由であることを重視して，「取戻公告ができること」を考慮して時効期間の起算点を保証金の取戻事由が発生した日から６か月が経過した時（同条参照）と判断した原判決を破棄，自判している。

60）なお，大判昭和９年11月１日民集13巻1963頁は強制執行を受けた場合には失期するという（請求を要することを特に規定していない）約定について，請求失期約定と解釈して，当然失期約定と扱った原審判決を破棄差戻ししている。

15日民集24巻７号771頁，最判平成８年３月５日民集50巻３号383頁，最判平成13年11月27日民集55巻６号1311頁）。

そうした「権利の性質上の権利行使の現実的期待可能性」も「法律上の障害」に含まれるのか，「権利を行使することができる時」の解釈として求められる別途の要件であるかの整理については，判例では明示されてはいない。[61] しかし，少なくとも（単なる債権にとどまらない）「一定の類型の権利」については，個別の「権利の行使」について抗弁事由があるかどうかだけでなく，個別の権利に係る制度の仕組みによって権利行使が現実的に期待できるかどうかが，時効の起算点との関係で論点となり得ることは留意してよい。[62] [63]

61）最判平成21年１月22日民集63巻１号228頁，最判平成21年３月３日判時2048号９頁，最判平成21年３月６日判時2048号12頁は，いわゆる過払金訴訟において，「過払金が発生した場合には,弁済当時他の借入金債務が存在しなければ上記過払金をその後に発生する新たな借入金債務に充当する旨の合意」（過払金充当合意）が認められる場合に，借主に継続的な金銭消費貸借取引を終了させ過払金の返還の請求をさせるように強いることは，過払金充当合意を含む基本契約の趣旨に反することとなるとして，金銭消費貸借取引の継続中は，当該過払金充当合意が「法律上の障害」となるとしている。契約の規範的解釈により「過払金充当合意」という合意を認定するというやや特殊な文脈であるが，権利行使についての債権者の期待可能性の問題を「法律上の障害」との関係で扱っており，参考になる。

62）なお，供託物取戻請求権のような実定法に基づく特殊の権利だけでなく，当事者間の合意に基づく「契約」の仕組みによっても，「権利の性質上の権利行使の現実的期待可能性」が認められないと主張する余地はある（前掲・最判平成21年１月22日等参照）。古い判例だが，大判昭和10年２月19日民集14巻137頁も，小切手振出のための当座預金の払戻請求権について，預金は当座預金取引を構成する不可分の構成要素であるから，当座預金取引に係る契約が終了してから消滅時効も進行する，としていた。

63）最判平成15年12月11日民集57巻11号2196頁は，生命保険契約において，被保険者の遺体が長く発見されなかった場合の保険金請求権の時効の起算点について扱っている。同判決は，時効について定めた約款の解釈により，当該約款に係る保険金請求権について，当時の客観的状況等に照らしその時からの権利行使が現実に期待できないような特段の事情の存する場合については，権利行使が現実に期待することができるようになった時以降において消滅時効が進行すると解すべきである，としている。この判決は，供託物取戻請求権についての最大判昭和45年７月15日民集24巻７号771頁と異なり，権利者が「権利行使ができること（抗弁事由がないこと）を認識しているが行使が期待できない」という場合ではない。そのため，同判決については，時効の起算点一般について「権利行使の現実的期待可能性」を求める方向に引き付けた読み方をする論者もいる（東京高判平成18年10月12日判時1978号17頁参照）。もっとも，同判決は時効についての「約款の解釈」という特異な判示の仕方をしていること（一般論としては，公益的観点から，時効について私的自治を取り入れるには限界がある。），保険金請求権という特殊の権利の事案であることに照らすと，なお一般化には躊躇を覚える（権利の行使要件である人の死亡は客観的に決されるが，保険金請求権者には相当長期にわたって不明であることもあり，さらにいえば，保険金請求権者には被保険者が生死不明である場合に死亡したものと扱うことに躊躇を覚える者が多いであろう。その意味では，辛うじて「権利の性質」で説明することも可能ではないか）。さらに言そのように，「権利を行使することができる時」に該当するかどうかは，基本的には権利の行使についての抗弁事由を中心に考えることになると思われるが，制度の仕組み上，権利行使ができる時点での行使が期待できない特段の事情がある場合には，権利の類型ごとに検討する余地があるということであろう。

(4)　特別の類型

以下，時効の起算点に係る特別の類型について，ややアドホックとなるが，列挙したい。

債務不履行に基づく損害賠償請求権については，本来の債務の履行を請求できる時から時効が進行する（大判大正８年10月29日民録25輯1854頁，最判昭和35年11月１日民集14巻13号2781頁，最判平成10年４月24日判時1661号66頁）。債務不履行に基づく損害賠償請求権は，本来の履行請求権の拡張ないし内容の変更であって，本来の履行請求権と法的に同一性を有するということができるため，と説明される（前掲・最判平成10年４月24日）。[64] ただし，同じ債務不履行に基づく損害賠償請求権でも，安全配慮義務違反による損害賠償請求権については，その損害が発生した時に成立し，その時から時効が進行するとされる。[65]

不作為債権については，有力な裁判例はないが，一般に「違反行為の時」から進行を開始すると解されている。違反行為がない場合には債権者が権利を行使することが観念できないためと説明される。[66] [67]

えば，この「権利行使の現実的期待可能性」については，その時々の最高裁判例解説においても，調査官の捉え方に差があると言わざるを得ず，判例の形成過程にも一定の揺れがあるものと推察される。ただ，最高裁の基本的な姿勢としては統治の観点から大量現象の処理については形式的で安定した運用ができる解釈を求める傾向にあると思われることから，時効という大量現象について過度に個別具体的な考慮を求めることは期待しない方がよいのではないか。

64）前掲・最判昭和35年11月１日，最判平成10年４月24日は，直接は「履行不能」による損害賠償請求権の事案であるが，判例の示すロジックは，履行遅滞による損害賠償請求権についても妥当すると考えるのが素直であろうか（学説では，履行遅滞による損害賠償請求権については，履行期より時効が進行するという見解も有力である。）。

65）最判平成６年２月22日民集48巻２号441頁参照。不法行為責任との平仄や結果の妥当性を意識したものであろうか（付随義務については，本来の債務とは異なる債務であるため，という説明もなされる場合がある。）。なお，同判決は，損害の発生を段階的に捉えて，時効の起算点を後にずらしている。

66）同旨の明文の規定がある現ドイツ法199条が参照されることが多い。

67）預託金会員制ゴルフクラブの施設利用権の消滅時効は，ゴルフ場経営会社が，会員に対してそ形成権については，そもそも期間制限が消滅時効であるのか除斥期間であるのかに議論があるが，判例は，期間制限について特別の規定がない形成権については，消滅時効の規定が適用され，権利行使ができる時が起算点であるとしている。[68)]

例えば，解除権については，権利行使ができる時，すなわち，解除権が発生した時より消滅時効の時効期間が進行し，債権者が債務不履行の事実を確知することを要しないとされる（大判大正６年11月14日民録23輯1965頁）。[69)] [70)]

また，形成権行使の結果として生じた債権については，特に特別の期間制限が付されている場合には当該期間制限の趣旨との関係で議論があるも，判例は形成権行使の時を起算点として，別個に時効が進行すると解している。例えば，解除に基づく原状回復請求権は解除によって新たに発生する請求権であるため，解除の時から時効は進行する（大判大正７年４月13日民録24輯669頁）。[71)] [72)]

の資格を否定して施設の利用を拒絶し，あるいは会員の利用を不可能な状態としたような時から進行するとした判例がある（最判平成７年９月５日民集49巻８号2733頁）。同判例はゴルフクラブ経営会社は「会員に対してゴルフ場施設を利用可能な状態に保持し，会則に従ってこれを利用させる義務を負うものというべき」としており，継続的な債務を負っていると構成している点では不作為債務についての議論にも参考になると思われる。

68）形成権の他の例としては以下のものがある。売買の予約における相手方の権利は，始期や停止条件が付されない限り，予約成立の時が起算点とされる（大判大正10年３月５日民録27輯493頁，最判昭和33年11月６日民集12巻15号3284頁）。第三者のためにする契約における受益の意思表示をする権利は，契約締結の時から進行する（大判昭和18年４月16日民集22巻271頁）。

69）無断転貸を理由とする土地賃貸借契約の解除権の消滅時効は，転借人が転貸借契約に基づき当該土地の使用収益を開始した時から進行するとされる（最判昭和62年10月８日民集41巻７号1445頁）。

70）ただ，継続した地代不払を一括して一個の解除原因とする賃貸借契約の解除権の消滅時効は，最後の地代の支払期日が経過した時から進行するという判例がある（最判昭和56年６月16日民集35巻４号763頁）。そのため，賃貸借契約のような継続的契約において，複数の解除事由をまとめて一個の解除原因とできる場合には（最判昭和48年７月19日民集27巻７号845頁参照），解除権の時効の起算点は当初の不履行時によりも後にずれる可能性がある点に留意すべきであろう。

71）当該原状回復請求権の履行不能による損害賠償義務も解除の時から進行する（最判昭和35年11月１日民集14巻13号2781頁）。

72）同様に，追認により引渡請求権を行使できる場合には追認の時が起算点となる（大判昭和17年８月６日民集21巻837頁）。また，賃貸借契約の合意解除が取り消すことができるものである場合に，賃借権の消滅時効は取消の意思表示の時から進行する（大判昭和12年５月28日民集16巻903頁）。

⑸　法令で特別の規定がある場合

ア　民法126条の取消権

消滅時効その他の期間制限の起算点については，法令で特別の規定が設けられている場合がある。[73) 74)]

例えば，民法126条に係る取消権は，大きくは行為能力の制限に係るものと，意思表示の瑕疵に係るものに分かれ，本人の代理人等も取消権者に含まれるが（同法120条），かかる取消権については，「追認をすることができる時」「行為の時」がそれぞれ長短の期間制限（5年又は20年）の起算点とされる。[75)]

「追認をすることができる時」については，当該追認は取消の原因となっている状況が消滅した後でなければできない（改正前民法124条1項）。[76)] また，改正後は，その行為が取り消すことができるものであることを知っていることも要する（改正民法124条1項）。[77)] ただし，法定代理人等についてはかかる制

73）本文で述べたもののほかに，民法典においては，短期の期間制限について「時効によって」消滅する旨が明記されているものとしては，財産の管理について生じた親子間の債権（832条），後見に関して生じた債権（875条），相続回復請求権（884条），相続の承認又は放棄の取消（919条3項），遺留分減殺請求権（1042条）がある。

74）除斥期間に該当すると主張されている個別の規定については，除斥期間に係る説明（第1の3⑴）を参照されたい。

75）法改正により錯誤の効果も取消しとなったため（民法95条），取消権の時効援用も増えることが予想される。

76）取消の原因となっている状況が消滅した後とは，行為能力の制限による取消権の場合には行為能力者になった後であり（未成年者の場合について大判大正5年9月20日民録22輯1721頁，最判昭和38年9月6日裁判集民67号531頁），意思表示の瑕疵による取消権の場合には詐欺・強迫を受けた状態（改正後は錯誤の状態を含む。）が消滅した後，とされる。

77）従前，民法126条との関係では，取消権者が対象行為を取消しうべき行為であることを了知することは要されないと解されていた（例えば，前掲・最判昭和38年9月6日は同条の期間制限の起算点について判示する文脈で，「未成年者であつた者において自己の行為を了知したことは，消滅時効が進行を始めるについての要件ではないと解すべきである」としている。自己の行為を了知していることを要されないなら，その行為が取消しうべき行為であることを了知していることも要されない，ことになる）。ただ，他方で，大判大正5年12月28日民録22輯2529頁は，民法124条の承認行為が取消し得べき行為の追認に該当するかどうかという文脈で，取消し得べき行為の追認は取消権の放棄を意味するものであるから，追認をなすには取消しができることを知り，かつ，取消権放棄の意思があることを要するとしており，改正民法124条1項において追認の要件に取消権を有することを追記することについて，改正法の立案過程では，当該判例が参照されている。同条1項においてそうした追記がなされたことにより，前掲・最判昭和38年9月6日も変更されると考えることが素直であろう。

なお，取消しに係る改正法附則8条2項は「施行日前に取り消すことができる行為がされた場合におけるその行為の追認（法定追認を含む。）については，新法第122条，第124条及び第125条

限はなく，したがって起算点も早まる。[78] 他方，「行為」の時とは取消権の対象となる行為がなされた時をいう。[79]

イ　詐害行為取消権

詐害行為取消権は「債権者が取消しの原因を知った時」が２年の時効期間の起算点となり，「行為の時」が20年の期間制限の起算点となる（民法426条）。

「債権者が取消しの原因を知った時」とは，取消権者が，詐害行為取消権発生の要件たる事実，すなわち，債務者が債権者を害することを知って当該法律行為をした事実を知ったことを意味し，単に取消権者が詐害の客観的事実を知っただけでは足りない（最判昭和47年４月13日判時669号63頁）。債権者の詐害の意思をも知るのでなければ，詐害行為取消権の行使を期待し得ないからとされる。他方，一般の取引における債権者は，債務者の資産状態及び弁済の意思等について知識を有するのを常とするから，特段の事情のない限り，詐害の客観的事実を知った場合は，詐害意思をも知ったものと推認するのが相当とされる（同判決）。改正民法426条では，「債務者が債権者を害することを知って行為をしたことを債権者が知った時から」として上記判例が明文化された。[80]

……の規定にかかわらず，なお従前の例による。」と規定しており，民法126条に規定する期間制限には適用されないようにも見える（したがって，施行日前になされた行為についても，取消権を有していることを知らなければ時効は進行しないとされるようにも見える。）。

78）法定代理人又は制限行為能力者の保佐人若しくは補助人が追認する場合には，かかる要件は課されない（現行民法124条３項）。改正民法124条２項１号はかかる規律を実質的に維持するものと説明されることが一般であるが，同項は「次に掲げる場合には，前項の追認は，取消しの原因となっていた状況が消滅した後にすることを要しない」とのみ規定して，同条１項に規定する「取消しの原因となっていた状況が消滅し」のみをいわば適用除外しているので，反対解釈として，同項の「取消権を有することを知った後」であることはなお要するようにも読める（そのため，消滅時効の起算点との関係では，そうした法定代理人等が取消権を有することを知ったことは必要であるように見えるが，その前提として取消し得べき行為についての認識を要するのかはなお議論があり得るように思われる）。なお，同条２項２号には，制限行為能力者（成年被後見人を除く。）が法定代理人，保佐人又は補助人の同意を得て追認する場合も追加されているが，この規定も従前争いがなかった内容が明文化されたものと解されている。もっとも，本人が取消しをすれば足りる場合も多いであろう。

79）意思表示のような法律行為のほか，元本領収のような行為も対象となる。「行為」の時間的幅が問題となる裁判例はないようである。

80）上記判例に記載された経験則も維持されると考えるのが素直であろう。改正民法において詐害行為が類型化されたことから，詐害意思と区別されるところの「詐害の客観的事実」とは何かが

「行為の時」の行為とは，詐害行為がなされた時であるとされる。

ウ　定期金債権

また，定期金の債権については，[81] 複数の消滅時効期間が定められ，「第1回の弁済期」と「最後の弁済期」がそれぞれ起算点となっている（現行民法168条1項）。ただし改正民法168条1項は規律が大きく変わり，通常の債権の枠組みと同様，「各債権を行使することができることを知った時」と，「各債権を行使することができる時」がそれぞれ起算点となった。[82]

エ　不法行為による損害賠償請求権

(ア)「損害及び加害者を知った時」

民法724条は不法行為による損害賠償の請求権について，期間制限の特則を設けており，短期3年については「損害及び加害者を知った時」が，長期20年については「不法行為の時」が起算点となっている。[83]

3年の短期消滅時効の起算点を「損害及び加害者を知った時」としているのは，被害者による損害賠償請求権の行使を念頭に置き，また，不法行為に基づく法律関係が未知の当事者間に予期しない事情に基づいて発生することがあることを考慮して規定されたものとされ（最判平成14年1月29日民集56巻1号218頁），[84] この「損害及び加害者を知った時」は大きくは「被害者において，

議論される可能性があろうか。

81）定期金債権は，一定の金銭その他の代替物を定期に給付させることを目的とする債権であり，それ自体は1個の基本債権であって，定期に一定の給付を請求する支分権を生ずるものである。民法168条の消滅時効の対象となるのは，支分権ではなく，基本となる債権となる（改正民法168条によりこのことが明確化された。）。利息債権，永小作料債権，賃借料債権は，元本債権や賃貸借関係と分離した存在を有しないため，定期金債権には含まれないと解されている。また，割賦払債権も，1個の債権を分割して支払うものに過ぎず，基本債権はないので定期金債権には含まれないとされている（大判明治40年6月13日民録13輯643頁）。

82）立案過程においては，改正前の「第1回の弁済期」を起算点とすることについては，第1回目の弁済期においては弁済がなされたがその後で弁済がなされなかった場合の処理が不明確であると指摘されて改めるべきとされた。，また，改正前の「最後の弁済期」については最後の弁済期が経過している場合には基本債権を問題とせず，個別の各支分権を問題とすれば足りると指摘されており，かかる指摘に対応して改正前民法168条1項後段が削除された（部会資料69-A参照）。

83）長期20年の期間制限が判例では除斥期間と解されてきたこと，法改正により時効期間に改めたと考えられることは前述した。

84）この短期消滅時効の趣旨は，損害賠償の請求を受けるかどうか，いかなる範囲まで賠償義務を負うか等が不明である結果，極めて不安定な立場に置かれる加害者の法的地位を安定させ，加害者を保護することにあるとされる（最判昭和49年12月17日民集28巻10号2059頁，最判平成14年1

加害者に対する賠償請求が事実上可能な状況の下に，その可能な程度にこれらを知った時を意味する」とされる（最判昭和48年11月16日民集27巻10号1374頁，前掲・最判平成14年1月29日，最判平成16年12月24日判時1887号52頁）。

このうち，「損害」を知った時について，原則論としては，判例上，以下のように扱われている。まず，損害の発生は現実に認識することを要し（前掲・最判平成14年1月29日），認識し得たことでは足りない。かかる認識の対象となる「損害」については，損害の発生の事実を知れば足り，程度又は数額まで知ることは要されないとされる（大判大正9年3月10日民録26輯280頁）。また，損害の全範囲・損害額の全部を知ることは要されず，その損害と牽連一体をなす損害であって，当時においてその発生を予想し得べきことが社会通念上妥当であるものについては，被害者が認識したものとしてよいとされ，それは行為の結果損害が長期にわたって継続的に発生する場合も同様であるとされる（大判昭和15年12月14日民集19巻2325頁，最判昭和42年7月18日民集21巻6号1559頁）。

もっとも，不法行為それ自体が継続的に行われる場合で，損害も継続して発生するときには，それらの損害は，新たな不法行為に基づく損害として，各「損害」を知った時から時効が進行するとされる（前掲・大判昭和15年12月14日）。[85)]

また，受傷当時予想されなかった後遺障害については，別個に消滅時効の起算点が判断されることがある。後遺症に係る消滅時効についての判例としては，一方で，後遺症が顕在化した時が損害を知った時に当たるとする判例があり（最判昭和49年9月26日裁判集民112号709頁。[86)] なお，前掲・最判昭和42年7月18

月29日民集56巻1号218頁）。

85）継続的不法行為（不貞行為）について，損害を分けて時効期間を判断したとみられる例として最判平成6年1月20日判タ854号98頁がある。

86）同判決は，後遺症に基づく損害であつて，その当時において発生を予見することが社会通念上可能であつたものについては，すべて被害者においてその認識があつたものとして，当該損害の賠償請求権の消滅時効はその時から進行を始める，としている。なお，最判昭和42年7月18日民集21巻6号1559頁も参照されたい。また，後遺症に基づく損害であっても，その当時において発生を予見することが「できない」損害については，別途の起算点を想定する余地があるであろう（最判平成6年2月22日民集48巻2号441頁参照）。

日)，他方で，「加害者に対する賠償請求をすることが事実上可能な状況の下に，それが可能な程度に損害及び加害者を知った」かどうかを基準で判断するとする判例もあるため（前掲・最判平成16年12月24日），現時点では，その両方を意識する必要があるものと思われる。[87)]

次に，「加害者」を知った時については，「加害者に対する賠償請求が事実上可能な状況のもとに，その可能な程度にこれを知つた時」とされる（最判昭和48年11月16日民集27巻10号1374頁。上述の「損害及び加害者を知った時」全体の一般論の淵源として参照されることが多い）。この「加害者に対する賠償請求が事実上可能な状況のもとに，その可能な程度にこれを知つた時」については，判例の集積はなお十分とは言えず，「賠償請求が可能な程度に知ったといえるか」という観点から個別具体的に検討していくべきものと思われる。[88)]

このほか，加害者に対する賠償請求が可能であることを要するという意味では，被害者が，加害行為が不法行為であることを知ることを要するとされる（大判大正7年3月15日民録24輯498頁，最判昭和42年11月30日裁判集民89号279頁，最判昭和43年6月27日裁判集民91号461頁）。ただし，不法行為であることは，被害者が加害行為の行なわれた状況を認識することによって容易に知ることができる場合もあり得るのであって，裁判所の判断を常に待たなければならないものではない（前掲・最判昭和43年6月27日）。

また，特殊不法行為に係る消滅時効については，「加害者を知った」要件は柔軟に解釈され得る。例えば，使用者責任の場合について，判例は「使用

87）交通事故による後遺障害事案においては後遺症顕在化時ではなく，症状固定時を起算点とすべきとする見解があり，最判平成16年12月24日判時1887号52頁はこれを考慮してか「遅くとも上記症状固定の診断を受けた時には,本件後遺障害の存在を現実に認識し,加害者に対する賠償請求をすることが事実上可能な状況の下に,それが可能な程度に損害の発生を知ったものというべき」として事例判断で処理している。

88）最判昭和48年11月16日民集27巻10号1374頁は，戦前，逮捕後取調中に警察官から拷問され，虚偽自白をさせられて服役した者が，取調べを受けた当時は当該警察官の姓しか知らなかった事案であり，札幌法務局人権擁護部に照会するなどして，加害者の東京における住所を突き止め，加害者本人に間違いないことを知った時点で，「加害者を知った」とした。他方で，加害者の姓名を知らなくても，賠償請求の相手方を具体的に特定して認識することができ，社会通念上，調査すれば容易にその姓名，住所が判明し得るような場合には，その段階で加害者を知ったことになるとしてよいであろう，という指摘もある（同判決の最高裁判例解説参照）。事例判決として最判昭和58年11月11日判時1097号38頁がある。

者責任において民法724条の加害者を知るとは，被害者が，使用者ならびに使用者と不法行為者との間に使用関係がある事実に加えて，一般人が当該不法行為が使用者の事業の執行につきなされたものであると判断するに足りる事実をも認識することをいう」としている（最判昭和44年11月27日民集23巻11号2265頁）。

(イ)「不法行為の時」

長期20年の期間制限については「不法行為の時」が起算点となっている。

この「不法行為の時」については，加害行為が行われたときに損害が発生する不法行為の場合，加害行為の時がその起算点となる（最判平成16年４月27日民集58巻４号1032頁，最判平成16年10月15日民集58巻７号1802頁，最判平成18年６月16日民集60巻５号1997頁）。

他方，損害の性質上，加害行為が終了してから相当の期間が経過した後に損害が発生する場合には，当該損害の全部または一部が発生した時が起算点となる（前掲・最判平成16年４月27日，最判平成16年10月15日，最判平成18年６月16日）。

上記判例は，長期20年の期間制限が「除斥期間」から「時効期間」に性質が変わっても，直ちに変わることはないのではないか。

3　期間の経過

(1)　時効の「期間」

ア　一般の時効期間

時効期間については，大きくは「債権」と「債権又は所有権以外の財産権」とに分かれる。

債権については，原則10年であり（現行民法167条１項），[89) 90)] 改正後は主観的起算点の場合には５年，[91)] 客観的起算点の場合には10年（人の生命又は身体の侵

89）民法制定時，仏・独共に一般的な消滅時効の期間は30年だった（テオドシウス勅法に由来）。日本が債権の消滅時効を10年としたのは日本の旧法の系統とみるべきとの指摘がある（原田慶吉『日本民法典の史的素描』（創文社，1954年）86頁）。

90）債権の時効期間について，定期金債権，定期給付債権その他短期消滅時効期間に係る特別の規定に留意されたい。

91）立案経過においては（部会資料78－A），主観的起算点の場合の５年の時効期間を導入する理由

害による損害賠償請求権については20年[92]）となる（改正民法166条１項各号，167条）。

債権又は所有権以外の財産権は，改正の前後を問わず20年である。ただし，以下に述べるように債権の補集合となる権利について全て20年の時効期間となるわけではない。

形成権については，債権そのものではないが，判例は，「各種形成権について，その性質に従つて，消滅時効の期間を定むべき」としている（最判昭和36年11月24日民集15巻10号2536頁。ただし，民法126条のように期間について明文の規定がある場合を除く。）。例えば，解除権については，当該契約に係る債権と同じく，民法167条１項が適用されるとする例が多い（最判昭和56年６月16日民集35巻４号763頁，最判昭和62年10月８日民集41巻７号1445頁）。[93][94][95]

イ　「時効」の章における特別の時効期間その他の特別の民法上の期間制限

定期金債権（民法168条）については，[96]第１回の弁済期から20年，最後の弁済期から10年とする時効期間の特則が設けられていたが，法改正により，定期金債権の支分権を行使できることを知った時から10年間，各債権を行使できる時から20年間に改められた。

として，債権の消滅時効の時効期間の統一の必要性が挙げられている（具体的には，職業別の短期消滅時効及び商事消滅時効の規定の削除の必要性が挙げられ，他方で，客観的起算点による時効期間を短縮することについては時効期間に気付かなかった債権者保護に欠ける面があること等から，主観的起算点に基づく５年の時効期間に行き着いた，というような説明がなされているように見える。）。

92）人の生命又は身体の侵害による損害賠償請求権であっても，主観的起算点からの時効期間は伸長されていない。そのため，今後，安全配慮義務違反等，不法行為による損害賠償請求権に類似した債権については，主観的起算点をめぐる争いが避けられないであろう。

93）商行為としての売買契約の解除権について，商事消滅時効の規定が適用された例として大判大正５年５月10日民録22輯936頁がある。同判決は，民法547条（催告による解除権の消滅）を参照して，解除権の消滅について債権よりも長い時効期間を要する必要はないとしている。

94）民法167条１項を適用した例として，他に売買の予約完結権（大判大正10年３月５日民録27輯493頁），借地法第10条による建物買取請求権（最判昭和42年７月20日民集21巻６号1601頁）がある。また，商事消滅時効の規定の適用を認めたものとして白地手形の補充権がある（最判昭和36年11月24日民集15巻10号2536頁）。

95）特別の期間制限が設けられている形成権について，当該期間制限を除斥期間と解し，その行使の結果として生じる請求権も含めて，当該期間制限内に行使をすべきとする学説が有力であること，ただ，そうした処理を認めた判例は確認できないことは除斥期間についての解説で述べた。

96）定期金債権については，前掲注81参照。

定期給付債権（現行民法169条）は「年又はこれより短い期間によって定めた金銭その他の物の給付を目的とする債権」であり，１年以内の定まった期間において定期的に給付が行われる債権である。年払いや月払い等の利息債権，賃料債権が該当する。[97] ５年間という通常よりも短期の時効が定められていたが，[98)][99] 債権一般について主観的起算点の時効期間を５年とすることにより必要性は薄れたとして，法改正により削除された。

改正前民法170条から174条までは，特定の債権について，時効期間を３年，２年又は１年とするいわゆる短期消滅時効について定められていたが，改正により削除される。[100]

確定判決や，確定判決と同一の効力を有するものによって確定した権利については，10年より短い時効期間の定めがあるものであっても，確定の時に弁済期の到来していない債権を除き，時効期間は10年となる（現行民法174条の２。改正民法169条において若干の文言修正はあるが実質は変わらない）。

また，民法上，形成権や請求権について，期間制限に係る特別の規定が多く設けられている。[101] 例えば，民法126条の取消権は追認をすることができる時から５年，行為の時から20年とされ，不法行為による損害賠償請求権については，損害及び加害者を知った時から３年（改正後は，人の生命又は身体を害する不法行為による損害賠償請求権については５年），[102] 不法行為の時から20年とさ

97）他方，元本の弁済期に一度に支払うべき利息，債務不履行による損害金，遅延利息については債権一般の消滅時効が適用される（大判明治42年11月６日民録15輯851頁，大判大正６年７月21日民録23輯1175頁）。不法行為による損害賠償債務の不履行に基づく遅延利息は短期３年の消滅時効にかかる（大判昭和11年７月15日民集15巻1445頁）。

98）それらの債権は支払が怠られて累積しがちであると同時に，支払ってもその受取証の保存が怠られがちであるため，時効期間を短縮したものと説かれている。

99）マンション管理組合が組合員である区分所有者に対して有する管理費及び特別修繕費に係る特定の債権が定期給付債権に当たるとした判例（最判平成16年４月23日民集58巻４号959頁）やNHKの受信料が定期給付債権に当たるとした判例（最判平成26年９月５日判時2240号60頁）がある。

100）これらの債権については，経過措置も含め改正後短期間に適用問題がなくなることが見込まれること及び特定の範囲の債権に限られることに鑑み，本稿では省略する。

101）それらの期間が時効期間であるか除斥期間であるかについては，「時効によって」という条文上の文言の存否が一応の目安となるが，最終的には個々の規定の解釈の問題となることは前述した。

102）不法行為による損害賠償債務の不履行に基づく遅延利息も，同様に短期３年の消滅時効にかか

れる（民法724条，改正民法724条の２）。

ウ　商事消滅時効

商行為によって生じた債権は，特別の規定がある場合を除き，その時効期間は５年となる（商法522条）。債権一般の消滅時効よりも短い時効期間を定めた趣旨は商事取引関係の迅速な解決のためとされる（最判昭和35年11月１日民集14巻13号2781頁）。

この規定は民法改正に伴い削除されるが，民法改正整備法４条７項（商法の一部改正に伴う経過措置）により，施行日前にされた商行為によって生じた債権に係る消滅時効の期間についてはなお従前の例による，とされるため，その規律内容について概観する。

まず，商事消滅時効の規定は「商行為」によって生じた債権について適用される。[103] この「商行為」については，当該行為が契約の一方当事者にとって商行為であれば足りる（商法３条，大判明治44年３月24日民録17輯159頁）。[104]

また，商事消滅時効の規定は，商行為として締結された契約に基づく債権（商行為によって「生じた」債権）に限定されない。判例は，商行為に属する法律行為から生じた債権だけでなく，「これに準ずるもの」についても商法522条が適用又は類推適用されるとしている（最判昭和55年１月24日民集34巻１号61頁）。

例えば，それらの契約に基づく債権に係る，債務不履行に基づく損害賠償請求権（大判明治41年１月21日民録14輯13頁，最判昭和47年５月25日判時671号83頁），解除に基づく原状回復請求権及びその履行不能による損害賠償請求権（前掲・最判昭和35年11月１日）にも商事消滅時効の規定は適用される。また，手形法85条に基づく利得償還請求権についても，手形上の権利の変形と見るべき

るものと解されている（大判昭和11年７月15日民集15巻1445頁）。

103）銀行が払込保管証明をしたことに基づく返還債務（会社法64条２項参照）には商事消滅時効の規定が適用される（最判昭和39年５月26日民集18巻４号635頁）。

104）主債務が商行為によって生じたものでなくても，保証が商行為による場合には，当該保証に係る債務には商事消滅時効の規定が適用される（大判昭和13年４月８日民集17巻664頁）。最判昭和42年10月６日民集21巻８号2051頁も，商人により商行為としての保証委託が保証人である信用保証協会に対してなされた場合において，当該保証委託契約に基づく求償権に商事消滅時効の規定が適用されるとした。

として商事消滅時効の規定が適用される（最判昭和42年３月31日民集21巻２号483頁）。形成権についても，商行為の解除権は商行為によって生じた債権と同視される（大判大正５年５月10日民録22輯936頁）。白地手形の補充権も同様である（最判昭和36年11月24日民集15巻10号2536頁）。

しかし，他方で，商行為である金銭消費貸借に関し利息制限法所定の制限を超えて支払われた利息・損害金に係る不当利得返還請求権については，「法律の規定によつて発生する債権であり，しかも，商事取引関係の迅速な解決のため短期消滅時効を定めた立法趣旨からみて，商行為によつて生じた債権に準ずるものと解することもできない」として，適用が否定される（前掲・最判昭和55年１月24日）。[105] 会社法制定前の商法266条１項５号に基づく取締役の会社に対する損害賠償責任についても，責任内容が加重されており委任契約上の義務違反の責任が態様を変じたにすぎないとは言えず，また，取締役の会社に対する任務懈怠行為は外部から容易に判明し難い場合が少なくないことから，「商事取引における迅速決済の要請は妥当しない」とする（最判平成20年１月28日民集62巻１号128頁）。

上記のように，判例は「商事取引における迅速決済の要請」が妥当するかどうかを指標として個別に判断しているように見えるため，商事消滅時効の適用の可否について法的に不安定なところが残されている。そのため，判例上，その扱いが明らかではない権利については，商事消滅時効の規定の適用の可否が問題となり得る限り，５年の時効期間内に権利行使をすることが適当であるといえる。

エ　その他の法令に規定される時効期間

多くの特別法において，特定の権利について，特別の時効期間が定められている。[106] 例えば，保険法95条１項は，保険給付を請求する権利や保険料の

105）同様に，商行為たる船体保険契約及び質権設定契約に基づき保険者から質権者に支払われた保険金に関する不当利得返還請求権の消滅時効期間について，最判平成３年４月26日判時1389号145頁は，商事取引関係の迅速な解決という要請を考慮すべき合理的根拠は乏しいから，商行為から生じた債権に準ずるものということはできない，としている。

106）2018年３月31日現在，e-Gov法令検索で用語検索すると，「時効によって」について41件，「時効によつて」について71件，「時効ニ因リテ」で８件の法令がヒットする。

返還を請求する権利等について３年間の時効期間を定めている。[107)]

金銭の給付を目的とする国・普通地方公共団体の権利や，国税の徴収を目的とする国の権利の時効期間は時効期間が５年とされている（会計法30条，地方自治法236条，税通法72条１項）。ただし，会計法30条の時効期間は「公法上の金銭債権」についてのものとされ，国の普通財産の売払いの結果生じた代金債権のような私法関係上の債権には適用されない（最判昭和41年11月１日民集20巻９号1665頁）。[108)] [109)]

⑵　時効期間の「経過」

時効の利益を享受するためには，時効期間の「経過」を要する。例えば，債権の消滅時効であれば「10年間行使しないとき」が要件となっている（現行民法167条１項，改正民法166条１項２号）。

この時効期間の計算についても，別段の定めはないため，民法総則の期間の計算についての規定が適用される（民法138条）。

時効期間の「起算日」（始期）については，履行期を例にして考えると，原則として，履行期の翌日になる。なぜなら，民法140条により，年によって期間を定めたときは（時効期間は通常は年単位である），通常，期間の初日は算入されない（大判大正６年11月８日民録23輯1762頁）。[110)] [111)]

時効期間が「満了」するのは，原則として，当該時効期間の最後の年にお

107）なお，判例は保険約款の例文解釈により，保険金支払の履行期を早めたことがある（最判平成９年３月25日民集51巻３号1565頁）。その後，保険会社が被保険者に対して保険金請求に係る調査についての協力依頼書を送付し，被保険者が調査に協力して結果を待っていたと解される場合について，保険金支払条項に基づく履行期を調査結果が出るまで延期する合意があったものとして，消滅時効の起算点を遅らせた判例もある（最判平成20年２月28日判時2000号130頁）。

108）公立病院の診療に関する債権も私法関係についての債権とされる（最判平成17年11月21日民集59巻９号2611頁）。

109）もっとも改正民法において主観的起算点による時効期間が５年となったことから，会計法30条等の適用に係る争いは少なくなることが予想される。

110）「その期間が午前零時から始まるときは，この限りでない」とする民法140条ただし書は通常は適用されない。なぜなら，債権者が権利を行使できるのは，通常，弁済期日における取引時間の初刻以後であるためである（大判昭和６年６月９日法律新聞3292号14頁）。決済技術がいくら進歩しても決済を午前零時とする実益はそれほどないと思われ（緊急対応が容易ではない。），当分はこの扱いが続くのではないか。

111）不法行為に基づく損害賠償請求権の期間制限についても，損害及び加害者を知った時が午前零時でない限り，初日不算入とすべきと解されている（最判昭和57年10月19日民集36巻10号2163頁）。

ける，上記「起算日」に応答する日の前日が終了したときである（民法143条２項，141条）。[112] なぜなら，民法143条２項は，年の初めから期間を起算しないときは，その期間は，最後の年においてその起算日に応当する日の前日に満了する旨を，[113] また，同法141条は年によって期間を定めた場合，期間はその末日の終了をもって満了する旨を定めているためである。[114]

結論として，時効期間が「経過」することは，通常，かかる時効期間が満了する日の翌日（時効期間の最後の年の，「債務の履行日」の翌日に応当する日[115]）が到来したことを意味する。

具体的には，例えば，2018年７月２日が履行日で，時効期間が５年間の場合，当該時効期間の「起算日」が初日不算入により2018年７月３日で，当該時効期間の「末日」が起算日に応当する日の前日として2023年７月２日であり，結局，2023年７月３日の到来を主張すべきことになる。この７月３日は，債務の履行日（７月２日）の翌日に応当する日といえる。

４　消滅時効の援用

(1)　援　用

ア　趣旨・沿革

民法145条は，「時効は，当事者が援用しなければ，裁判所がこれによって裁判をすることができない。」と規定している（改正民法145条においては，「当事者」に「(消滅時効にあっては，保証人，物上保証人，第三取得者その他権利の消滅について正当な利益を有する者を含む。)」を付す改正がされている）。

同条は，直接は，裁判においては，当事者が時効を援用しない限り，裁判

112）同法143条２項ただし書は「ただし，月又は年によって期間を定めた場合において，最後の月に応当する日がないときは，その月の末日に満了する」とあるため，２月29日が起算日である場合には，時効期間の末年の２月28日が末日になり（ただし，時効期間の末年の２月が29日まである場合を除く。），３月１日の到来をもって時効が完成することとなる。

113）なお「年の初めから期間を起算したとき」は，その期間は，最後の年の末日で終了することは当然のことであるため規定されていないものと解されている。

114）民法141条も，143条も，いずれも「期間の満了」について規定しているが，141条は期限について「末日の終了」による期間の満了という一般論を定めたものと理解されている。

115）説明的に記述すると，「債務の履行日」の翌日である「起算日」に応当する日の前日（満了日）が経過した時であり，結局「債務の履行日」の翌日に応当する日が到来した時となる。

所が時効の完成を前提に裁判できないことを定めている。

そのように，時効の援用を求める趣旨は，一般に，時効の利益を享受するかどうかを当事者の良心に委ねる趣旨と理解されている。[116)]時効は，権利者でない者や未弁済者等の利益をその事実状態に合わせて保護する機能があり，少なくとも裁判所が職権で時効の効果を認めることが適当でない場合があるためと理解可能であろう。[117) 118)]

そうした時効の援用という考え方は，フランスで生じてフランス民法に取り入れられ，旧民法証拠編96条を経て，民法145条においても受け継がれたものとされる。また，ドイツにおいては「援用」という考え方はないが，ドイツ民法においては消滅時効は請求権に対する抗弁権という位置付けであり（ドイツ民法現214条１項），かかる抗弁が提出されない限り裁判所は時効について判断できないとされるため，実質的には大きな違いはないとされる。

イ　法的性質

時効の援用については，その法的性質につき，時効制度自体の法的性質[119)]と併せて，学説上，議論がなされてきた。

民法145条１項は，「時効は，当事者が援用しなければ，裁判所がこれによって裁判をすることができない」と規定しており，実体法である民法に規定されているにもかかわらず，裁判に係る規範としてのみ「援用」を捉えているようにも読める。他方で，同法162条，現行民法167条（改正民法166条）は権利の「取得」や権利の「消滅」という実体上の権利の得喪が「時効期間の経過」によって生じているように見える。これらの条文をどのように整合性をもって解釈するかとの関係で，時効についての規定の沿革への考慮（例えば，旧民法は時効制度を訴訟法の問題として捉えていた。）や時効の趣旨について

116）確定効果説・攻撃防御方法説に立てば，裁判所がその裁量で時効の効果発生を判断できない趣旨を含む。沿革的には，むしろ当該趣旨が大きい意味を持つものと思われる。

117）大判昭和10年12月24日民集14巻2096頁は「当事者ノ意思ニ反シテ強制的ニ時効ノ利益ヲ享ケシムルヲ不可トシタル」ものとしている（取得時効の事案）。

118）なお，公法上の債権については，例えば会計法31条，国税通則法72条２項が時効の援用を要しない旨を規定している。

119）時効を実体法上の権利の得喪に係る制度と捉える見解（実体法説）と，時効を法定証拠等の訴訟法上の制度と捉える見解（訴訟法説）に大きくは分かれる。

の各人の理解も反映して，そうした議論がなされてきたものと推察される。

この点，第１の２(4)「法的性質」で見たように，判例・通説は時効制度自体の法的性質を実体法上のものとして捉えてきており（実体法説），また，学説の大勢は時効の援用がなされることを実体法上の停止条件の成就と考えているが（停止条件付不確定効果説），従前の判例は時効期間の満了により権利の得喪は確定的に生じ（確定効果説），援用は訴訟上の攻撃防御方法の提出（訴訟上の行為）という立場をとってきており（大判明治38年11月25日民録11輯1581頁，大判大正７年７月６日民録24輯1467頁，大判大正８年７月４日民録25輯1215頁），近時の最判昭和61年３月17日民集40巻２号420頁によりその立場を停止条件付不確定効果説に変えたようにも見えるが，なお断言ができるか慎重であるべきところである（第１の２(4)参照）。

もっとも，停止条件付不確定効果説と従前の判例の立場とで，「時効の援用」の意味内容について実務的に大きな差は生じないようにも思われる。[120)]

そこで，ここでは「時効の援用」に関する従前の判例等を紹介しつつ，停止条件付不確定効果説の場合とで差が生じ得る場合について適宜指摘したい。[121)]

ウ　時効の援用の意義等

(ア)　時効の援用の意義，性質

時効の援用は，従前の判例の立場では，訴訟上の攻撃防御方法であるから（訴訟行為），時効の利益を享受することを欲する旨の裁判所に対する表示となる（大判昭和14年12月12日民集18巻1505頁）。[122)] 対して，停止条件付不確定効果説の立場では，特段の制限規定はないため，時効の利益を受ける旨の表示一般

120）前掲注18参照。

121）ただし，停止条件付不確定効果説に立って時効の援用を論じた最上級審判例はないと思われるため，その限界には留意する必要がある。

122）同判決は，消滅時効を援用する場合には，時効によって消滅すべき権利の性質，発生原因，権利を行使できる時期等の援用の基準を主張することを要するが，必ずしも時効期間を主張することは要しない，とする。大判明治45年５月23日民録18輯515頁は，取得時効の事案について，10年の時効期間であるか20年の時効期間であるかを明示する必要はないが，時効援用の基本となるべき事実については当事者の主張を要するとしている。これらの判例は時効援用を訴訟上の攻撃防御方法と捉えた場合の主張事実の問題を扱っていると考えられる。停止条件付不確定効果説に立った場合に，「時効の援用」をしたといえるためにいかなる程度の意思表示をすべきかについては必ずしも定見がないが，意思表示の解釈の問題であるとするものが多い。

と解することになる。その法的性質については十分な議論がないように思われるが，承認や時効利益の放棄についての議論との対比からは（第3の4⑶，6⑵参照），援用のみによって新たに権利義務を創設させるものとはいえないため，観念の通知と理解するのが妥当であろうか（もっとも，代理の規定等は類推適用され得るであろう。）。

援用の能力については十分な議論はないが，大きな問題となることはないと思われる。[123)]

(イ)　時効の援用の範囲

援用の「客観的範囲」については，判例は，元本については消滅時効が援用されたが，利息については援用されなかった，としたものがあるが（大判大正6年8月22日民録23輯1293頁），学説からは当事者の表示の意思解釈によるべきとして批判が強い。[124)] 判例は，理論上は，権利ごとに援用の有無を判断しているが，援用の表示の解釈は別途の問題であり，当事者の合理的意思解釈からは関連する権利が広く援用の客観的範囲に含まれることが多いということでよいであろう。

援用の「主観的範囲」については，判例は，当事者の援用を待って初めて時効により裁判ができるとしている制度の精神に鑑みると，各当事者は各自独立して時効を援用できると同時に，裁判所はその援用を当事者が直接に受けるべき利益のある部分に限り時効により裁判することができるとして，数人の相続人のうちの一人による取得時効の援用はその者に相続した部分についてのみ効力を生ずる旨の判断を示している（大判大正8年6月24日民録25輯1095頁）。[125)] 停止条件付不確定効果説に立った場合も，自己が時効の利益を受

123）従前の判例であれば，援用は基本的に訴訟においてなされるべきものであるため（ただし，後に述べるように裁判所外での取得時効の援用を認めた判例はある），訴訟能力の問題に還元され，独立して論ずる意義に乏しかったと思われる。停止条件付不確定効果説に立った場合，援用の法的性質論に帰着し，観念の通知と理解するならば，それが基本的に時効の利益を受ける者の利益にもなるものであることを考慮すれば，行為能力は不要であろう（管理能力を要するかどうかは異なる考え方があり得るが，あえて必要としなくてもよいのではないか）。

124）そもそも，元本について消滅時効を援用したら，時効の遡及効から利息が発生しない扱いとなる場合も多いのではないか。

125）最判平成13年7月10日判時1766号42頁も，時効の完成により利益を受ける者は自己が直接に受けるべき利益の存する限度で時効を援用することができるものと解すべきであって，被相続人の

けない部分については，権利の得喪の効果は生じない点は共通すると思われる。[126)][127)]

(ウ)　時効の援用の方法

援用の場所及び相手方については，時効の援用について攻撃防御方法説を採る場合には裁判所においてのみできると考えるのが一貫する。ただ，大判昭和10年12月24日民集14巻2096頁は，少なくとも取得時効については，直接時効の利益を受ける者は裁判外でも援用ができ，一旦援用がなされた場合にはその権利取得は確定し，何人でも訴訟において主張できるとしている。[128)] 停止条件付不確定効果説に立った場合には，裁判外においても時効援用は可能となる。その場合の援用の相手方については，停止条件付不確定効果説に立った判例がないところではあるが，権利者それ自身に対してすることを要すると解するのが素直であろう。

援用の時期については，判例は，第二審においても権利として援用することができるが，法律審である上告審においてはできず，結局，事実審口頭弁論終結時までとなるという判断を示しているといえる（大判大正７年７月６日民録24輯1467頁，大判大正12年３月26日民集２巻182頁，大判昭和14年３月29日民集18巻370頁）。停止条件付不確定効果説に立った場合でも，訴訟となった場合には扱いは変わらないと考えられる。

援用の撤回については，判例は時効の援用は訴訟上の防御方法にすぎないものとして任意の撤回を認めている（大判大正８年７月４日民録25輯1215頁）。他

占有により取得時効が完成した場合において，その共同相続人の１人は，自己の相続分の限度においてのみ取得時効を援用することができるにすぎない，としている。

126）消滅時効についても，いわゆる分割債務の場合には，自己が債務を負っている部分のみについて時効が援用できるということになるであろう。

127）なお，援用を訴訟上の攻撃防御方法と捉えるのであれば，後述の「当事者」が複数ある場合に，各当事者が援用を行うかどうかは自由である。他方，停止条件付不確定効果説に立つ場合でも，時効援用の制度の趣旨から，援用の効果は当該法律関係について，援用権者ごとに相対的にのみ生じるという見解が有力である。しかし，実体法上の権利関係は１つであるのに，なぜそのような相対効が生じるのかの構成及び理由付けは必ずしも明確ではないと思われる。

128）この判例の位置付けについては議論があり，必ずしも確立した理解があるとまでは言えないと思われる。なお，最判昭和34年３月６日裁判集民35号573頁も，裁判外での取得時効の援用を認めている。

方，停止条件付不確定効果説に立った場合には，一旦生じた実体法上の権利の得喪については，一方当事者の一方的行為では変更できないとする考え方が多い。

エ　その他留意点

時効の援用制度は，時効の利益を受けるかどうかを当事者の良心に委ねる趣旨の制度と考えられるが，判例は，債権者代位により消滅時効の援用をすることを，債権保全に必要な限度で認めている（最判昭和43年９月26日民集22巻９号2002頁）。

また，当事者が時効の援用の主張をしなかった場合に，裁判所が釈明権を行使しなくても，釈明権行使の違法とはならないとされた判例がある（取得時効について最判昭和31年12月28日民集10巻12号1639頁，消滅時効について最判昭和39年７月16日判タ165号73頁）。時効の利益の享受を当事者の良心に委ねる趣旨からかかる判例は許容されるものと考えられる。

時効の援用が権利濫用に当たるとして認められなかった例もある（最判昭和51年５月25日民集30巻４号554頁[129)]）。

⑵　時効援用の「当事者」

民法145条は，「時効は，当事者が援用しなければ，裁判所がこれによって裁判をすることができない。」と規定している。改正民法145条においては，「当事者」に「（消滅時効にあっては，保証人，物上保証人，第三取得者その他権利の消滅について正当な利益を有する者を含む。）」を付す改正がされている。この追加部分は，「含む」という例示であるから，「消滅時効については，『当事者』は，債務者に限られず，少なくとも保証人，物上保証人，第三取得者は含む」こと以上の意味を直ちには持たず，その意味では，後述の現在の判例状況を変えるものとはいえない。[130)]

129）当該事案では，要旨，家督相続をした長男が，家庭裁判所における調停により，母に対しその老後の生活保障と妹らの扶養及び婚姻費用等に充てる目的で農地を贈与して引渡を終わり，母が，20数年これを耕作し，妹らの扶養及び婚姻等の諸費用を負担したなど判示の事実関係の下において，母から農地法３条の許可申請に協力を求められた右長男がその許可申請協力請求権につき消滅時効を援用することは，権利の濫用に当たる，として，原審判断を是認している。

130）従前の判例は「時効により直接利益を受ける者」という基準を設けていたところ，「直接利益民法145条の「当事者」の意義については，まず，時効の援用についての法的性質の理解（訴訟上の攻撃防御方法か，実体法上の意思表示か）を反映して，訴訟当事者の意味に限定されるか，時効についての実体法上の利害関係者も含むかが分かれるといえる。

さらに，判例はこの「当事者」の意味を限定し，[131]「時効の完成により直接利益を受ける者」と解しており（大判明治43年１月25日民録16輯22頁，最判昭和44年７月15日民集23巻８号1520頁等），消滅時効については「権利の消滅により直接利益を受ける者」としている（最判昭和42年10月27日民集21巻８号2110頁，最判昭和48年12月14日民集27巻11号1586頁）。[132]

を受ける者」の基準自体が不明確という批判もあり，「権利の消滅について正当な利益を有する者」となったという経緯があるとされる。今後，判例は「正当な利益を有する者」という文言に即して判断することが予想されるようにも思われ，長期的に見て，判例が変わる可能性が全く否定できるものではない。なお改正法附則10条１項は，時効援用に係る経過措置について，大要，施行日前に債権が生じた場合（その原因である法律行為が施行日前にされたときを含む。）においては，その債権の消滅時効の援用については，なお従前の例による旨を規定している。

131）立法の沿革としては，旧民法証拠編93条１項は「時効は総ての人より之を援用することを得」と規定し，現在の民法145条の立案過程においても特段それを否定する見解はなかった（民法議事速記録第４巻164頁以下）。旧民法に影響する改正前フランス民法2225条も「利益を有するすべての者」に援用を認めているとされる（ただし，時効法改正後の現在のフランス民法で，援用に係る同法2247条以下にはかかる援用権者についての規定はない。）。

132）そのように限定する趣旨について最高裁で述べられたものは確認できない。なお，大判明治43年１月25日民録16輯22頁は，物上保証人が消滅時効を援用することを否定する文脈で「此ノ如キ者モ独立シテ時効ヲ援用スルヲ得ルトセンカ直接ニ利益ヲ受クル者例ヘハ債務者ハ時効ノ利益ヲ受クルヲ欲セスシテ時効ヲ援用セス若クハ之ヲ抛棄シタルカ為メ債務ノ弁済ヲ命セラレタルニ拘ラス間接ニ利益ヲ受クル者例ヘハ抵当権ヲ設定シタル第三者ハ時効ヲ援用シテ抵当権ノ行使ヲ免ルルヲ得ヘク債権者ハ主タル債権ヲ有シナカラ従タル抵当権ヲ失ウカ如キ不合理ナル結果ヲ見ルニ至ルヘシ」と理由を述べているが，判例上，物上保証人が「当事者」に含まれるようになって久しい現在，説得力に乏しい（最判昭和43年９月26日民集22巻９号2002頁参照）。また，大判昭和９年５月２日民集13巻670頁も，売買予約の目的物に係る予約完結権について予約に基づく請求権に仮登記が付されている場合の，目的物の所有者又は抵当権者が当該請求権につき消滅時効を援用することを否定する文脈で「予約義務者ハ仮登記ヲシテ其ノ効果ヲ全フセシムル為時効ノ援用ヲ欲セサルニ拘ラス其ノ第三者ニ対スル関係ニ於テハ時効ヲ援用シタルト同一ノ結果ト為リ時効ノ援用ヲ当事者ノ意思ニ一任シタル立法ノ精神ニ背馳スルニ至ルヘケレハナリ」としているが，これらの者についても後に時効援用が認められている（最判平成２年６月５日民集44巻４号599頁，最判平成４年３月19日民集46巻３号222頁）。民法145条の趣旨を，時効の利益を受けることについて当事者の良心に委ねるものと理解するなら，かかる当事者は，時効の対象となる法律関係について弁済等の有無の知識がある者（良心を働かせる前提となる弁済等の有無の知識がある者）とすることが考えられるが，これは「当事者」の解釈についての現在の判例の状況と整合しない。現在の判例状況を正当化しようとしたら，一方で事実状態の保護や権利不行使の制裁の観点から，債務者に限らずに一定の利害関係がある者も「当事者」に含めるという考え方を前提この「権利の消滅により直接利益を受ける者」については，判例は変遷しており，消滅時効については，現在，判例は以下の状況である。[133)]

（消滅時効）

○　一般債権者　非該当（大判大正8年7月4日民録25輯1215頁）

○　保証人　主債務について該当（大判大正4年7月13日民録21輯1387頁，大判大正4年12月11日民録21輯2051頁）

○　抵当不動産の物上保証人　被担保債務について該当（最判昭和43年9月26日民集22巻9号2002頁）

○　抵当不動産の第三取得者　被担保債務について該当（最判昭和48年12月14日民集27巻11号1586頁）

○　第三者の債務についていわゆる弱い譲渡担保を供した者　被担保債務について該当（最判昭和42年10月27日民集21巻8号2110頁）

○　所有権移転予約形式の仮登記担保権が設定された不動産の譲渡を受けた第三者　被担保債務について該当（最判昭和60年11月26日民集39巻7号1701頁）

○　売買予約に基づく所有権移転請求権保全仮登記の経由された不動産につき所有権又は抵当権の設定を受け，その登記を経由した者　予約完結権について該当（最判平成2年6月5日民集44巻4号599頁，最判平成4年3月19日民集46巻3号222頁）

○　詐害行為の受益者　取消債権者の債権について該当（最判平成10年6月22日民集52巻4号1195頁）

○　譲渡担保権者から被担保債権の弁済期後に譲渡担保権の目的物を譲り受けた第三者　清算金支払請求権について該当（最判平成11年2月26日判時1671号67頁）

○　後順位抵当権者　先順位抵当権の被担保債権について非該当（最判平

としつつ，何らかの理由によりその範囲を限定するという理屈を取るということになると思われるが，現在の判例状況に整合的に（その境界の線引きを合理的に）正当化することは容易ではないと思われる。

133）なお，取得時効について，建物賃借人は建物賃貸人による敷地所有権の取得時効を援用することはできない，とする判例がある（最判昭和44年7月15日民集23巻8号1520頁）。

成11年10月21日民集53巻7号1190頁）

判例は当初，「権利の消滅により直接利益を受ける者」とは，取得時効により権利を取得し，又は消滅時効により権利の制限若しくは義務を免れる者として，物上保証人への該当性を否定し（前掲・大判明治43年1月25日），また，売買予約上の予約完結権についても，当該権利について第三者が義務を負担するものではないとして，仮登記が付された場合の目的物の所有権又は抵当権取得者も該当しないとしていた（大判昭和9年5月2日民集13巻670頁）。そのように，当初，「権利の消滅により直接利益を受ける者」とは，消滅時効については，当該権利の消滅により義務を免れる者（当該権利に係る債務や，保証債務を免れる者）と理解されていたように見える。

しかし，上記各判例は変更されており，現在では，「権利の消滅により直接利益を受ける者」については，例えば物上保証人については該当性を認めつつ，後順位抵当権者については認めないことを整合的に説明するために，「当該権利が実行されるに至ると援用権者はその有していた権利を失う地位に置かれている場合」（前掲・最判平成11年2月26日の最高裁判例解説）とか，時効を援用しようとする者とその相手方との間との間に時効によって消滅する義務や負担といった「直接の法律関係」があるか，[134] といった説明が有力になされている（なぜそのように線引きができるのかの理由は不明である，という外在的批判も続いている。）。

5　消滅時効の効果

(1)　権利義務の得喪

前述のように，時効の法的性質について，通説・判例は実体法上の効果を生じさせるものと理解しており，消滅時効であれば，権利義務が実体法上消滅する。

134）例えば，森田宏樹「時効援用権者の画定基準について(1)(2・完)」法曹時報54巻6号・7号参照。同論文はさらに，時効援用の効力は相対的であることを前提として，そうした「直接の法律関係」が実体法上，当該援用権者との相対的な関係においてのみ消滅したと扱うことができるような「可分」のものであることを要する，とする。

その消滅の効果が生じる基準時がいつであるかは，前述のように，従前の判例の立場（確定効果説）に立てば時効期間が満了した時点となり，近時の通説である停止条件付不確定効果説に立てば，時効が援用された時点となる。

なお，前述のように，時効の援用の範囲は相対的なものとされている。従前の判例の立場においても，援用の客観的範囲については，請求権ごとに援用の対象となっているかが判断される。また，援用の主観的範囲については，援用権者は第三者の権利について時効援用はできない（例えば，相続した者は自己の共有持分の関係でしか取得時効を主張できない。）。

また，時効援用の制度の趣旨から，援用の効果は相対的にのみ生じるという見解が有力である（例えば，物上保証人が主債務の消滅時効を援用しても，主債務者はなお有効に弁済をなし得るとされる。）。しかし，停止条件付実体法説に立つ場合，実体法上の権利関係は１つであるのに，なぜそのような相対効が生じるのかの構成及び理由付けは必ずしも明確ではないように思われる。

⑵　遡及効

民法144条は，時効の効力は，その起算日[135)]に遡る，と規定している。時効期間の満了時ではなく起算日まで効力を遡及させたのは，利息や果実などの処理に係る法律関係を簡明に処理するためと理解される。[136)]

そのため，消滅時効の場合，対象となる権利は起算日において消滅したものとして扱われ，起算日以後に生じた利息や遅延損害金も生じなかったものとして扱われる。[137)]

⑶　相殺の例外

時効によって消滅した債権がその消滅以前に相殺に適するようになってい

135）この「起算日」とは，時効期間の「起算日」と解するのが自然であり，同様に「起算日」という文言である民法143条２項に規定する「起算日」の位置付けとも整合する。したがって，この「起算日」は，履行期を例にして考えると，原則として，履行日の翌日となる（同法140条）。立案過程においても初日は算入せず，その次の日が起算日である旨が述べられている（民法議事速記録第４巻156頁）。

136）起草過程においては，主たる権利が消えても利息等の前のことを担ぎ出して議論すると種々の弊害が起きるのであり，時効を公益の観点から設けた趣旨にも背く，と説明されている（民法議事速記録第４巻158頁以下）。

137）大判大正９年５月25日民録26輯759頁は，一旦起算日以後に発生した履行遅滞に基づく損害金債権は元本債権の時効消滅の結果として当然発生しなかったものとなる，としている。

た場合には，その債権者は，相殺をすることができる（民法508条）。[138] 対立する両債権の当事者が相殺することができる状態に達したときには，特に相殺の意思表示をしなくても清算されたと考えるため，かかる債権者を保護するもの，と説明される（大判昭和８年１月31日民集12巻83頁参照[139] [140]）。

そのため，民法508条が適用される自働債権は，消滅時効期間が経過する以前に相殺適状にあった債権に限られる（最判昭和39年２月20日判タ160号72頁，最判平成25年２月28日民集67巻２号343頁[141]）。また，既に消滅時効にかかった他人の債権を譲り受け，これを自働債権として相殺することは許されない（最判昭和36年４月14日民集15巻４号765頁[142]）。

また，本訴において訴訟物となっている債権の全部又は一部が時効により消滅したと判断されることを条件として，反訴において，当該債権のうち時効により消滅した部分を自働債権として相殺の抗弁を主張することは許される（最判平成27年12月14日民集69巻８号2295頁）。

(4)　連帯債務・連帯保証と時効完成

連帯債務者の１人のために時効が完成したときは，その連帯債務者の負担部分については，他の連帯債務者も，その義務を免れる（民法439条）。同条は連帯保証について準用される（同法458条）。もっとも，改正により現行民法439条に該当する規定は削除され，この扱いはなくなることになる。[143]

138）請負の仕事の目的物の瑕疵修補に代わる損害賠償請求権の行使に係る期間制限は除斥期間と解されているが，かかる制限期間を超過した債権について，民法508条の類推適用が認められた例がある（最判昭和51年３月４日民集30巻２号48頁）。

139）同判決は，債権者が連帯保証人に対して債権を有している場合にも，やはり債権者を保護する必要があるものとして，主債務が時効完成し，それにより連帯保証債務も消滅した場合について，連帯保証人に対する債権を自働債権とする連帯保証人に対する相殺を認めている。

140）最判平成25年２月28日民集67巻２号343頁も当事者の相殺に対する期待を保護するのが民法508条の趣旨と述べている。

141）手形を担保の趣旨で譲渡し，当該被担保債権が消滅したが，裏書譲渡人所在不明のため戻裏書がされていなかった場合という事案ではあるが，形式的には相殺の相手方が受働債権を有しておらず，時効完成前に相殺適状でなかったとしても，実質的に受働債権を取得していたとして，民法508条の適用を認めた例がある（最判昭和51年６月17日民集30巻６号592頁）。

142）消滅時効の完成前に債権を譲り受けた場合でも，時効完成前に相殺の相手方に対して譲受けを対抗する手続を完了させる必要がある（大判昭和15年９月28日民集19巻1744頁）。

143）施行日前に連帯債務が生じた場合（施行日以後に連帯債務が生じた場合であって，その原因である法律行為が施行日前にされたときを含む。）については，「なお従前の例による」とされ，旧

第3 時効障害（時効の中断・停止）

1　総　論

⑴　意　義

本項では，時効の完成を妨げる，いわゆる時効障害について概説する。時効障害は，大きくは時効の中断と，時効の停止に分かれる。

時効の中断（法定中断）[144] は，一定の事由が生じた場合に，既に進行している時効期間を無効とすることをいう（時効の更新）。当該事由（例えば裁判上の請求）が一定の期間にわたって発生しその成否が未確定な場合には，所定の期間，時効の完成を妨げることを当然の前提とする（時効の完成猶予。改正法においては効果が明記された。）。

時効の停止は，日本法においては，一定の事由が生じた場合に，既に進行している時効期間について，所定の期間，その時効完成を妨げることをいう（時効の完成猶予）。

そのように，時効障害は時効完成を妨げる効果を有するため，相手の時効援用を封じる抗弁的機能を有し，また，時効の中断については新たな時効進行の基点（起算点）を生じる機能を有する。[145]

なお，改正民法では「時効の中断」という用語は廃されたが，講学上，「時効の停止」と区別する意味で「時効の中断」という概念を用いる実益は変わらないし，既に進行している時効期間を無効とするための行為の効果を総称するものとして，すなわち「時効の完成猶予」と「時効の更新」の上位概念としても思考経済上有用である。そこで，本稿では引き続き，時効の完成猶予の効果（以下「完成猶予効」という。）のみを生じさせる場合と完成猶予

法関係による（改正法附則20条２項）。この規定を準用する連帯保証についても同様と解してよいであろうか。

144）学説上，時効の中断は法定中断と自然中断（取得時効における占有継続が途絶すること）に分けられている。自然中断は，法定中断と異なり，一度途絶したら再度時効が進行するものではない。また，法定中断の場合のような相対効も認められないと理解されている。

145）なお，改正民法では，時効の中断と時効の停止の双方において「完成猶予」という文言が用いられることになるが，講学上，「時効の中断」と「時効の停止」を区別して論ずる意味は変わらないであろう。

効のみならず時効の更新の効果（以下「更新効」という。）を生じさせる場合とを総称して「時効の中断」（又は「時効中断」）と言い，かかる完成猶予効及び更新効を総称して「時効中断効」と言い，時効中断効を基礎付ける事由を総称して「時効中断事由」と言い，時効中断効を阻却する事由を総称して「時効中断効果阻却事由」と言うことにする。[146)]

(2) 趣　旨

時効の中断の趣旨については，学説上，時効の中断が効力を否定するところの時効制度の趣旨との関連で理解されることが通常である。

時効制度の伝統的な趣旨理解は①永続する事実状態の保護，②証明困難からの救済，③権利の上に眠る者は保護しない，であるところ，時効の中断の趣旨はこの①及び③との関係で説明されることが多い。すなわち，法定の時効中断事由は大きくは，権利行使に係る事由である請求及び差押え等と，権利者にとっては受動的な事由である承認に分かれるところ，例えば，前者，すなわち請求や差押え等がなされた場合に時効中断を生じさせる趣旨としては，権利不行使への制裁の必要がないためと，また，後者，承認がなされた場合に時効中断とする趣旨としては権利者に権利行使を急いですることを期待できないため（いずれも上記③からの説明）と説明され，また，いずれにしても時効制度が保護すべき事実状態の基礎が破れたと説明される（上記①からの説明）。そして，そのような事実状態の基礎が破れたと評価されるためには，権利行使の態様は一定程度強いものでなければならないとして，（承認を除き）裁判上の請求などの公的制度を用いた権利行使にのみ時効の中断（時効の更新）を認めることを正当化する。

判例も，時効制度の趣旨の１つに権利不行使への制裁があり，時効の中断が権利の上に眠らないことを示すものであるという理解の上で，例えば，債務不存在確認訴訟への応訴について，それが権利行使の一態様であることを理由に時効の中断を認め（大判昭和14年３月22日民集18巻238頁），差押えによっ

146）催告や，仮差押え・仮処分協議を行う旨の合意は，改正民法において時効の完成猶予効しか持たないが，時効の更新効を有する行為を後に予定しているものとして，ここでは「時効の中断事由」に含めて扱いたい。

て時効の完成猶予効が生じる時期は，権利の行使に当たる行為に出たと認められるときである執行の申立てをしたときとし（最判昭和59年４月24日民集38巻６号687頁），また，債務名義等を有しない破産債権の届出について異議が述べられた場合にも時効中断を認める理由を権利行使であることに変わりはないためと説明している（最判昭和57年１月29日民集36巻１号105頁）。[147)] 判例は，承

147）他方，時効制度の趣旨を訴訟法的に捉える立場（法定証拠説等）からは，時効中断事由は，強い証拠力を有する事実として，法定証拠の基礎を破るものとして理解される（権利確定説）。例えば，裁判上の請求が時効の中断効を有する理由は，確定判決により権利の存在が確定されることにより，法定証拠の基礎が破れるものとされる。特に「裁判上の請求」等の制度を用いた時効中断の理由については，権利が行使されることを重視する見解（権利行使説）と判決等で権利が確定することを重視する見解（権利確定説）があるところ，訴えの取下げ等の場合には現行法上，時効の中断の効力が否定されることを説明するためには権利確定説を加味した方が説明しやすいことは確かである。この点，判例は折衷説を採っており権利行使説を重視しつつも，権利確定説を放棄したとまでは言えないという考え方が有力である（時効中断についての最高裁判例解説は，時効中断の趣旨理解として権利行使説と権利確定説を並列的に説明することが多く，実務的には意識の対象となっている点に留意する必要がある。）。例えば，最判昭和50年11月28日民集29巻10号1797頁は「訴の提起が時効中断の効力を生ずるのは，訴の提起により権利主張がされ，かつ，権利について判決による公権的判断がされることになるからであり，訴が取り下げられたときに訴の提起による時効中断の効力が生じないのは，訴の取下は，通常，訴の提起による権利主張をやめ，かつ，権利についての判決による公権的判断を受ける機会を放棄することにほかならないからである。」として，権利行使説と権利確定説の折衷説のようにも読める説示をしている。もっとも，判例は，後述のように，訴訟物としての「裁判上の請求」だけでなく，「裁判上の請求に準じるもの」としての（既判力が生じない）権利主張等にも時効中断効を認めており，また，訴えの取下げ等にもかかわらず時効中断効を認める場合もあることから，既判力等の権利確定効に依拠した権利確定説は説得力を失いつつあるとの指摘もある（一方で，「裁判上の請求に準じるもの」としての権利主張も基本的には訴訟物と密接に関連しているため，なお既判力が証拠力足り得るという考え方もあるようである。）。ただ，いずれにせよ，時効制度本体について判例は実体法説を採っていると思われるところ，他方で，時効中断事由についてのみ訴訟法説的理解（訴訟説的理解を加味する理解を含む。）をすることは容易ではないのではないか。また，差押えや承認が制度的な意味での権利確定効は有しないところ，なぜに「裁判上の請求」等と，差押え等とに同じ時効中断効を認めるのかについてバランスを欠いているようにも思われる。もっとも，実体法説を採ることと，時効中断に値するだけの「裁判上の請求」やそれに準じるものは訴えの提起や訴訟物に密接に関連する権利主張に限られるという考え方を取ることは矛盾しない。特に，時効制度の趣旨を実体法説として理解する立場でも，証明困難からの救済を重視する立場は時効中断事由を訴訟法説に近い立場から説明可能であろうし，その意味で，権利不行使への制裁・事実状態の保護と，証拠力の高い事実の顕在化の両方を意識して時効中断規定を解釈することは，実体法説の立場からも可能であろう。時効の起算点と同様，大量現象としての時効制度を安定的に運用するためには，時効中断事由も基本的には明快性が重要であり，「裁判上の請求」「差押え」等について，その有無が容易に判断できることが重要である点は支持可能であると思われ，結局，時効中断事由としてふさわしい事由が何かという問題とは区別された，時効中断事由の正当化事由が何かという学理上の問題に帰着し，解釈論には大きな影響がないという見方も可能であろう。ただ，趣旨に立ち返れば，どちらかといえば，権利行使の面を重視して解釈をしていくことになるのではないか。

認による時効中断を認める理由についても，承認があるときは権利者は権利の行使を怠ったとは言い難く権利不行使の状態と相いれない事実であるためと述べている（大判大正３年12月10日民録20輯1067頁）。

他方，時効の停止の趣旨は，そのように権利行使をすることが期待できない者を保護することにあるとされる（例えば，最判平成10年６月12日民集52巻４号1087頁は民法158条の趣旨を，時効中断の措置を取ることができない法定代理人を有しない未成年者又は禁治産者（成年被後見人）の保護に求めている。ただし，時効制度により利益を受ける者や公益との権衡において，時効停止事由は政策的に限定される。）。

もっとも，次に述べるように，時効の中断も時効の停止もローマ法由来の伝統的な制度であり，また時効自体の趣旨理解も様々であるため，時効の中断・時効の停止共にその趣旨理解は一定の後付けの説明という性格を否定しきれないであろう。

なお，改正民法151条においては，「協議を行う旨の合意による時効の完成猶予」が新たに規定されている。これも，協議を行おうとする場合には権利不行使への制裁が必要な場面とは言えないということで正当化可能であろうか。

⑶　沿　革

時効の中断は，ローマ法に由来し，その時から裁判上の請求と承認の類型はあり，また，時効中断後の新たな時効期間の進行という概念もあったとされる。それ以外の法定中断事由は時効制度発展の過程で様々に付け加えられたものであるとされる。旧民法証拠編では，法定中断事由は109条で「裁判上ノ請求，勧解上ノ召喚又ハ任意出席，執行文提示又ハ催告，差押，任意ノ追認」と列挙され，現行民法147条よりも詳しく規定されていた。現行民法の立案過程では，例えば，請求についてドイツ法に倣って限定列挙すべきか，また，裁判外の催告一般を時効中断事由に含めるかが議論になったが，時効中断に広く裁判所等の機関を介させることが日本では必ずしも適当ではないという主張や，同じく私人の行為である承認を認めるのであれば催告も認めてもよいはずであるという主張等がなされ，催告や破産手続への参加を含む「請求」を広く時効中断事由とすることに落ち着いた（民法議事速記録第４巻168頁以下）。そのように裁判外の催告を中断事由に含めることは比較法的には珍しいものと指摘される。また立案過程では，請求なくして執行手続がなされることもあるとして，差押え等も併記された。[148] 他方，時効中断の効果は中断事由が生じた当事者等の間においてのみ効力を有するとする現行民法148条（改正民法153条）は「人より人へは中断は為さるることなし」という仏古法の法格言に由来するとされ，旧民法証拠編110条を引き継いでおり（この規定については立案過程ではほとんど議論はされていない），また，かかる相対効の例外を定める現行民法155条（改正民法154条参照）は，旧民法証拠編117条3項を引き継いだものだが，比較法的には珍しいものと説明されていた（民法議事速記録第5巻19頁以下。立案過程では，旧民法の同条は，イタリア法を参考にしたのではないかと指摘されている）。

時効の停止もまた，ローマ法に由来するとされ，未成熟者・未成年者について認められていた。その後，時効制度の不道徳性を嫌悪するカノン法において法律的事実的訴訟提起の不能困難を伴う事由が停止事由として広範に認められたが，逆に時効制度自体の精神を滅却するに至ったため，近代の立法においては，時効停止事由はより限定的にのみ規定されるようになった。旧民法証拠編でも125条以下で時効の停止について限定的に列挙して規定しているところ，現行民法は時効停止の事由について，一部の修正や追加をしつつ，おおむね旧民法の類型を引き継いでいるといってよい。

⑷　現行民法と改正民法

現行民法は，時効の中断について，147条で抽象的な時効中断事由（「請求」等）を包括的に規定し，149条から155条まででかかる抽象的な時効中断事由のうち特定の類型について時効中断効（完成猶予効，更新効）が生じない場合

148）強制執行は債務名義を前提とし，通常は裁判上の請求等が先立つため，独立した時効中断事由とする意味があるかが問題となるが，公正証書による執行の場合や，裁判上の請求と執行とで時間が空く場合，それに担保権実行の場合もあるので（判例は担保権実行の申立てに「差押え」と同等の時効中断効が認めている。），「裁判上の請求」と分けて「差押え」等を規定する意味がある。なお，本文のような立法の経緯からも，「差押え」等は「請求」とは異なるものとして位置付けられ，強制執行手続における行為について「裁判上の催告」（請求の一種である。）該当性が否定される根拠に使われた面がある。また，仮差押え及び仮処分（今般の改正で時効の更新効が否定された）は立案担当者（梅）の原案には記載されておらず，議論の中で付け加えられた。起草過程において，梅はたびたび民事訴訟の実務に明るくないことを述べている。

をそれぞれ規定し，さらに，157条で時効中断の効力のうち時効の更新効を規定している（時効の完成猶予効は当然の前提と考えられており，裁判上の請求等の裁判等の制度を用いた中断事由の場合には更新効が生じるまで持続するものと考えられている。最判昭和53年11月20日民集32巻８号1551頁参照。差押えについては大判大正６年１月16日民録23輯１頁参照）。時効の停止については，個別の停止事由ごとに要件や停止期間について規定している。

この点，改正民法の立案過程においては，現行民法について，例えば，「差押え」以外の執行手続についての規定がなく（なお，判例上，担保権実行の申立てが差押えと同等の効力を持つものとされ，また債務名義を有する者による配当要求が「差押え」に準じるものとして，それぞれ時効中断事由該当性を認められている。），また，法文上の「時効の中断」という用語について，完成猶予効についてのみ指す場合（153条）と，[149] 更新効を想定する場合（157条等）とがあるという用語の不統一が指摘されていた。

これに対して，改正民法においては，時効中断事由はより具体化して列挙され（改正民法147条１項各号，148条１項各号参照），また，そのように列挙された時効中断事由について，完成猶予効が生じる場合と更新効が生じる場合とで項を分けて規定されている（当該手続が通常通り終了する場合には，更新効が生じる手続終了まで完成猶予効が持続することも明記されている。）。

ただし，大きな類型としての請求・差押え等（強制執行）・承認の区別は残り，当該区別に従って条文番号が分けられている。他方，時効停止については，161条の停止期間等が変わる以外は見出しが「停止」から「完成猶予」に変わるのみとなっている。

もちろん，改正民法においては，この他にも若干の手直しがされてはいるものの，[150] 時効の中断・停止に係る大きな枠組みが変わるとは言えない。そ

149）現行民法153条の「時効の中断の効力を生じない」にいう「時効の中断の効力」とは，その後に「裁判上の請求」等を経て初めて認められるべき時効の更新効（同法157条）とは区別されるところの，時効の完成猶予効のみを認めるという理解が素直である。

150）本文でも触れるが，例えば，現行民法149条から155条までに規定する時効中断の効果を遡及的に否定する事由の規定が廃止され，判例上の裁判上の催告の趣旨を踏まえ，訴えの取下げや申立ての取下げ等により裁判等の手続が中途で終了する場合であっても，各時効中断事由の終了の時

こで，以下では従前の体系と同様，時効中断事由については，「請求」（催告，協議合意を含む。），「強制執行」，「承認」の順に検討する。なお，現行民法149条から155条までに規定する時効中断効の消滅事由については，上記のように判例上の裁判上の催告の趣旨を踏まえ一定期間の完成猶予効が明記されたことを踏まえ，その言及は必要最小限度にとどめたい。

(5)　時効中断の検討のための視角

ここで，時効障害，特に時効の中断を検討する前に，検討のための視角について，あらかじめ触れておきたい。そのように視角を論ずる背景には，時効中断事由が多岐にわたるため，全体的な把握が難しくなっていることがある。

ア　意義・性質

(ア)　現行民法

まず，第一に，各時効中断事由や各時効中断効果阻却事由の「意義」（範囲）に着目した整理が重要となる。当たり前ではあるが，それらに該当するかどうかにより時効の成否等が変わってくるためである。時効中断に係る多くの判例もこれを扱っている。[151)]

図式的に言えば，まず，①時効の更新効・完成猶予効が認められる事由そのものに該当するかが問題となる。現行民法は147条１項各号で「請求」，「差押え」等，抽象的に時効中断事由を定めているところ，「請求」の類型については，完成猶予効しか持たない催告と区別する関係で，より具体的な「裁判上の請求」等の事由に該当するかを争うことになる（第３の２(1)ア参照）。また，判例上，「裁判上の請求」等そのものだけでなく，これに「準じるもの」に該当する場合にも時効の更新効・完成猶予効が認められることから，

（当該手続の終了の時）から６か月を経過するまで時効が完成しない旨の規定に置き換わっているし（改正民法147条１項括弧書，148条１項括弧書），その他にも，従前その範囲が不明確な事項について明確化したもの（同項各号），仮差押え及び仮処分の時効中断効の完成猶予効への限定（同法149条），協議を行う旨の合意による時効の完成猶予の規定の追加（同法151条），手続が時効の利益を受ける者との間でなされていない場合の当該時効の利益を受ける者への通知による時効中断（完成猶予・更新）がされる場合の範囲の拡大（同法154条）等の改正がなされている。

151）なお，「裁判上の請求」「差押え」等の公的な制度を用いる中断事由は，手続として「持続的に当該事由が存続している」と考えることが，現行民法157条１項の「その中断の事由が終了した時」という文言に合致していると考えられる。改正民法147条１項各号，148条１項各号に掲げる各事由についても同様と考えられる。

そうした「準じるもの」に該当するかもしばしば問題となる（第３の２(2)ア参照）。次に，②現行民法149条から155条までに規定する時効中断の効果を遡及的に否定する事由に該当するかが問題となる。さらに，（上記①に該当せず，又は上記②に該当し）時効の完成猶予効が認められない場合に，時効が完成してしまうこともあり得ることから，その影響を緩和するために，③いわゆる「裁判上の催告」（手続中の継続的な権利行使の表示等）に該当し，別途，手続終了時から６か月間の時効の完成猶予効が認められるかが問題となる（第３の２(2)オ参照）。

この点，上記①については，判例上，「裁判上の請求」は基本的には訴えの提起や反訴のように訴訟物について公権的判断を求める場合に限定されてきた。それを補うために，「裁判上の請求に準じるもの」という概念が用いられているが，これについても，基本的に，債務不存在確認請求に応訴する場合や，抵当権登記抹消手続請求に対して被担保債権の存在を主張する場合のように訴訟物の存否に密接に関連する権利を主張する場合に限定して認められている。さらにそれらを補うものとしての「裁判上の催告」は（上記③参照），「催告」（請求）の一種として，「当該権利に係る義務の履行を求める表示」であるかどうか，また，「義務者」に対する表示であるかが考慮されたものが多い。[152] 例えば「訴えの却下」の場合，「義務者」に「当該権利に係る義務の履行を求める表示」はなされていたとして「裁判上の催告」があったことは認められ，６か月の時効の完成猶予の中でなお時効中断の途が残されていた（ただし，たとえ時効中断効果阻却事由が認められて時効中断事由に基づく時効中断効が否定されたとしても，強制執行上の行為については，時効の利益を受ける者に向けた表示ではないとして「手続上の催告」は認められないとする判例が複数見られる。）。他方，「差押え」あるいは「差押えに準じるもの」については，狭義の強制執行上の差押え以外に，担保不動産競売や配当要求についても認められており，権利の公権的な実現を求める行為に認められている傾向にある。

152）特に平成初期において，執行手続上の行為であって差押え等に該当しない行為に関して複数の判例が出されており，それらが特に参考になると思われる。

(イ)　改正民法

改正民法においては，時効中断事由がより具体的になり，例えば同法147条１項各号，148条１項各号で列挙されている。また，時効中断効果阻却事由の規定が廃止され，裁判等の手続が中途で終了する場合には，各時効中断事由の終了の時から６か月を経過するまで時効が完成しない旨の規定に置き換わっている（同法147条１項括弧書，148条１項括弧書）。

第３の１(5)ア(ア)で示した視点のうち，上記①（時効の更新効・完成猶予効が認められるか）については，まず，法文上明確な時効中断事由（「裁判上の請求」「強制執行」等）に該当するかどうかが問題となる点は従前と変わらない。他方，前述の「準じるもの」，特に「裁判上の請求に準じるもの」については，法律構成に留意の必要がある。なぜなら，裁判上の請求についての時効の完成猶予効及び更新効について定める改正民法147条１項及び同条２項は「確定判決又は確定判決と同一の効力を有するものによって権利が確定」（したとき）という文言を用いている。そのため，完成猶予効及び更新効が認められるべき「権利」とは，そうした確定判決効等の対象となる「権利」に限定しているとも読み得るところである。しかし，「裁判上の請求に準じるもの」という概念はかかる確定判決効の対象とならない権利について時効中断効を認めるために設けられた概念である。現行民法においては，「裁判上の請求に準じるもの」についても，抽象的な時効中断事由としての「請求」（現行民法147条１号）に法的根拠を求めることが可能であったのに対し，改正民法においてはより具体的な時効中断事由を列挙する主義が取られ，かつ，上述のように「確定判決又は確定判決と同一の効力を有するもの」というような文言が法文に設けられたことから生じた問題といえる。従前の判例との平仄から引き続き完成猶予効及び更新効を認めることが相当なようにも思われるが，慎重な検討が必要となるであろう。「権利が確定した」の権利（改正民法147条２項）と時効中断効の対象となる権利を分けるか，端的に改正民法147条１項１号・２項を類推適用する構成が考えられるであろうか（第３の２(1)参照）。

また，現行民法147条２号においては，「差押え，仮差押え又は仮処分」とのみ定められており，強制執行手続におけるいかなる行為が時効中断事由に含まれるかは不明確であった。改正民法では「強制執行」「担保権の実行」という包括的な中断事由（148条１項１号・２号等）が新たに設けられたが，包括的な記載であるため，強制執行手続上の債権者の行為のどこまでが「強制執行」に含まれるかは，従前同様，争われる余地がある。[153)]

次に，上記②（時効中断効果阻却事由該当性）及び上記③（裁判上の催告該当性）については改正後に違いはあるか。

「裁判上の請求」による時効の中断の類型については，結論としては，訴えの却下等により手続が中途に終わったとしても，「裁判上の催告」として６か月の完成猶予効が認められていた行為については引き続き同様の完成猶予効が認められ得る点で，従前と大きな違いはないと考えられる。改正民法150条において催告による時効の完成猶予の規定が残っているため，少なくともこれに依拠して「裁判上の催告」の構成をとることは可能であるためである（再度の催告のような場合については別途留意が必要となる）。以下，理論上の整理にすぎない面があるが，念のため整理する。

まず，(i)当該手続に係る訴訟物としての狭義の「裁判上の請求」については，改正民法147条１項括弧書が，当該「裁判上の請求」の対象となる権利について，手続終了の時から６か月が経過するまで完成猶予効を認めている。この括弧書は，現行民法の時効中断効果阻却事由の効果と従前の「裁判上の催告」の効果を合成したものといえる。[154)] [155)] 他方，(ii)上記狭義の「裁判上の

153）基本的には，従前と同様，「差押え」等について時効中断を認める趣旨に照らし，当該行為の性質（公的機関に対して，自己の権利の実現を求める行為であるかどうか等）に基づいて判断されるのではないかと予想される。判例は，従前，配当要求（民執法51条）を差押えに準じるものと認めているが（最判平成11年４月27日民集53巻４号840頁），他方で，第三者の申立てに係る不動産競売手続において抵当権者が債権の届出をした上で受ける配当は差押えに準じるものとは認めていない（最判平成８年３月28日民集50巻４号1172頁）。二重開始決定の申立て（民執法47条）も「差押え」と捉えるべきとの見解がある（最判平成元年10月13日民集43巻９号985頁の最高裁判例解説333頁）。

154）訴えの交換的変更の場合において，当初の訴えが裁判上の催告として位置付けられ，時効中断効を維持する構成（最判昭和43年12月24日裁判集民93号907頁，最判平成10年12月17日判時1664号59頁）も（第３の２(2)カ参照），当初の訴えの取下げと新たな訴えの提起との間に時間的間隔はなく６か月の期間制限にかからないので，あえて「裁判上の催告」構成をとる必要もなくなるであろう。

155）なお，既に裁判外の催告をしている場合に，改正民法147条１項括弧書が適用されるかどうかについては，再度の催告に時効の完成猶予効を認めないこととの平仄との関係で，議論があり得

請求」以外の手続内の権利主張についてはどうか。まず(a)「裁判上の請求に準じるもの」については，上記①で述べた問題と同様の問題，すなわち，法令の文言上，「確定判決又は確定判決と同一の効力を有するもの」を求める請求に該当しないために，改正民法147条１項括弧書に基づく６か月の完成猶予効は認められないのではないかという問題が認められる。また，「裁判上の請求」及び「裁判上の請求に準じるもの」に当たらないが(b)訴訟において継続的に相手方に何らかの請求をしていたという意味での「裁判上の催告」（例えば，留置権の抗弁における被担保債権についての権利主張（権利行使）意思の表示等。最大判昭和38年10月30日民集17巻９号1252頁参照）については，改正民法147条１項括弧書の適用は望むことができない。上記(b)については，依然として催告に係る規定である同法150条を根拠として「裁判上の催告」の構成による６か月の時効の完成猶予効を主張することになるであろうし，上記(a)についても，同法150条を根拠とした裁判上の催告構成での完成猶予効を主張する余地があると考えられよう（ただし，上記(a)，すなわち「裁判上の請求に準じるもの」については，上記①（時効の更新効・完成猶予効を認めるか）の関係で同法147条２項に基づく時効更新効も認めるとしたら，手続中途終了の場合の６か月の時効完成猶予効も同条１項に求めることが自然であろう。）。

他方，改正民法では，「強制執行」等についても，中途終了の場合に６か月の完成猶予効が認められている（改正民法148条１項括弧書）。強制執行等については，従前は，該当行為が「相手方に対する権利主張に該当しない」として「裁判上の催告」の扱いを認めない（したがって６か月間の完成猶予効も認めない）とする判例もあったため，同項括弧書により，強制執行の関係では，執行手続の申立ての取下げ・取消等の手続中途終了事由が生じた場合も時効の完成猶予が認められる範囲が広がったという評価が可能である。[156] ただし，執行手続上のいかなる行為についてかかる完成猶予効が認められるかは別途

る（第３の２(2)カ参照）。

156）立法の趣旨は必ずしも明らかではないが，おそらく改正民法147条１項括弧書との平仄を意識して設けられたのではないか。突き詰めていけば，手続の申立ての取下げ・取消しがあったとしても，なお権利行使がなされていたという事実があることから，時効制度の趣旨を勘案して，一定の完成猶予効を認めたということになるのであろうか。

問題となる点に留意すべきであろう。例えば，担保不動産競売手続において，手続を申し立てていない抵当権者が民事執行法188条，50条に基づき債権の届出をして，当該届出に基づき配当を受けることは，判例上，差押えその他の時効中断事由に該当せず，これに準ずる時効中断の効力も認められないとされていたところ（最判平成８年３月28日民集50巻４号1172頁），それら「届出」や「配当を受けること」は，改正民法148条１項１号の「強制執行」や同項２号の「担保権の実行」には引き続き該当せず，結果として，同項括弧書に基づく完成猶予効も認められない可能性が相当程度あるのではないかと思われる。

イ　時的要素

(ア)　現行民法

次に，第二に，「時的要素」への視角が重要となる。時効の成否に時的要素が関係し，時効完成後に裁判上の請求等をしても時効を中断させることはできないためである。そこで，特に時効の完成猶予効が生じる基準時及び効力発生時が問題となる（時効の更新効の基準時については現行民法157条が規定しているが，時効の完成猶予効が生じる基準時については「裁判上の請求」を除き規定がなく，解釈が必要となる。）。

時効の完成猶予効の基準時については，まず，裁判上の請求等や強制執行等の場合，一般的には，権利者が権利の行使のために通常必要となる行為をした時，すなわち，裁判等の制度を用いることについて裁判所等の機関に申し立てた時と考えられる。最判昭和59年４月24日民集38巻６号687頁は，「民法147条１号，２号が請求，差押え等を時効中断の事由として定めているのは，いずれもそれにより権利者が権利の行使をしたといえることにあり，したがつて，時効中断の効力が生ずる時期は，権利者が法定の手続に基づく権利の行使にあたる行為に出たと認められる時期，すなわち，裁判上の請求については権利者が裁判所に対し訴状を提出した時，支払命令を申し立てた時等であると解すべきであり…差押えについては債権者が執行機関である裁判所又は執行官に対し金銭債権について執行の申立てをした時であると解すべき」としている。[157] 他方，催告や承認といった私的行為の場合，当該行為に係る表示が相手方に到達した時が基準時となる（大判昭和８年４月14日民集12巻616頁参照）。かかる完成猶予効は，手続が終了するまで持続し，手続終了時が時効更新効の基準時となる（現行民法157条）。

もっとも，その法的根拠については，別途検討の必要がある。この点「裁判上の請求」については，訴え提起の時が時効の中断の効力発生時とする明文の規定があるが（民訴法147条），「差押え」（現行民法147条２号）には，そのような規定はない。そして「差押え」は当事者の申立てとは別個の執行裁判所等による処分であり，当該処分がなされたこと（不動産執行の場合には送達又は差押えの登記を，債権執行の場合には第三債務者への送達を含む。民執法46条１項，145条４項）をもって，初めて時効中断の効力を主張でき，かかる時点が時効の完成猶予効の基準時であるという考え方もあり得るところである。

この点，現在の判例は，「権利者がなすべき行為をした場合には，当該行為完了時を基準時として基準時に時効中断の効力が発生するが，時効中断事由の要件事実を充足しなかった場合には，かかる効力が遡及的に消滅する」という考え方のように見える。例えば，上記最判昭和59年４月24日は，「動産執行の場合，その申立ての時に時効中断の効力が生ずるものと解すべきであるといつても，民法147条の規定の趣旨・目的から同条にいう差押えを債権者として権利の行使にあたる行為に出たと認められる申立てをも含めた手続の意義に解釈するにすぎず，現実に差押えがされることを要することはいうまでもないのであるから，当該申立てが取り下げられ若しくは却下されたことにより，又は債務者の所在不明のため執行が不能になつたことにより，結局差押えがされなかつた場合には，動産執行の申立てによつていつたん生

157）かつては，動産の執行については執行の着手時に時効中断の効力が発生し，着手前に時効期間が完成した場合には時効の中断ができないとしていた（大判大正13年５月20日民集３巻203頁）が，時効援用効の基準時についてのかかる考え方は上記最判昭和59年４月24日で否定された（担保不動産実行の申立てについては，古くから申立て時の時効中断が認められていた（大決昭和13年６月27日民集17巻1324頁）。そうした古い判例は，時効中断事由として規定されている「差押え」という文言や，執行官が差押えに着手する前は時効の利益を受ける者が時効中断を認識できないこと（例えば弁済の証憑等を破棄する可能性がある）等を意識して，効力発生時を差押えの着手時としていたものと思われる。

じた時効中断の効力は，遡及して消滅することになる」として，時効中断の効力発生には最終的には「差押え」等の時効中断事由の充足が必要であること（ただし，判例上，動産執行については差押えに着手すれば時効中断になるとされている。第３の３⑵イ参照），当該充足がなされなかった場合の「申立てにより生じた効力の遡及的消滅」という考え方を示している（なお，支払命令（現在の支払督促に相当する。）についても，送達で時効中断の効力が生じ，申請の日に遡及するとした判例がある（大判大正２年３月20日民録19輯137頁）。[158] 現在も支払督促の効力は債務者に送達されたときに生ずるので（民訴法388条２項），この判例の考え方が妥当し得るように見える。)。

そのような考え方は，理論上の問題をはらみつつも，[159] 法令の文言尊重の要請と，時効中断の趣旨（権利不行使への制裁であるならば，権利が適切に行使された時点を基準として保護をすべきという考え方）との調整として，一応，理解可能と思われる。

⑷　改正民法

改正民法においては違いが生じるか。「裁判上の請求」における時効の完成猶予効の基準時については，民事訴訟法147条の規定に実質的な変更はなく，変わらないと思われる。催告や承認についての基準時についても，時効の完成猶予効の要件は「催告があったとき」（改正民法150条），「承認があったとき」（同法152条）という記載であり，現行民法と基本的に文言は変わらないため，当該基準時も変わらないと考えられる。

他方，現行民法147条１号に規定する「請求」のうち裁判上の請求及び催告以外のものや，差押え等の強制執行については，改正前後で状況が変わっているため，検討が必要となる。なぜなら，改正民法においては，個別の時

158) なお，古い判例において支払命令は送達の段階で初めて時効中断の効力が生じるとされたのは，時効中断効果阻却事由を規定する民法150条が，支払命令の権利拘束の「効力」が発生していることを前提としているためであった（大判明治40年４月11日民録13輯423頁。当時の民事訴訟法387条１項は，権利拘束は支払命令を債務者に送達した時に効力を生ずる，と規定していた。)。

159)「差押え」等の法令の文言を尊重するという要請に答えてはいるが，今度は，強制執行の申立てにより一応時効中断効が生じることについて，法令上の根拠が認められないという問題を生じさせている。

効中断効果阻却事由の規定が削除され，また，強制執行については「差押え」等の個別の処分から「強制執行」に文言が変わるなど，完成猶予効の基準時や効力の遡及的消滅に係る法的根拠の状態が変わっているためである（ただし，仮処分及び仮差押えについては依然として改正民法149条に「仮差押え」「仮処分」という文言のまま残っているため，現行民法と大きく状況は変わらないと思われる。）。

まず，時効の完成猶予効が生じる基準時については，改正民法は特段規定を設けておらず，個別の時効中断効果阻却事由の規定が削除されているため，解釈問題となる。時効中断（完成猶予効）を認める趣旨が重要な手掛かりとなり，上述の最判昭和59年４月24日にいう「権利者が権利の行使をしたといえる」こと，すなわち「権利者が法定の手続に基づく権利の行使にあたる行為に出たと認められる時期」と考えるのが素直であろう（例えば，改正民法148条１項４号で財産開示手続が追加されたが，これについても申立て時が時効の完成猶予効の基準時となり，時効の完成猶予効の一応の効力が発生すると考えるのが素直であろう。）。

次に，判例のいう「時効中断効の遡及的消滅」構成についてはどうか。支払督促（改正民法147条１項２号）については，支払督促の効力は債務者に送達されたときに生ずると規定する民事訴訟法388条は変わらないので，債務者への送達がなければ時効完成猶予効は遡及的に無効となる可能性が相当程度あり，この点は改正前後で変わらないであろう（改正民法147条１項括弧書による６か月の完成猶予効が生じるかが争われる可能性はあるが，そもそも時効中断事由たる「支払督促」が生じていないとされる可能性が相当程度ある。）。他方，「差押え」については文言自体が消滅しており，「強制執行」という時効中断事由に該当しているかの解釈適用問題となるところ，例えば，動産執行において債務者所在不明で結局差押えができなかった場合には，そもそも改正民法148条１項１号要件である「強制執行」に該当しないとされるか，少なくとも６か月の完成猶予効も生じるかどうかは，現時点では明確ではないというところであろうか（動産執行により時効中断をすることはあまり想定できないが，仮に時効中断のための動産執行をする場合には，慎重な対応が必要となるであろう。）。

なお，時効の更新効の基準時は，現行民法157条が削除された結果，時効更新効の各根拠規定の解釈問題となる。ただ，同法157条１項は時効の更新効の基準時について「中断の事由が終了した時」からと規定していたところ，この文言は改正民法147条2項，148条2項の「同項各号に掲げる事由が終了した時」と実質的に変わらないのでおおむね扱いは変わらないと思われる。承諾についても通常，即時に更新効が生じる点は現行法と扱いは変わらないと考えられる。

ウ　時効中断の対象

それから，第三に，時効中断の「対象」への視角が重要となる。判例は，基本的には請求権単位で時効中断の対象を判断し，裁判上の請求や差押え等の公的制度を用いた時効中断では，請求あるいは執行されている権利に限定して時効中断を認めている。もっとも，判例は，例えば「裁判上の請求」との関係では，裁判上の主張について，「裁判上の請求に準じるもの」あるいは「裁判上の催告」として，訴訟物以外の権利について時効の更新効又は完成猶予効を認めることがある。さらに，公的制度を離れた「承認」や「裁判外の催告」については，何が時効中断に係る権利であるかは意思解釈の問題として，比較的広い範囲の権利について時効中断を認める余地がある。そのように，ある権利について時効中断効（少なくとも時効の完成猶予効）が認められるかについては，権利者の主張や表示の解釈の余地が相当程度ある点に留意すべきであろう。[160] また，請求権・訴訟物の関係では一部請求等の際の時効中断の範囲も問題となる。

改正民法においても，大きな状況は変わらないと思われる（「裁判上の請求に準じるもの」の扱いがなお明確ではない点は第3の1(5)ア参照）。

エ　私的行為の分析視角

第四に，「私的行為」による時効中断についても一定の視角を要する。それらについては手続法等が整っているわけではないため，解釈の余地が大きいためである。例えば，その法的性質（意思能力・行為能力との関係や，意思表示

160）もっとも，時効が公的制度の一面を有することを考慮すれば，契約の解釈（当事者の意思解釈）と異なり，当事者の行為のうち客観的な表示面が重視されるべきとの主張も考えられるため，時効中断を意識する場合には幅広に権利行使，権利主張に係る表示をすることが考えられるのではないか。

規定の適用の可否），方法（様式の存否，代理の可否，相手方）等が問題となる。[161)]

改正民法においては，大きな状況は変わらないと思われる。新たに設けられた協議を行う旨の合意による時効の完成猶予の合意（同法151条）については，私人間の権利義務を生じさせるものとはいえないかもしれないが，法律行為又はそれに準じるものと見ることになるのであろうか。

⑹　経過規定

改正法附則10条２項は「施行日前に旧法第147条に規定する時効の中断の事由……が生じた場合におけるこれらの事由の効力については，なお従前の例による」と規定している。現行民法と改正民法の違いとで結論が明らかに異なる点，例えば，仮差押えに時効の更新効が認められるかどうかという点で経過規定を論じる実益がある。また，前述のような改正民法において扱いに議論の余地がある事項，例えば「裁判上の請求に準じるもの」に時効更新効が認められるか（第３の１⑸ア(イ)），差押えが相手方所在不明で執行に着手できない場合の時効中断効の発生の有無等についても問題となり得る。

改正法附則10条２項でいう「旧法第147条に規定する時効の中断の事由」とは，現行民法147条に規定する「請求」，「差押え」等，「承認」であり，結局，現行民法における時効中断事由全般と理解される。また，改正法附則10条２項でいう時効の中断の「事由が生じた」とは，「事由が終了した」（同法157条１項）との対比から，例えば，「裁判上の請求」については訴えの提起がなされたこと，と理解するのが素直と思われる。他方で，「差押え」については，強制執行の申立て時ではなく，「差押え」の効力発生時であると解する余地もあるであろう（同法147条２号の「事由」発生時が問題となるためである。）。

⑺　その他留意点

多くの特別法において，時効中断についての特則が設けられている。例えば，倒産法上は，役員の責任の査定の申立てを「裁判上の請求」とみなす旨，規定されている（破産法178条４項等）。また，ADR機関を利用したが，所期の目的を果たせずに手続が終了した場合に，一定期間内に訴えを提起した場合

161）時効の援用，時効完成後の時効利益の放棄，時効完成後の債務承認にも共通する問題である。

にはADR手続における請求の際に訴えが提起されたものとみなされる（銀行法52条の74第1項，保険業法308条の14第1項等）。行政庁に対する一定の審査の申立てや審査請求を裁判上の請求とみなす例もある（労基法85条5項，公害健康被害の補償等に関する法律106条3項等）。[162]

2　請　求

(1)　総　論

ア　現行民法147条1号

現行民法では，147条1号が時効中断事由の1つとして「請求」を規定している。旧民法証拠編109条では「裁判上の請求」と「催告」が法定中断事由として分けて規定されていたが，まとめられたものである。「請求」とは，一般的には，相手方に対して一定の行為を要求することをいい，同号の関係では，裁判等を用いた請求と裁判外の請求の両方が含まれる（大判大正5年2月8日民録22輯387頁参照）。もっとも，時効を中断させるためには，上記抽象的な「請求」ではなく，「裁判上の請求」「支払督促」等のより具体的な類型の中断事由を通常主張すべきことになる。紛争の終局的解決を目指す文脈では，時効が確定的に中断したことの主張が重要となるところ，催告（これも「請求」に含まれる。）では6か月内の暫定的な中断しか認められないため，催告と区別された時効中断事由としての「請求」の主張が，通常必要となるためである。

上記のような具体的な時効中断事由（「裁判上の請求」等）に係る具体的な主張事実は，類型ごとに判断されるべき事柄となるが，裁判上の請求であれば，時効完成前に訴えを提起したこととなる（民訴法147条）。支払督促については，「支払督促が効力を生じたことを基礎づける事実」（同法388条2項参照）までを主張すべきという見解が有力であることに留意する必要がある。[163]

162）現行民法については「時効の中断」で，改正民法施行後は「時効の完成猶予及び更新」でe-Gov法令検索で用語検索すると，多くの例がヒットする。なお，「民法の一部を改正する法律の施行に伴う関係法律の整備等に関する法律」で，時効の更新・完成猶予に合わせた見出しの変更等の関係で多くが改正されており，網羅的な把握の観点から参考になる。

163）「支払督促」という法律の文言を重視し（支払督促の効力は送達時に生じる。民訴法388条2

時効中断事由は時効完成を阻むために主張されるものであるため，時的要素が必要となる。時効完成猶予効の基準時は，第3の1(5)イで述べたように，通常，裁判等の制度を用いることについて裁判所等の機関に申し立てた時であり，裁判上の請求であれば訴えの提起の時となる（民訴法147条）。時効中断効（完成猶予効）は，請求が終了する時まで続き（現行民法157条1項参照），裁判上の請求については裁判が確定した時まで続く（同法147条）。

他方，現行民法149条から153条までに規定される時効中断効果阻却事由は，時効中断の効果を否定すべき相手方が主張立証すべき事実となる。また，民法157条に規定する時効の新たな進行を基礎付ける事実についても，時効の中断を前提として，新たに進行を開始した時効期間の完成を主張する者（すなわち時効中断を主張する者の相手方）が主張立証すべき事実となる。

イ　改正民法147条

改正民法においても，上述のような現行法の取扱いは大きくは変わらないと考えられる。

現行民法における「請求」の形式による時効の中断については，別途改正民法150条に規定される催告を除き，同法147条に規定される。

実体法の側面において現行民法との違いを確認すると，時効の完成を阻むための時効完成猶予効の根拠規定となる改正民法147条1項では，同項各号に掲げる事由において，現行民法において「請求」の類型に該当するとされる時効中断事由の類型（「裁判上の請求」等）を，催告を除き，網羅している。現行民法149条から153条までに規定される個別の時効中断効果阻却事由は，裁判上の催告の趣旨を踏まえた改正民法147条1項括弧書に発展的に解消される。[164] 時効更新効に係る現行民法157条には，同条2項が対応している。

項），また，支払命令の送達で時効中断の効力が生じ，申請の日に遡及するという古い判例を前提としてか（大判大正2年3月20日民録19輯137頁），「支払督促」を得たことを主張すべき事実として求める見解が有力である。

164）なお，改正民法147条1項括弧書に基づく6か月の完成猶予効が生じている間に，通常の催告をすることで再度の完成猶予効が認められるかは条文上明らかではないが，同条1項括弧書が「裁判上の催告」を条文化したという沿革に照らすと，同法150条2項が類推される危険があるように思われる。

主張立証責任の側面において現行民法との違いを確認すると，改正民法147条１項に係る主張立証責任の分配については，以下のように考えられる。まず，(a)時効の中断（時効の完成猶予）を主張する者が「同項各号に掲げる事由が時効完成前に生じたこと」を主張立証する。それにより，時効の完成猶予効が一応生じ，「時効が完成しない」という意味で時効完成の効果を阻まれ，当初の時効期間についての時効援用ができなくなる。次に，(b)当初の時効期間による時効完成をなお主張したい者が，「確定判決又は確定判決と同一の効力を有するものによって権利が確定することなくその事由が終了した」こと（訴えの取下げ等）及び終了時から６か月が経過したことを主張立証する。(b)は，時効の完成猶予効の根拠規定である同項自体の括弧書において規定されるものではあるが，当該文言に該当した場合の効果が時効の完成猶予効の期間を限定するものであること及び改正前の時効中断効果阻却事由の主張立証責任の状況等から，時効完成猶予効を限定しようとする者が主張立証すべきものと解することが素直であろう。また，そのように主張立証責任を理解するとしたら，時効の中断を主張する者が時効の更新についての改正民法147条２項に規定する事実を別途主張する必要はなく,[165] 同項に規定する事実については，引き続き，新たに進行を開始した時効期間の完成を主張する者が主張立証すべきことになる。

そのように考えると，現行民法と同様，時効の中断の効果を主張する者が,「裁判上の請求」等具体的な時効中断事由を時的要素とともに主張すべきこと，そうした時効の中断の効果を限定しようとする者が訴えの取下げ等の手続中途終了事由（時効中断効果阻却事由に対応）を主張すべきこと等の主張立証責任の基本的な構造は変わらないということができる（改正民法147条１項各号に定められている事由は，現行民法149条から152条までに規定されている具体的な時効中断事由と基本的に変わらないし,[166] 時的要素は時効完成を阻むという性質から導かれるも

165）改正民法147条２項は「第１項各号に掲げる事由が終了した時」を要件としているところ,「当該事由が終了した」という事実には,「当該事由が発生した」という事実が前提となっているため，同条項に定める事実は，時効中断をする者が同条１項において主張立証を求められる事実を包含することになり，過剰主張となる。

166）「裁判上の請求」であれば，具体的事実としては，訴えの提起を主張すべきことになる（改正

のであり改正前後で必要性に変わりはない。)。

なお，改正民法147条２項は，「確定判決又は確定判決と同一の効力を有するものによって権利が確定」した場合において，時効の更新効が生じるべきことを規定している。これは，現行民法157条２項の「裁判上の請求によって中断した時効は，裁判が確定した時から，新たにその進行を始める」を引き継ぎ，かつ，その他の裁判制度等を用いた請求に拡張するものと考えられる。改正民法147条２項の文言からすると，時効の更新効が認められるのは，訴訟であれば「権利が確定」した請求（訴訟物である請求）に限り，従前の判例のいう「裁判上の請求に準じるもの」（訴訟物そのものではない請求権）には認められないと読む方が自然なようにも見える。同項を従前の判例と整合的に理解するとしたら，「権利が確定した」にいう「権利」とは時効中断が争われるべき権利ではなく，単に形式上の訴訟物をいう（同項にいう「時効」がどの権利についての時効であるかは別途解釈で定めるべき問題である）という整理をするか，あるいは端的に改正民法147条１項１号，同条２項の類推適用という考え方もあり得るであろう（第３の１(5)ア(イ)も参照されたい)。

また，時効中断効果阻却事由について，従前の判例では，例えば，訴えの取下げについて，時効中断効を覆滅させるに至らない場合があることが認められていた（最判昭和50年11月28日民集29巻10号1797頁等)。そのような処理は権利者が権利についての判決による公権的判断を受ける機会を放棄したわけではないといった理由で正当化されており，今後も実質的に妥当する余地がある。ただ，訴えの取下げについては，従前，判例上認められていた例が訴えの交換的変更や二重起訴の前訴取下げといった，既に後行の訴えが提起されている事例であるため，改正民法の下では，従前の判例と異なり，改正民法147条１項括弧書の６か月の期間制限があれば保護として充分であるとされる可能性が相当程度あると思われる（第３の２(2)カ参照。他方，権利者と手続の申

民訴法147条参照)。もっとも，「請求」（現行民法147条１号）という中核的な要件が削除されたにもかかわらず，改正民法147条１項３号の「調停」を「調停の申立てをしたこと」や「調停において請求をしたこと」等と解釈できるかは，文言という原点に返ると疑問の余地がないではない。結局，解釈において改正民法147条は現行民法147条１号の「請求」の類型を引き継いだものという沿革を援用することが必要となるのではないか。

立者が異なる執行手続においては，なお限定解釈の余地がある。最判平成11年4月27日民集53巻4号840頁参照)。

(2) 裁判上の請求

ア 意 義

「裁判上の請求」とは，字義通り裁判により請求を行うことであるが，数次の判例により，その実質的範囲は拡張されている。

まず，「裁判上の請求」自体は，判例上，訴えの提起における訴訟物としての請求のように，その存否について公権的判断を求める対象としての「請求」そのものに限定して扱われている。ここでいう「請求」とは給付請求はもちろんのこと，[167] 確認請求でもよく（大判昭和5年6月27日民集9巻619頁），反訴による請求でもよい。[168] 破産手続開始決定の申立ても「裁判上の請求」に含まれる（大判明治37年12月9日民録10輯1578頁，最判昭和35年12月27日民集14巻14号3253頁）。[169]

さらに判例は，一定の場合には，かかる公権的判断の対象としての「裁判

167）なお，給付請求（所有権に基づく抹消登記手続請求）により，相手方の取得時効が中断するとした例として大判昭和13年5月11日民集17巻901頁がある（取得時効の関係では，元々訴訟物を厳格に限定してはいないともいえる。)。

168）債務不存在確認請求訴訟に対する応訴において相手方が訴えを取り下げた場合には，現行民法では，149条により応訴による時効中断の効力も阻却されると考えられる。裁判上の催告による6か月の完成猶予効は認められるとしても，当該手続において時効更新効を得る道が閉ざされるため，反訴による時効中断が重要となる。改正民法では，そのような場合，応訴によって少なくとも権利主張の表示がなされているものとして一定期間の完成猶予効が生じる可能性が相当程度あると思われるが，更新効を得るためには反訴を提起しなければならない点は変わらない。

169）対して，ある裁判上の請求が，別の請求権との関係で「裁判上の請求」そのものには当たらないとされた例として，以下のものがある。まず，譲渡担保の担保目的物の引渡請求は被担保債権との関係では「裁判上の請求」ではない（大判昭和2年9月30日法律新聞2771号14頁)。同一の事実関係を基礎としていても，銀行が荷受人に代位してした損害賠償請求は，銀行の貨物引換証所持人として損害賠償請求権との関係では「裁判上の請求」ではない（大判昭和7年7月6日大審院裁判例6巻民210頁)。詐害行為取消権の行使は，債務者に対する請求権との関係では「裁判上の請求」ではない（大判昭和17年6月23日民集21巻716頁)。また，第三者への貸金の連帯保証の趣旨で作成された公正証書に基づき，「貸金の弁済」を求める支払督促をしたところ，かかる支払督促は連帯保証債務履行請求権の時効を中断しないとしたものとして最判平成29年3月13日判時2340号68頁がある。現在では，判例理論において「裁判上の請求に準じるもの」という考え方が確立し，時効中断効の有無が争いになる場面では，より範囲が緩やかな「裁判上の請求に準じるもの」への該当性が争われる方が多いと思われるが（そして改正民法下においても同様に取り扱われる可能性が高いと思われるが)，理念的な類型としての「裁判上の請求」の先例として押さえておく意義がある。

上の請求」そのものではなくても，「裁判上の請求に準じるもの」として，時効中断を認めている。[170) 171)] まず，第一に，消極的確認訴訟において権利があると主張して応訴する場合が挙げられる。例えば，債務不存在確認請求に対して債権の存在を主張する応訴や（大判昭和14年３月22日民集18巻238頁），請求異議訴訟において弁済の事実を否定して債権の存在を主張すること（大判昭和17年１月28日民集21巻37頁。ただし，請求異議訴訟において債権の存否について実体上の判断がされなかった場合には消滅時効中断の効力は生じない。最判昭和48年２月16日民集27巻１号149頁参照。）は「裁判上の請求に準じるもの」として扱われている。また，第二に，所有権移転登記抹消登記手続請求訴訟において自己の所有権を主張したときのように（最大判昭和43年11月13日民集22巻12号2510頁[172)]），訴訟物と対象となる権利が密接に関連している場合にも「裁判上の請求に準じるもの」と扱われる場合がある。例えば，債務不存在を理由とする抵当権登記抹消登記手続請求訴訟において被担保債権が存在することを主張した場合（最判昭和44年11月27日民集23巻11号2251頁[173)]），共有物分割請求訴訟において請

170）なお，大判昭和５年６月27日民集９巻619頁は債権質の設定者が債権関係のみならずその基本的な法律関係（当該事案では保険契約関係）の確認を求めて訴訟を提起した場合に，質入債権について時効が中断することを認めている。これについては「裁判上の請求」の範囲を広げるものとして当時の学説上批判が強かったとされ，また，基本的法律関係を確認しても個別の請求権の存否等とは距離がある点で「裁判上の請求に準じるもの」に該当するかも疑問があり，当該判例の位置付けは難しいと言わざるを得ない。

171）どのように訴訟物を立てて紛争に臨むかはある程度技術的な面もあること，訴訟物になっていなくても当事者の主張等に表れている場合にはなお，権利不行使への制裁を認めるに足りない場合があることから，「裁判との請求に準じるもの」という考え方は支持できるだろう。

172）同判決の最高裁判例解説は，判例理論においては，相手方から提起された訴が，問題となっている権利そのものの否定主張であるか，あるいはそれと同視できるため，相手方の請求が棄却されたときは，被告の応訴によって主張されたその権利の存在が確定ないしはそれと同視できることとなり，あたかも被告がその権利を訴訟物として訴を提起したのと実質的に異ならないものと評価できる場合に，被告のその権利主張が，「裁判上の請求に準ずるもの」として時効の中断事由になる，とし（訴訟法説と実体法説との一種の折衷的立場），一方，訴訟物とは全く別個な権利の主張は，「催告」として時効の中断事由になる，としているように思われる，としており，その後の最高裁判例解説でも引用された例がある。

173）同判決の最高裁判例解説は，同判決と，留置権の抗弁については「裁判上の請求に準ずるもの」に該当するとしなかった最大判昭和38年１月30日民集17巻１号99頁との区別について「既判力的な面から，留置権の被担保債権と訴訟物たる権利関係との間にはなんら論理必然的な牽連性は認められず，前者がたまたまその訴訟で主張されていても判決によって実質上確定されるものとはいいがたいのに反し，抵当権設定登記抹消請求訴訟においては，被担保債権の存否が訴訟物たる登記抹消請求権の存否を直接に基礎づけるものであって，その法律上の牽連性がきわめて密

求の相手方Y_1が取得時効を援用したのに対してY_2が請求原因事実を認め自らに共有持分があることを主張した場合（最判昭和44年12月18日判時586号55頁）について，「裁判上の請求に準ずるもの」と認められている。さらに，手形金請求訴訟の提起は，原因債権についても「裁判上の請求に準ずるもの」があったものとされている（最判昭和62年10月16日民集41巻７号1497頁）。

他方，所有権に基づく引渡請求に対する留置権の抗弁に含まれる被担保債権の主張（被担保債権との関係。最大判昭和38年１月30日民集17巻１号99頁）や，所有権に基づく建物登記抹消請求（請負代金債権との関係。最判平成11年11月25日判時1696号108頁）の事案においては，「裁判上の請求に準ずるもの」該当性が否定されている。[174] 明示的一部請求における残部についても，弁済や相殺の抗弁が主張されて債権総額の認定がされている場合であっても，「裁判上の請求に準ずるもの」該当性が否定されている（最判平成25年６月６日民集67巻５号1208頁。ただし「裁判上の催告」該当性は原則として肯定された。第３の２⑵ウ参照）。

なお，境界確定訴訟については，従前より，その提起により所有権の取得時効を中断させるものと理解されている（大判昭和15年７月10日民集19巻1265頁，最判昭和38年１月18日民集17巻１号１頁，最判平成元年３月28日判時1393号91頁）。時効法との関係では，境界確定訴訟の特殊性に留意した位置付けが必要であろうか。

この第３の２⑵アの内容は，「裁判上の請求」の文言や時効中断における基本的な位置付けは変わっていないため，改正後も基本的に変わらないと考えられる（ただし，改正民法147条２項の効果が「裁判上の請求に準じるもの」についてもそもそも認められるか等については，第３の１⑸ア(ｲ)，２⑴イを参照されたい）。

接であり，後述のように判決によって前者も確定されるのと等しい効果をもつということに説明を求める方が，適切に思われる」と述べている。

174）なお，執行手続における行為について「裁判上の請求に準ずる事由」該当性が否定されたものとして，最判平成元年10月13日民集43巻９号985頁（不動産強制競売手続において催告を受けた抵当権者がする債権の届出（主債務との関係）。破産手続参加該当性も否定），最判平成８年３月28日民集50巻４号1172頁（当該届出に基づき配当を受けた場合（主債務との関係）），最判平成８年９月27日民集50巻８号2395頁（連帯保証債務を担保するために抵当権を設定した物上保証人（主債務者とは異なる者）の抵当不動産に対する競売申立て（主債務との関係））がある。

イ　「裁判上の請求」の方法

「裁判上の請求」に該当するためには，相手方を付遅滞とする請求であることを要さないと解されている（その結果，「裁判上の請求」（訴えの提起）がなされた時に，時効の完成猶予効が認められる。）。例えば，相手方が同時履行の抗弁権を主張可能であっても「裁判上の請求」足り得る。また，権利の行使要件が満たされていない場合でも「裁判上の請求」に該当し得る。手形訴訟関係では，手形を所持しない訴訟提起（最判昭和39年11月24日民集18巻９号1952頁），白地手形において白地未補充でした訴訟提起（最大判昭和41年11月２日民集20巻９号1674頁，最大判昭和45年11月11日民集24巻12号1876頁）が「裁判上の請求」に該当するとされた。[175] 時効期間の進行開始前の訴訟提起であっても時効中断を認めた判例もある（大判昭和５年６月27日民集９巻619頁）。

「裁判上の請求」は私法上の請求に限定され，行政庁に対する取消訴訟等によっては時効は中断しない（大判大正５年２月８日民録22輯387頁，最判昭和47年12月12日民集26巻10号1850頁，最判昭和49年11月28日判時765号71頁，最判昭和49年２月７日裁判集民111号61頁）。ただし，行政庁に対する一定の審査の申立てや審査請求を裁判上の請求とみなす規定があることに留意が必要となる（第３の１⑺参照）。

債権者代位権により権利行使がされる場合，債務者の第三債務者に対する関係でも時効は中断される（大判昭和15年３月15日民集19巻586頁）。改正民法における債権者代位権に係る規定の改正後も，代位債権者が法定訴訟担当であることは変わらないため，上記規律も維持されるのではないかと思われる。

この第３の２⑵イの内容は，第３の２⑵アにおいて述べた理由と同様の理由により，改正後も基本的に変わらないと考えられる。

ウ　一部請求と中断の範囲

明示的一部請求がなされた場合には，時効中断効（完成猶予効及び更新効）の範囲は当該請求部分のみに及ぶ（大判昭和４年３月19日民集８巻199頁，最判昭

175）また，裏書の連続を欠く手形による手形金請求の訴えを提起した場合でも，手形所持人がその実質的権利を証明するときは，右手形債権の消滅時効は中断する，とされる（最判昭和57年４月１日判時1046号124頁）。

和34年２月20日民集13巻２号209頁，最判昭和43年６月27日裁判集民91号461頁，最判平成25年６月６日民集67巻５号1208頁)。「裁判上の請求」の解釈適用問題としては訴訟物となっていたものに限定されざるを得ないし，権利不行使への制裁の観点からも正当化され得るであろう。ただし，債権者が将来にわたって残部をおよそ請求しない旨の意思を明らかにしているなど，残部につき権利行使の意思が継続的に表示されているとはいえない特段の事情のない限り，当該訴えの提起は，残部について，裁判上の催告の範囲内での消滅時効の中断の効力（６か月の完成猶予効）を生ずる（前掲・最判平成25年６月６日)。

他方，明示的請求がされていない場合には，債権の一部の請求であっても，当該債権の同一性の範囲内でその全部について時効中断効が及ぶ（最判昭和45年７月24日民集24巻７号1177頁)。

この第３の２(2)ウの内容は，第３の２(2)アにおいて述べた理由と同様の理由により，改正後も基本的に変わらないと考えられる。[176)]

エ　時効中断効の基準時

時効の完成猶予効については，裁判上の請求は訴えを提起した時（訴えの変更の場合にはその旨の書面を裁判所に提出した時）にその効力が発生するとされ（民訴法147条)，[177)] 時効の完成猶予効が生じる（訴え提起時が基準時かつ効力発生時となる)。改正民法においても同様である（改正民訴法147条[178)])。反訴も訴え提起の時となる（民訴法146条４項，147条)。訴えの提起による時効中断の効力発生の時期は，訴状受理の時であって，訴状送達の時ではない（大判大正４年４月１日民録21輯449頁，最判昭和38年２月１日裁判集民64号361頁，最判昭和59年４月24日民集38巻６号687頁)。なお，債権法改正の立案担当者は，訴状却下の場合には時

176）改正民法147条１項括弧書による６か月の時効の完成猶予効も，明示的一部請求の場合の一部請求部分にしか生じず，残部の請求権部分の時効中断については別途「裁判上の催告」があることを要するが，前掲・最判平成25年６月６日に基づき，通常は裁判上の催告（改正民法150条）が認められると解するのが自然であろう。

177）訴状の提出先が管轄違いの場合には，移送されるまでは「訴訟の裁判所への提出」がないということであろうか（民訴法133条１項，147条)。

178）なお，改正後民事訴訟法147条は，「時効の完成猶予」に必要な裁判上の請求があったものとする，として，時効の更新効と分けて規定している。

効完成猶予の効力が生じないと解すべきとしており,[179] 留意が必要となろう。また，特別法において，一定の申立て等をしたが奏功しなかった場合に,「訴えの提起があったものとみなす」場合がある（例えば労働審判法22条１項)。

いわゆる「裁判上の請求に準じるもの」については，時効の完成猶予効の基準時は時効中断の対象となるべき権利の存在を主張したときと考えられる（最判昭和44年11月27日民集23巻11号2251頁参照)。消極的確認訴訟に対する応訴の場合には時効中断の効力発生時は答弁書等を提出したとき又は口頭弁論で主張したときとされる（大判昭和14年３月22日民集18巻238頁)。

時効の更新効については，裁判が確定した時に生じる（現行民法157条２項)。改正民法においても同様と考えられる（同法147条２項)。

オ　裁判上の催告

「裁判上の催告」とは，一般的には，裁判手続における権利行使の意思の継続的な表示であるとされる（最判昭和45年９月10日民集24巻10号1389頁，最判平成25年６月６日民集67巻５号1208頁)。

「裁判上の催告」は，幾つかの文脈で用いられる。第一に,「裁判上の請求」や「裁判上の請求に準じるもの」を補完するものとして用いられる。例えば，訴えが何らかの理由で取り下げられた場合，当該「裁判上の請求」による時効中断効自体は遡及的に無効とならざるを得ないが（現行民法149条),一度は「裁判上の請求」として権利行使をしていた事情に鑑み時効の完成猶予効を完全に否定することが不相当であり，当該裁判手続において主張することにより継続的な請求がなされていたとして,「手続終了時」から６か月間の完成猶予効（同法153条参照）を認めるべきという見解が有力であり，判例においても認められるに至っている。[180] この第一の用法は，改正民法148条１項括弧書に置き換えられる（同括弧書の効果を主張すれば足り，別途裁判上の催告を主張する実益がない。)。

第二に，訴訟において訴えを追加した場合等において，当初の請求には,

179）筒井健夫ほか『一問一答民法（債権関係）改正』（商事法務，2018年）48頁。
180）明示的一部請求の場合に，残部についても通常，裁判上の催告を認めるものとして，最判平成25年６月６日民集67巻５号1208頁参照。

追加された請求に係る権利行使の主張が含まれていたため，当初の請求の時より継続的に時効中断効が生じていたとして，追加された請求について時効完成を阻むために用いられる。例えば，当初提起した所有権移転登記手続請求には知事に対する許可申請手続を求める催告が含まれていたとする例（最判昭和43年12月24日裁判集民93号907頁）や，金員の着服を理由とする不法行為に基づく損害賠償請求について，基本的な請求原因事実を同じくする請求であり着服金相当額の返還を請求する点において経済的に同一の給付を目的とする関係にあるなどの事情の下においては，不当利得返還請求権について催告が継続していたとする例（最判平成10年12月17日判時1664号59頁）がある。この第二の用法は，当初の「裁判上の請求」に係る権利についての完成猶予効には相当しないから，改正民法においても催告の規定（改正民法150条）に根拠を求めることになろう。

第三に，「裁判上の請求」や「裁判上の請求に準じるもの」に係る権利ではないが手続上，権利行使の意思が表示された権利について，「手続終了時」から６か月間の完成猶予効（現行民法153条参照）を認めるために用いられる。判例は，例えば，留置権の抗弁について，民法300条が「留置権の行使は，債権の消滅時効の進行を妨げない」と規定しているにもかかわらず，「被担保債権の履行さるべきものであることの権利主張の意思が表示」されていたとし，また，留置権の抗弁は撤回しない限り訴訟係属中継続して効力を有するとして，その間の時効中断効を認めている（最大判昭和38年10月30日民集17巻９号1252頁。なお，「催告」の意義については第３の２(4)も参照）。かかる裁判上の催告は，時効の利益を受ける者に向けられたものである必要がある（最判平成８年９月27日民集50巻８号2395頁参照。[181]）なお，訴訟告知について，大阪高判昭和56年１月30日判時1005号120頁が「訴訟告知書中に，告知者が被告知者に対し債務の履行を請求する意思が表明されている場合には，民法153条所定の催告の効果があるものと認めるの

181）同判決や関連判決の傾向からは，「裁判上の催告」についても，「催告」ひいては「請求」の一種として，時効の利益を受ける者に対して義務の履行を求める表示を求めることが必要条件として求められるようにも見える。

が相当」としている。[182]）。この第三の用法も，当初の「裁判上の請求」についての完成猶予効ではないから，改正民法においても催告の規定に根拠を求めることになろう。[183]

なお，既に裁判外の催告をしている場合に，それとは別に裁判上の催告により時効の完成猶予効を得ることについては許容されない（最判平成25年６月６日民集67巻５号1208頁。改正民法150条２項）。

以上のように，現行民法における「裁判上の催告」は，一部は改正民法147条１項括弧書に吸収されるものの，実質的な規律内容は基本的に変わらないと思われる（なお，第３の２(2)カ参照）。

カ　訴えの却下・取下げ

現行民法149条は，裁判上の請求は，訴えの却下又は取下げの場合には，時効の中断の効力を生じないと規定している。旧民法証拠編111条１項では方式の無効や管轄違の裁判所への裁判上の請求の場合にも時効中断の効力を認めていたが，不適法な裁判上の請求に効力を認めるべきではないし，例外を規定するならば他の法定中断事由についても同様の手当てが必要となるとして改められたという沿革がある（民法議事速記録第４巻186頁）。

「訴えの却下」とは一般に，訴訟要件が欠けているために訴訟上の請求の当否につき判断せずに訴えを退けることをいう。上記のような立法の経緯から管轄違の却下を含み（ただし，民事訴訟法16条１項は管轄違の場合の職権移送を定めている。），また，請求自体不当の却下も含む（大判明治36年９月８日民録９輯951頁，大判明治37年７月21日民録10輯1079頁，大判明治42年４月30日民録15輯439頁）。

「訴えの取下げ」とは，一般に，原告がその提起した訴えの全部又は一部

182）なお，訴訟告知については，手形法86条は，裏書人が訴えを受けた場合に前者の裏書人等に訴訟告知した場合の時効中断について規定している。また，地方自治法242条の２第８項は，住民訴訟において，損害賠償又は不当利得返還の請求をすべき相手方に対する訴訟告知を「請求」とみなす旨を規定している。

183）なお，やや特殊だが，商行為の代理における相手方の選択権との関係で（商法504条），代理人がした商行為による債権につき本人が提起した債権請求訴訟の係属中に，相手方が商法504条ただし書に基づき債権者として代理人を選択したときは，本人の請求は，当該訴訟が係属している間代理人の債権につき催告に準じた時効中断の効力を及ぶ，とする判例がある（最判昭和48年10月30日民集27巻９号1258頁）。

を撤回する訴訟行為をいう（民訴法261条）。ただし，「訴えの取下げ」であっても，権利について判決による公権的判断を受ける機会を放棄したものでないような場合には，訴え提起による時効中断効が否定されない。二重起訴を解消するために前訴が取り下げられたが前訴の請求がそのまま後訴においても維持されている場合（最判昭和50年11月28日民集29巻10号1797頁）が該当する。

同様に，訴えの交換的変更（当初の訴えの取下げ）において，当初の訴えによる時効中断の効力を否定しなかったものとして，係争地域が自己の所有に属することの主張は前後変わることなく，ただ単に請求を境界確定から所有権確認に交替的に変更したにすぎない場合（最判昭和38年１月18日民集17巻１号１頁）がある。当初は債権者代位訴訟を提起した債権者が訴訟係属中に該当権利を譲り受けて自己の権利として主張した場合に当初の訴え提起についての時効中断効を維持した判例（最判昭和44年２月14日裁判集民94号311頁）もそうした例外に該当するものといえよう。

なお，当初の訴えにおける請求に交換後の訴えに係る催告が含まれていたとして，裁判上の催告の構成により，当該交換後の訴えまで時効中断効が維持されているとされた判例として，最判昭和43年12月24日裁判集民93号907頁（農地の所有権移転登記手続請求と知事への許可申請手続請求），最判平成10年12月17日判時1664号59頁（金員の着服を理由とする不法行為に基づく損害賠償請求と，当該着服金員相当額の不当利得返還請求）がある。

改正民法においては，時効中断効の遡及的無効をもたらすものとしての「訴えの却下」「訴えの取下げ」の規定は削除され，裁判上の催告の趣旨を踏まえた手続事由時から６か月の完成猶予の規定に置き換えられた（改正民法147条１項括弧書）。ここでの事由終了時は様々と考えられるが，当然，「訴えの却下」「訴えの取下げ」も含まれるであろう。

現行民法と改正民法とで違いはあるか。まず，「訴えの却下」の場合については，大きな違いはないと思われる。当該事由が認められた場合の救済については，現行民法においても「裁判上の催告」の構成により時効の完成猶予を認める救済がなされ（第３の２(2)オ参照），それは改正民法147条１項括弧書に引き継がれている。「訴えの却下」の範囲についても，現行民法は「訴えの却下」を広く認め（「訴えの却下」の種類を限定しておらず），同項も「法律の規定に従わないことによる取消しによってその事由が終了した場合」と広く認めている。[184] ただし，現行民法においては，既に裁判外の催告をしている場合にそれとは別の裁判上の催告により時効の完成猶予効を得ることについては許容されないとする趣旨の判例がある（最判平成25年６月６日民集67巻５号1208頁）。この理が従前の「裁判上の催告」の趣旨を斟酌した改正民法147条１項括弧書にも該当するか（括弧書の要件が制限解釈され，６か月の完成猶予効も認められない場合があるか）は，なお議論の余地があるであろう。[185]

他方，「訴えの取下げ」についてはどうか。こちらも，当該事由が認められた場合の救済については大きな違いはない。ただ，「訴えの取下げ」の範囲については，上述のように，判例上，時効中断効を認めると述べられている場合があったが，改正民法147条１項では６か月内の完成猶予効が認められているにすぎない。そこで，そのような６か月の完成猶予効を超えた時効中断効（更新効）が認められるかが問題となるが，従前，判例において時効中断効が認められていた場合とは，訴えの交換的変更や二重起訴の前訴取下げといった，既に後行の訴えが提起されている事例であるため，改正民法147条１項括弧書の６か月の期間制限があれば保護として充分であるとされる可能性が相当程度あると思われる。

⑶　その他の法律上の手続に基づく請求

ア　支払督促

現行民法150条は，支払督促は，債権者が民事訴訟法392条に規定する期間内に仮執行の宣言の申立てをしないことによりその効力を失うときは，時効の中断の効力を生じないと規定している。旧民法にはこれに相当する規定がなかったが，立案過程において，訴えの取下げ等について規定するのであれ

184）なお，訴訟要件には「訴えの利益」等，民事訴訟法に明確に規定されていないものもあると思われるが，「法律の規定に従わない」とはそうした不文の要件を満たさない場合も含むと理解することになろうか。

185）条文の文言を素直に受け止めれば，かかる限定解釈をみだりに認めるべきではないという主張が可能かもしれない（裁判外の催告と，裁判上の催告とで，権利行使の程度が異なるという区別も可能であろう。）。

ば，支払命令（旧民訴法382条以下。なお，平成８年新民事訴訟法で「支払督促」に用語が改められた。）についても規定すべきとして挿入されたという沿革がある（民法議事速記録第４巻209頁以下）。

支払督促は，金銭その他の代替物又は有価証券の一定の数量の給付を目的とする請求についての特別訴訟手続（民訴法382条以下）である（支払督促は，時効の更新効を認めるべき「請求」の一種であることは明らかであろう。）。支払督促は債務者に送達されなければならず，支払督促の効力は債務者に送達されたときに生ずる（同法388条１項・２項）。債務者が支払督促の送達を受けた日から２週間以内に督促異議の申立てをしないときは，債権者の申立てにより，支払督促に仮執行の宣言が付される（同法391条１項）。他方で，債権者が仮執行の宣言の申立てをすることができる時から30日以内にその申立てをしないときは，支払督促は，その効力を失う（同法392条）。仮執行の宣言を付した支払督促に対し督促異議の申立てがないとき，又は督促異議の申立てを却下する決定が確定したときは，支払督促は，確定判決と同一の効力を有する（同法396条）。

時効の完成猶予効の基準時・効力発生時は，裁判所に申し立てた時となる（最判昭和59年４月24日民集38巻６号687頁）。古い判例では，支払命令（支払督促）は債務者に送達されなければ中断効は生じず（大判明治40年４月11日民録13輯423頁），支払命令の送達で時効中断の効力が生じ，申請の日に遡及するとされており（大判大正２年３月20日民録19輯137頁），現在においても，支払督促の効力は債務者に送達されたときに生ずるので（民訴法388条２項），この判例の考え方が一定程度妥当し得るように見える[186)]（時効中断を主張する際に主張すべき事実も，「支払督促が効力を生じたこと」（債務者への送達を含む。）となるという考え方が有力である）。

時効の更新効の基準時は中断事由の終了時となる。判例はないと思われるが，他の時効中断事由との平仄から，支払督促が確定判決と同一の効力を有

186）ただし，前掲・最判昭和59年４月24日の差押えについての時効中断の説示との平仄を考えると（第３の１(5)イ(ア)参照），現在では，支払命令の申立てで一応時効中断の効力は生じ，債務者へ送達されなかった場合に遡及的に効力を失うと考える方が自然であろうか。

するに至った時（同法396条）とする考え方が有力である（仮執行宣言が付された時，あるいは，仮執行が終わった時とする見解もある）。

改正民法においては，時効中断効の遡及的無効をもたらすものとしての「支払督促が債権者が民事訴訟法第392条に規定する期間内に仮執行の宣言の申立てをしないことによりその効力を失ったこと」に係る規定は削除され，裁判上の催告の趣旨を踏まえた事由終了時から６か月の完成猶予の規定に置き換えられた。ここでの事由終了時は様々と考えられるが，上記「民事訴訟法第392条に規定する期間内に仮執行の宣言の申立てをせずに，当該期間が経過した時」も含まれるであろう（同条により支払督促が失効し，改正民法147条１項２号に係る事由が終了する。）。他方，更新効に係る事由終了時（同条２項）は変わらないであろう。

現行民法と改正民法とで違いはあるか。大きな違いはないと思われる。支払督促が効力を失った場合の救済については現行民法においても「裁判上の催告」の構成により時効の完成猶予を認めていたため変わらない。また，支払督促の債務者への送達が，それがないと時効中断が遡及的に無効となる，あるいは，時効中断を主張する際に主張すべき事実であるという考え方が有力である点も，改正民法147条１項２号に「支払督促」という文言で規定され，また，支払督促に係る民事訴訟法の規定に変更がないため，変わらないと思われる。

イ　和解の申立て等

現行民法151条は，和解の申立て又は民事調停法若しくは家事事件手続法による調停の申立ては，相手方が出頭せず，又は和解若しくは調停が調わないときは，１か月以内に訴えを提起しなければ，時効の中断の効力を生じないと規定している。旧民法証拠編114条２項・３項を引き継ぐものであり，その時から「１か月」の制限は付されていた。[187] この１か月内の「訴えの提起」に代えて，相手方による承認を得ることでも足りるとされている（大判

187）なお，立案過程では現行民法151条について充分な議論がされていないように見える（民法議事速記録第４巻209頁以下）。

昭和4年6月22日民集8巻597頁)。

和解の申立てとは，裁判上の請求と区別されるところの簡易裁判所への起訴前の和解の申立て（民訴法275条）である。[188] 民事調停法による裁判所への調停の申立て（同法2条）や，家事事件手続法による家庭裁判所への調停の申立て（同法255条）にも時効中断効が認められる。調停の申立ては平成16年民法改正で現行民法151条に明記されたものだが，最判平成5年3月26日民集47巻4号3201頁は同条の類推適用により，調停が不成立によって終了した場合にも1か月以内に訴えを提起したときは当該調停の申立ての時に時効中断の効力を生ずる旨を認めていた。[189] [190] なお，和解の申立て等について時効中断効を認めるためには（すなわち「請求」（現行民法147条1号）に位置付けられるためには），当該申立て等において和解調書等，確定判決と同一効が認められる書面への記載が予定されるべき何らかの権利主張がなされることを要すると解すべきようにも思われる。[191]

時効の完成猶予効の基準時・効力発生時については，（申立てにおいて権利主張がされている場合には）裁判所に申し立てた時が完成猶予効の基準時となると考えられる（最判平成5年3月26日民集47巻4号3201頁)。他方，現行民法151条に定める措置を取らなければ，かかる時効中断効が遡及的に消滅すると考えるのが，前掲・最判昭和59年4月24日の規定の趣旨に合致するであろう。

時効の更新効の基準時は中断事由の終了時となる。判例はないと思われるが，和解や調停等が成立した時と考えるのが素直であろう。

改正民法においては，時効中断効の遡及的無効をもたらすものとしての

---

188) 平成16年民法改正前は「和解のためにする呼出し」（旧民訴法356条，356条の2）と「任意出頭」（同法354条）に分かれていた（なお大正15年法律第61号による改正前は同法381条参照)。

189) なお，民事調停法19条には別途，調停が不成立等によって終了した場合において，2週間以内に調停の目的となった請求について訴えを提起したときは，調停の申立ての時に訴えの提起があったものとみなす旨の規定が置かれている。最判平成5年3月26日は当該規定を前提としつつ，実体法の解釈として，調停の申立てが裁判上の和解の申立てと異ならないことから，別途類推適用を認めたものと理解されている。

190) なお，仲裁契約に基づく手続を履践することが和解の申立てに準じて時効の中断を認めるべきとされた例があったとされる（大判大正15年10月27日法律新聞2681号7頁)。

191) 権利確定説の立場からは，和解調書が確定判決と同一の効力を有することから，和解申立てが時効中断事由となることを説明しやすい。

「相手方が出頭せず，又は和解若しくは調停が調わないとき」に係る規定は削除され，裁判上の催告の趣旨を踏まえた事由終了時から6か月の完成猶予の規定に置き換えられた。ここでの事由終了時は様々と考えられるが，民事調停であれば民事調停法19条に定める事由と同様，不成立による事件終了の決定や，調停に代わる決定への適法な異議申立てが含まれるであろうし，家事調停であれば，家事事件手続法271条から273条に定める事由が含まれるであろう。他方，更新効に係る事由終了時（改正民法147条2項）は現行民法と考え方は変わらないであろう。

現行民法と改正民法とで違いはあるか。大きな違いは現行民法151条に規定する1か月以内に出訴すべきことを定める部分が削除され，新法には設けられなかったことである。そのため改正民法147条1項括弧書の6か月の期間制限に服することになる。また，現行民法151条は「和解の申立て」「調停の申立て」と規定し，改正民法147条1項3号は単に「和解」又は「調停」としている点は文言上異なる。申立て時以外において権利主張がなされた場合を考慮しているのかもしれない。同項はその「事由が終了する……までの間は，時効は，完成しない」とあるため，その文言からは完成猶予効の基準時・効力発生時はかかる事由終了時よりも前に生じていることが予定されており，完成猶予効は時効中断の趣旨から合理的に解釈すれば時効中断の対象となる権利の主張がなされたとき（和解の申立てにおいて権利主張がされていたのであれば申立て時）に生じると考えるべきであろうか。

ウ　破産手続参加

現行民法152条は，破産手続参加，再生手続参加又は更生手続参加は，債権者がその届出を取り下げ，又はその届出が却下されたときは，時効の中断の効力を生じないと規定している。旧民法には規定がなかったが缺欠であるとして新たに設けられた（民法議事速記録第4巻213頁以下）。破産債権の届出の取下げについては，破産法上明確な定めはないが，解釈上，認められている（ただし，破産債権の確定後の取下げの可否については議論がある）。[192]

192）破産債権の届出の却下については，時効法上，十分な議論はされていないように見える。立案ここでは，代表的なものとして破産手続参加について触れる。破産手続参加とは，破産手続において債権届出をすることをいう（民法152条，破産法111条１項。）[193) 194)] 届け出られた破産債権は，争いがなければ破産債権者表の確定により確定判決と同一の効力を有することから（同法124条３項，221条１項），時効の更新効を認めるべき「請求」の一種として位置付けられている。[195)]

時効中断効の基準時については，裁判所に届出時が完成猶予効の基準時となると考えられる。効力発生時についても同様と考えられる。

時効の更新効の基準時である当該中断事由の終了時については，確立した判例はなく，個別具体的に判断すべき問題となるが，通常は，手続終了時である破産手続終結決定があった時や破産手続廃止決定が確定した時になろうか（破産法221条）。[196) 197)]

時効中断効果阻却事由との関係では，破産債権の届出について調査期日において異議が述べられたことのみによっては，破産債権者が依然として権利を行使していることに変わりはないから，時効中断効は否定されないとした判例がある（最判昭和57年１月29日民集36巻１号105頁）。

改正民法においては，時効中断効の遡及的無効をもたらすものとしての

過程においては，訴えの取下げ・却下と平仄を合わせることが志向されていたようにも見える。

193）配当要求（民執法51条，188条等）は，かつては，「破産手続参加」と同視すべきものと扱われていたが（大判大正８年12月２日民録25輯2224頁，大判昭和12年６月26日大審院判決全集４輯12号19頁），現在では「差押えに準じるもの」として扱われている（最判平成11年４月27日民集53巻４号840頁）。

194）債権調査期日後に保証人が弁済して求償権を取得し，破産手続に届出がされていた原債権の名義変更の申出をした場合に，（「原債権」ではなく）求償権の全部について時効中断が認められた例がある（最判平成７年３月23日民集49巻３号984頁）。この場合，名義変更の時から時効が中断するとされている（最判平成９年９月９日判時1620号63頁）。

195）なお，破産手続申立ては「裁判上の請求」として扱われている（最判昭和35年12月27日民集14巻14号3253頁）。

196）ただし，配当要求を破産手続参加と同等の効力を有するものとして扱うべきとした時代の判例において，配当手続が完了するまで時効中断の効力が存続するとした判例がある（大判大正８年12月２日民録25輯2224頁）。

197）主債務について債務免除を定めた更生計画の認可決定があった場合には，更生手続参加により中断していた保証債務の消滅時効は，当該認可決定が確定した時から更に進行を開始するとする判例がある（最判昭和53年11月20日民集32巻８号1551頁）。また，債権者一覧表が異議なく確定した場合には，当該一覧表に記載された債権の時効期間は，短期消滅時効が適用される退職金債権であったとしても，民法174条の２第１項により10年となるとした判例がある（最判昭和44年９月２日民集23巻９号1641頁）。

「破産債権届出等の取下げ又は却下」に係る規定は削除され，裁判上の催告の趣旨を踏まえた事由終了時から６か月の完成猶予の規定に置き換えられた。ここでの事由終了時は様々と考えられるが，当該債権の届出の取下げは含まれるであろう。他方，当該債権の届出が却下された場合に改正民法147条１項括弧書に基づく更新猶予効が生じるかは議論の余地がある（訴状が受理されなかった場合に完成猶予効が生じるかの議論と同じ問題である。第３の２(2)エ参照）。また，同項括弧書との関係では，破産債権者表が確定する前に破産手続廃止決定がなされた場合にも「権利の確定」がないため，同括弧書に該当して時効完成猶予効に期間制限が課される可能性がある（一般的には，破産手続廃止決定がなされた者に対して，時効中断を試みる必要は乏しいであろうが，免責がされない場合においては時効中断の必要性がなお残る可能性がある。）。更新効に係る事由終了時（同条２項）は大きくは変わらないと思われるが，上記破産債権者表が確定する前に破産手続廃止決定がなされた場合は含まれない可能性がある。

現行民法と改正民法とで違いはあるか。大きな違いはないと思われる。例えば，破産宣告（破産手続開始決定）申立ての取下げにより破産手続が効力を失った場合の救済については現行民法においても「裁判上の催告」の構成により時効の完成猶予を認めていたため変わらないし（最判昭和45年９月10日民集24巻10号1389頁），「破産手続参加」「届出の取下げ」の概念にも変化はないと思われる。ただ，上記破産債権者表が確定する前に破産手続廃止決定がなされた場合の扱いについては留意する必要があろう。

(4)　催　告

現行民法153条は，催告は，６か月以内に，裁判上の請求，支払督促の申立て，和解の申立て，民事調停法若しくは家事事件手続法による調停の申立て，破産手続参加，再生手続参加，更生手続参加，差押え，仮差押え又は仮処分をしなければ，時効の中断の効力を生じないと規定している。旧民法証拠編116条を引き継ぐものであり，その時から「６か月」の制限は付されていた。[198] 比較法的には裁判外の催告について時効中断効を認める例は珍しい

198）旧民法証拠編116条では６か月内にすべき行為は「裁判上又ハ勧解上ノ請求」に限定されてい

とされる。

本条における催告とは，相手方に対して一定の行為を求める意思の通知である。債権についてであれば，債務者に対して履行を請求する意思の通知となる。[199)][200)] 判例は，催告を時効の利益を受ける者を相手方とする表示とし，また，権利行使の意思の表示であることを求めていると解される（最大判昭和38年１月30日民集17巻１号99頁，最判昭和45年９月10日民集24巻10号1389頁，最判平成25年６月６日民集67巻５号1208頁，最判平成８年９月27日民集50巻８号2395頁，最判平成11年９月９日判時1689号74頁）。[201)] 相殺の意思表示は催告として認められていないが（大判大正10年２月２日民録27輯168頁），これは，相手方に履行を求める表示とは言えないためであろう。

催告も「請求」の一種であるから，「裁判上の請求」についての議論，例えば，明示的一部請求の場合の時効中断の範囲や，債権者代位による時効中断の考え方は同様に妥当すると考えるのが素直と思われる（第３の２⑵イ及びウ参照）。他方で，催告は裁判上の請求と異なり確定判決効を求めるものではないことから，その表示を解釈して，ある程度柔軟に，各種権利行使の意思表示を認める余地があると思われる（裁判上の催告について，第３の２⑵オ参照）。

催告の法的性質は，いわゆる準法律行為と解されており，時効中断の効果が生じることを知り，又は欲することを要しないとされる。[202)]

たが，立案過程では，それでは足りないものとして諸々追加された（民法議事速記録第４巻214頁以下）。また，平成16年民法改正（破産法改正及び現代仮名遣いへの改正）で，支払督促，調停申立て，民事再生手続参加，会社更生手続参加が加えられた。

199)「催告」は，民法典において様々な用いられ方をしているが，ここでは「請求」の一種として位置付けられる。また，取得時効に関する時効の中断の場合には，物権的請求権など債権以外の権利に基づく義務履行の請求も含まれる。

200) 会社の清算の場合に清算人の催告に応じて債権者がする請求の申出が催告として認められた例がある（大判大正６年10月13日民録23輯1815頁）。

201) なお，最大判昭和38年10月30日民集17巻９号1252頁は，留置権の抗弁に含まれる裁判上の催告を，債務が「履行さるべきものであることの権利主張の意思」と表現しており，「権利主張」の意思の表示で足りるとしているようにも見えるが，その後の判例が権利行使の意思という表現をとっていること（例えば，最判平成25年６月６日民集67巻５号1208頁は「権利行使の意思の継続的な表示」という表現を用いている。），留置権の抗弁自体が，抗弁の主張により被担保債権の履行を求める意思を黙示的に表現していると解し得ることから，基本的には「権利行使」の意思表示が必要と考えることが相当であろう。

202) 準法律行為とは，法律効果を発生させる行為のうちで何らかの意思的要素を伴うが，法律行為催告の方法については，基本的に限定はなく，代理の規定を準用して代理人によることも可能と解されている。

また，催告は，相手方を付遅滞とすることを要さない。例えば，相手方に同時履行の抗弁権があっても時効中断事由としての催告には該当し得るし，手形上の権利行使の場合には，手形の呈示を伴う請求であることを要しない（最大判昭和38年１月30日民集17巻１号99頁）。取立債務であっても履行地で催告することは要されないと解されている。

時効中断効の基準時については，催告が相手方に到達した時が，完成猶予効の基準時であり，効力発生時と理解されている（大判昭和８年４月14日民集12巻616頁参照）。ただし，裁判上の催告については手続終了時と理解されている。

ただし，催告には時効更新効はなく，催告の時から６か月以内に，裁判上の請求等の措置を取らなければ，時効の完成猶予効自体も否定される（現行民法153条）。[203] 当該措置には「承認」の文言が含まれていない。平成16年民法改正時に同条で支払督促や調停申立て等は付け加えられたにもかかわらず「承認」が付け加えられてないという立法経緯からは「承認」では足りないとするのが立法者意思であるという考え方もあり得るが，承認でもよいとした裁判例がある（大阪高判平成18年５月30日判タ1229号264頁）。

なお，重過失なくして郵便による催告の配達証明を信じて，当該証明に基

とは異なって効果意思（法律効果の発生を欲する意思）は伴わない各種の行為を指す講学上の概念である。もっとも，準法律行為について，例えば意思表示の規定を類推適用するかどうかは，個別の規定ごとに判断すべきであるとされている。なお，催告に必要な能力については承認と異なり議論が十分ではない。既に生じた権利の実現を求めるものであるため，時効中断としての「催告」には，意思能力はともかくとして，（例えば元本の領収については行為能力の制限についての規定（民法13条１号）があるとしても）行為能力は不要と解するのが素直ではないか。他方で，承認と同様に管理能力が必要となるか，すなわち，未成年者や成年被後見人が時効中断のための催告が可能であるかは，それらの者に「管理能力」がないという建前との関係で議論があり得るところと思われる。

203）ただし，国がなす納入の告知は，時効中断効（更新効）が生じるとされる（会計法32条。改正法により更新効であることが明記された。）。国が私人から承継取得した私法上の債権についてされる納入の告知についても会計法32条の適用があるとされる（最判昭和53年３月17日民集32巻２号240頁）。国税の徴収権の時効についても，処分のみによって完成猶予効が生じ，所定の期間が経過した後で更新される（税通法73条１項・２項）。なお，徴税機関が未納国税額につき納付を催告し，その後６か月内に差押等の手段をとったときは，民法153条の準用により，国税徴収権の消滅時効は中断されるとの判例がある（最判昭和43年６月27日民集22巻６号1379頁）。

づき6か月内に訴えを提起した場合に時効中断を認めた判例がある（上記大判昭和8年4月14日）。また，催告の相手方が調査をするための猶予を求めた場合にはその回答がなされるまで同条の所定の6か月の期間は進行しない（大判昭和3年6月28日民集7巻519頁，最判昭和43年2月9日民集22巻2号122頁）。他方，再度の催告は，裁判上の催告を含め，現行民法151条所定の完成猶予効は認められない（大判大正8年6月30日民録25輯1200頁，最判平成25年6月6日民集67巻5号1208頁）。

改正民法においては，150条1項で「催告があったときは，その時から六箇月を経過するまでの間は，時効は，完成しない」として，完成猶予効が一定期間においてのみ認められることだけが規定され，また，同条2項で再度の催告には時効の完成猶予効が認められないとする従前の判例が明記された。

現行民法と改正民法とで違いはあるか。現行民法154条が規定していた，6か月を超える時効の完成猶予効を得るためには裁判上の請求等をする必要があることについては，改正民法147条1項等の個別規定が用意されているため，大きな違いはない。[204] 仮差押え又は仮処分については，改正後は時効更新効が否定されているが（同法149条），同法151条による6か月の時効の完成猶予期間内に仮差押え又は仮処分により再度の6か月の完成猶予効が認められるか，さらには，同法147条1項括弧書や同法148条1項括弧書に基づく再度の6か月の完成猶予効が認められるかは議論があり得る。現行民法154条と異なり，催告による6か月の完成猶予効の期間内に承認による時効の更新が認められることに争いはないであろう（改正民法152条）。

⑸　権利についての協議を行う旨の書面による合意

改正民法151条は「権利についての協議を行う旨の合意が書面でされたとき」は，所定の期間内，時効が完成しない旨を規定している。この規定による規律は改正法で新たに設けられたものであり，当事者間において権利をめぐる争いを自発的に解決するために協議を継続していたとしても，時効の完

204）改正民法150条1項による完成猶予効の期間内に裁判上の請求をすれば，引き続き，完成猶予効が認められるものと理解される。

成が間際となった場合にはその完成を阻止するためだけに時効中断の措置を取らなければならないことへの問題意識が背景にある（部会資料69A）。時効中断を一定期間の時効完成猶予効の範囲で認めることを正当化する理由は，かかる合意が請求又は強制執行の前段となる行為となるため，権利不行使への制裁を認める必要が減退することに求められるものであろうか。現時点では，その解釈運用は必ずしも明確ではないところであり，ここでは，いくつか着眼点を示したい。

改正民法151条に基づく時効の完成猶予には，「権利についての協議を行う旨の合意」が必要となる。ここでの「権利」とは時効の中断効（完成猶予効）が認められるべき権利と考えるのが素直と思われる。そこで当該合意に係る書面においては想定される「権利」を幅広に記載することが考えられる。[205)]

次に合意に定めるべき「協議」について検討する。まず，協議の「内容」に権利の存否についての協議が含まれることは明らかであろう。上述のような立法の沿革からは，権利の存在を前提とした権利の行使の可否（期限の到来・条件成就等）や，権利の存在及び行使が可能であることに争いがない場合の和解協議を含めることも考えられるが，それらの場合には，基本的には，承認による時効の更新が期待されるであろう。[206)] 協議の「相手方」については，時効の利益を受ける者はもちろんのこと，時効の利益を受ける者の代理人も含まれると解すべきであろう。[207)] 協議の「方法」については特段の規定がないから制限はないと思われる。

「合意」については，その「相手方」は時効の利益を受ける者となり，その代理人も含まれると解すべきであろう。合意の「方法」は，書面によるが，所定の電磁的記録によることも許容される（改正民法151条１項，４項）。合意の

205）ただし，合意の解釈により，明文で記載されていない「権利」も協議の対象であるという主張ももちろんあり得るであろう。

206）「和解条件によっては認める」という交渉の在り方もあり得るが，そのような場合には結局「権利の存否」も含めた協議の問題になるため，独立して「権利の存否」以外の協議を考える実益は少ないと思われる。

207）他方，代理人でもない第三者（親会社担当者等が考えられる。）との協議をすることの合意は，改正民法151条１項２号が「当事者が協議を行う期間」と，「当事者」を協議の主体として規定していることから，時効中断効が認められないのではないか。

「法的性質」については，必ずしも明確ではなく，今後の議論に委ねられているというべきであろう。[208)]

協議を行う旨の合意による時効の完成猶予効の基準時は，合意の成立時であろう。当該完成猶予効の期間は，合意があった時から１年を経過した時（改正民法151条１項１号），合意において当事者が協議を行う期間（１年未満に限る）を定めたときはその期間を経過した時（同項２号），当事者の一方から相手方に対して協議の続行を拒絶する旨の通知が書面（電磁的記録も可。同条５項）でされたときは，その通知の時から６か月を経過した時，のいずれか早い時までの期間である（同条１項）。[209)] 協議を行う旨の合意は，重ねてすることが可能であるが，その効力は，時効の完成が猶予されなかったとすれば時効が完成すべき時から通じて５年を超えることができない（同条２項）。また，催告によって時効の完成が猶予されている間にした協議を行う旨の合意は時効の完成猶予効を有しないし，また，協議を行う旨の合意によって時効の完成が猶予されている間にした催告も時効の完成猶予効を有しない（同条３項）。[210)]

３　強制執行等

⑴　総　論

ア　現行民法147条２号

現行民法では，147条２号が時効中断事由の１つとして「差押え，仮差押

208）協議を行う旨の合意は，当事者間に協議を行うという私法上の行為義務を創設するものであれば法律行為に該当するようにも思われるが，改正民法151条１項３号は一方的な協議続行の拒絶を認めている（例えば，実際に協議を行う意図が当事者間にないが，ただ時効を中断するためにする合意について，有効な効果意思がなかったとしてその時効中断効が争われる可能性がないとは言えない。）。なお，仮に準法律行為であったとしても，意思表示規定の類推適用の可否等は問題となり得る（協議は財産の管理権限を前提としているのだから，少なくとも管理能力・管理権限は前提となるのではないか。）。

209）なお，改正民法151条１項３号の通知が電磁的記録によってなされることについては，特段当事者の合意が不要なように見える。また，通知の主体が誰であるか（代表権限を有している者であるかどうか，それをどのように確認すべきか）が，今後，問題となるかもしれない。

210）協議を行う旨の合意による時効の完成猶予は，権利者が時効の更新に向けた措置を講ずるための期間である点で催告と同様の趣旨に基づく時効の完成猶予事由であり，再度の催告に時効の完成猶予が認められないことからすれば，協議を行う旨の合意による時効の完成猶予と催告による時効の完成猶予を重複して認める必要はない，と説明されている（部会資料80－３）。

え又は仮処分」を規定している。旧民法証拠編109条では「差押」のみが規定されていたが，現行民法では原案に「仮差押え」が記載されており，また，議論の過程において不動産を処分させるときには仮処分が必要となるとして「仮処分」が追加された（民法議事速記録第４巻184頁）。同法147条１号が「請求」として権利者の行為を包括的に規定しているのと異なり，同条２号は「差押え」等，権利者の申立てに基づく裁判所等の個別的処分を規定している。また，判例は担保不動産の競売は差押えと同等の効力を有するものであることを認め（最判昭和50年11月21日民集29巻10号1537頁），また，不動産競売手続において執行力のある債務名義の正本を有する債権者がする配当要求は差押えに準ずるものであることを認めている（最判平成11年４月27日民集53巻４号840頁）。

時効の中断の効果を主張すべき具体的な主張事実は，現行民法147条２号の文言に照らせば，時効完成前に例えば「差押え」がなされたという事実（不動産執行の場合には，差押えの効力発生要件としての開始決定の債務者への送達又は登記がなされたことを含み，債権執行の場合には第三債務者への送達を含む。民執法46条１項，145条４項）と解するのが素直であり，[211] 有力と思われる。慎重を期してそのように理解する場合，時効中断効（完成猶予効）の基準時・効力発生時の問題（完成猶予効の効力発生要件）と，主張事実を区別することになる（第３の１(5)イ参照）。時効中断事由の主張においては時的要素が必要となる。また，現行民法154条に規定する時効中断効果阻却事由は，時効中断の効果を否定すべき相手方が主張立証すべき事実となり，同法157条に規定する時効の新たな進行を基礎付ける事実についても，時効の中断を前提として，新たに進行を開始した時効期間の完成を主張する者が主張立証すべき事実となる。

イ　改正民法148条，149条

改正民法においては，上述のような現行法の取扱いの大要は変わらないが，一部変更点に留意する必要がある。

現行民法における「差押え，仮差押え又は仮処分」の形式による時効の中

211）なお，民事保全においては，不動産の仮差押えの執行には民事執行法46条１項は準用されておらず（民保法47条５項。強制管理については準用），債権の仮差押えには民事執行法145条４項は準用されている（民保法50条５項）。

断については，差押えを含む強制執行等に係る改正民法148条と，仮差押え又は仮処分に係る同法149条に分けて規定され，仮差押え又は仮処分については時効の完成猶予効のみが認められ，時効の更新効は否定されることになった。この点は変更点となる。

実体法の側面において現行民法との違いを確認すると，改正民法148条1項では，同項各号に掲げる事由において，「強制執行」「担保権の実行」「民事執行法第195条に規定する担保権の実行としての競売の例による競売」「民事執行法第196条に規定する財産開示手続」が規定され，現行民法147条2号に比べて範囲が広がっている（従前判例がなく不明確であった事項についても時効中断効を認めるに至っている）。[212] 同法154条に規定される時効中断効果阻却事由は，裁判上の催告の趣旨を踏まえた同項括弧書に発展的に解消されるが，[213] そもそも，強制執行手続において裁判上の催告が認められるかについては争いがあり，新法での変更点と言い得る。[214] [215] 時効更新効に係る現行民法157条には，改正民法148条2項が対応している。対して，同法149条は「強制執行」に対応する抽象度の「民事保全」といった規定ぶりをせずに，引き続き「仮差押え」「仮処分」という文言を用いている点が注目される（改正民法149条においては，旧法上の「仮差押え」等の議論がそのまま通用する可能性が相当程度あるであろう。）。

主張立証責任の側面において現行民法との違いを確認すると，改正民法148条は，規定が所期する効果や主張立証責任の分配については，基本的に

212）改正民法においては，148条1項2号で「担保権の実行」が明文で追加されたが，「配当要求」も引き続き中断事由に該当すると考えるのが妥当であり，同項1号の「強制執行」，2号の「担保権の実行」等の解釈において読み込んでいくことになると思われる。

213）ただし，例えば動産執行において債務者所在不明のような場合には，そもそも「強制執行」という事由がなかったとされるおそれもある点に留意が必要となる（第3の1(5)イ(イ)参照）。

214）なお，改正民法148条1項括弧書に基づく6か月の完成猶予効が生じている間に，通常の催告をすることで再度の完成猶予効が認められるかは条文上明らかではないが，同項括弧書が「裁判上の催告」を条文化したという沿革に照らすと，同法150条2項が類推される危険があるように思われる。

215）実践的には，例えば，物上保証人の抵当不動産を実行し，主債務者に通知して被担保債権の時効を中断したが，何らかの事情で担保手続が中途で終了した場合の被担保債権の中断に関わってくるであろう（最判平成11年9月9日判時1689号74頁参照）。

裁判上の請求等に係る改正民法147条と変わらないと考えられる（第３の２(1)イ参照）。もっとも，いかなる事実を主張すべきかという点では，「差押え」から「強制執行」に文言が変わっているため（第３の１(5)ア参照），従前の有力説に基づき「差押え」がなされたことに係る事実（不動産執行であれば債務者への送達又は登記を含み，債権執行の場合には第三債務者への送達を含む。民執法46条１項，145条４項）を主張すべきか，強制執行の申立てをした事実の主張で足りるのかは明確とは言えず，現時点では従前同様，「差押え」の事実を主張する慎重な対応が適切であろう。[216)]他方，改正民法149条は時効の完成猶予を主張する側が仮差押え等があった事由を主張し，完成猶予効の消滅を主張する側が仮差押え等の事由が終了したこと，終了した時から６か月が経過したことを主張立証することになると思われる。

なお，改正民法148条２項には，同法147条２項と異なり，「ただし，申立ての取下げ又は法律の規定に従わないことによる取消しによってその事由が終了した場合は，この限りではない」というただし書が規定されている。これは，「時効の更新効」を生じさせる要件を，なるべく現行民法と同様に記載しようとしたものと想像される。すなわち，裁判上の請求等については，現行民法157条２項をそのまま用いて改正民法147条２項を規定したのに対して，強制執行については現行民法157条１項をベースにしつつ，手続が中途で終了した場合を除外するために，ただし書として同法154条に該当する部分を追加して合成したものと考えられる。[217)]

216）改正民法148条１項１号に規定する「強制執行」とは，文言上は，手続そのものを指す意味と，手続上の執行裁判所等による処分を指す場合の両方が考えられるが，一般論としては，同条１項・２項では，同条１項各号に掲げる事由が「終了」するものであることを予定していること（「終了」という概念が前提となる時間間隔を予定していると思われること）から，「強制執行」も手続の一種として規定していると考えるのが素直ではないかと思われる。そして，「強制執行」が手続を意味する場合に，いかなる事実を主張すれば足りるかは，論理必然的に１つに決まるものではないように見える。

217）実際に改正民法148条２項を使う文脈（時効の更新効を主張する文脈）は，時効の中断（時効の完成猶予）を前提として，新たに進行する時効の完成を主張する文脈と思われる。そのように更新効を主張する場合，抽象的に「事由（当該事由に係る手続き）が終了した」（同項本文）と主張するのでは足りず，具体的な手続終了事由を主張すべきであり，具体的な手続終了事由が強制執行の取消であれば，同項本文に定める事実の主張と同時に同項ただし書に定める事実の主張にもなり，結局，更新効は生じないから問題ない，という割り切りがあるものと想像される。

⑵　差押え

ア　意　義

差押えとは，執行裁判所又は執行官による，債務者等の財産の事実上又は法律上の処分を禁止しこれを確保する強制行為である（民執法45条，122条，143条）。不動産執行の場合には強制競売の開始決定の債務者への送達又は登記が効力要件であり（同法46条１項），債権執行の場合には第三債務者への送達が効力要件である（同法145条４項）。判例は，担保不動産の競売は差押えと「同等の効力」を有するものであることを認めている（大判昭和13年６月27日民集17巻1324頁，最判昭和50年11月21日民集29巻10号1537頁。大判大正９年６月29日民録26輯949頁参照）。[218)] [219)] また，判例は，不動産競売手続において執行力のある債務名義の正本を有する債権者がする配当要求は「差押えに準ずるもの」であることを認めている（最判平成11年４月27日民集53巻４号840頁）。[220)] 対して，第三者の申立てに係る不動産競売手続において抵当権者が債権の届出をした上で配当を受けることは，差押えその他の消滅時効の中断事由に該当せずこれに準ずる消滅時効中断の効力も有しないとされている（最判平成８年３月28日民集50巻４号1172頁）。[221)] さらに，「差押え」「差押えに準じるもの」に該当しない場合，

218）「担保不動産の競売」と（強制競売における）「差押え」とは次元が異なる。使い分けの理由としては，民事執行法制定前の競売法の時代には抵当不動産の競売には差押えの規定がなかったため「差押え」という文言を用いなかったという理由が考えられるが，他方，判例は古くから競売開始決定に差押えの効力を認めていた（大決大正４年９月８日民録21輯1443頁参照）。現在では，担保不動産の競売においても差押えが法令上の根拠をもって認められている（民執法188条，45条参照）。

219）担保不動産の競売の申立てをした場合には，被担保債権について時効が中断する（最判昭和50年11月21日民集29巻10号1537頁）。なお，最判平成18年11月14日民集60巻９号3402頁は，委託を受けた保証人が代位弁済した場合の求償権については，本来の債権者が原債権に基づいて競売を申立て，競売開始決定の正本が債務者に送達されていた場合に，差押債権者の承継を執行裁判所に申し出たときに，通知を要さずして，求償権の消滅時効が承継の申出の時から中断するとしている。

220）配当要求はかつては，「破産手続参加」と同視すべきものと扱われていた（大判大正８年12月２日民録25輯2224頁，大判昭和12年６月26日大審院判決全集４輯12号19頁）。

221）同判決の理由付けは，不動産強制競売手続において催告を受けた抵当権者がする債権の届出が「裁判上の請求，破産手続参加又はこれらに準ずる消滅時効の中断事由」に該当しないこと（すなわち，差押えとは立案過程において質的に区別されていたところの「請求」に該当しないこと）を判示する最判平成元年10月13日民集43巻９号985頁を参照するなど，その読み解きに若干の難しさを覚えさせるものだが，当該届出が執行裁判所への情報提供の趣旨でなされるものであ

執行手続上で裁判所等よりなされる送達等が「裁判上の催告」とされないとされた例があり（前掲・最判平成８年３月28日，最判平成11年９月９日判時1689号74頁），「裁判上の請求」と異なり，「差押え」等の時効中断事由に該当しない場合の救済方法として「裁判上の催告」を主張することは容易ではない傾向にある。[222)]

時効の中断のために，権利者としてすべき行為は，時効の対象となる権利を実現するための強制執行等の申立てである（民執法２条参照。最判昭和59年４月24日民集38巻６号687頁参照）。また，時効の中断の対象となるのはそのように実現が図られるべき権利である（根抵当権の実行の場合について，第３の３⑵ウ参照）。対して，債権者が，債務者の第三債務者に対する債権を差し押えたとしても，当該第三債務者に対する債権について，当然に時効の中断がなされるわけではない（大判大正10年１月26日民録27輯108頁，最判昭和63年７月15日裁判集民154号333頁）。[223)]

改正民法148条１項各号においては，「強制執行」「担保権の実行」「民事執行法第195条に規定する担保権の実行としての競売の例による競売」「民事執行法第196条に規定する財産開示手続」が時効中断事由として規定されている。（後二者は対象が比較的明確である一方で）「強制執行」「担保権の実行」については，現行民法における「差押え」（の申立て），「担保不動産競売の申立て」「配当要求」（の申立て）程度の行為が必要となるものと想像される。強制執行等において「裁判上の催告」が認められにくいと思われる点も変わらない。

イ　時効中断効の基準時

強制執行における時効の完成猶予効の基準時・効力発生時は，債権者が執行機関である裁判所又は執行官に対し金銭債権について執行の申立てをした時である（最判昭和59年４月24日民集38巻６号687頁）。担保不動産の競売について

り，権利の実現を直接の目的とする行為ではないという整理において，「差押えに準じるもの」とはいえないという構成と理解可能と思われる。

222）「差押え」には「請求」が直ちに含まれるものではなく，また，したがって，現行民法434条との関係でも「請求」とはならない（大判大正３年10月19日民録20輯777頁，最判平成５年４月22日裁判集民169号25頁）。

223）ただし，反対説もある（東京高判昭和51年３月13日判時816号55頁参照）。

も同様に，競売の申立てをしたときとされる（大決昭和13年６月27日民集17巻1324頁）。[224)]

ただし，民法147条２号が時効中断事由として「差押え」と規定していることを踏まえ，「差押え」がなされることが，時効中断が効力を有するために最終的に必要であり，差押えに至る前に申立てが取り下げられる等した場合には時効中断の効力は遡及的に消滅する（前掲・最判昭和59年４月24日。第３の１(5)イ(ア)参照）。動産執行の場合，執行に着手した場合には，執行が達成されなくても時効中断効が失われないとされた判例がある。[225)] [226)] なお，強制執行を申請した債権者が差押金銭又は売得金の受領を拒絶し執行正本の返還を受けたときには時効は中断しないとする判例があるが（大判昭和６年12月３日民集10巻1159頁），批判が強い（体系的にも説明しづらい。）。

時効の完成猶予効の存続期間（更新効の基準時）は，時効中断事由の終了時であり（現行民法157条１項），一般的には，強制執行が終了した時と理解されている（大判大正６年１月16日民録23輯１頁）。不動産の強制競売や担保権実行の場合，（代金納付の時や，差押登記抹消の時ではなく）配当金（競落金）が交付されるまでとの見解が有力であり，[227)] 判例がある（大判大正10年６月４日民録27輯1062頁）。[228)] また，債権執行の場合には，転付命令による場合には，債権が存在す

224）債権執行の場合や，担保不動産以外の担保権実行も，最判昭和59年４月24日を踏まえると，申立て時が基準となると考えるのが素直ではないか（同判例においては時効の利益を受ける者が時効中断を知る前から，時効が中断することを許容する利益衡量がなされているところ（なお，時効の利益を受ける者が時効中断を知る前に時効が実際には中断してしまうと，当該時効の利益を受ける者が証憑等を廃棄してしまうリスクが抽象的には指摘されている。），そうした利益衡量を債権執行等の場合には異なるものとする理由はないと思われる）。

225）差し押えるべき物がないために執行不能となった場合や（大判大正15年３月25日民集５巻214頁），債務者が当該債務は既に転付命令により弁済されたと申し出る等したため執達吏が執行手続を停止した場合（大判昭和16年９月19日民集20巻1164頁）に時効中断効が認められている。「差押えの中止」であって「差押えの取消し」ではないと説明される場合がある。

226）なお，債権執行については，被差押債権が不存在のため債権者が債権差押命令申請の取下げをした場合は，債権差押えによる時効中断の効力は失効しない（ただし，移付命令の申請費用を償って余りある額の被差押債権が存在するのにかかわらず，移付命令の申請をしないで債権差押命令申請の取下げをした場合は，時効中断の効力は失効する。）とした裁判例がある（京都地判昭和38年12月19日判時368号64頁）。

227）なお，競落人が競落代金を支払わず競落許可決定が効力を失っても，時効中断の効力は競売手続が終了するまで存続するとした判例がある（大判昭和８年４月20日法律新聞3554号12頁）。

228）なお，無剰余取消しの場合には時効中断効は存続するとの理解が有力だが，その場合の更新効

るときには債務者及び第三債務者への送達及び債権者への送達した旨の通知により強制執行，ひいては中断事由が終了するとした判例があり（前掲・大判大正６年１月16日。旧民訴法601条，598条２項参照），取立による場合には当該債権の取立てが終わった時との理解が有力である。

改正民法においては，時効中断事由が「差押え」から「強制執行」「担保権の実行」等に変わっているが，上記基準時についての考え方に大きな違いは生じないものと思われる（第３の１⑸イ(ｲ)参照）。

ウ　「差押え」の方法，一部差押え等

「裁判上の請求」と異なり（第３の２⑵イ，ウ，オ参照），「差押え」については，その方法，一部差押え等について最上級審判例が蓄積しているとは言えない。

「差押え」等の方法については，「裁判上の請求」と異なり付遅滞を要するか等の問題状況は通常は生じないと思われ（第３の２⑵イ参照），[229] 基本的に，手続法に従っているかどうかの問題となる。債権者代位権の行使により，被代位債権の満足のために強制執行手続を申し立てた場合に，当該被代位債権について時効中断が生じるかについて確立した裁判例はないが，当該差押えにより実現されるべき債務者から第三債務者への債権について，債務者と第三債務者との間でも時効中断が認められると考えることが可能ではないか（債権者代位による裁判上の請求について被代位債権の時効中断を認めたものとして大判昭和15年３月15日民集19巻586頁参照）。

一部差押えと時効中断の効力については，確立した最高裁判例はない。民事執行規則21条４号には「金銭の支払を命ずる債務名義に係る請求権の一部について強制執行を求めるときは，その旨及びその範囲」との記載があり，

の基準時は無剰余取消しの時となろうか（第３の３⑷参照）。

229) 債務名義があることがそもそもの前提となる（執行について条件が付された等の請求異議が認められた場合等に問題となる余地はあろうか。）。なお，改正民法149条の実務において，債務名義がないにもかかわらず「申立て」をした場合に時効完成猶予効（同条１項括弧書）が生じるのは制度趣旨を逸脱して不当と思われる。そのため，適法な申立てとしての受理が差押えの前提要件となるのではないか（「裁判上の請求」についての時効完成猶予効の議論（訴状受理の要否）とも関係する。第３の２⑵エ参照）。

一部差押えがあり得ることが予定されているところ，裁判上の請求における一部請求の判例との平仄や，権利不行使への制裁という時効の趣旨を勘案して，一部差押えの場合には申し立てられた債権の範囲内でのみ時効中断を認めるべきという考え方が有力なようにも見えるが（大阪高判昭和45年２月25日判タ246号213頁，東京地判平成８年１月26日判タ923号139頁），[230] 反対説もある。不動産の差押えについては登録免許税が要されるため（登録免許税法別表第一㈤），バブル後のように不動産価格が被担保債権に比べて急落したような場合には，一部差押えに実益がある。他方，根抵当権については極度額の範囲内でしか債権は満足されないが，極度額を超える金額の被担保債権を請求債権として不動産競売の申立てをした場合，時効中断の範囲は，極度額の範囲にとどまらず，請求債権として表示された当該被担保債権の全部について生じる，とされている（最判平成11年９月９日判時1689号74頁）。

改正民法においても，これらについて大きな違いは生じないと思われる。

エ　物上保証人の抵当不動産の実行申立てと主債務の時効中断

このほか，物上保証人の抵当不動産についての担保権の実行申立てと被担保債権の時効中断について多数の判例が出ている。時効中断の相対効の例外である現行民法155条（改正民法154条）の問題であるため，第３の５⑶で検討する。

⑶　仮差押え・仮処分

仮差押えとは，金銭の支払を目的とする債権について，強制執行をすることができなくなるおそれがあるとき等になされる保全命令であり（民保法20条），仮処分とは，係争物に関する金銭以外の請求権に基づく強制執行を保全するための係争物に関する保全命令（同法23条１項）及び争いがある権利関係について債権者に生じる著しい損害又は急迫の危険を避けるため本案訴訟の確定まで仮の地位を定める保全命令（同条２項）である。[231]

230）仮差押えの場合について，一部差押えの場合の時効中断の範囲は申し立てられた債権の範囲内であることを想定しているような判例があり，差押えでも同様になるのではないかとの指摘がなされている（最判昭和47年11月28日裁判集民107号241頁，最判平成10年11月24日民集52巻８号1737頁参照）。

231）「差押え」における考え方と平仄を合わせると，「仮差押え」についても，申立て後に「仮差押時効を中断する対象となる権利については，事前求償権を被保全債権とする仮差押えが，事後求償権の消滅時効をも中断するとした判例がある（最判平成27年２月17日民集69巻１号１頁）。[232] 詐害行為の目的物に対する仮処分は，詐害行為取消権の時効を中断する効力はないとされる（大判大正14年１月28日民集４巻19頁）。

時効中断効（完成猶予効）の基準時については，差押えと同様，申立てをした時と考えるのが自然であろう（民保法２条１項。なお，同条２項に定める保全執行の申立てが別途時効中断事由となるかはあまり議論がされていないように見える。）。時効中断効（更新効）の基準時である当該事由の終了の時については，仮差押えによる時効中断の効力については執行保全の効力が存続する間は継続するとした判例があり（最判平成10年11月24日民集52巻８号1737頁，大判昭和８年10月28日法律新聞3664号７頁，最判昭和59年３月９日判時1114号42頁），保全命令・保全執行の効力の消滅時を更新効の基準時とするという考え方が有力である。また，仮差押えによって有効に時効を中断した後で仮差押えが本差押えに移った時は仮差押えの効力は本差押えに移る（大判明治37年12月16日民録10輯1632頁）。他方，仮差押えによって保全された請求権については，本案が確定しても直ちに時効中断の効力は失われない（大判昭和３年７月21日民集７巻569頁，前掲・最判平成10年11月24日）。

改正民法においては，仮差押え及び仮処分の時効更新効は廃止される（改正民法149条。時効管理上の留意が必要となる。）。仮差押えや仮処分は，その手続の開始に当たって債務名義を取得する必要はなく，後に裁判上の請求によって権利関係が確定することが予定されているものであって，その権利の確定

え」がなされなかった場合には時効中断効の効力が遡及的に無効になるという考え方があり得る（第３の３(2)イ参照）。例えば，動産の仮差押えがなされた場合に債務者所在不明の場合が考えられるが動産の仮差押え自体があまりないためか，議論は見られないように思われる。

232）また，店舗を賃貸する旨の約定の不履行による損害のうち営業上の逸失利益の賠償請求権を被保全権利としてした仮差押えは，通常の借家権価格相当の損害賠償請求権については，消滅時効を中断しないとされる（最判昭和47年11月28日裁判集民107号241頁）。なお，急を要する民事保全においては，時効中断の対象となる権利について，被保全債権の内容と本訴の訴訟物とに一定のずれを許容すべきとの見解がある（仮差押えの場合には，差押えにおける判例理論を応用すると，「裁判上の催告」として時効の完成猶予がされる余地は大きくないため，そのような見解の実益がある。）。

に至るまで債務者の財産等を保全する暫定的なものにすぎないため，と説明される。[233] ただ，改正民法149条は「次に掲げる事由がある場合には，その事由が終了した時から六箇月が経過するまでの間は」完成猶予効が認められることを規定しており，この「その事由が終了した時」とは，現行民法157条１項と同様の文言であるため，現行民法において仮差押え等について時効の更新効が認められる基準時がいつかという問題や判例は，改正民法149条においても応用可能と思われる。[234] それ以外については，「仮差押え」等の概念が新法改正により変わるものではないため，大きな違いはないのではないか。

⑷　差押え等の取消し等

現行民法154条は，差押え，仮差押え及び仮処分は，権利者の請求により又は法律の規定に従わないことにより取り消されたときは，時効の中断の効力を生じない，と規定している。旧民法証拠編117条１項・２項の内容を実質的に引き継ぐものである（民法議事速記録第５巻２頁）。[235] 競売申立てが取り下げられたときも同様に扱われる（大判昭和17年６月23日民集21巻716頁，最判平成11年９月９日判時1689号74頁）。配当要求の申立ての取下げも同様であろう。

もっとも，当該手続が取り消された事由が権利者の責めによるものとはいえず，権利不行使への制裁という時効制度の趣旨にそぐわない場合には，時効中断の効力がなお認められている場合がある。例えば，適法に配当要求がなされ維持されていた場合で，不動産競売の申立債権者が追加の手続費用を納付しなかったことを理由に競売手続が取り消されたときにも時効中断の効力が認められた例があり（最判平成11年４月27日民集53巻４号840頁），また，仮差押えによる時効中断の効力は，仮差押解放金の供託により仮差押えの執行が取り消された場合においても，なお継続するとされている（最判平成６年６月

233）筒井健夫ほか『一問一答民法（債権関係）改正』（商事法務，2018年）47頁。

234）なお，改正民法149条は手続を用いた時効中断効において完成猶予効のみを規定する唯一の類型といってよい。そのため，強制執行手続や民事保全手続における何らかの行為について，（裁判上の催告とは別に）完成猶予効のみを与える際の受け皿（根拠規定）として改正民法149条を主張する余地が全くないわけではないと思われる。

235）立案過程では申請の却下の場合には，事柄自体がそもそもないのであえて規定する必要がない旨が述べられている。

21日民集48巻4号1101頁）。無剰余取消の場合にも現行民法154条を適用すべきでないという考え方が有力である。

改正民法においては，改正民法147条1項括弧書と平仄を合わせてか，改正民法148条1項括弧書においても，申立ての取下げ等により強制執行等の事由が終了した場合について6か月の完成猶予効が認められている。改正民法149条においても仮差押え等の事由が終了した場合について6か月の完成猶予効が認められており，これには申立ての取下げ等による終了も含まれるといえる。従前は，「差押え」等の手続が中途に終了した場合に，常に裁判上の催告が認められていたわけではないので，これは違いといえる。また，上述のように当該手続が取り消された事由が権利者の責めによるものとはいえない場合について，従前は時効中断効（更新効を含む。）が認められていたものだが，改正後も同様といえるかは不明であり，6か月の期間制限があれば保護として充分であるとされる可能性が相当程度あると思われる（なお，第3の2⑴イ，⑵カを参照）。

4　承　認

⑴　総　論

現行民法では，147条3号が時効中断事由の1つとして「承認」を規定している。旧民法証拠編109条では「任意の追認」と規定されていたが，現行民法では文言として承認の方がよいとして原案が準備された（民法議事速記録第4巻169頁）。[236]

時効の中断の効果を主張すべき具体的な主張事実は，時効完成前に時効の利益を受ける者が当該権利の「承認」を権利者に対してしたという事実である（現行民法147条3号，156条）。

改正民法は152条で承認による時効の更新について規定しており，[237] その内容は，おおむね現行民法147条3号及び156条を引き継いでいる。

236）承認は，現フランス民法2240条，現ドイツ民法212条にも時効中断事由として規定されている。
237）承認は基本的に即時に成立するため，時効の完成猶予を規定しなかったものと思われる。

そのため，主張立証責任を含め，改正民法においては，時効中断事由としての承認に係る現行法の取扱いの大要は変わらないと考えられる。

⑵ 意　義

承認とは，時効の利益を受ける当事者が，その相手方の権利の存在を認識する旨の相手方に対する観念の通知である（大判大正８年４月１日民録25輯643頁，大決大正６年10月29日民録23輯1620頁）。

承認は，「時効の利益を受ける当事者」による表示でなければならない。一般的には債務者に限られ，物上保証人は自己との関係でも被担保債権について「承認」はできないとされる（最判昭和62年９月３日判時1316号91頁）。[238)]

また，承認は「相手方への表示」であることを要する。判例は，承認は裁判上であるか裁判外であるか，明示又は黙示を問わないが，相手方たる債権者に対してすることを要するとしている（前掲・大判大正６年10月29日）。[239)] 例えば，係争債権に対して１番抵当権の設定登記があるところ，他の債権者に２番抵当権を設定して登記をしても，係争債権の承認にはならない（前掲・大決大正６年10月29日）。また，銀行が銀行内の帳簿に預金の利子を元金に組み入れた旨を記入しただけでは承認とはならない（大判大正５年10月13日民録22輯1886頁）。

承認は，「権利の存在」の認識の表示であれば足り，細部についての表示は要しない。判例は，承認について，権利の原因内容範囲等の一切の事実を確認することまでは不要であり，明示又は黙示に権利の存在の事実を認めれば足りる（大判大正４年４月30日民録21輯625頁）とし，[240)] 債務を確定表示する必要

238）この「時効の利益を受ける当事者」については，民法145条の「当事者」，すなわち判例のいう「時効の完成により直接利益を受ける者」と同じ意味ではないとされており，例えば物上保証人が被担保債権の存在を「承認」しても，被担保債権の消滅時効との関係では，物上保証人に対する関係も含めて（現行民法148条，改正民法153条参照），時効中断事由としての承認の効力がそもそも生じないとされる（上記最判昭和62年９月３日，保証人についても東京高判平成７年２月14日判時1526号102頁が承認該当性を否定している。）。

239）債権者に対する異議陳述催告は承認に当たらないとした裁判例がある（東京地判平成26年11月11日TKCデータベース登載）。

240）なお，上記大判大正４年４月30日の事案では会社の清算人がその債権者に対して請求の申出を催告することをもって承認としているが，そこに表れている事情だけでは，時効の中断の対象となるべき権利を特定できているとは言えないように思われる。一般論として，対象となる権利を特定できる程度の表示は要されるのではないか。

はないことも述べている（大判昭和４年５月25日法律学説判例評論全集19巻民訴30頁）。

承認は，観念の通知であって，法律行為ではないとされる（前掲・大判大正８年４月１日）。そのため，後述のように，行為能力に制限があっても承認は可能であるし（ただし，財産を管理する能力は必要と解されている），効果意思の有無を問わない。

承認による時効中断の趣旨を，承認があった場合には迅速な権利行使を期待できないとして権利不行使への制裁を認めるに足りないことに求めるのであれば，そのように迅速な権利行使を期待できないと評価するためには，原則として義務を負っている者の相手方への表示が必要であるが，他方，義務の詳細の表示までは不要であり，また，観念の表示としての表示があれば足りる（効果意思や行為能力は不要），という理解は，一応支持可能であろう。

⑶　承認の性質，方法

承認は観念の通知であり，法律行為ではなく，効果意思は不要とされている（前掲・大判大正８年４月１日）。そのため，時効の中断となることを知って承認したことは要されない。

承認については特段の方法の限定はなく，明確な意思の表示だけでなく，[241] 行動による表示も許容される（大判昭和９年11月６日法律新聞3790号９頁）。例えば，自己が負っている債務を記載した書面を債権者に提出した場合（最判昭和56年６月30日判時1011号52頁，最判昭和59年３月27日判時1111号100頁），債務の一部を弁済した場合（大判大正８年12月26日民録25輯2429頁，大判昭和８年12月28日大審院判決全集１輯３号11頁。なお，利息の支払は通常，主債務の承認になる。大判昭和３年３月24日法律新聞2873号13頁参照。），[242][243] 当該債務について担保を設定した場合，[244]

241）最判平成９年５月27日金融法務事情1487号49頁は，別件の根抵当設定登記の抹消登記手続請求訴訟において，債務者が，債権者の代理人に対して，根抵当権の被担保債権の存在を認める旨の証言をしたことが承認に当たるとした原審判断を是認している（同判決は最判平成８年７月12日民集50巻７号1901頁の差戻後上告審である。）。

242）ただし，同一当事者間に数個の金銭貸借がある場合に，単に元本債務の弁済として全債務の完済に足りない額を弁済したにすぎないときは，特段の事情がない限り，その数個の債務の存在を承認したことにはならないとされる（大判昭和13年６月25日大審院判決全集５輯14号４頁）。

243）信用取引約定書に基づき，債権者がその権限として行う相殺や預金等の払戻しは，時効中断事由としての債務者の承認に該当しないとした例がある（東京高判平成８年４月23日判時1567号100頁）。

244）なお，大決大正６年10月29日民録23輯1620頁は，係争債権に対して１番抵当権の設定登記があ支払の猶予を懇請した場合（大判大正10年３月４日民録27輯407頁，大判昭和４年５月20日大審院裁判例３巻民86頁，大判昭和10年11月19日大審院裁判例９巻民284頁），[245] 手形の書換を承諾した場合（手形債務の承認。大判昭和13年３月５日大審院判決全集５輯６号34頁）に，承認が認められている。強制執行や相殺の意思表示に対して異議を述べなかったことはそれだけで直ちに承認であるとはいえないが（大判大正11年４月14日民集１巻187頁，大判大正10年２月２日民録27輯168頁），異議を述べなかったことと他の事情を合わせて承認が認められた例がある（大判昭和９年11月６日法律新聞3790号９頁，大判昭和17年７月31日民集21巻824頁）。

債務の一部についてのみ承認した場合には，当該一部のみ時効中断の効力が生じるとした裁判例がある（大阪高判平成20年10月31日民集63巻５号963頁。最高裁はこの論点を扱っていないが，上告を棄却した。）。

また，主たる債務を相続した保証人が「保証債務」の履行の趣旨で一部弁済した場合について，相続人において主債務と保証債務が併存していることを前提として，主債務を相続したことを知りながらした保証債務の弁済は，債務者に対する主債務の承認の表示を包含しており，特段の事情がない限り，主債務の消滅時効も中断するとしている（最判平成25年９月13日民集67巻６号1356頁）。[246]

承認は，観念の通知であって法律行為ではないが，性質の許す限り，法律行為の規定を準用すべきであるとされ，代理に係る規定も準用される。例え

るところ，他の債権者に２番抵当権を設定して登記をしても，係争債権の承認にはならないとしている。

245）ただし，当事者間に数個の債務関係があるが，債務者が単に決算のための猶予を求めただけである場合には，全ての債務について承認したことにはならず，いずれの債務について承認したかの主張立証責任を債権者が負う（大判大正７年11月２日民録24輯2117頁）。

246）同判決の最高裁判例解説は，先例として最判平成９年12月18日税務訴訟資料229号1047頁を参照している。最判平成９年12月18日は，原審（東京高判平成７年９月５日税務訴訟資料213号553頁）の判断を正当として是認するものであるが，当該事案は，主債務者を相続した保証人が保証債務を弁済した場合に，求償権を行使できない場合に該当して所得税法64条２項が適用されるかが争われた事案であり，学説上は「不真正混同」として保証債務が原則消滅するとの見解もあるところだが（磯村哲編『注釈民法⑿』（有斐閣，昭和45年）507頁），同判決の原審は主債務者の地位と連帯保証人の地位との併存説をとった。税務の事案と履行請求の事案とで事案の性質は若干異なるが，同じ民事法の世界を扱う点で平仄を意識することは理解できる。ただ併存説を採る結果として，主債務者と保証人の地位が併存する者に対して，訴訟実務上，どのように取り扱うべきかについてはなお模索段階のようにも思われる（例えば，請求の趣旨について両訴訟物を全額記載するのか，連帯文言はどうするのか，請求異議訴訟で対応するのか等が問題となる）。

ば，債権者の代理人に対する債務の承認も時効中断のための承認となる（大判大正10年３月４日民録27輯407頁）。[247] 債務者の代理人による承認も含まれるであろう（大判大正８年12月26日民録25輯2429頁参照）。

このほか，債権者が権利行使をしていない場合でも，承認は可能であり（大判大正３年12月10日民録20輯1067頁），手形金債務の承認には手形の呈示を伴う手形金の請求がなければならないものではないとされる（最判昭和39年８月24日裁判集民75号93頁）。

また，訴訟上の相殺の主張において，受働債権について承認が認められた場合に，相殺の主張が撤回された場合にも既に生じた承認の効力は失われるものではないとした判例がある（最判昭和35年12月23日民集14巻14号3166頁）。

(4)　承認の時期

一般的には，承認が相手方に到達した時期に，即時に時効が中断し，新たな時効期間が進行する（時効が更新される）と理解されている。

なお，債務者が将来の支払を予定して一定の行為をし，実際に支払がなされた場合に，実際の支払の際にも承認があることが認められた判例がある。[248]

(5)　承認の能力，権限

現行民法156条は，時効の中断の効力を生ずべき承認をするには，相手方の権利についての処分につき行為能力又は権限があることを要しない，と規定している（改正民法152条２項も実質的に同じ内容である。）。この規定は，旧民法証拠編122条１項を実質的に引き継いでいる。同項は，追認（承認）は管理能力又は権限をある者がした場合には有効である旨を規定していた。承認は権利放棄であるから権利処分の能力が必要であるという学説がフランスにあり，それを排斥するために設けられたとされる。[249] 他方で，管理の能力もなく，

247）代理人とも機関とも認め難い者への承認について時効中断を認めなかった例として大判昭和12年４月30日大審院判決全集４輯11号13頁がある。

248）例えば，債務者が債権者に白紙委任状を交付してあらかじめ配当期における配当金受領の権限を与え，その受領した金員をもって債務の弁済に充当すべきことを委任した場合には，債権者が配当金を受領した都度，債務者において債務の承認をしたものとされた（大判昭和７年10月31日民集11巻2064頁）。また，債務の一部弁済のために小切手が（振出人から支払人に宛てて）振り出された場合に，当該小切手が支払人により支払われたことが，債務の一部弁済を理由とする振出人による承認とされた（最判昭和36年８月31日民集15巻７号2027頁）。

249）時効の趣旨を実体法説的に捉え，承認による時効の中断を認める趣旨を，承認がなされた場合

義務の有無が判断できない者による承認は認めるべきではないとされた（民法議事速記録第5巻28頁以下）。また，平成16年民法改正により，現行民法156条は，相手方の権利についての「処分ノ能力又ハ権限」から，相手方の権利についての処分についての「行為能力又は権限」に改められた。

上記のように承認には，「権利の処分」についての行為能力や権限は不要とされる。しかし，上述の立法の沿革や，現行民法156条（改正民法152条2項）の反対解釈から，[250]「管理の能力」は必要と解されており，判例も管理の能力又は権限があれば足りるとして（前掲・大判大正8年4月1日，大判昭和13年2月4日民集17巻87頁），未成年者の母が親族会の同意なくしてした債務の承認に時効中断の効果を認め（前掲・大判大正8年4月1日），後見人が被後見人に代わってする債務の承認についても親族会の同意は不要とし（大判大正8年5月12日民録25輯851頁），[251] 準禁治産者（現在の被保佐人に相当）が単独で承認可能とし（大判大正7年10月9日民録24輯1886頁），他方で未成年者については金銭債権の管理は法定代理人によるか又はその同意が必要であるとして，法定代理人の同意がない承認は取り消し得るとしている（前掲・大判昭和13年2月4日[252]）。

5　時効中断の効力

(1)　中断効の相対性の原則

現行民法148条は，同法147条の規定による時効の中断は，その中断の事由

には権利行使を急いですることを期待できないことに求めるのであれば，財産の処分の能力（行為能力）がなくても，財産を管理する能力があれば，その者の承認を信頼して権利行使をしないことが不相当ではないであろう。なお，現行民法156条については，既に負っている義務を承認するものであれば処分行為そのものではないとして正当化されることも多い。

250）ここでの「反対解釈」とは，「処分についての能力・権限は要されない」とのみ規定していることから，本来，承認に必要となるべき財産の管理についての能力は要されることは前提とされている，という解釈と思われる（そのような解釈は，承認には財産の管理の能力が必要であるということが前提とされていると思われるが，そのような前提を置くことは理解可能である。）。

251）昭和22年法律第222号による改正前の，いわゆる戦前の家族法においては，未成年者や被後見人などの他人について，その財産を管理する権限を有する者（同改正前の民法884条，923条参照）が，一定の行為（営業等）をし，又は同意を与えることについて，親族会の同意を要するものとしていた（同改正前の民法886条，929条参照）。現行民法156条（改正民法152条2項）の「権限」は，かかる文脈からは理解しやすい。なお，現在においても，処分権限と管理権限にずれを生じさせる事項に係る規定としては，民法859条の2，864条等があるであろう。

252）この判例は，未成年者に一応の管理能力があることを前提とし，時効の承認を一応できることを前提としているように見える。

が生じた当事者及びその承継人の間においてのみ，その効力を有する，と規定している。改正民法153条は，各時効中断事由の効果が時効完成猶予効と更新効の両方であるか，完成猶予効のみか，更新効かという観点から項を分けて規定しているが，規定の実質的内容は現行民法148条と変わらない。

この規定は，沿革上は仏古法の「人より人へは中断は為さるることなし」から来ているものとされ，旧民法証拠編110条の内容をほぼそのまま受け継いでいる。現行民法の立案過程においては，それほど議論がなされなかった（民法議事速記録第４巻186頁以下）。[253)]

規定の趣旨については，伝統的には，他人間の行為により，自分が利益も受けず害も与えられないという原則を具体化したものと理解されている。[254)][255)]例えば，土地の共有持分権者が占有者に対して自己の共有持分権確認の訴えを提起しても，他の共有持分権者と当該占有者との間での取得時効は中断しない。[256)][257)]

253）民法議事速記録の該当部分の説明内容は必ずしも明確ではないようにも思われるが，時効中断の対象が，（他の者に対しても効力があるべき）物権的請求権についても，中断効は相対的にのみ生じるべきであるため，当該規定は必要である，というような説明がなされているように見える。

254）ただし，主債務者が債務を承認した場合に，債権者が物上保証人との関係でも時効中断を主張できるか，あるいは保証人や物上保証人が主債務や被担保債務の承認をした後で，主債務者が時効を援用した場合でもそれらの者との関係では時効は中断したと言えないか，という文脈で現行民法148条の解釈が議論されている（例えば，最判平成７年３月10日判時1525号59頁の評釈等を参照されたい。）。

255）なお，共有（遺産共有を含む。）の文脈では，しばしば，保存行為として時効中断行為を取ることができると説明されている。例えば，登記抹消請求は共有持分権者の１人ができるとされている（最判昭和31年５月10日民集10巻５号487頁）。しかし，共有対象をどのように管理するか（その限りで全共有持分権者に管理の結果を及ぼし得るか）という問題と，管理者の管理行為による時効中断効が全共有持分権者に及び得るか（時効中断の相対効とどのように整合させるか）という問題は，論理的には別個の問題であるとも思われ，この点は未解決の問題とも思われる点には，一応の留意が必要と思われる。

256）判例に，例えば，共有物の持分権者はそれぞれ自己の持分について裁判上の主張をして自己の持分に関する時効を中断できるという判示をするものがある（大判大正８年５月31日民録25輯946頁）。共有持分権者の一部が，共有物の「所有権」について，保存行為として確認の訴えを提起することは認められない（共有持分権者は自己の共有持分の範囲で裁判上の請求ができ，それで足りる）との文脈での判示であり，直接は共有持分権者の権限や固有必要的共同訴訟該当性との関係の判例と理解されるが，他方で，（自己の裁判上の請求は自己と占有者の間でのみ取得時効を中断させるという意味で）現行民法148条の趣旨が表れているものと理解されている。なお，自主占有者から地上権設定を受けて代理占有をしている者に対する明渡請求により，間接占有をしている自主占有者に対しても時効中断となった例がある（大判大正10年11月３日民録27輯1875頁）。

257）なお，現行民法155条（改正民法154条）は現行民法148条（改正民法153条）の例外を定めたものと理解されているが，現行民法155条が用いられる例として，立案過程では，債権執行の場合ここでの「当事者」とは，時効中断事由に関与する当事者をいい，民法145条の「当事者」とは意味が異なる。当事者の「承継人」とは，時効中断の対象となる権利義務を承継した特定承継人又は包括承継人をいう（特に取得時効では「承継人」にも時効中断効が及ぶとすることに実益があろう。）。

なお，債権者代位権により裁判上の請求がされる場合，債務者の第三債務者に対する関係でも時効は中断される（大判昭和15年３月15日民集19巻586頁）。

⑵　相対効の例外

現行民法148条に定める時効中断の相対効については，明文の規定又は判例による例外が認められている。

まず，第一に，保証については，主債務者との関係での時効の中断は保証人に対しても，その効力を生ずる（現行民法457条１項。改正民法457条１項も実質的に同じ。）。[258] 物上保証人も，主債務者との関係での被担保債権について生じた時効中断の効力を否定することは，判例上許容されていない。担保権の付従性に抵触し，民法396条の趣旨にも反するためと説明される（最判平成７年３月10日判時1525号59頁）。

また，主債務が時効により消滅した場合には，たとえそれ以前に保証人との間では保証債務について時効中断や保証人による時効利益の放棄があったとしても，主債務の付従性を理由に，保証人はなお主債務の消滅時効を援用することが許される（大判昭和７年６月21日民集11巻1186頁，大判昭和13年３月18日大審院判決全集５輯７号13頁）。[259] 物上保証人も，従前主債務を認める趣旨の行動をしていても，やはり主債務の時効中断を援用できると理解されている（最判昭和62年９月３日判時1316号91頁参照[260]）。なお，時効完成後に主債務者が債務

（第三債務者に対して弁済を禁ずる旨，差押えをした場合），債務者の財産を第三者が所持しており当該第三者に対して差押えをする必要がある場合が挙げられており，直ちに時効中断の効力が債務者に及ばない場合の例（現行民法148条が想定している状況の例）として参考になろう。

258）連帯保証についても民法457条は適用される（大判大正９年10月23日民録26輯1582頁，大判昭和５年10月31日民集９巻1018頁）。

259）なお，大判昭和８年１月31日民集12巻83頁は，主債務が時効完成により消滅した後も，債権者は連帯保証人に対して相殺をすることを認めている。

260）この場合，判例はそもそも物上保証人は主債務を「承認」できないとしているとの理解が有力である（第３の４⑵参照）。なお，主債務の時効完成後，主債務者が当該債務を承認し，かつ，保証人が主債務者の債務承認を知って保証債務を承認した場合に，保証人がその後主債務の消滅

承認し，保証人も承認した場合については第３の６⑵，⑶を参照されたい。

次に，第二に，連帯保証（連帯債務）との関係では，主債務者及び連帯保証人（各連帯債務者）に対する請求により，主債務者及び連帯保証人（各連帯債務者）のいずれとの関係においても時効が中断される（現行民法458条，434条）。[261]「請求」以外の時効中断事由はかかる絶対効を持たない（大判大正３年10月19日民録20輯777頁）。もっとも，改正民法では，現行民法434条に相当する規定は削除される。そのため，改正後の時効管理においては，連帯保証人に対する裁判上の請求により，主債務者の時効を中断させる方法は取れないことに留意する必要がある。[262]

地役権については，要役地が共有されている場合，時効の中断は地役権を行使する各共有者に対してする必要がある（民法284条２項）。地役権が土地と結びついているためと説明される（地役権の不可分性）。

⑶　時効の利益を受ける者以外への差押え等

ア　現行民法

現行民法155条は，差押え，仮差押え及び仮処分は，時効の利益を受ける者に対してしないときは，その者に通知をした後でなければ，時効の中断の効力を生じない，と規定している。

この規定の沿革は，旧民法証拠編117条３項を引き継いだものではあるが，比較法的には珍しいものと説明されていた（民法議事速記録第５巻８頁以下）。立法過程では，例えば物を第三者が代理占有している場合の，当該第三者への差押えによる時効中断等が議論されており，物上保証人の抵当不動産への

時効を援用することは許されない（最判昭和44年３月20日判時557号237頁）。第３の６⑶も参照されたい。

261）手形債務を主たる債務として手形外の連帯保証契約が締結されている場合，連帯保証人に対して裁判上の請求がなされたときは手形債務の消滅時効も中断する（最判昭和48年９月７日判時718号48頁）。

262）この改正に係る経過措置については，連帯保証の場合については明示的に示されているものではないが，改正法附則20条２項は「施行日前に生じた……旧法第432条に規定する連帯債務（これらの原因である法律行為が施行日前にされたものを含む。）については，なお従前の例による」と規定し，また，同附則21条１項は「施行日前に締結された保証契約に係る保証債務については，なお従前の例による」と規定しているため，施行日前に締結された連帯保証契約に基づく連帯保証債務に対する請求は，改正法施行後もなお主債務の時効を中断するということになろうか。

差押えによる被担保債権の時効中断については議論がされていないように見える。しかし，現在では，現行民法155条は特に，物上保証人が，担保設定した抵当不動産への差押えの場合の主債務者との関係での被担保債権の時効中断の手法として機能している。

この規定の趣旨については，最判昭和50年11月21日民集29巻10号1537頁は，物上保証人の抵当不動産への競売申立てのような場合について，時効中断の効果が当該中断行為の当事者及びその承継人以外で時効の利益を受ける者（例えば被担保債権の債務者）にも及ぶべきことを定めるとともに，これにより当該債務者のような時効の利益を受ける者が中断行為により不測の不利益を蒙ることのないよう，その者に対する通知を要することとし，もつて債権者と債務者との間の利益の調和を図った趣旨であると説明している。

この規定における「通知」の主体は，時効中断の当事者だけでなく，物上保証人の抵当不動産について競売裁判所が競売開始決定をし，当該競売開始決定正本を利害関係者である債務者に送達することで告知する場合の，[263)]当該競売裁判所も含まれる（前掲・最判昭和50年11月21日）。

この規定による，通知の相手方との関係での時効中断効の基準時は，当該通知が相手方に到達した時である。物上保証人の抵当不動産の競売の場合について，被担保債権の時効中断の効力は，競売開始決定正本が債務者に送達された時に生ずる（最判平成８年７月12日民集50巻７号1901頁）。

また，物上保証人の抵当不動産の競売の場合について時効中断の基準時をそのように画す「送達」の成否については，判例は，現行民法155条の「通知」と民事訴訟法上の「送達」は別個のものであるという前提に立ちつつ，一方で，当該競売開始決定正本の送達が付郵便送達による場合にはその発送ではなく実際に到達した時をもって時効中断としながら（最判平成７年９月５日民集49巻８号2784頁），[264)]他方で，公示送達による場合には（民事執行法20条が準

263）民事執行法188条，45条２項参照。なお，物上保証人の抵当不動産の競売の場合には，同法45条２項の「債務者」は「債務者及び所有者」と読み替えるものと実務上されている。

264）付郵便送達は民事訴訟法上，発送時に送達があったとみなされる（民執法20条，民訴法107条３項）。

用する）民事訴訟法113条の類推適用により，同法111条の規定による掲示を始めた日から２週間を経過した時に時効中断を認めている（最決平成14年10月25日民集56巻８号1942頁）。

なお，判例は，委託を受けた保証人が代位弁済した場合の求償権については，本来の債権者が原債権に基づいて競売を申立て，競売開始決定の正本が債務者に送達されていた場合に，差押債権者の承継を執行裁判所に申し出たときに，通知を要せずして，求償権の消滅時効が承継の申出の時から中断するとしている（最判平成18年11月14日民集60巻９号3402頁）。[265)]

イ　改正民法

改正民法においては，154条は，148条１項各号又は149条各号に掲げる事由に係る手続は，時効の利益を受ける者に対してしないときは，その者に通知をした後でなければ，148条又は149条の規定による時効の完成猶予又は更新の効力を生じない，と規定している。

改正民法154条は，現行民法155条の構造を引き継ぎつつ，「差押え，仮差押え及び仮処分」を「第148条第１項各号又は第149条各号に掲げる事由に係る手続」に置き換えている。

改正民法148条１項や同法149条１項では，各条１項各号に掲げる事由が「ある場合」には直ちに完成猶予効が生じると規定している。これに対して，なぜ，同法154条では「事由があること」それ自体ではなく，「事由に係る手続」として「手続」と完成猶予効・更新効を結び付けているのかは必ずしも明確ではない。おそらくではあるが，まず，現行民法155条の「差押え，仮差押え及び仮処分は，時効の利益を受ける者に対してしないときは」という文言をできる限り存置しようとして，「差押え」等を「148条１項各号に掲げ

265）通知を要さない理由として，既に原債権について通知が債務者になされており，また，委託を受けた保証人が代位弁済することを債務者は予見できたため等，説明される（最判平成18年11月14日の最高裁判例解説）。ただ，「通知」の趣旨が債務者に不測の不利益を課さないということにあることに照らして，説得力があるかが問題となり得るのではないか（なお，破産手続において当初原債権が届出をされていたが，その後代位弁済がされた場合の最判平成７年３月23日民集49巻３号984頁や，最判平成９年９月９日判時1620号63頁との関係から，物上保証人の抵当不動産の競売についても，差押債権者の承継申出をもって時効中断事由の発生と見る位置付け自体は自然である。）。

る事由」と置き換えようとしたが，単に「事由は，時効の利益を受ける者に対してしないときは」とした場合には，「事由」を時効の利益を受ける者に対してするというのは日本語として不自然であり，それだけでなく例えば，物上保証人の担保不動産の競売を申し立てた上で，申立人が直ちに（差押え完了前に）債務者に通知した場合にも時効中断効が生じると読めてしまい，既存の実務とかい離が生じてしまうため，「差押え」に対応するものとしての「手続」を入れたのではないかと想像される。[266)]

また，改正民法154条は，現行民法155条と異なり，規定が適用されるべき手続の範囲を，「差押え」以外の，「裁判上の請求」の権利確定手続や民事執行手続一般に拡張している。もっとも，規定が設けられた沿革や，改正民法153条が時効中断の相対効を規定していることとの関係に照らして，同法154条の趣旨も，「時効中断の対象となる権利」の義務者と当該権利の責任財産の所持者が異なっている場合に，義務者への通知を条件として時効中断を認めて，権利者と義務者のバランスをとることに変わりはないものと想像される。この点，同法148条1項各号に規定する「裁判上の請求」等は，基本的に，手続の相手方と義務者は同一であるはずであり，法定訴訟担当のような場合を除き，[267)] 機能する場面はあまり想定されないのではないか。[268)]

266）そのように説明がつくとしても，なぜ改正民法149条1項という本則では時効中断効が同項各号の事由それ自体にかからしめられているのに，同法154条では「事由に係る手続」にかからしめられているかについての合理的な説明がなお必要なようにも思われる。しかし，当面は，「手続」という文言があえて入れられていることを重視し，現行民法との接続という沿革から解釈して，現行民法155条と同様の結論を出すべく解釈するのが自然かつ安全ではないかと思われる。

267）法定訴訟担当も，基本的には裁判上の請求をなす側（訴えを提起する側）で問題となるものと思われ，手続の相手方として時効の中断に係る行為を受ける側の法定訴訟担当としてどのようなものがあり得るかは，今後，検討の対象となるのではないか。

268）例えば，現行民法434条の連帯債務者への請求の絶対効の規定が改正民法では削除されることにより，連帯保証人への請求により主債務者の時効を中断できなくなるという時効管理上の問題が新たに発生するが，連帯保証人に対して保証債務の履行請求をするように裁判上の請求をしても，それは「保証債務」についての手続であって，「主債務」についての手続ではないから，主債務者への通知により主債務の時効を中断する手段にはならないように見える。

6　時効完成後の時効利益の放棄・債務承認

⑴　あらかじめの放棄の禁止

現行民法146条は，時効の利益は，あらかじめ放棄することができない，と規定している。本条については改正はなく，改正の影響は基本的にないと思われる。

本条は，沿革上，旧民法証拠編100条１項を引き継ぐものであり，[269] フランス民法に同様の規定がある。他方，ドイツ民法ではかつて同様の規定があったが，近時，一定の上限期間の範囲内で，時効の完成をより困難にするような合意を認める改正がなされた（新ドイツ民法202条）。また，フランス民法においても，現在，合意により時効期間を一定限度まで伸長することを許容している（フランス民法2254条）。

本条の趣旨について，通説は「公益」と「時効の利益を受ける者の保護」により二元的に説明している。すなわち，時効は公益のための制度であり，また，事前の放棄を認めると消滅時効の場合には債権者が優位な立場を利用して債務者に放棄させるという不都合な結果が生じるのでこれを禁ずるものとされる。[270]

そうした本条の趣旨から，時効期間の延長，時効中断・停止の否定合意も無効であると一般に解されている。[271] 他方，時効期間を短縮させる合意は，

269）旧民法では時効利益の放棄については他にも規定があったが，時効中断事由としての承認の問題である，あるいは黙示による放棄ができることは他にも認められる一般原則であってあえて記載する必要はない，等とされて削除された（民法議事速記録第４巻166頁以下）。

270）もっとも，「公益」の理解は必ずしも明確ではない。「公益」という場合，例えば時効制度の趣旨である「永続する事実状態の保護」には第三者保護の趣旨が想起されるところではあるが，他方で，時効の利益を受ける者の裁量による時効完成後の時効利益の放棄が判例・学説上認められていることを勘案すると（そこでは第三者の利益が考慮されていない），直截に，時効中断事由なくして所定の期間が経過した場合には権利義務の得喪を生じさせることそれ自体を強行されるべき秩序と捉える考え方になるのではないか（そして，債務者保護の考え方も，つまるところ，そうした秩序を重視することに尽きるのではないか）。

271）例えば，信用取引約定書に基づく権限としての債権者側による相殺や預金等の払戻しは，時効中断事由としての承認に該当しないとした例（東京高判平成８年４月23日判時1567号100頁），消費貸借において借主が弁済期に履行しない場合にこれを自動的に延長する旨の特約は民法146条の趣旨に反し無効であるとされた例（東京高判平成10年８月31日判タ1000号288頁）がある。他方で，定期預金契約に自動更新特約が付されている場合について，時効の起算点について，同条との関係も含めて問題となった例がある（東京高判平成17年１月19日高民集58巻１号６頁，大阪

時効制度の趣旨に反するとは言えないため，公序良俗に反しない限り，有効であると解されている。[272)]

⑵　時効完成後の放棄の許容

他方，民法146条の反対解釈により，時効完成後の時効利益の放棄は許容されると解されている。[273)] そのため，時効完成による時効援用の主張に対して，時効完成後の時効利益の放棄が抗弁的に機能する。

時効利益の放棄は，時効の利益を放棄する旨の「権利者」に対する意思表示である（大判大正５年10月13日民録22輯1886頁）。[274)]

この時効利益の放棄の法的性質について，判例は時効の効力を消滅させる旨の意思表示と理解し，[275)] そのような意思表示に係る効果意思の発生の前提として，完成した時効の存在の認識を必要としている（前掲・大判大正３年４月25日）。[276)] そのため，今日も，権利者が相手方による時効完成後の時効利益の放棄を主張立証する場合には，当該相手方が時効の完成を知って時効の利益の放棄をしたことを立証する必要があり，より主張立証が容易な時効完成後の債務承認の主張が試みられるに至っている（第３の６⑶参照）。このほか，

高判平成15年３月18日金判1217号39頁，なお最判平成19年４月24日民集61巻３号1073頁参照）。

272）通常よりも短い期間で事実状態の保護を認め，権利不行使を制裁し，立証困難から債務者を解放することが，時効制度の趣旨に反するとは言えないであろう。

273）時効の援用を時効の利益を受ける者の意思にかからしめているのであるから（民法145条），一歩進めて援用しないことを確定させても時効制度において不整合とは言えないであろう。

274）銀行の帳簿において預金の利子を元金に組み入れた旨の記入をすることは時効の利益の放棄に該当しない（大判大正３年４月25日民録20輯342頁）。

275）なお，時効利益の放棄の意思表示の法的性質については，時効の援用の法的性質論との関係で把握されるべきことが指摘されている。従前の判例のように，時効の効果について確定効果説をとって時効の援用を攻撃防御方法と理解すると，時効利益の放棄は既に生じた権利利益の放棄の意思表示と理解される。他方，通説的に時効の効果について停止条件付不確定効果説を採り，時効の援用を停止条件を成就させるための行為と理解すると，時効利益の放棄は，時効の利益を生じさせないことの意思表示となる（時効の利益を受ける者が他にいる場合に，放棄の効果がその者に及ばないという立場をとるとしたら，「自己との関係では時効の利益を受けないことの意思表示」となるであろうか）。

276）判例はかつては時効期間経過後に債務者が債務の承認をした場合には，時効完成の事実を知ってしたものと推定するとしていたが（大判大正６年２月19日民録23輯311頁，最判昭和35年６月23日民集14巻８号1498頁），その後，消滅時効完成後に債務の承認をした場合において，そのことだけから，右承認はその時効が完成したことを知ってしたものであると推定することは許されないとして立場を転じた（最大判昭和41年４月20日民集20巻４号702頁）。

時効利益の放棄は単独行為であって相手方の同意は不要とされ（大判大正８年７月４日民録25輯1215頁），また，法律行為であるため行為者に処分の能力，権限が必要とされる（大判大正８年５月12日民録25輯851頁）。

時効利益の放棄については，特段の方法の制限はなく，意思表示の解釈の問題となる。従前は，債務承認，弁済，債務支払の約定の締結，猶予の申入れ，和解等について時効利益の放棄が認められている。他方，単に異議を述べなかっただけでは放棄の意思表示があったとは言えないという見解が有力である（東京地判平成９年６月27日金判1036号39頁）。

時効利益の放棄の範囲については，基本的には，時効の援用で得ることができる利益の放棄であるため，時効の援用の範囲の場合の考え方がおおむね妥当すると考えられる（第２の４⑴ウ㈠参照）。時効利益の放棄の客観的範囲については，時効援用の客観的範囲について元本と利息を分けた判例が参考になり（大判大正６年８月22日民録23輯1293頁），時効利益の放棄が問題となり得る権利に照らして，一応，別個に考慮されるべきという前提に立ちつつ，時効利益の放棄の意思表示の合理的解釈によるべきことになるであろう。時効利益の放棄の主観的範囲についても，時効利益の放棄の当事者が直接に受けるべき利益に限り，放棄可能と解すべきであろう（時効の援用についての大判大正８年６月24日民録25輯1095頁参照。例えば，相続人が不動産を占有している場合には，自己の共有持分の範囲でのみ放棄可能と解される。）。

時効利益の放棄がなされた後の法律関係については，明確な判例はないと思われるが，再度時効の進行が開始すると考えるのが自然と思われる（時効完成後の債務承認について，承認後に時効期間が新たに進行するとした最判昭和45年５月21日民集24巻５号393頁参照）。

時効利益の放棄は，他の時効の利益を受ける者との関係でも効力を有するか。判例は，かかる第三者効を否定していると思われる。[277] 例えば，主債務者が時効利益を放棄した後の保証人の時効援用（大判大正５年12月25日民録22輯

277）停止条件付不確定効果説に立った場合，時効の援用の相対効と同様に法的構成が問題となり得る（第２の５⑴参照）。永続する事実状態の保護等の観点からは，判例と同様の結論を取ることが相当のようにも思われる。

2494頁），債務者が時効利益を放棄した後の当該債務のため自己の所有物をいわゆる弱い譲渡担保に供した第三者による時効援用（最判昭和42年10月27日民集21巻８号2110頁）は認められており，物上保証人についても同様の裁判例がある（大阪高判平成７年７月５日判時1563号118頁）。また，最判平成７年９月８日金融法務事情1441号29頁は，原審が「主債務の時効完成後に保証人が保証債務を履行した場合で，主債務が時効により消滅するか否かにかかわりなく保証債務を履行するという趣旨に出たものであるときは格別，そうでなければ，保証人は，主債務の時効を援用する権利を失わないと解するのが相当である」とした上で主債務者が破産して無資力であるため求償できないことを承知で弁済した等の事情があったとしても，当然に上述の趣旨で保証債務を履行したとは言えないとした原審の認定判断を是認しており，参考になる。

⑶　時効完成後の債務承認と信義則に基づく時効援用の制限

判例は，債務者が，自己の負担する債務について時効が完成した後に，債権者に対し債務の承認をした以上，時効完成の事実を知らなかったときでも，爾後その債務についてその完成した消滅時効の援用をすることは許されない（最大判昭和41年４月20日民集20巻４号702頁）として，信義則に依拠して，いわゆる時効完成後の債務承認による時効援用の制限を認めている。この制限は時効完成による時効援用の主張に対して抗弁的に機能し，この場合，債権者側が主張すべき事実は，時効完成後に「債務者が債権者に対して債務の承認をしたこと」で原則として足りる。そのため，民法146条の規定による時効利益の放棄の主張を用いる実益が薄れ，同条は，その趣旨により時効の完成を遅らせ又は困難にする合意を無効とする効力に意味の重点を移しているといえる。

時効完成後の債務承認における「承認」については，時効中断事由についての「承認」についての基本的な議論が妥当すると考えるのが素直と思われる（第３の４参照）。[278)]

278）東京地判平成25年10月25日TKCデータベース登載は，時効中断事由としての承認と時効完成後の承認を区別し，「それが援用権を有する者の真意に基づいてされたか否か」を問題とし，「また，時効の援用権を放棄する場合に準じて，その承認が処分の権限と能力がある者によりされる承認後の権利関係については，承認後に再び時効は進行し，債務者は，再度完成した消滅時効を援用することができる（最判昭和45年５月21日民集24巻５号393頁）。

また，主債務の時効完成後に主債務者が債務を承認した場合に，保証人との関係でいかなる意味を持つか。判例は，主債務の時効完成後，主債務者が当該債務を承認し，かつ，保証人が主債務者の債務承認を知って保証債務を承認した場合に，保証人がその後主債務の消滅時効を援用することは信義則に照らして許されないとしている（最判昭和44年３月20日判時557号237頁）。そのように，判例は，時効完成後の債務承認の場合には，時効完成後の時効利益の放棄と同様，主債務者の債務承認が直ちに保証人の時効援用を妨げないことを前提としつつ，保証人が時効援用をすることが信義則上許されない場合があることを認めている。[279)]

なお，時効完成後の債務承認については，信義則に基づくものであるため，時効援用が信義則に反しない特段の事情があれば，なお時効援用可能となる見解が有力である（大阪高判平成27年３月６日消費者法ニュース104号366頁等参照）。特に，消費者信用の分野では，債権者が債務者に対して，未だ時効が完成していないなどと欺罔したり，あるいは困惑させたりして少額の弁済をさせ，また，債権者の側に時効完成後の承認による時効援用の制限の効果を得る意図があると認められる場合に，相当多数の裁判例が信義則に反しない特段の事情があるものとして，なお時効援用を認めている。元々が信義則に基づく制限であるため，最終的には個別事案ごとに判断されるべきことになるであろう。

必要がある」としているが，現時点では少数説のように思われる。

279）もっとも，判例は①保証人が主たる債務者の債務承認を知って，②その後に保証債務の承認をすることを求めており，①のような主観的事情の立証を要する点は留意する必要がある（このような枠組みを取るのは，主債務者について時効が完成した場合には，保証人によるそれまでの承認等にかかわらず，保証人は時効を援用できるとする従前の判例と整合性をとるためと思われる。第３の５⑵参照）。

7　時効期間の停止

(1)　総　論

時効の停止は，日本法においては，一定の事由が生じた場合に，既に進行している時効期間について，所定の期間，その時効完成を妨げることをいう(時効の完成猶予)。比較法的には，一定の事由がある場合に時効期間の「進行」自体を止めるものがあるが（フランス民法現2234条等），旧民法も完成猶予主義をとっていたところ（例えば，旧民法証拠編131条参照），現行民法も時効により利益を受ける者の相手方の利益を考慮して時効の完成猶予の形式を踏襲した(民法議事速記録第５巻43頁以下)。[280)]

沿革としては，カノン法以来，時効を制限しようとして時効停止事由が広範に認められたが，時効制度自体の精神を滅却するに至ったため，フランス法では時効停止事由はより限定され，旧民法，現行民法に承継されたという，時効停止事由の限定列挙の沿革がある（第３の１(3)参照）。そうした立法の経緯からは，時効停止事由を安易に拡張しないことが大きな方向性として予定されていたように思われる。[281)] [282)] [283)]

現行民法における時効停止事由は，基本的に，時効中断のための権利行使をすることが特に困難であると認められる事由であり，その事由の性質は，そもそも権利行使の能力が認められない場合（民法158条１項に定める未成年者・

280）時効の停止については，現行民法において「時効は，完成しない」という文言を用いており，時効中断の効力を完成猶予効と更新効に分解した改正民法においては，当該完成猶予効についても，時効の停止に合わせて，同様に「時効は，完成しない」という文言を用いている。

281）関東大震災後の支払猶予令が時効停止事由に該当しないとしたものとして，大決昭和３年３月31日民集７巻180頁，債権が仮差押えされたとしても時効停止事由に該当しないとしたものとして，最判昭和42年11月17日判時509号29頁参照。

282）もっとも，近時，不法行為における長期の期間制限を除斥期間とする判例を前提として，その不都合を緩和するために，時効停止事由の規定の法意や類推適用が試みられている（後述）。今後も，真に妥当な結論を確保するために停止事由に係る規定の類推適用を考慮する余地が全くないとは言えない。ただ，元々の沿革，限定列挙としての時効停止事由の規定ぶり，時効制度自体の機能確保等の種々の要請，不法行為法における長期の期間制限が時効期間に変更されること等から来る限界はあると思われる。

283）なお，特別法においても，幾つか時効の停止についての規定がある。例えば，破産法25条８項に規定の停止事由は包括的禁止命令が発せられたことと関係し，国家公務員共済組合法111条３項に規定の停止事由は組合員等の生死又は所在不明により遺族給付の請求ができないときに認められる。「完成しない」でe-Gov法令検索で用語検索すると，若干の例がヒットする。

成年被後見人に係る停止事由），義務者との関係性から権利行使が期待できない場合（同条２項に定める未成年者・成年被後見人の法定代理人等に対する権利に係る停止事由，同法159条に定める配偶者に対する権利に係る停止事由），権利義務の存否・帰属が不明確な場合（同法160条に定める相続財産に関する停止事由），天災等外部的事情に係る停止事由（同法161条）等，様々である。

なお，時効の停止については，現行民法161条以外には，実質的な改正はない。

(2)　未成年者又は成年被後見人と時効の停止

民法158条１項は，未成年者又は成年被後見人の権利については，それらの者に法定代理人がない場合には，①その未成年者又は成年被後見人が行為能力者となった時，あるいは②法定代理人が就いた時から，６か月を経過するまでの間は，時効が完成しないと規定している。[284] また，同条２項は，未成年者又は成年被後見人の，それらの者の財産を管理する父，母又は後見人に対する権利については，①その未成年者又は成年被後見人が行為能力者となった時，あるいは②後任の法定代理人が就職した時から，６か月を経過するまでの間は，時効が完成しないと規定している。改正民法においても見出しが変わるだけであり，違いはないと考えられる。

規定の沿革については，平成16年民法改正（現代仮名遣い化）において，当該改正前に158条，159条だったものが１つにまとめられたものである。当該改正前の158条（改正民法158条１項）は，旧民法証拠編131条を基本的に引き継ぐものであり，[285] 当該改正前の159条（改正民法158条２項）は，元々は旧民法証拠編134条，135条に対応していた。[286] なお，改正前の159条には，当初，妻が

284）６か月という期間は，ドイツの第一民法草案を参考にしたと説明されている（民法議事速記録第５巻45頁）。

285）時効期間が５年以下の場合と５年を超える場合の区別を廃止し（６か月程度の停止にすぎないと説明される。民法議事速記録第５巻46頁参照），また，時効の完成猶予の効果に統一された。また，法定代理人がいる場合には時効が停止しない旨が追記された。旧民法の規定以来，フランス民法とは時効の進行の停止ではなく時効の完成猶予である点で内容が異なっていた。

286）立案過程において，夫が妻に対して有する権利，妻（親）が子供に対して有する権利や，管理者が被管理者に対して有する権利についてはその行使をはばかることはないとして，停止について相互主義から一方向主義に改められた（民法議事速記録第５巻61頁）。

夫に対して有する権利に関する時効停止の内容も含まれていたが，昭和22年家族法改正に伴い，平成16年民法改正前の159条の2に移され，夫婦の一方が相互に対する権利の停止について定める相互主義の規定に改められた。

規定の趣旨については，民法158条1項について，判例は，同項の趣旨は，無能力者は法定代理人を有しない場合には時効中断の措置を執ることができないのであるから，無能力者が法定代理人を有しないにもかかわらず時効の完成を認めるのは無能力者に酷であるとして，これを保護することにある，と説明している（最判平成10年6月12日民集52巻4号1087頁，最判平成26年3月14日民集68巻3号229頁）。つまり，裁判上の請求等の確定的な時効中断のための行為を自らはできない未成年者・成年被後見人の保護が同条の趣旨と考えられる（民訴法31条，民執法20条。現行民法においては民保法7条も参照。）。[287) 288)] 法定代理人が付されている場合には，当該法定代理人により，時効中断に係る未成年者・成年被後見人の利益確保が期待でき時効停止を認めないことが許容されるため「法定代理人がないときは」と限定される。

民法158条2項の趣旨は，父母等の法定代理人に対する権利については，当該法定代理人が同代理人自らに対して権利行使をすることは期待できないため，時効停止を認めるものと説明される。[289)]

287）未成年者が戸主権の確認の訴えを提起するために，当時の民事訴訟法56条（現行民事訴訟法35条）の類推により，特別代理人の選任を申請することができるとの判例があり（大判昭和9年1月23日民集13巻47頁），少なくとも未成年者については裁判上の請求を取るための行為が法制度上全く否定されているとは言えないとの指摘があるが，類型的に見て，未成年者にそうした行為を期待することはできないということであろう。なお，同法31条は，「ただし，未成年者が独立して法律行為をすることができる場合は，この限りでない」と規定しており，未成年者が営業を許されている場合には，時効停止を認める必要はないという説があるが，判例はないと思われる（現ドイツ民法210条2項参照）。また，被保佐人も訴訟行為は原則として同意事項だが（民法13条1項4号），保佐人の適切な行為が期待でき，保佐人の同意に代わる家庭裁判所による同意も申請可能（同法13条3項）なので，時効停止の主体に含めないことも許容可能ということであろうか（被補助人で訴訟行為が同意事項とされている場合も同様である。なお，最判昭和49年12月20日民集28巻10号2072頁は準禁治産者が訴訟提起について保佐人の同意が得られない場合にも，法律上の障害とはいえず，消滅時効の進行が妨げられないとしている。）。

288）民法158条1項の趣旨から，未成年者・被成年後見人にとって有利な時効の時効期間は，民法158条1項の文言にかかわらず，停止しないと解されている。

289）この規定の趣旨から，法定代理人による本人の物についての取得時効の時効期間についても，民法158条1項を類推適用すべきとの見解が有力である。

民法158条１項については，近時，遺留分減殺請求権の時効期間との関係で，同項を類推適用することを認める判例が下された（最判平成26年３月14日民集68巻３号229頁）。同判例は，精神上の障害により事理を弁識する能力を欠く常況にある者は，後見開始の審判を受けておらず法定代理人が選任されていなくても，相手方の予見可能性に照らし，一定の場合には時効が停止し得ることが認められるとして，当該事案では「少なくとも」という形で同項の類推適用を認める判断を下している。[290)]

また，不法行為の被害者の損害賠償請求権の長期期間制限（現行民法724条後段。判例上の除斥期間）について，民法158条の「法意に照らし」として，同条の趣旨を参酌して，なお損害賠償請求権の行使を認めた判例がある（最判平成10年６月12日民集52巻４号1087頁）。[291)]

⑶　夫婦間の権利の時効の停止

現行民法159条は，夫婦の一方が他の一方に対して有する権利については，婚姻の解消の時から６か月を経過するまでの間は，時効は，完成しない，と規定している。改正民法においても見出しが変わるだけであり，違いはない

290）同判決は，民法158条１項が成年被後見人等に係る時効の停止を認めているのは，「その該当性並びに法定代理人の選任の有無及び時期が形式的，画一的に確定し得る事実であることから，これに時効の期間の満了前６箇月以内の間に法定代理人がないときという限度で時効の停止を認めても，必ずしも時効を援用しようとする者の予見可能性を不当に奪うものとはいえない」ためであるとし，「精神上の障害により事理を弁識する能力を欠く常況にあるものの，まだ後見開始の審判を受けていない者」について，「その後に後見開始の審判がされた場合において，民法158条１項の類推適用を認めたとしても，時効を援用しようとする者の予見可能性を不当に奪うものとはいえないときもあり得るところであり，申立てがされた時期，状況等によっては，同項の類推適用を認める余地があるというべき」として，「時効の期間の満了前６か月以内の間に精神上の障害により事理を弁識する能力を欠く常況にある者に法定代理人がない場合において，少なくとも，時効の期間の満了前の申立てに基づき後見開始の審判がされたときは，民法158条１項の類推適用により，法定代理人が就職した時から６か月を経過するまでの間は，,その者に対して，時効は，完成しないと解するのが相当」としている。

291）改正民法の期間制限が時効期間に改められた後もこの判例がどの程度意味を持ち得るかが問題となる。同判例の事案は，予防接種禍で被害者が高度の精神障害，知能障害，運動障害及び頻繁なけいれん発作を伴う寝たきりの状態の状態となった特別の事案であり，他の除斥期間にも同様の主張が成り立つかは議論の余地があるであろう。なお，東京高判平成20年２月20日判タ1301号201頁は，民法の「時効の停止」の規定を類推適用して同法724条後段の効果を制限する余地があるのは，「心神喪失の常況」ないし「天災」の場合のように20年の期間満了に当たり権利行使がおよそ不可能な状況であったことを要し，単に権利行使が困難という程度では足りない，と述べている。

と考えられる。

規定の沿革については，旧民法証拠編134条を引き継ぐものである。[292] 現行民法においては，当初は立案過程において夫が妻に対して有する権利についてその行使をはばかることはないとして，妻が夫に対して有する権利についてのみ時効停止とする一方向主義に旧民法から改められたが（民法議事速記録第5巻61頁），昭和22年家族法改正により，平成16年民法改正（現代仮名遣い化）前の159条の2に移され，夫婦の一方が相互に対する権利の停止について定める相互主義の規定に改められた。そして，上記平成16年民法改正において，従前159条の2であったものが159条に条番号が変わった。[293]

この規定の趣旨については，夫婦間の権利については，婚姻中に互いに請求することは事実上困難であるため，時効停止を認めるものと説明される。

「婚姻の解消」については，離婚，婚姻の取消，夫婦の一方の死亡，失踪宣告が解消事由に含まれるとの理解が一般的である。

本条については，公開裁判例が確認できない。

(4)　相続財産に関する時効の停止

現行民法160条は，相続財産に関しては，相続人が確定した時，管理人が選任された時又は破産手続開始の決定があった時から6か月を経過するまでの間は，時効は，完成しない，と規定している。改正民法においても見出しが変わるだけであり，違いはないと考えられる。

規定の沿革については，旧民法には規定がなく，主としてドイツ諸国の法律に倣ったと説明されている（民法議事速記録第5巻77頁以下）。立案過程では，原案では「相続財産に対しての権利の時効」と「相続財産のための時効」が分けられ，猶予期間も異なっていたが，1つにまとめられ，両方を含める趣旨で，「相続財産に関して」と規定された。

規定の趣旨については，判例は，相続人が確定しないことにより権利者が

292) 時効期間が1年以下の場合と1年を超える場合の区別や，正権原善意の取得時効の場合の特則が削除された。

293) 現ドイツ民法207条，現フランス民法2236条にも，夫婦間の権利に係る時効停止（進行自体の停止）についての規定がある。

時効中断の機会を逸し，時効完成の不利益を受けることを防ぐことにある，と説明している（最判平成21年４月28日民集63巻４号853頁）。[294)]

「相続人が確定した時」については，被相続人を相続すべき者が現実に確定した時（相続人が相続の承認又は放棄ができる時まで）という理解が有力である[295)]（参考にされたドイツ諸法の１つであるドイツ民法の規定にも合っている，と説明される）。[296)] [297)] 判例も，「相続人が被相続人の死亡の事実を知らない場合は，同法915条１項所定のいわゆる熟慮期間が経過しないから，相続人は確定しない」として，熟慮期間という相続の承認・放棄に係る概念と「相続人が確定した時」を結び付けており，この理解に立っていると思われる（前掲・最判平成21年４月28日）。

「管理人が選任されたとき」とは，不在者財産管理人（民法25条），相続財産管理人（同法952条）のほか，民法918条２項に基づく相続財産の保存に必要な処分として選任される管理人（大判昭和８年７月11日民集12巻2213頁）も含まれると説明されている。

なお，現行民法160条の文言は，「相続人が確定した時，管理人が選任された時又は破産手続開始の決定があった時から６箇月を経過するまでの間は」とあり，直接は，相続人が確定した時等からの完成猶予のみを定めているように見える。しかし判例は，相続発生後，それらの時の前に本来予定された時効期間が満了した場合にも，時効は完成しない旨を述べている（最判昭和

294）また，相続があった場合，相続人については時効中断を要する相続財産があるかの把握が容易ではなく，また，被相続人に対する権利者は誰を相手に権利行使をすればよいかの把握が容易ではない場合があるため，時効停止の規定が設けられたものとの理解も可能ではないか。

295）鳩山秀夫『註釈民法全書〔第二巻〕法律行為乃至時効』（巌松堂書店，1912年）661頁。なお，時効の停止に係る規定について文言の解釈を行っている書籍は近時極めて少なく，現在も鳩山秀夫教授の註釈民法全書等が参照されて，通説・多数説と呼ばれるのが現状の模様である。

296）複数の相続人がいる場合で，ある者にとっては相続が確定していない場合は，それぞれの相続人ごとに時効の成否を判断することになるのであろう（時効の援用の主観的範囲について第２の４(1)ウ(イ)参照）。

297）同判決の最高裁判例解説は，熟慮期間内であっても相続人が遺産の管理権を有し，時効中断措置をとれることから，「相続人が確定した時」とは相続人の所在，生死が確定した時である，という反対説に対して，被相続人に対して債権を有していた者が熟慮期間中に法定相続人に対して時効中断措置をとったところ，当該法定相続人が相続放棄して遡及的に相続人でなくなってしまうことによる不都合を指摘している。

35年９月２日民集14巻11号2094頁）。

このほか，不法行為の被害者の損害賠償請求権の除斥期間について，現行民法160条の「法意に照らし」として，同条の趣旨を参酌して規範を立てた事案がある（前掲・最判平成21年４月28日）。[298)]

⑸　天災等による時効の停止

現行民法161条は，時効の期間の満了の時に当たり，天災その他避けることのできない事変のため時効を中断することができないときは，その障害が消滅した時から２週間を経過するまでの間は，時効は，完成しない，と規定している。

規定の沿革については，旧民法証拠編136条１項を引き継ぐものである。立案過程においては，原案の法制執務面での記載ぶりに異論が出たほか，「不可抗力」により時効を中断することができないときとすべきという案も出たが，主観的事情を含めるべきではないという反対論も出て，その他種々の議論の上で，折衷的に「天災その他避けることのできない事変のため」とされた（民法議事速記録第５巻92頁以下）。また，「２週間」というのは訴訟法において「原状回復の場合に14日」ということがあるからそれを目安にするとして提案された。

規定の趣旨については，この規定については，当然であるためか，趣旨についてあまり説明がなされていないことが多いが，起草者の一人は事実上，権利を行使することができない者に時効によって権利を失わせることが過酷であるためと説明している。[299)] 天災等の外部的かつ例外的な事情により時効中断措置をとることができないとすることは権利者にとって過酷であるため時効停止を認めるということであろう。

298）民法724条後段の期間制限が時効期間に改められた後も，他の除斥期間との関係でも主張し得るかが問題となるが，「被害者を殺害した加害者が，被害者の相続人において被害者の死亡の事実を知り得ない状況を殊更に作出し，そのために相続人はその事実を知ることができず，相続人が確定しないまま上記殺害の時から20年が経過した場合」の事案であり，相続人が被害者である被相続人の死亡の事実を知らなかっただけでなく，「加害者が被害者の死亡の事実を知り得ない状況を殊更に作出したよう」な場合であることに留意する必要があろう。

299）梅謙次郎『民法要義巻之一〔増訂補正版〕』（法政大学，1905年）405頁。

「時効の期間の満了の時に当たり」については，文言上は，時効期間の末日には妨害事由があることを要するように読めるが，妨害事由があるために取引の慣習上時効完成までに中断効をできないと認められるときは時効完成の瞬間に妨害事由が存続していなくてもよいと説かれている。[300)][301)]

「天災その他避けることのできない事変」としては，天災以外に，暴動，戦乱等を挙げ，権利者の疾病等の主観的な事情は入らないという見解が多い。立法の沿革（原案や旧民法証拠編136条で「戦乱」が用いられており，また「不可抗力」という用語は排された。）や「事変」という文言から，天災と同水準の外部的障害と理解されるであろう。関東大震災の際に出された支払猶予令による支払延期は本条に該当しないとした判例がある（大判昭和３年３月31日民集７巻180頁）。

改正民法においては，①「時効を中断する」から「第147条第１項各号又は第148条第１項各号に掲げる事由に係る手続を行う」に，②「２週間」から「３箇月」に改められた。①については，「催告」や「協議のための合意」等ができたとしても，裁判上の請求等の公的な時効中断のための制度が使えない事情がある場合には，時効の停止が認められるという含意があるであろう。②については，「障害が消滅した時から二週間」という停止期間が時効中断の措置をとるための準備期間としてはあまりに短期であるための改正であるが，民法158条から160条までの停止事由（６か月の停止期間）と比べると，それらの停止事由は時効期間満了前から長期にわたり継続することがありその障害がやんでも権利を行使するまでには相当の期間を要することがあり得るのに対し，同法161条の停止事由には必ずしもそのような事情があるものではなく，天災等の障害がやめば比較的速やかに権利を行使することができるのが通常であり，そのような差異を考慮して，３か月とした，との考え方が示されている（部会資料69A，80-３）。

300）鳩山秀夫『註釈民法全書〔第二巻〕法律行為乃至時効』（巌松堂書店，1912年）664頁。
301）改正法附則10条２項は「施行日前に……旧法第158条から第161条までに規定する時効の停止の事由が生じた場合におけるこれらの事由の効力については，なお従前の例による」と規定している。「天災その他避けることのできない事変」ではなく，「天災その他避けることのできない事変のため時効を中断することができない」ことが施行日前に生じているかどうかで経過規定を分けることになるのであろうか。

第2章

民法一般

今般の民法改正では，債権の消滅時効に係る起算点と時効期間が抜本的に見直され，消滅時効制度の単純化・統一化が図られたことを始めとして，時効障害事由の整備がなされ（「中断」と「停止」の概念がそれぞれ「更新」と「完成猶予」に置き換えられた。），消滅時効の援用権者の範囲が明文化されるなど，時効管理の実務に影響を及ぼす改正が行われた。改正民法の施行日に向け，施行日前後について生じた債権の消滅時効の規律については，改正前民法と改正民法のいずれが適用されるのかが問題になることから，経過措置の規定にも留意すべきである。そこで本章では，初めに今般の民法改正について取り上げ，時効に係る主な改正の内容と経過措置の概要について解説する。次に，従前から解釈上問題となっている実務上の論点についていくつか取り上げ，判例・学説の動向を解説するとともに，各論点について民法改正により実務上どのような影響があるかという点についても触れることとした。

1　消滅時効制度改正のポイント

民法（債権法）改正を内容とする「民法の一部を改正する法律」が平成29年５月26日に可決成立し，同年６月２日に公布されたが，かかる民法改正によって消滅時効制度に関して主にどのような変更がなされるのか。

主な変更点は以下の３点である。

①　債権の消滅時効における起算点と時効期間の見直し

②　時効障害事由の整備（「中断」と「停止」の概念が「更新」と「完成猶予」の概念に置き換えられた）

③　消滅時効の援用権者の範囲を明文化

解説

1　起算点と時効期間

改正前民法では，債権の消滅時効の起算点及び時効期間を「権利を行使することができる時から」10年間とする原則的な規定が置かれていた（改正前民法166条１項，167条１項）。改正民法は，これに加えて「債権者は権利を行使することができることを知った時」から５年間とする規律を追加した（改正民法166条１項１号）。

このように，原則的な時効期間として，改正前民法で定められていた客観的起算点から10年間の時効期間のほかに，新たに主観的起算点から５年間という期間も時効期間とする構成が採用された。

そして，これらの原則的規定の特則として，人の生命又は身体の侵害による損害賠償請求権（改正民法167条），定期金債権（改正民法168条）及び判決で確定した権利（改正民法169条）消滅時効に関する規定が設けられた。他方で，消滅時効の時効期間に関する規律を単純化するために，定期給付債権の短期消滅時効（改正前民法169条），職業別の短期消滅時効（改正前民法170条から174条）

及び商事消滅時効（商法522条）の制度は廃止されることとなった。

2　時効障害事由（更新・完成猶予）

改正民法では，改正前民法の「中断」が「更新」に，「停止」が「完成猶予」に置き換えられた。時効障害事由に関する用語が変更された趣旨は，時効の「中断」という表現は，時効の進行が一時的に停止しその後に途中から再開されるという誤解を招き易いことなどを考慮し，「中断」及び「停止」の各概念について，その意味内容をより適切に表現し得る用語に改める点にある。

用語の変更は，「中断」及び「停止」という従来の概念の意味内容自体を変更するものではないが，「更新」及び「完成猶予」をもたらす事由の捉え方については，再編成がなされている。

すなわち，時効の「更新」事由については，従前の時効期間の進行が確定的に解消され，新たな時効期間が進行を始める時点を示すべき事由をもって把握することとし，その更新事由に係る手続の進行中（及びその手続が更新事由を構成せずに終了した場合には，その終了時点から６か月を経過するまで）は時効の完成が猶予されることになる。したがって，改正前民法では時効の中断事由とされていた裁判上の請求や差押え等については，それらの手続の申立ては完成猶予事由となり，確定判決等による権利の確定や強制執行等の手続の終了をもって更新事由となる。

また，改正前民法158条から161条において時効の停止事由とされていたものは，改正民法においても，基本的に従前の内容のまま完成猶予事由として規定された（改正民法158条から161条）。

なお，改正民法が定める時効障害の規定は，債権の消滅時効のみならず，その他の権利の消滅時効や取得時効といった時効一般に適用される規律である。

3　援用権者の範囲

改正前民法145条は，時効は「当事者」が援用しなければ裁判所はそれによって裁判できない旨定めている。この点，判例（最二小判昭和48年12月14日民集27巻11号1586頁）は，「当事者」とは「時効により直接利益を受ける者」であるという基準を示したものの，これだけでは基準として明確ではなく個別の判断に委ねられていた。

そこで，改正民法145条は，時効の援用権者たる「当事者」に関して「（消滅時効にあっては，保証人，物上保証人，第三取得者その他権利の消滅について正当な利益を有する者を含む。）」との括弧書きを追記して，消滅時効の援用権者の基準と具体例の明文化を行った。

2　消滅時効の起算点はどのように変わるのか

平成29年５月に可決成立した民法改正法案によって消滅時効の起算点はどのように変わるのか。

A　従来の客観的起算点（「権利を行使することができる時」）から10年間という時効期間に加えて，主観的起算点（「債権者が権利を行使することができることを知った時」）から５年間をも時効期間とする二元的な構成を採用し，いずれか早い方の期間が経過したときに消滅時効が完成するものとした。客観的起算点については，改正前民法下の規律から変更はなく，「権利を行使することができる時」の解釈をめぐっては，改正前民法下と同様の解釈に委ねられている。主観的起算点は，権利行使が期待可能な程度に，権利の発生及びその履行期の到来その他権利行使にとっての障害がなくなったことを債権者が知った時を意味すると考えられている。

解　説

1　客観的起算点と主観的起算点の二元的構成

改正民法は，改正前民法が採用していた客観的起算点（「権利を行使することができる時」）から10年間という時効期間に加えて，主観的起算点（「債権者が権利を行使することができることを知った時」）から５年間をも時効期間とする二元的構成を採用し，いずれか早い方の期間が経過したときに消滅時効が完成するものとした。

契約に基づいて生じる一般的な債権については，権利発生時にその権利行使の可能性を認識しているのが通常であることから，主観的起算点と客観的起算点は基本的に一致して，その時点から５年間で消滅時効にかかることになる。他方で，契約に基づくものであっても，説明義務や安全配慮義務等の付随義務違反に基づく損害賠償請求権については，客観的起算点と主観的起算点が必ずしも一致しない上，「権利を行使することができることを知った」といえるためには，義務違反の基礎となる事実を認識すれば足りるのか，それとも一定の法的評価に関する認識を要するのか等について争いがあり，この点は今後の解釈に委ねられている。

2　客観的起算点

改正前民法166条1項の「権利を行使することができる時」の解釈をめぐっては，権利行使につき法律上の障害がなくなった時をいい，権利者が権利を行使することを知っていることは必要ではないとする見解（法的可能性説）が存在し，かかる見解が通説とされていたが，権利者の権利行使を事実上期待することが可能な時点をもって消滅時効の起算点とする見解（現実的期待可能性説）も有力とされ，見解の対立があった。

改正民法下においても，この点に関しては，なお解釈に委ねられていると解されている（潮見佳男『民法（債権関係）改正法の概要』（金融財政事情研究会，2017）47頁）。

判例は，客観的には債権者の権利行使に法的障害がない場合であっても，債権者に現実に権利を行使することが期待できない特段の事情がある場合には，権利行使が現実に期待できるようになった時以降において消滅時効が進行する旨を判示して，債権者の現実的な権利行使の可能性を事案に即して判断するものがある（最大判昭和45年7月15日民集24巻7号771頁，最三小判平成8年3月5日民集50巻3号383頁）。

3　主観的起算点

改正民法により新たに設けられた主観的起算点は，「債権者が権利を行使することができることを知った時」を起算点とするが，債権は，特定の者（債務者）に対して特定の給付を請求する権利であるから，債権者の認識対象には権利行使の客体である「債権」の発生原因の他に「債務者」の存在も含まれる。主観的起算点からの消滅時効期間は，①権利行使を期待されてもやむを得ない程度に権利の発生原因等を認識して債権者が「権利を行使することができることを知った」といえることと，②「権利を行使することができる」ことの双方が満たされた時点から，その進行を開始する（一問一答・57頁）。そして，不法行為に基づく損害賠償請求権の消滅時効の起算点とされる「損害及び加害者を知った時」（改正民法724条１号）と同旨になると解されている（部会資料78A・６頁）。

【消滅時効の起算点】

客観的起算点を起点とする期間満了と主観的起算点を起点とする期間満了のいずれか早い方の時点で消滅時効が成立

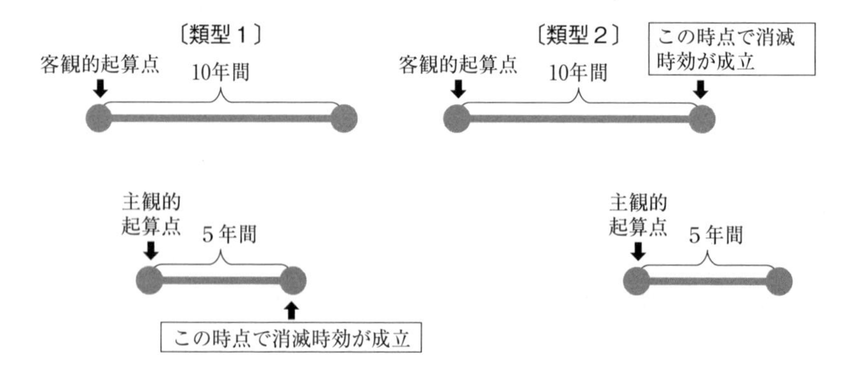

Q 3　消滅時効の時効期間はどのように変わるのか

平成29年５月に可決成立した民法改正法案によって消滅時効の時効期間はどのように変わるのか。

A　客観的起算点から10年間又は主観的起算点から５年間という原則的な時効期間のほかに，人の生命又は身体の侵害による損害賠償請求権，定期金債権及び判決で確定した権利の消滅時効に関する特則が設けられた。

他方で，定期給付債権の短期消滅時効，職業別の短期消滅時効及び商事消滅時効の制度が廃止された。

原則的な時効期間と起算点についてはＱ２「消滅時効の起算点はどのように変わるのか」のとおりであるが，以下では特則として設けられた，人の生命又は身体の侵害による損害賠償請求権，定期金債権及び判決で確定した権利の消滅時効に関する規定について説明する。

解　説

1　人の生命又は身体の侵害による損害賠償請求権

改正前民法では，人の生命又は身体の侵害による損害賠償請求権の消滅時効に関する特則は設けられていなかった。改正民法では，生命及び身体が極めて重要な法益であることなどに鑑み，より長期の権利行使期間を保障するため，生命及び身体に対する侵害による損害賠償請求権について，債務不履行に基づく損害賠償請求権については，客観的起算点からの時効期間を10年から20年に伸長すること（改正民法167条），及び不法行為に基づく損害賠償請求権については，改正民法724条１号における主観的起算点からの時効期間を５年に伸長すること（改正民法724条の２）とする規定が新設された。

これにより，生命及び身体に対する侵害による場合には，その損害賠償請求権が債務不履行と不法行為のいずれに基づくものであっても，客観的起算点から20年及び主観的起算点から５年という統一的な時効期間の規律に服することになる。

２　定期金債権

定期金債権とは，年金債権や扶養料債権などのように，定期的に一定額の金銭等を給付させることを目的とする基本権としての債権をいい，定期給付債権とは，一定の期日の到来によって定期金債権から具体的に発生する支分権としての請求権をいう。

改正前民法168条１項は，定期金債権は，第１回の弁済期から20年間行使しないとき（同項前段）又は最後の弁済期から10年間行使しないとき（同項後段）に消滅すると定めていた。また，改正前民法169条は，定期給付債権のうち，年又はこれより短い時期によって定めたもの（１年以下の期間で弁済期が繰り返されるもの）については，５年間行使しないことによって消滅時効にかかる旨定められていた。

改正民法では，債権者が支分権たる各債権（定期金の債権から生ずる金銭その他の物の給付を目的とする各債権）を行使することができることを知った時（主観的起算点）から10年間行使しないとき，又は支分権たる各債権を行使することができる時（客観的起算点）から20年間行使しないときは，定期金債権は時効によって消滅することが定められた（同法168条１項）。そして，改正民法においては，原則的な規律として主観的起算点から５年の消滅時効期間が導入されることにより，定期給付債権に関する５年の短期消滅時効を定めた改正前民法169条の趣旨はおおむね達せられるため，改正前民法169条の規定は削除された。

３　判決で確定した権利

確定判決等により権利が確定した場合における時効期間については，改正前民法174条の２において，確定判決等により権利の存在が公に確定されたことを踏まえて，時効期間は一律に10年となると定められていた。かかる改正前民法174条の２の趣旨に鑑みて，改正民法では原則的規定として客観的起算点と主観的起算点の二元的構造がとられているにもかかわらず，改正民法169条において，主観的起算点を定めずに，改正前民法174条の２と同様の規定が維持された。

4　改正民法において廃止された制度

⑴　定期給付債権の短期消滅時効

改正前民法169条では，「年又はこれより短い時期によって定めた金銭その他の物の給付を目的とする債権」の消滅時効期間は５年間とされていた。しかし，改正民法では定期給付債権につき５年の短期消滅時効を定めていた改正前民法169条は削除されることとなった。その理由は，改正民法では主観的起算点から５年の消滅時効（改正民法166条１項１号）により対応することが可能であり，かつ，その方が合理的であると考えられたためである。

⑵　職業別の短期消滅時効

改正前民法170条から174条では，医師や弁護士等の各種職業の区分に応じた短期消滅時効が定められていた。しかし，職業別の短期消滅時効の制度は，その適用範囲が不明確であるとともに，それらの規定の適用対象から外れる隣接職種との間で異なる取扱いをすることに合理的な理由は見出し難いといった点から批判されていた。

そのため，改正民法では職業別の短期消滅時効に関する改正前民法170条から174条までの規定は削除され，起算点及び時効期間の一般的規定（改正民法166条）の適用によって画一的に処理されることとなった。

⑶　商事消滅時効

今回の改正により，債権の消滅時効における原則的な起算点及び時効期間が改められ，契約上の一般的な債権については，契約時から５年で消滅時効にかかることになる。そのため，商行為によって生じた債権に関して５年の消滅時効期間を定める改正前商法522条の規定は，存在意義が乏しいものとなる。また，そもそも商事消滅時効制度に対しては，その適用範囲の不明確性や適用対象に関する区分の不合理性といった問題点が従来から指摘されていた。これらの点を踏まえ，商事消滅時効に関する改正前商法522条は削除されることとなった。

【消滅時効期間】

<table>
<tr><th>債権の分類</th><th>債権の種類</th><th>改正前民法</th><th>改正民法</th></tr>
<tr><td>一般の債権</td><td>一般の債権</td><td>権利を行使できる時から10年間（167条１項）</td><td rowspan="11">債権者が権利を行使できることを知った時から５年間
又は権利を行使できるときから10年間（166条１項）

人の生命又は身体の侵害による損害賠償請求権の消滅時効の場合は，上記10年間は20年間（167条）</td></tr>
<tr><td rowspan="9">職業別の短期消滅時効（一部のみ抜粋）</td><td>医師の治療代</td><td>権利を行使できる時から３年間（170条１号）</td></tr>
<tr><td>工事の設計，施工又は監理費用</td><td>工事終了の時から３年間（170条２号）</td></tr>
<tr><td>弁護士（弁護士法人）の費用</td><td>事件終了の時から２年間（172条）</td></tr>
<tr><td>学校の授業料</td><td rowspan="3">権利を行使できる時から２年間（173条）</td></tr>
<tr><td>床屋の調髪代金</td></tr>
<tr><td>生産物や商品を売却した場合の売買代金</td></tr>
<tr><td>運送賃，旅館・料理屋の宿泊・飲食代金</td><td rowspan="3">権利を行使できる時から１年間（174条）</td></tr>
<tr><td>動産の損料</td></tr>
<tr><td>月以下の雇人の給料，労働債権（労働基準法の適用を受ける場合にはそれに従う）</td></tr>
<tr><td rowspan="2">定期的金債権</td><td>定期給付債権（利息，家賃，給料，扶養料など）</td><td>権利を行使できる時から５年間（169条）</td></tr>
<tr><td>定期金債権</td><td>第１回の弁済期から20年間
又は最後の弁済期から10年間（168条）</td><td>債権者が権利を行使できることを知った時から10年間
又は権利を行使できるときから20年間（168条１項）</td></tr>
<tr><td rowspan="2">不法行為による損害賠償請求権</td><td>人の生命又は身体を害する不法行為に基づく損害賠償請求権</td><td rowspan="2">被害者などが損害及び加害者を知ったときから３年間
又は不法行為時から20年間（724条）</td><td>被害者などが損害及び加害者を知った時から５年間
又は不法行為時から20年間（724条の２）</td></tr>
<tr><td>それ以外の場合の不法行為に基づく損害賠償請求権</td><td>被害者などが損害及び加害者を知った時から３年間
又は不法行為時から20年間（724条）</td></tr>
</table>

4　時効障害事由はどのように変わるのか

平成29年５月に可決成立した民法改正法案によって時効障害事由はどのように変わるのか。

A　改正前民法の「中断」という概念が「更新」に,「停止」という概念が「完成猶予」に置き換えられた。また,協議を行う旨の合意による時効の完成猶予に関する規定が新設された。

解　説

改正民法では,時効障害事由の概念が,改正前民法の「中断」が「更新」に,「停止」が「完成猶予」へと置き換えられた（Ｑ１「消滅時効制度改正のポイント」参照）。

1　更新事由と完成猶予事由の再編成

改正前民法では,①請求,②差押え,仮差押え又は仮処分,③承認が中断事由と規定され（改正前民法147条）,①及び②については所定の法的手続の申立て時に時効が中断し,①については係争債権の確定に係る裁判等の確定時,②については当該法的手続が終了した時から新たに時効が進行するとされていた。その一方で,①及び②の法的手続が取下げ等によって途中で終了したときは,遡及的に時効中断の効力が失われてしまうという複雑な構造となっていた（改正前民法149条から152条,154条）。

そこで,改正民法は,更新及び完成猶予事由とされる法的手続の申立ての時点では完成猶予の効果が生じるにとどまるものとし,時効の更新が生じるのは,これらの手続の終了時とした上で,当該法的手続が訴えや申立ての取下げ等によって手続の途中で終了しても,申立て等の時点で発生した完成猶予効が当該法的手続の終了の時から６か月を経過するまで継続すると整理をした。すなわち,改正前民法では時効の中断事由とされていた裁判上の請求や差押え等については，それらの手続の申立ては完成猶予事由となり，確定判決等による権利の確定や強制執行等の手続の終了をもって更新事由となるものとされた。

改正民法は，改正前民法149条以下の規定に従って，各手続が途中で終了したことによって時効中断効が失われる場合について，そのような場合でも権利行使の意思が表明されている以上，「催告」としての効力は認められるべきであるとの解釈（いわゆる「裁判上の催告」。最一小判昭和45年９月10日民集24巻10号1389頁等）を取り込んで，再編成をしたものである。

2　協議を行う旨の合意による時効の完成猶予の規定の新設

改正民法では，協議を行う旨の合意による時効の完成猶予の規定が新設された（同法151条）。仮に，当事者間で解決へ向けた協議が継続されていても，時効の完成を阻止するためには訴えの提起等といった手段を採らなければならないとすると，協議による自律的な解決を図ろうとする当事者のいずれにとっても意思に反する手段を採ることを強いられることになることから，そのような事態を回避し，時効完成を阻止するための負担を軽減するために，協議を行うことの合意に一定の範囲で時効の完成猶予の効果を認めることとしたものである。

協議を行う旨の合意による時効の完成猶予については，権利についての協議を行う旨の合意が書面又は電磁的記録でなされることが要件となる（改正民法151条１項・４項）。そして，かかる合意によって，①合意があった時から１年を経過した時，②協議を行う期間として１年に満たない期間を定めたときは，その期間を経過した時，③当事者の一方から相手方に対して協議の続行を拒絶する旨の通知が書面又は電磁的記録でなされたときは，その通知の時から６か月を経過した時，という①から③の各時点のうちいずれか早い時までの間は，時効は完成しない旨が定められている（改正民法151条１項１号から３号）。

【時効障害事由のイメージ図】

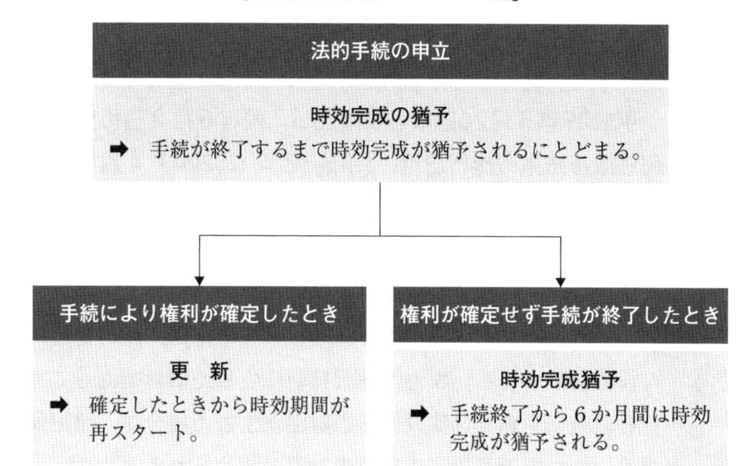

5　施行日前に生じた債権の消滅時効

平成29年５月26日に可決成立し，同年６月２日に公布された民法改正法案の施行日は，「平成32年（2020年）４月１日」とされているが，改正民法の施行日前に生じた債権について消滅時効の規律はどのように適用されるのか。

A　改正民法の時効期間が適用される債権は，施行日後に生じた債権に限られる。また，施行日前に生じた債権であっても，施行日以後に更新又は完成猶予の事由が生じた場合は，改正民法の規律に従い更新又は完成猶予の効果が認められる。

解　説

改正民法に関する消滅時効に係る経過措置は，附則で規定されている（改正民法附則10条及び35条）。

時効期間については，施行日前に債権が生じた場合については従前の例によるとされ（改正民法附則10条４項），改正民法の時効期間が適用される債権は，施行日後に生じた債権に限られる。なお，「施行日前に債権が生じた場合」には，「施行日以後に債権が生じた場合であって，その原因である法律行為が施行日前にされたときを含む。」（改正民法附則10条１項）とされている。そのため，例えば，施行日前にされた契約に基づいて生じた債権で停止条件が付されたものの停止条件が施行日以後に成就した場合の時効期間は，改正民法ではなく，改正前民法が適用されることとなる。また，施行日前に締結された保証委託契約に基づき施行日後に代位弁済がなされたことにより求償権が発生した場合も，改正民法ではなく，改正前民法が適用されることとなる。また，債務不履行に基づく損害賠償請求権や解除に基づく原状回復請求権なども原因となる契約関係が施行日前に成立している場合には，従前の時効期間になると考えられるとする見解がある（日本弁護士連合会編『実務解説改正債権法』（弘文堂，2017）61頁〔山形康郎〕）。なお，商行為に基づく債権の時効期間についても「施行日前にされた商行為によって生じた債権に係る消滅時効の期間については，なお従前の例による」とされている（民法の一部を改正する法律の施行に伴う関係法律の整備等に関する法律4条7項）。

時効障害については，施行日前に生じた中断は，その効果が覆されることはない（改正民法附則10条2項）。他方，施行日前にされていた協議の合意は，それによって中断は生じない（改正民法附則10条3項）。

そして，施行日前に生じた債権であっても，施行日以後に更新又は完成猶予の事由が生じた場合は，改正民法の規律に従い更新又は完成猶予の効果が認められる（改正民法附則10条2項参照）。そのため，例えば，施行日以後に書面又は電磁的記録により協議の合意がなされた場合は，施行日前にされた法律行為に基づく債権であっても改正民法の規律に従って完成猶予の効果が生じることとなる。

6　時効の援用権者等

時効を援用できるのはどのような者か。例えば，①詐害行為の受益者は，詐害行為取消権の被保全債権について消滅時効を援用できるか。また，②第三者が所有する土地の占有者から土地賃借権の設定を受けた者は，土地占有者の取得時効を援用できるか。

A　時効を援用できるのは，時効により直接に利益を受けるべき者である。

①の場合，詐害行為の受益者は消滅時効を援用できる。また，②の場合，土地賃借人は取得時効を援用できる可能性がある。

解　説

1　時効の援用権者

改正前民法145条は，時効は「当事者」が援用する必要がある旨を規定している。そして，判例は，「当事者」とは時効により直接利益を受ける者を指すとしている（最二小判昭和48年12月14日民集27巻11号1586頁）。

もっとも，「直接」の範囲は明確ではないため，時効の援用権者に該当するか否かは個別に判断せざるを得ない。

2　詐害行為の受益者

債権者が債務者の行為について詐害行為取消権（改正前民法424条1項）を行使した場合，詐害行為取消権の行使の相手方とされた受益者が債権者の被保全債権の消滅時効を援用できるかについて，判例は，詐害行為の受益者は，詐害行為取消権行使の直接の相手方とされている上，これが行使されると債権者との間で詐害行為を取り消され，同行為によって得ていた利益を失う関係にあり，その反面，詐害行為取消権を行使する債権者の被保全債権が消滅すれば当該利益喪失を免れることができる地位にあることを理由に，詐害行為の受益者は被保全債権の消滅によって直接利益を受ける者に当たるとして，消滅時効の援用を認めた（最二小判平成10年６月22日民集52巻４号1195頁）。

3　第三者が所有する土地の占有者から土地賃借権の設定を受けた者

第三者が所有する土地の占有者Ａから土地賃借権の設定を受けたＢがＡの取得時効を援用することを肯定する裁判例として，東京地判平成元年６月30日判時1343号49頁が挙げられる（東京地判昭和45年12月19日判時630号72頁も同旨）。

また，学説上も，第三者が所有する土地の占有者Ａから地上権又は抵当権の設定を受けたＢがＡの取得時効を援用することを肯定してよいとする見解がある（四宮和夫・能見善久『民法総則〔第８版〕』（弘文堂，2010）408頁）。

上記裁判例や上記見解からすれば，第三者が所有する土地の占有者から土地賃借権の設定を受けた者は，土地占有者の取得時効を援用できる可能性があると考えられる。

4　民法改正の影響

改正民法145条は，改正前民法145条の「当事者」を「当事者（消滅時効にあっては，保証人，物上保証人，第三取得者その他権利の消滅について正当な利益を有する者を含む。）」に変更している。

もっとも，当該変更は，従前の判例の趣旨を踏まえて，その実質をより適切に表現することを意図したものであり，具体例な時効の援用権者に関する判例の考え方・結論を否定するものではないとされている（一問一答・43頁）。

したがって，上記で述べた議論は民法改正後も妥当するものと考えられる。

7　時効援用権の喪失

1000万円の債務について消滅時効が完成した後に，債務者が消滅時効の完成を知らないまま，貸金業者である債権者の取立てに応じて1000円のみを１回弁済した場合，債務者は消滅時効を援用できるか。

債務者は消滅時効を援用できる可能性がある。

解　説

1　時効援用権の喪失

債務者が消滅時効の完成後に債権者に対し債務の承認をした場合，たとえ債務者が時効完成の事実を知らなかったときでも，債務者は信義則上消滅時効を援用することはできないとするのが判例の立場である（最大判昭和41年４月20日民集20巻４号702頁）。上記判例はその理由として，時効の完成後に債務者が債務の承認をすることは，時効による債務消滅の主張と相容れない行為であり，債権者においても債務者はもはや時効の援用をしない趣旨であると考えるであろうことを挙げている。

2　消滅時効完成後に債務承認をした場合にも時効援用が認められる場合

上記判例の理由付けからすれば，仮に債務者が消滅時効の完成後に債権者に対し債務の承認をした場合であっても，債権者において債務の承認が時効の援用をしない趣旨であるとの保護すべき信頼が生じたといえない場合には，債務者が消滅時効を援用することも信義則に反せず許され得ると考えられる。

この点，宇都宮簡判平成24年10月15日金法1968号122頁は，貸金業者である債権者が消滅時効完成から約１年後に督促を行ったところ，債務者がわずかに１回，2000円を支払い，かつ，１万円による分割弁済の申出をしたという事案（なお，貸付金額は30万円，毎月の約定弁済額は１万2000円であった。）において，これによって債務者が時効を援用しないであろうと債権者が信頼することが相当であると認め得る状況が生じたとはいえないとして，債務者の消滅時効の援用を認めた。また，浜松簡判平成28年６月６日金法2055号91頁は，貸金業者である債権者が，消滅時効完成から約２年９か月後に督促を行ったところ，債務者が120万円を超える債務のうち１万円をわずかに１回支払ったという事案において，これによって債務者が時効の援用をしない趣旨で弁済をしたとの信義則上保護すべき債権者の信頼が生じたとはいえないとして，債務者の消滅時効の援用を認めた。

　これらの裁判例を踏まえれば，本件においても，債務者が消滅時効完成後に1000万円の債務のうち1000円のみを１回弁済したことにより債権者において債務の承認が時効の援用をしない趣旨であるとの保護すべき信頼が生じたとはいえないとして，債務者が消滅時効を援用できる可能性がある。

8　時効期間の伸長・短縮

当事者間において時効期間を伸長又は短縮する合意をした場合，かかる合意は有効か。

A　時効期間を伸長する合意は原則として無効である。
他方，時効期間を短縮する合意は原則として有効である。

解　説

1　時効期間を伸長する合意

改正前民法146条は，時効の利益はあらかじめ放棄することができない旨を規定している。

これは，かかる放棄を許すと，①永続した事実状態の尊重という時効制度の趣旨を没却し，かつ，②債権者が債務者の窮状に乗じてあらかじめ消滅時効の利益を放棄させるという弊害を生じさせ得るためである。

時効期間を伸長する合意についても，これを許すと上記①及び②と同様の弊害を生じさせ得ることから，かかる合意は原則として無効であると解されている（我妻榮ほか『我妻・有泉コンメンタール民法　総則・物件・債権〔第4版〕』（日本評論社，2016）303頁）。

2　時効期間を短縮する合意

他方，時効期間を短縮する合意は，時効期間を伸長する合意のような弊害がないため，一般に有効と解されている（前掲・303頁）。

もっとも，かかる合意も，その内容によっては改正前民法90条や消費者契約法10条等により無効となる可能性はあり得ることに留意すべきである。例えば，事業者たる請負人が消費者である注文者に対する関係で瑕疵担保責任の存続期間を短縮するような場合には，消費者契約法10条に照らし無効となる可能性がある（四宮和夫・能見善久『民法総則〔第9版〕』（弘文堂，2018）490頁参照）。

9　明示的一部請求の訴え

明示的一部請求の訴えを提起した場合，その残部について時効中断の効力が生じるか。

A　明示的一部請求の訴えの提起により，原則として，残部について，裁判上の催告として時効中断の効力が生じ，債権者は，訴訟終了後6か月以内に改正前民法153条所定の措置を講ずることにより，残部について消滅時効を確定的に中断することができる。

解　説

1　明示的一部請求の訴えの提起と残部に対する時効中断効

判例では，数量的に可分な債権の一部についてのみ判示を求める旨を明示した訴え（いわゆる明示的一部請求の訴え）が提起された場合，当該一部のみが訴訟物となることから，時効中断効（改正前民法147条1号）が生じるのは当該一部に限られ，残部については裁判上の請求に準ずるものとして時効中断効が生じるものではないと示されている（最二小判昭和34年2月20日民集13巻2号209頁）。

もっとも，残部についておよそ時効中断効が生じないか，それとも裁判上の催告として暫定的な時効中断効が生じるかについては争いがあった。

しかるところ，最一小判平成25年6月6日民集67巻5号1208頁は，明示的一部請求の訴えが提起された場合，債権者が将来にわたって残部をおよそ請求しない旨の意思を明らかにしているなど，残部につき権利行使の意思が継続的に表示されているとはいえない特段の事情のない限り，残部につき裁判上の催告として暫定的な時効中断効が生じると判示した。当該判決は，その理由として，①明示的一部請求の訴えにおいて，請求された部分と残部は請求原因事実を基本的に同じくすること，及び，②訴えを提起した債権者としては，将来にわたって残部をおよそ請求しないという意思の下に請求を一部にとどめているわけではないのが通常であると解されることの２点からすれば，明示的一部請求の訴えに係る訴訟の係属中は，原則として，残部についても権利行使の意思が継続的に表示されているものとみることができることを挙げている。

したがって，債権者は，当該訴えに係る訴訟の終了後６か月以内に改正前民法153条所定の措置を講ずることにより，残部について消滅時効を確定的に中断することができる。

2　民法改正の影響

改正前民法下において催告による時効中断の効力は暫定的なものにとどまっていたことから（改正前民法153条），改正民法において催告は時効の完成猶予事由として位置付けられている（改正民法150条１項）。

したがって，改正民法下においては，明示的一部請求の訴えが提起された場合，残部につき権利行使の意思が継続的に表示されているとはいえない特段の事情のない限り，残部につき裁判上の催告として時効の完成猶予効が生じることになると考えられる。

10　一部の内金請求による仮差押えと時効中断の範囲

債権の一部を請求債権とする仮差押えがなされたとき，残部についての時効は中断されるか。

A　仮差押えの対象となっていない債権の残部についての時効は中断しない。

解説

1　債権の一部を請求債権とする仮差押えと残部に対する時効中断効

本訴請求の手続においては，Ｑ９の設問のとおり，明示的一部請求の訴えの時効中断の効果は原則として全体に及び，残部については原則として，裁判上の催告として時効中断の効力が生じるとされている。

もっとも本訴請求と異なり，仮差押えの場合は，仮差押えの対象となった債権のみが時効中断の対象となり，残部の時効については中断されないとする見解（最三小判昭和47年11月28日裁判集民107号241頁）と，債権の一部のみを請求債権としている場合でも，本訴請求の場合と同様に債権の全部を主張しているものと認められる限り，全部について時効中断の効力が認められるとする見解（大阪高判昭和54年５月15日判時948号60頁）に分かれているが，確立した裁判例・学説は見当たらないのが現状である。

この点につき，仮差押手続において権利の存在が確認されるのは，疎明された請求債権のみであるから，債権の一部を請求債権とする仮差押えである以上，その一部の部分についてのみしか公に権利の存在が確認されたとはいえないことを考慮すると，残部について時効中断の効力を認めることは困難であると思われる。

したがって，仮差押えの対象となっていない債権の残部についての時効は中断しないと考えた上で，残部については，別途時効中断措置を講じておくことが無難である。

2　残部についての裁判上の催告の効力

本訴請求と同様に，残部について裁判上の催告としての時効中断の効力が認められるか否かという問題もあるが，最二小判平成８年９月27日民集50巻８号2395頁は，「債権者が抵当権の実行としての競売を申し立て，その手続が進行することは，抵当権の被担保債権に関する裁判上の請求……又はこれに準ずる消滅時効の中断事由には該当しないと解すべきであり，また，執行裁判所による債務者への競売開始決定正本の送達は……直ちに抵当権の被担保債権についての催告……としての時効中断の効力を及ぼすものと解することもできない」として，催告としての効力を否定している。

11　抵当権の実行と時効中断の及ぶ範囲

債権者が，根抵当権の極度額を超える金額の被担保債権を請求債権として，極度額に満つるまでとして根抵当権を実行した場合，時効中断の及ぶ範囲は，極度額に限定されるのか。

A　時効中断の効力は，極度額の範囲に限定されず被担保債権全額に及ぶ。

解　説

1　根抵当権の極度額を超える金額の被担保債権

不動産競売申立てにおいては，被担保債権の一部を請求債権とすることがあるが，この場合の不動産競売申立書の記載について，民事執行規則170条1項2号は，「被担保債権の表示」を掲げているが，請求債権は掲げていない。他方，同項4号では「被担保債権の一部について担保権の実行又は行使をするときは，その旨及びその範囲」を記載すべきと定められており，実務上，請求債権が極度額の限度を超える場合，「下記債権のうち，極度額○円に満つるまで」といった記載がなされている。

抵当権の実行による競売の申立ては，改正前民法147条2号の「差押え」に当たり時効中断事由となるが，被担保債権の一部を請求債権とした場合，時効中断の効力は，被担保債権の全額に及ぶのか，それとも請求債権額の範囲に限定されるのかが問題となる。

2　時効中断効の範囲

判例は，不動産競売申立書の債権目録に「被担保債権及び請求債権」として，「但し，下記債権のうち極度額1,500万円，元金合計42,590,521円」と記載された事案について，債権者が，根抵当権の極度額を超える金額の被担保債権を請求債権として当該根抵当権の実行としての不動産競売申立てをし，競売開始決定がなされて同決定正本が債務者に送達された場合，被担保債権の消滅時効中断の効力は，当該極度額の範囲にとどまらず，請求債権として表示された当該被担保債権の全部について生じると解するのが相当であるとした（最一小判平成11年9月9日判時1689号74頁）。その理由について判決は述べていないが，上記のような記載は，特段の事情のない限り配当を受ける限度を記載したにすぎないものであって，請求債権を被担保債権の一部に限定するいわゆる一部請求の趣旨を記載したものではないと解すべきとされている（判時1689号75〜76頁）。学説では，この判例に賛成する理由として，債権者が「極度額に満つるまで」といった記載をしたときは，債権が全部あることを主張しているとみられ，全部の債権を対象として権利実行をしていると評価できること，極度額を超える部分について時効中断の効力が及ばないとすると，債権者は，極度額を超える部分について別途請求訴訟の提起等をしなければならないことになり，それは債権者にとって不合理である，競売申立時には極度額の範囲内であったが，その後の時の経過により，遅延利息や損害金が増加し，債権が極度額を超えることもあるが，超過部分について債権者が都度時効の中断を行わなければならないこともまた不合理である，根抵当権の不可分性からいえば，極度額を超える部分を含めて債権全額が弁済されない限り，根抵当権の抹消を要しないものであること，また根抵当権は，不特定の債権を被担保債権とすることに特色があること等からすれば，極度額を超える部分の債権についても被担保債権に含まれることは当然であること，等の事情が挙げられている（片岡宏一郎「極度額を超える金額の被担保債権を請求債権とする根抵当権の実行と時効中断の効力—最一小判平11・9・9判タ1014号171頁」判タ1037号65頁）。

12 裁判上の催告が認められる範囲

いわゆる「裁判上の催告」という時効中断事由は認められるか。

A 判例は，裁判所における一定の手続の中で債権の主張がなされた場合，いわゆる「裁判上の催告」として催告の効力を一定の範囲で認めているが，単なる催告との差異に留意する必要がある。

解説

1　裁判上の催告

改正前民法153条では，催告による時効中断が認められている。催告とは，債務者に対して履行を請求する意思の通知であるとされる。

催告は，本来裁判外で行使されることを予定していたが，裁判所における手続において，当事者の権利主張に「請求」（改正前民法147条１号）として時効中断の効力が認められない場合でも，「催告」としての効力を認めようとする概念（いわゆる裁判上の催告の理論）が提唱され，判例により認められている。

通常の催告では，債務者に催告が到達した時点から，６か月以内に中断行為をとらなければ時効中断の効力は生じないが，裁判上の催告では，訴訟継続中は催告が継続していると考えられており，訴訟の終結の時から６か月以内に訴え提起等の中断行為をとればよいとされている点で両者は異なる。催告がなされても，中断行為がとられなければ，本来の時効期間が経過したときに時効が完成するという点は両者共通である。

2　裁判上の催告の類型

判例は，以下のような場合に裁判上の催告の理論を認めている。

(1)　物の引渡訴訟において留置権の抗弁を提出し，留置権の発生，存続の要件として被担保債権の存在を主張した場合（最大判昭和38年10月30日民集17巻9号1252頁）。

(2)　債権者が破産申立てをし，その後申立てを取り下げた場合（最一小判昭和45年9月10日民集24巻10号1389頁）。

(3)　不法行為に基づく損害賠償請求とその基本的な請求原因事実を同じくする不当利得返還請求を追加した場合（最一小判平成10年12月17日判時1664号59頁）。

(4)　明示的一部請求の訴えの提起は，残部につき権利行使の意思が継続的に表示されているとはいえない特段の事情のない限り，残部について裁判上の催告として消滅時効の中断の効力を生ずる（最一小判平成25年6月6日民集67巻5号1208頁）。

3　民法改正による影響

改正民法において催告は時効の完成猶予事由として位置付けられている（改正民法150条1項）。この点については，裁判上の催告についても同様であり，口頭弁論終結時から6か月以内に他の時効完成停止措置をとれば，停止の効力は維持されることになる。

Q 13 承認事由

債務者によるどのような行為が，「承認」に当たるのか。例えば，①債務者による債権の減額や放棄を求める申出，②示談の申入れや調停の申立て，③債務者の権利行使に対する不作為は，「承認」に当たるのか。

A　①債務者による債権の減額や放棄を求める申出は，「承認」に当たるが，②示談の申入れ，調停の申立て，③債務者の権利行使に対する不作為は，「承認」に当たらない。

解　説

1　承　認

承認とは，時効の利益を受ける者が，時効によって権利を失う者に対して，その権利が存在することを知っている旨を表示することである。承認は，改正前民法においては時効中断事由として定められ（改正前民法147条３号），判例において時効完成後に債務の承認があれば，信義則上，消滅時効を援用することができなくなるとされている（最大判昭和41年４月20日民集20巻４号702頁）。

もっとも，承認の方法として形式上の定めはないため，具体的に債務者のどのような行為を捉えて承認と判断するのかは個別に判断せざるを得ない。

2　債務者による債権の減額や放棄を求める申出

判例は，債権放棄の申出は当然に債権の存在を前提とするものであるから，かかる申出は，時効進行中の債権については債務の承認として時効中断の効果を有するべきものとするものがある（東京地判昭和48年12月11日金判406号13頁）。

3　示談の申出や調停の申立て

この点について明確に分析した判例・学説は見当たらないが，これらの申出自体は，債務者において債務の存在を認識していることを当然の前提としているわけではなく，債務者はあくまでも問題の何らかの解決の手段として求めていると考えられることからすると，これらの申出自体に承認としての効力を認めることについては消極的に解すべきとされている。もっとも，このような場合でも，債務者が債務を認めた上で期限の猶予と分割弁済を求めている等の付随的事情があれば，承認としての効力を認める場合もあり得ると考えられる。

4　債務者の権利行使に対する不作為

承認は，債務が存在することを知っている旨の表示であることから，債務者側からの積極的な行為がない以上，承認があったとは認められない。判例として，債権者からの相殺通知に対して何らの異議を述べない場合に承認による時効中断を認めないもの（大判大10年２月２日民録27輯168頁）などがある。

5　民法改正の影響

改正民法において，承認は時効更新事由となった。「権利の承認があったときは，その時から新たにその進行を始める」（改正民法152条１項）ことになり，時効の進行又は猶予中に，更新事由があれば従前の時効の効力はなくなり，新たな時効がゼロから進行することになる。承認をするためには，「相手方の権利についての処分につき行為能力の制限を受けていないこと又は制限があることを要しない」ものとされる（同条２項）。従前の中断事由としての承認についての判例は，更新事由としての承認についての解釈においてもそのまま当てはまるものと考えられている。

また，改正民法では，協議を行う旨の合意による時効完成猶予という制度が新設されており，「権利についての協議を行う旨の合意が書面でなされたとき」（改正民法151条１項柱書）から，①「その合意があった時から１年を経過した時」（同項１号），②「その合意において当事者が協議を行う期間（１年に満たないものに限る。）を定めたときは，その期間を経過した時」（同項２号），③「当事者の一方から相手方に対して協議の続行を拒絶する旨の通知が書面でされたときは，その通知の時から６か月を経過した時」（同項３号）のいずれか早いときまでは時効は完成しない。当事者は，協議により完成猶予を５年まで延長することができるとされるため（同条２項），かかる条項にも留意すべきである（「Ｑ４　時効障害事由はどのように変わるのか」参照）。

第3章

不法行為

本章では，不法行為に関連する期間制限について，実務的に重要と思われる項目を解説する。まず，平成29年民法改正において不法行為に関する期間制限に係る規定が改正されたことから，改正の内容及びその影響について解説する。次に，不法行為に基づく損害賠償請求権（国家賠償法に基づく損害賠償請求も含む。）の消滅時効の客観的起算点，主観的起算点について，その意義を解説するとともに，判例上，裁判例上問題となった事例（時効援用権の濫用，継続的不法行為，規制権限不行使の不作為，名誉棄損，金融商品の販売，後遺症に関する治療費等）を基に解説する。

最後に共同不法行為者間の求償権と消滅時効について解説する。

Q 14 不法行為による損害賠償請求権の消滅時効，除斥期間に関する民法改正内容

改正民法では，不法行為による損害賠償請求権の消滅時効についてはどのように改正されたか。

A 　改正前民法の「20年を経過したとき」（同法724条後段）という期間制限の性質について除斥期間ではなく消滅時効であることが明らかにされた（改正民法724条２号）。また，人の生命又は身体を害する不法行為による損害賠償請求権について，主観的起算点からの時効期間を３年から５年に延ばした（改正民法724条の２）。

解　説

不法行為による損害賠償請求権について，改正前民法は，被害者又は法定代理人が「損害及び加害者を知った時」から３年（改正前民法724条前段），「不法行為の時」から20年（同条後段）で権利が消滅すると定め，期間制限を設けている。改正前民法724条前段の期間制限が消滅時効であるのに対し，改正前民法724条後段の期間制限の性質は除斥期間であるのか，それとも消滅時効であるのかについて解釈の余地を残していたが，この点について，今般の民法改正で「不法行為の時から20年間行使しないとき」には「時効によって消滅する」ことが明らかにされた。

改正前民法724条後段の期間制限の性質について，最判平成元年12月21日民集43巻12号2209頁は，当該期間制限が，被害者側の認識のいかんを問わず一定の時の経過によって法律関係を確定させるため請求権の存続期間を定めたものであるとして，除斥期間であるとの判断を最高裁判所として初めて示していた（最判平成元年12月21日民集43巻12号2209頁）。

その後の判例では，当該期間制限を除斥期間と解しつつも，時効の停止について定める民法158条の規定の法意（予防接種禍東京訴訟上告審判決・最判平成10年６月12日民集52巻４号1087頁），相続財産に関する時効の停止について定める民法160条の規定の法意（最判平成21年４月28日民集63巻４号853頁）に照らして，民法724条後段の効果が生じないなどとして，不法行為後20年を超える期間を経過した事例について被害者の救済が図られてきたが，このような期限制限を除斥期間と解する判例については，被害者救済の観点から問題があるとして，学説上批判がある状況であった。

今般の改正で，この期間制限の性質が消滅時効であることを明らかにされたことにより，消滅時効の規律に沿った事案の柔軟な解決が可能となった。すなわち，一般に，除斥期間と解した場合には，中断・停止が認められず，援用も不要となるが，改正民法下では，不法行為時から20年を経過していない事案であれば，時効の完成猶予や更新（なお，改正前の民法にいう時効の中断，停止はそれぞれ，「時効の完成猶予」，「時効の更新」という概念に整理された。）といった規定の適用により，権利行使の機会を確保することが可能となる。不法行為時から20年の期間が経過していた場合であっても，時効の援用に対する信義則違反又は権利濫用の主張を認めることにより，被害者救済を図ることが可能になると思われる。

また，改正民法724条の２は，生命・身体という法益の重要性を考慮して，生命・身体の侵害による損害賠償請求権について，主観的起算点である「損害及び加害者を知った時」からの時効期間を３年から５年に延ばした（同法724条１号）。なお，改正民法166条１項１号は債権の消滅時効について主観的起算点から５年とし，同法167条は客観的起算点からの時効期間を同法166条１項２号の10年から20年に延長しており，その結果，生命・身体の侵害による損害賠償請求権については，不法行為あるいは債務不履行によるものであるかを問わず，その消滅時効が主観的起算点から５年，客観的起算点から20年で統一されることとなった。

Q 15 不法行為による損害賠償請求権の消滅時効に関する規定の適用に係る経過措置（改正民法附則35条１項・２項）

不法行為による損害賠償請求権の消滅時効の原則規定である改正民法724条及び人の生命又は身体を害する不法行為による損害賠償請求権の消滅時効の特則である同法724条の２の適用に関する経過措置の内容はどのようになっているか。

A 改正民法施行の際，既に改正前民法724条後段に規定する期間（不法行為の時から20年）を経過していた場合におけるその期間の制限については，なお従前の例によることとされた（改正民法附則35条１項）。

また，改正民法施行の際，既に改正前民法724条前段に規定する時効が完成していた場合（請求権を損害及び加害者を知った時から３年間行使しない場合）には，改正民法724条の２は適用しないこととされた（改正民法附則35条２項）。

解 説

1 改正民法724条２号に係る経過措置

不法行為による損害賠償請求権について，改正民法724条２号は，不法行為の時から20年間行使しないときは時効消滅することを定め，20年の期間（改正前民法724条後段）を除斥期間と解していた従来の判例法理を採用しないことを明らかにした。この改正民法724条２号の適用に関し，改正民法施行の際，既に不法行為の時から20年（改正前民法724条後段）を経過していた場合には，その期間の制限についてはなお従前の例によることとされたため（改正民法附則35条１項），この場合は損害賠償請求権の行使が妨げられることとなる。ただし，この点については，「従前の例による」とされているとしても，適用される改正前民法724条後段に規定する20年の期間を直ちに除斥期間と解すべきではなく，改正民法の趣旨をくめば，救済に相当するような事案については期間経過後であっても，消滅時効と解した上で時効援用に対する権利の濫用を認めるなどして救済すべきことを述べる見解（日本弁護士連合会編『実務解説改正債権法』（弘文堂，2017）62頁〔山形康郎〕）もある。

２　改正民法724条の２に係る経過措置

また，改正民法724条の２は，人の生命又は身体を害する不法行為による損害賠償請求権の消滅時効期間について，同法724条１号が不法行為による損害賠償請求権が時効消滅する場合として定める「被害者又はその法定代理人が損害及び加害者を知った時から３年間行使しないとき」の「３年間」を「５年間」とすることを規定している。ただし，改正民法施行の際，既に改正前民法724条前段に規定する時効が完成していた場合（請求権を損害及び加害者を知った時から３年間行使しない場合）には，改正民法724条の２は適用しないこととされた（改正民法附則35条２項）。他方で，債務不履行による生命又は身体に対する損害賠償請求については，施行日後に発生した債権には，改正民法の適用があり，客観的起算点から20年，主観的起算点から５年という時効期間となるが，施行日前に発生したものは，従前の例に従うため（改正民法附則10条４項），時効期間は10年となる。Ｑ５で述べたとおり，「施行日前に債権が生じた場合」には，「施行日以後に債権が生じた場合であって，その原因である法律行為が施行日前にされたときを含む。」（改正民法附則10条１項）とされていることから，損害賠償請求権の原因となる契約関係が施行日前に発生している場合については，施行日後に損害が発生したとしても，従前の時効期間の適用を受けることになるとする見解（日本弁護士連合会編『実務解説改正債権法』（弘文堂，2017）62頁〔山形康郎〕）がある。

16　主観的起算点：「加害者を知った時」の解釈

「加害者を知った時」（改正前民法724条前段，改正民法724条１号）とはいつか。

A　「加害者に対する賠償請求が事実上可能な状況のもとに，その可能な程度にこれを知った時」であり，加害者の住所氏名を的確に知らず，損害賠償請求権を行使することが事実上不可能な場合には，被害者が加害者の住所氏名を確認した時をいうと考えられる。

解　説

不法行為に基づく損害賠償請求権の消滅時効の起算点の１つは，「損害及び加害者を知った時」（改正前民法724条前段，改正民法724条１号）であり，「加害者を知った時」の意義については，最判昭和48年11月16日民集27巻10号1374頁を初めとする判例・裁判例によって判断が積み重ねられてきた。以下では，最判昭和48年11月16日民集27巻10号1374頁の事案及び判断を紹介した後，その後の判例・裁判例を紹介することで，「加害者を知った時」の意義についての判例・裁判例の理解を明らかにする。

1　事案の概要

昭和17年４月15日夜から翌16日未明にかけて警察官Ｙから拷問を受けた白系ロシア人である被疑者Ｘが，昭和37年３月７日，警察官Ｙに対して慰謝料として370万円を請求する訴えを提起した。Ｘは，拷問当時，Ｙが「○○」なる姓の警部補であること，及び容貌のみを知っていた。Ｘは，昭和20年９月４日頃に釈放された後，Ｙを探し始め，昭和26年頃，Ｙの名が「×××」であることを，昭和36年11月８日頃，Ｙの住所を突き止めたという経緯がある。

２　最判昭和48年11月16日の判断

本判決は，改正前民法724条にいう「加害者ヲ知リタル時」とは，同条で時効の起算点に関する特則を設けた趣旨に鑑みれば，加害者に対する賠償請求が事実上可能な状況の下に，その可能な程度にこれを知った時を意味するものと解するのが相当であり，被害者が不法行為の当時加害者の住所氏名を的確に知らず，しかも当時の状況においてこれに対する賠償請求権を行使することが事実上不可能な場合においては，その状況が止み，被害者が加害者の住所氏名を確認した時，初めて「加害者ヲ知リタル時」に当たるものというべきとの一般論を判示した上で，被害者であるＸにおいて加害者であるＹの氏名及び住所を確認するに至った時をもって，「加害者ヲ知リタル時」というべきであるとの判断を示した。

３　その後の判例・裁判例

最判昭和48年11月16日民集27巻10号1374頁において示された「加害者に対する賠償請求が事実上可能な状況のもとに，その可能な程度にこれを知つた時」という基準は，その後の判例・裁判例では，被害者が，実際上加害者の氏名及び住所を知っている場合にも踏襲されて運用されている（能見善久・加藤新太郎『論点体系判例民法８不法行為Ⅱ〔第２版〕』（第一法規，2013）485頁〔中舎寛樹〕）。

たとえば，最判昭和58年11月11日裁判集民140号453頁では，交通事故の被害者が，加害者として取調べを受けた上，業務上過失致死傷罪で起訴され，１審で有罪判決を受けたものの２審で無罪判決を受け，同判決が確定した後に，真の加害者がなした故意の虚偽供述により被疑者・被告人の地位に立たされたと主張して，真の加害者に対して損害賠償請求訴訟を提起したという事案において，「加害者ヲ知リタル時」とは，被害者に対する無罪判決が確定した時であるとの判断が示されている。

また，千葉地判昭和63年３月22日判時1310号130頁では，殺人事件の遺族が犯人は被告であることは知っていたとしても，損害賠償請求が事実上可能な状況で加害者を知ったといえるのは，被告が逮捕され，自白した日であり，その日が主観的起算点となるとの判断が示されている。

さらに，水戸地判平成16年３月31日判時1858号118頁では，知的障害者が雇用主から性的虐待を受けた場合は，知的障害者は，他者から説明を受けるまでは，雇用主に対して損害賠償請求ができること自体をほとんど知らないものと推認されること，雇用主から解雇されたくないという思いを抱いているため，雇用主を被告とする損害賠償請求の訴えを提起することは，雇用契約が継続中はほとんど不可能と認められること等から，雇用先を退職し又は退職することを決意し，他者から援助・説明を受けて初めて損害賠償請求訴訟を提起することが事実上可能となると認められるとの判断が示されている。

以上の判例・裁判例は，たとえ被害者が，実際上加害者の氏名及び住所を知っている場合であったとしても，具体的な状況において，被害者に損害賠償請求権の行使を合理的に期待できるかという観点から，主観的起算点について実質的な判断を示しているものと考えられる。

Q 17 客観的起算点：「不法行為の時」の解釈

不法行為の性質により損害が顕在化するまでに相当期間要する事案の場合，不法行為による損害賠償請求権の客観的起算点はいつか。既存の最高裁判例は改正民法により影響を受けるか。

A 不法行為の性質により発生する損害の性質上，加害行為が終了してから相当期間が経過した後に損害が発生する場合には，当該損害の全部又は一部が発生したときが起算点となると考えられる。また，既存の最高裁判例は除斥期間に関するものであるが，改正民法によっても改正前民法724条後段の「不法行為の時」の解釈に直ちに影響を与えるものではないと考えられる。

解説

不法行為の性質により損害が顕在化するまでに相当期間を要する事案，例えば薬害事案や公害事案においては，その性質上，損害（健康被害等）が顕在化するまでに相当期間を要する場合がある。この点，「不法行為の時」（改正前民法724条後段，改正民法724条2号）とは，その文言上，加害行為の時点と指すとの解釈も可能であるが，そのような解釈を採る場合，健康被害等が実際に生じていないのに既に「不法行為の時」から20年経過している場合があり得ることになる。

しかし，このような場合に損害の発生を待たずに権利が消滅するとすることは，被害者にとって著しく酷な結果を招来する場合があり得る。また，加害者としても，自己の行為により生じ得る損害の性質からみて，相当の期間が経過した後に被害者が現れて，損害賠償の請求を受けることを予期すべきである。このような観点から，最高裁判所は加害行為が終了してから相当の期間が経過した後に損害が発生する場合には，当該損害の全部又は一部が発生した時が起算点となるとして，被害者の救済を図ってきた（筑豊じん肺訴訟

上告審判決・最判平成16年４月27日民集58巻４号1032頁，水俣病関西訴訟上告審判決・最判平成16年10月15日民集58巻７号1802頁，最判平成18年６月16日民集60巻５号1997頁）。

このように，民法改正前から，判例や裁判例では，不法行為の性質により損害が顕在化するまでに相当期間を要する事案の場合には，加害行為の時よりも起算点を後の時とするため，「不法行為の時」を，当該損害の全部又は一部が発生した時と解釈することにより，被害者の救済が図られてきたが，これらの解釈は，期間制限の性質について除斥期間と解するか，消滅時効であるかによって影響を受けるものではないと思われる。

したがって，民法改正後も既存の最高裁判例の解釈に直ちに影響を与えるものではないと考えられ，改正民法下においても同様に損害の全部又は一部が発生した時をもって，「不法行為の時」（改正民法724条２号）といってよい場合があると考えられる。

18　時効援用権の濫用

時効の援用が，信義則違反（民法1条2項）又は権利濫用（同条3項）として許されない場合があるか。

A　判例には，個別事案において，時効の援用が信義則に反し，権利の濫用として許されないとしたものがある（最判昭和51年5月25日民集30巻4号554頁）。その後も同様の判断を示す裁判例が多く見られるが，特に不法行為に基づく損害賠償請求権の消滅時効の援用について信義則違反又は権利濫用として許されないとしたものが多い。

解　説

時効の援用は，一般条項の適用による一定の制約を受けるものと考えられており，判例にも，信義則違反（民法1条2項）又は権利濫用（同条3項）として時効の援用を否定したものがある。時効完成後の債務承認があった場合にその後の時効援用を信義則違反として否定した最大判昭和41年4月20日民集20巻4号702頁を除くと，最高裁が初めて個別事案の具体的事情に応じて信義則違反及び権利濫用を認めたものとしては，亡父の遺産全部を家督相続により相続した子が母に対して生活保障・扶養等の目的で農地を贈与し，母が同農地を20数年に渡って耕作していたところ，子が同農地につき農地法3条所定の許可申請協力請求権の消滅時効を援用した事案について，同援用権の行使は信義則に反し権利濫用であるとしたものがある（最判昭和51年5月25日民集30巻4号554頁）。

その後も同様の判断を示す裁判例が多く見られるが，裁判例が時効の援用を信義則違反又は権利濫用により否定した場合には，①消滅時効を援用する債務者において，債権者が時効完成前に権利行使しないことに積極的に関与していた場合（広島高松江支判昭和46年11月22日下民集22巻11・12号1153頁，東京高判昭和54年9月26日判時946号51頁，東京高判昭和58年2月28日東高民34巻1～3号21頁，東京高判昭和60年3月19日判タ556号139頁，大阪高判平成17年1月28日〔平成16年(ネ)2216号〕），②時効を援用する債務者側に違法性・不当性が強い場合（東京高判昭和58年10月25日判タ519号255頁，仙台地判昭和58年12月28日判時1113号33頁），③消滅時効援用による権利の消滅の効果が，法における正義の観点から見て容認できない場合（前掲最判昭和51年5月25日，名古屋地判昭和49年4月19日判時755号94頁），④他の法理論や法解釈によって同じ結論を出すことができる可能性があったにもかかわらず，判例の採る一定の立場を固持するため，個別の事件について，そこから生ずる不都合を除去するために，信義則違反又は権利濫用の法理が使われたと思われる場合（例えば，前掲最大判昭和41年4月20日は，時効の利益の放棄と構成することにより同じ結論が得られたはずであるが，時効の利益の放棄は時効の完成を知ってなさなければならないとする判例の立場と整合させるため信義則に解決を求めたものといえる。），⑤訴訟上の言動など訴訟活動の反信義性が認められる場合（最判昭和57年7月15日民集36巻6号1113頁，前掲東京高判昭和58年10月25日，東京地判昭和62年4月30日判時1266号31頁）などがある（酒井廣幸『時効の管理〔新版〕』（新日本法規出版，2007）19～20頁）。

また，裁判例には特に，不法行為に基づく損害賠償請求権の消滅時効の援用を信義則違反又は権利濫用として否定したもの（東京地判昭和54年2月16日訟月25巻7号1709頁，東京地判昭和56年9月28日下民集33巻5～8号1128頁，前橋地判昭和57年3月30日判時1034号3頁，名古屋地判昭和60年10月31日訟月32巻8号1629頁）が多いことも指摘できる。

19 継続的不法行為における主観的起算点

不法占拠や環境汚染のような継続的不法行為における消滅時効の進行について「損害……を知った時」（主観的起算点）といえるのはいつか。

A 不法占拠や環境汚染のような継続的不法行為における消滅時効の起算点は，日々新しい不法行為に基づいて発生する損害について被害者が知った時であり，各損害ごとに別個に消滅時効は進行する。

もっとも，損害が累積的で分断すべきでないものについては，損害の全体を知った時，すなわち，加害行為が止んだ時に全体についての時効が進行を始めるという立場も存在する。

解説

不法行為が一回的ないし短期的なものではなく，長期にわたって継続して行われる場合において，「損害……を知った時」（主観的起算点）といえるのはいつかが問題となる。

1　判例及び裁判例の基本的な考え方

この点，判例及び裁判例は，基本的に，不法行為が継続して行われ，そのため損害も継続して発生する場合には，損害が継続発生する限り，日々新しい不法行為に基づく損害が発生するとみるべきであり，被害者が各損害を知った時から別個に消滅時効が進行するとの立場を採っている（大判昭和15年12月14日大民集19巻2325頁）。

上記の判例は，土地の不法占有の事案であるが，このほか，不法占拠と同様に同質の損害が継続的に発生する事案としては，新幹線や航空機の騒音に関する事案が挙げられる。裁判例は，かかる新幹線や航空機の騒音に関する事案においても，不法占拠の事案と同様の判断を行っており，例えば，名古屋高判昭和60年４月12日下民集34巻１～４号461頁，東京高判昭和62年７月15日判時1245号３頁，東京地八王子支判平成元年３月15日判タ705号205頁，及び福岡高判平成４年３月６日判時1418号３頁等が挙げられる。

さらに，夫の同棲相手に対する慰謝料請求権の事案においても，同様の判断がなされている（最判平成６年１月20日裁判集民171号１頁）。具体的には，夫と同棲関係を続けた女性の継続する加害行為によって損害が継続的に発生した事案について，かかる損害を不可分一体のものとして把握しなければならないわけではないし，妻は，同棲関係を知った時点で慰謝料請求権の行使を妨げられないとして，妻が同棲関係を知った時点から，その時点までに行われた加害行為に対応する慰謝料請求権の消滅時効が進行し，提訴日から３年以上前に同棲関係を知っていれば，慰謝料請求権の一部が時効消滅する旨，判示されている。

2　継続的加害行為が終了した時点を主観的起算点とみる考え方

以上に対して，継続的不法行為の効果として生じる損害には，様々な態様のものがあり，一律に論じることはできず，継続的不法行為による被害を集積し，統一的に把握すべき累積的被害の場合（例えば，大気・水質汚染による健康被害）は，全体として１個の損害賠償請求権を観念することにより，その累積的性質を損害賠償に反映させることができるため，この全体としての１個の損害賠償請求権につき消滅時効を観念し，被害者との関係で継続的加害行為が終了した時を起算点とすべきであるとの説も唱えられている（潮見佳男『基本講義債権各論Ⅱ不法行為法〔第３版〕』（新世社，2017）135～136頁）。

上記の説に親和的な裁判例（１個の損害と認めた裁判例）として，以下の２つの裁判例が存在する。

まず，大阪高判平成22年12月17日労判1024号37頁は，大学病院に勤務する医師が，臨床を担当する機会を与えられない状態が継続していたことは，違法な差別的待遇であると主張して，大学病院等に対して，不法行為に基づく損害賠償請求を求めた事案において，同医師が，専門的な診療を継続的に担当することが推認されるグループに所属するよう命じられた時点をもって，差別的な待遇がなされる以前と同質的な処遇にまで改善され得る機会が付与されたものということができるから，不法行為が終了したのは，上記の時点であったと認めるのが相当である旨，判示している。かかる判示は，違法な差別的待遇を受けるという継続的な不法行為であったとしても，被害者との関係で当該不法行為が終了した時点において，それまでに行われた継続的な不法行為全体に対応する１個の損害賠償請求権の消滅時効が進行するとの考え方を前提としている。

次に，仙台高判平成23年２月10日判タ1352号192頁は，県が発注した工事が牛舎の付近で約２年間にわたって行われ，当該工事の騒音により，飼育していた牛が暴れたり，暴れた牛の被害に遭って負傷・衰弱したりした結果，飼育していた68頭の牛が死亡し，又は屠畜を余儀なくされたため，県及び工事請負業者に対して，損害賠償を求めた事案において，当該工事は，県の事業の一環として発注され実施された一連の工事であって，個々の契約に基づく工事に分解して個別に成立するものではなく，工事開始から竣工まで不可分かつ連続して実施されることが当初より想定され，かつ，そのように実施されたものであるため，全体として１個の不法行為と認められるとして，当該工事が完成した時点を起算点とするのが相当である旨，判示している。

損害が累積的で分断すべきでないものについては，損害の全体を知った時，すなわち，加害行為が止んだ時に全体についての時効が進行を始めるという立場（内田貴『民法Ⅱ〔第３版〕債権各論』（東京大学出版会，2011）476頁）にも一定の説得力はあるものと考えられる。

20 行政処分の不作為が国家賠償法上違法と評価される場合の消滅時効の起算点

国家賠償請求において規制権限の不行使に基づく損害について，消滅時効の起算点はいつか。

A　主観的起算点については，被害者が国に対する損害賠償請求が可能であると現実に認識したときであると考えられる。また，客観的起算点については，原則として，規制権限不行使が国家賠償法上違法と評価された時点となるが，累積進行性の健康被害等の場合には，損害の全部又は一部が発生した時点をもって，起算点となると考えられる。

解　説

1　国家賠償法上違法と評価される要件

国家賠償法１条又は２条に基づく損害賠償請求権の期限制限については，民法724条が適用される（国家賠償法４条）。この点，改正民法724条は「損害及び加害者を知った時から３年」（主観的起算点），「不法行為の時から20年」（客観的起算点）の経過をもって消滅時効にかかると規定しているが，国又は公共団体の公務員による規制権限の不行使があった場合の消滅時効の起算点がいつになるかという点は，そもそも，どの時点をもって権限不行使が違法性を帯びるのかという問題と密接に関連する。この点，国又は公共団体の公務員による規制権限の不行使は，その権限を定めた法令の趣旨，目的や，その権限の性質等に照らし，具体的事情の下において，その不行使が許容される限度を逸脱して著しく合理性を欠くと認められるときは，その不行使により被害を受ける者との関係において，国家賠償法１条１項の適用上違法になるとされるのが確立した判例である（宅建業者事件・最判平成元年11月24日民集43巻10号1169頁，クロロキン薬害事件・最判平成７年６月23日民集49巻６号1600頁，筑豊じん肺訴訟上告審判決・最判平成16年４月27日民集58巻４号1032頁，水俣病関西訴訟上告審判決・最判平成16年10月15日民集58巻7号1802頁など）。例えば，上記筑豊じん肺訴訟上告審判決においては，国の責任との関係で，遅くとも通商産業大臣が昭和35年3月31日成立のじん肺法成立の時までに鉱山保安法に基づく監督権限を適切に行使して，粉じん発生防止策の実施等をすべきだったなどとして，その時点以降の権限不行使につき，鉱山保安法の趣旨，目的に照らし，許容される限度を逸脱して著しく合理性を欠くとしており，この時点をもって国の規制権限の不行使が違法となると評価しているものと解される。

2　主観的起算点

「損害及び加害者を知ったとき」（主観点的起算点）については，一般に「加害者に対する賠償請求が事実上可能な状況のもとに，その可能な程度にこれを知った時」であると解されているが（最判平成14年1月29日民集56巻1号218頁など），規制権限の不行使により損害を受けたことを理由とする国家賠償請求においては，被害者が国に対する損害賠償請求が可能であると現実に認識したときが起算点となると考えられる。学説上は，不法行為を基礎付ける事実については被害者に認識を必要とするが，不法行為であるという法的評価については一般人ないし通常人の判断を基準にすべきであるとするものと，不法行為を基礎付ける事実，不法行為であるとの評価の両方について被害者の現実を認識が必要であるとするものがある。どの時点が主観的起算点となるかは，事例ごとの判断によらざるを得ないが，例えば，最高裁判例の中には，同種の集団訴訟が提起されたことを知った時から消滅時効が起算されると判断した事例もあり，参考になる（最判平成23年4月22日裁判集民236号443頁）。

3　客観的起算点

また，「不法行為の時」（客観的起算点）については，複数の最高裁判例で示されているとおり，規制権限の不行使が許容される限度を逸脱して著しく合理性を欠いている状態になったときに国家賠償法上違法との評価を受けることになるから，原則としてこの時点が起算点となると考えられる（いわゆる加害行為時説）。もっとも，最高裁は，蓄積進行性の健康被害のような損害類型に限り，当該損害の全部又は一部が発生した時が起算点となると判断しており（筑豊じん肺訴訟上告審判決・最判平成16年４月27日民集58巻４号1032頁，水俣病関西訴訟上告審判決・最判平成16年10月15日民集58巻７号1802頁など），かかる損害類型の場合には，健康被害の全部又は一部が発生した時点が，客観的起算点となると考えられる。

21　特別法における消滅時効の規定

製造物責任法に基づく損害賠償請求権に係る消滅時効の規定はどうなっているか。また，民法改正によりその他の特別法における損害賠償請求権等はどのような変更がなされたか。

A　製造物責任法は，同法3条の製造物責任に基づく損害賠償請求権について，①被害者又はその法定代理人が損害及び賠償義務者を知った時（主観的起算点）から3年間行使しないときは時効消滅するとし，②その製造業者等が当該製造物を引き渡した時（客観的起算点）から10年を経過したときにも，当該請求権を行使し得ないものとする。また，身体に蓄積した場合に人の健康を害することとなる物質による損害又は一定の潜伏期間が経過した後に症状が現れる損害の客観的起算点については，その損害が生じた時から起算される。ただし，平成29年民法改正に伴う製造物責任法の改正により，改正前製造物責任法下において除斥期間と解されていた上記②の期間が消滅時効期間であることが明示されるとともに，人の生命又は身体を侵害した場合における上記①の適用については主観的起算点から5年間行使しないときとされた。

その他の特別法に定められている損害賠償請求権等に係る消滅時効の規定についても，平成29年民法改正に伴い，改正民法724条及び724条の2に平仄を合わせる改正がされた。

解　説

改正前製造物責任法は，同法3条の製造物責任に基づく損害賠償請求権について，①被害者又はその法定代理人が損害及び賠償義務者を知った時（主観的起算点）から3年間行使しないときは時効消滅するとし，②その製造業者等が当該製造物を引き渡した時（客観的起算点）から10年を経過したときにも当該損害賠償請求権を行使し得ないものとする（製造物責任法５条１項）。通説は，②の10年の期間を除斥期間と解している。

この点，不法行為による損害賠償請求権について，改正民法724条２号は，不法行為の時から20年間行使しないときは時効消滅することを定め，20年の期間（改正前民法724条後段）を除斥期間と解していた従来の判例法理を採用しないことを明らかにした。また，改正民法724条の２が新設され，人の生命又は身体を害する不法行為による損害賠償請求権の消滅時効について，原則として主観的起算点から３年間とされている消滅時効期間を５年間に長期化した。これらの改正に合わせて製造物責任法についても同様の改正がされ，客観的起算点からの期間制限の性質が消滅時効であることを明示するとともに（改正製造物責任法５条１項２号），人の生命又は身体を侵害した場合における損害賠償請求権の消滅時効については，上記①の「３年間」は「５年間」に長期化された（改正製造物責任法５条２項）。

なお，製造物責任法の改正の前後を問わず，身体に蓄積した場合に人の健康を害することとなる物質による損害又は一定の潜伏期間が経過した後に症状が現れる損害の客観的起算点については，その損害が生じた時から起算するとされている（改正前製造物責任法５条２項，改正製造物責任法５条３項）。

また，金融商品取引法20条，21条の３，鉱業法115条及び水洗炭業に関する法律20条その他の特別法に定められている損害賠償請求権等に係る消滅時効の規定についても，平成29年民法改正に伴い，改正民法724条及び724条の２に平仄を合わせる改正がされた。

【製造物責任法　新旧対照表】

民法の一部を改正する法律の施行に伴う関係法律の整備等に関する法律（平成29年法律第45号。平成32年4月1日施行）

改正後	改正前
（消滅時効） 第五条　第三条に規定する損害賠償の請求権は，次に掲げる場合には，時効によって消滅する。 一　被害者又はその法定代理人が損害及び賠償義務者を知った時から三年間行使しないとき。 二　その製造業者等が当該製造物を引き渡した時から十年を経過したとき。	（期間の制限） 第五条　第三条に規定する損害賠償の請求権は，被害者又はその法定代理人が損害及び賠償義務者を知った時から三年間行わないときは，時効によって消滅する。その製造業者等が当該製造物を引き渡した時から十年を経過したときも，同様とする。
2　人の生命又は身体を侵害した場合における損害賠償の請求権の消滅時効についての前項第一号の規定の適用については，同号中「三年間」とあるのは，「五年間」とする。 3　第一項第二号の期間は，身体に蓄積した場合に人の健康を害することとなる物質による損害又は一定の潜伏期間が経過した後に症状が現れる損害については，その損害が生じた時から起算する。	2　前項後段の期間は，身体に蓄積した場合に人の健康を害することとなる物質による損害又は一定の潜伏期間が経過した後に症状が現れる損害については，その損害が生じた時から起算する。

22 金融商品の販売に関する適合性原則違反，説明義務違反の消滅時効の起算点

金融商品の販売に関する適合性原則違反，説明義務違反を理由に不法行為に基づく損害賠償請求を行う場合，消滅時効の主観的起算点（改正前民法724条前段，改正民法724条１号）**はいつか。**

A　原則として，金融商品の損失が確定したことを知った時が，「損害及び加害者を知った時」に該当し，主観的起算点になると考えられる。ただし，弁護士や家族から取引による損失について，違法な取引による損害である可能性がある旨指摘された時点で，損害及び加害者を知ったとして，その時点から消滅時効期間が進行するとした裁判例もあることから留意が必要である。

解説

金融商品の販売に関する適合原則違反，説明義務違反を理由に損害賠償請求が金融機関等になされることがあるが，この場合，当該契約を締結したことにより被った損害については，不法行為による損害賠償責任を負うことがあるのは格別，当該契約上の債務の不履行による賠償責任を負うことはない。これは，一方当事者が信義則上の説明義務違反したために契約が締結された場合，後に締結された契約は説明義務違反によって生じた結果と位置付けられるのであって，説明義務をもって契約に基づいて生じた義務であるということは一種の背理であるからとされる（最判平成23年４月22日民集65巻３号1405頁）。

以上から，この種の類型の紛争における損害賠償請求権の消滅時効について検討する場合には，不法行為に基づく損害賠償請求の消滅時効の起算点（改正前民法724条後段，改正民法724条各号）がいつかという点を検討する必要がある。

この点，不法行為に基づく損害賠償請求権の主観的起算点は，加害者に対する損害賠償請求が事実上可能な状況の下に，その可能な程度にこれを知った時を意味すると解されており（最判昭和48年11月16日民集27巻10号1374頁，最判平成14年１月29日民集56巻１号218頁），また，単に加害行為により損害が発生したことだけではなく，その加害行為が不法行為を構成することを知った時との意味に関するのが相当であるとされている（最判昭和42年11月30日裁判集民89号279頁）。主観的な認識の程度については，①不法行為を基礎付ける事実については被害者の認識を必要とするが，②不法行為であるという法的評価について一般人ないし通常人の判断をすべきであるとする見解，①及び②の双方について被害者の現実の認識を要求する見解があり得るが，前者が多数説であるとされている。多数説に立つ限り，通常は，金融商品の取引が終了し，損失が確定したことを知った時には，この時に適合性原則違反や説明義務違反に該当し得る事実を現実的に認識することがほとんどであろうから（例えば，説明義務違反との関係では，契約締結前に金融機関から元本保証があるとの説明を受けていたが，現実には元本割れをする可能性がある商品で契約締結後その損害が顕在化したという事案の場合には，元本保証との説明を受けていたことについて認識が全くないという場合を除き，損害が確定したことを知った時点で，「損害及び加害者」を認識していたといえる場合がほとんどであろうと解される。），原則として損失が確定したことを知った時が「損害及び加害者を知った時」に該当することになると解される。下級審裁判例においても同様の理解をしていると解されるものが存在する（福岡地判平成27年３月20日証券取引被害判例セレクト49巻475頁，東京地判平成24年11月27日［平成24年(ワ)14496号］）。

ただし，弁護士や家族から取引による損失について，違法な取引である旨指摘された時点で，損害及び加害者を知ったとし，当該時点から消滅時効期間が進行するとした裁判例もあるところであり（名古屋高判平成25年２月27日先物取引裁判例集68巻104頁，名古屋地判平成24年12月26日先物取引裁判例集68号157頁），留意が必要である。

23　配信記事掲載による名誉毀損に基づく損害賠償請求権の消滅時効の起算点

他社から提供ないし配信を受けて掲載した記事が名誉毀損となる場合に掲載新聞社が消滅時効を援用するという記事配信が関係する訴訟で多く主張される抗弁に関し，改正前民法724条（改正民法724条１号）にいう被害者が損害を知った時の意義はどのように解すべきか。

A　判例によれば，改正前民法724条（改正民法724条１号）にいう被害者が損害を知った時とは，被害者が損害の発生を現実に認識した時をいうものと解される。被害者が，新聞紙上に被害者の名誉を毀損する他社からの配信記事が掲載されている可能性が高いことを知ったにすぎない時点は，実際に当該配信記事が掲載されたこと，すなわち，名誉毀損（不法行為）に基づく損害の発生を現実に認識した時とはいえないから，消滅時効の起算点とすることはできない。

解　説

報道機関は，他社から提供ないし配信を受けて掲載した記事が第三者の名誉を毀損し，当該第三者から不法行為責任を追及された場合に，消滅時効を援用することが珍しくない。しかし，不法行為による損害賠償請求権は，被害者又はその法定代理人が損害及び加害者を知った時から３年間行使しないときは時効によって消滅する（改正前民法724条，改正民法724条１号）ことから，ここでいう損害を知った時をいつの時点と認定すべきかが問題となることがある。以下では，いわゆるロス疑惑報道に関する最判平成14年１月29日民集56巻１号218頁の事案を紹介しつつ，損害を知った時の意義についての判例の理解を明らかにする。

1　事案の概要

Xは，通信社Y_1が昭和60年9月12日に配信し新聞社Y_2（×××県内の地方紙）がその翌日掲載した記事（以下「本件記事」という。）が原告の名誉を毀損するものであるとして，平成7年7月25日にYらに対し，不法行為に基づき損害賠償請求を行った。

Xは，平成4年初め頃までに，新聞社Y_2が通信社Y_1の加盟社であること，及び加盟社には通信社Y_1の配信システムを通じて記事が配信され，配信された記事が多数の加盟社の発行する新聞紙に掲載されることを知った。

また，Xは，平成3年12月に，本件記事と同内容の記事を掲載した他の新聞社に対して損害賠償請求訴訟を提起したところ，同新聞社はこれは通信社Y_1からの配信記事であるとして，通信社Y_1に対して訴訟告知をし，その告知書（以下「本件告知書」という。）は平成4年7月9日にXに送達された。Xは，この送達の時点で，新聞社Y_2が発行する新聞にも通信社Y_1の配信記事が掲載されている可能性が高いことを知った。Yらはこの時点を起算日とする消滅時効を援用した。

原審東京高判平成8年9月11日金判1145号12頁は大要次のとおり判示した。改正前民法724条にいう損害及び加害者を知った時については，被害者に現実の認識が欠けていても，その立場，知識，能力などから，わずかな努力によって損害や加害者を容易に認識し得るような状況にある場合には，その段階で，損害及び加害者を知ったものと解される。Xは，勾留中であったが，その知識，技能により，自らあるいは支援者たる知人を通じて×××県立図書館から本件記事の写しを入手することが容易であったから，さほどの困難もなく，本件記事の存在及び内容を確知し，損害賠償請求権を行使することが可能な状況にあった。したがって，Xは，本件告知書の送達によって通信社Y_1の配信記事の存在を知った平成4年7月9日に損害及び加害者を知ったものといえる。

2　最判平成14年1月29日の判断

本判決は，改正前民法724条にいう被害者が損害を知った時とは，被害者が損害の発生を現実に認識した時をいうとし，原告は，本件告知書が送達された平成４年７月９日の時点においては，新聞社Y_2の発行する新聞紙上に本件記事が掲載されている可能性が高いことを知ったにすぎず，実際に本件記事が掲載されたこと，すなわち被告が原告の名誉を毀損し，不法行為に基づく損害が発生したことを現実に認識していなかったのであるから，本件告知書送達の日を消滅時効の起算日とすることはできないとし，原判決を破棄し，本件を原審に差し戻した。

本判決は，損害を知った時の意義について，文理に忠実に損害の発生を現実に認識した時（具体的には，実際に本件記事が掲載されたことを現実に認識した時）をいうものと解したが，その実質的な理由として挙げたのは，第一に，被害者に現実の認識がない場合にも消滅時効の進行を認めると，被害者は，自己に対する不法行為が存在する可能性のあることを知った時点で，自己の権利を消滅させないために，損害の発生の有無を調査せざるを得ないことになるが，不法行為の被害者にこのような負担を課することが不当であること，第二に，改正前民法724条の短期消滅時効の趣旨は加害者保護であるといわれるが，これは被害者が損害の発生を現実に認識しながら３年間も放置していた場合に加害者の法的地位の安定を図ろうとしたものにすぎないことである。

24　後遺症に関する治療費と消滅時効

不法行為の被害者に，その不法行為によって受傷した時から相当期間経過後にこの受傷に起因する後遺症が現われた場合，「損害……を知った時」（主観的起算点）はいつか。

A　およそ事故当時に医学的にも予想できなかった後遺症が生じたのであれば，その後遺症が顕在化した時であるとする判例が存在する。

もっとも，近時の裁判例は，症状固定時を主観的起算点とするものが多くみられる。

解　説

加害行為自体は１回限りで確定したものの，その後，相当期間経過後において加害行為に起因する後遺障害が発生した場合，「損害……を知った時」（主観的起算点）をいつと解すべきかが問題となる。

1　判例の考え方

最判昭和42年７月18日民集21巻６号1559頁は，不法行為によって受傷した被害者が，その受傷について，相当期間経過後に，受傷当時には医学的に通常予想しえなかった治療を必要とされ，当該治療のため費用を支出することを余儀なくされたという事案において，後日当該治療を受けるまでは，当該不法行為についての損害賠償請求権の消滅時効は進行しない旨，判示している。かかる結論を採用した理由として，同判例は，被害者は，受傷の事実自体について不法行為時に知るものの，その時点ではいまだ必要性の判明しない治療費を損害として賠償請求することを期待できず，不法行為時を主観的起算点とすると損害賠償請求権の行使が事実上不可能なままに時効が進行することとなり，民法724条の趣旨に反することを挙げている。

一方で，最判平成16年12月24日裁判集民215号1109頁は，交通事故により負傷した者が，後遺障害について症状固定の診断を受け，これに基づき自動車保険料率算定会に対して自動車損害賠償責任保険の後遺障害等級の事前認定を申請したときは，その結果が非該当であり，その後の異議申立てによって等級認定がされたという事情があったとしても，上記後遺障害に基づく損害賠償請求権の消滅時効は，遅くとも上記症状固定の診断を受けた時から進行する旨，判示している。かかる判例は，自動車保険料率算定会による等級認定は，保険金額を算定するための損害の査定にすぎず，被害者による加害者に対する損害賠償請求権の行使を何ら制約しないため，時効の起算点に影響しないことを説示するものであるが，遅くとも後遺障害について症状固定の診断を受けた時点では，被害者は，加害者に対する賠償請求をすることが事実上可能な状況の下に，それが可能な程度に損害の発生を知ったものというべきであることを判断した点においても注目に値する。

2　近時の裁判例の考え方

近時は，上記最判昭和42年７月18日民集21巻６号1559頁の射程範囲を限定的に捉えた上で，受傷後の治療は，症状の経過を確認しながら行われるものであり，後遺障害の内容等も治療状況と関連することや，裁判実務上損害額の算定には後遺障害の具体的な内容や症状固定日が密接に関連していること等を考慮して，「被害者において加害者に対する賠償請求が事実上可能な状況の下に，その可能な程度に知った時」である「被害者が損害の発生を現実に認識した時」について，①後遺障害が残存しない場合には，傷害の治療が終了した時から傷害に関する全ての損害につき消滅時効が進行し，②後遺障害が残存する場合には，その症状が固定した時から消滅時効が進行するという見解が主張されており（日弁連交通事故相談センター東京支部編『民事交通事故訴訟・損害賠償額算定基準　下巻（講演録編）2010年版』（公益財団法人日弁連交通事故相談センター東京支部，2010年）５～24頁〔千葉和則〕），かかる見解に基づいて主観的起算点を判断するものが多いとされる（森冨義明・村主隆行編『交通関係訴訟の実務』（商事法務，2016年）451頁〔川﨑直也〕）。

例えば，東京地判平成19年７月30日交民40巻４号1041頁は，タクシーの乗客が，乗車中の交通事故による受傷につき，事故当事者及びタクシー会社に対して損害賠償を請求した事案において，症状固定の診断を受けた時になって初めて被害者による賠償請求は事実上可能な状況となった旨，判示している。

また，東京地判平成21年７月21日交民42巻４号910頁は，同じく交通事故に関するものであるが，事故から約５年が経過した後に被害者が症状固定の診断を受けたという事案において，症状固定診断書に記載された症状固定日が主観的起算点である旨，判示している。

25 共同不法行為者間の求償権と消滅時効

一部の共同不法行為者の被害者に対する損害賠償債務が時効消滅した場合，被害者に対して損害賠償債務を履行した他の共同不法行為者から当該一部の共同不法行為者に対する求償権の行使は妨げられるか。

A　共同不法行為者間の求償権と被害者が有する損害賠償請求権とは別個独立の権利であることなどからすれば，一部の共同不法行為者において，被害者に対する損害賠償債務の消滅時効が完成しても，他の共同不法行為者による求償権の行使は妨げられないと判示した裁判例がある。

解　説

一部の共同不法行為者が被害者に対して損害賠償債務を履行し，他の共同不法行為者に求償した場合に，当該他の共同不法行為者が，自らの被害者に対する損害賠償債務が時効消滅したことを理由として求償を拒絶することが考えられる。東京地判平成20年６月13日判時2029号60頁は，この問題を扱った珍しい事例であるので，以下紹介する。

1　事案の概要

訴外Ａは，平成元年Ｘ銀行より融資を受けた上，Ｙ生命保険会社との間で変額保険契約を締結し，融資金をもって一時払保険料として３億2667万3000円を支払ったが，Ｘ銀行とＹ生命保険会社は，変額保険契約に関する説明義務違反を怠ったことを理由にＡに対し共同不法行為責任を負うこととなった。

そして，Ｘ銀行は，Ａに対し，Ｘ銀行とＹ生命保険会社の損害賠償債務の全額を弁済したが，Ｘ銀行とＹ生命保険の責任割合は２対８であるとして，Ｙ生命保険会社に対して求償した。

これに対し，Y生命保険会社は，Y生命保険会社のAに対する損害賠償債務は消滅時効が完成し，これを援用したので，Y生命保険会社は損害賠償債務を負わないから利得はなく，X銀行が求償することはできないなどと主張した。

2　東京地判平成20年6月13日の判断

本判決は，共同不法行為者の1人において損害賠償債務の消滅時効が完成しても，被害者に対して損害賠償債務を履行した共同不法行為者からの求償は妨げられないとして，Y生命保険会社の主張を排斥し，X銀行のY生命保険会社に対する請求を認容した。

本判決はその理由として，共同不法行為者間の求償権は，公平の観点に基づき，被害者に対して損害賠償債務を履行することによって発生する権利であって，被害者が有する損害賠償請求権とは別個独立の権利であるから，共同不法行為者の一方に対する消滅時効が完成したことが求償権の存否に影響を与えるものとはいえない上，被害者の有する損害賠償請求権の消滅時効完成前にある共同不法行為者が被害者から請求を受けた場合，これを履行したときは他の共同不法行為者に対し，損害賠償債務の消滅時効完成後であっても求償することができるとすることが，ひいては円滑な被害者の救済にも資することからすれば，損害賠償債務の消滅時効が完成した不法行為者に対する求償を妨げる理由はないことを挙げた。

第4章

訴　訟

本章では，民事訴訟や民事執行・民事保全手続に関連する期間制限等について，訴訟代理人として関与する上で重要と思われる項目を解説する。

民事訴訟法等における期間制限等に関する規定は，基本的には手続の主宰者を対象とする規定も多いが，当事者の主張や争い方が制限される規定も存在し，これらを押さえておかなければ，不測の不利益を被る可能性もある。

本章では，このような当事者の主張や争い方が制限される規定のうち，訴訟代理人として関与する際に押さえておくべきものを，訴訟全般，上訴，特殊手続，民事調停，民事執行及び民事保全手続ごとに，概観する。

Q 26 時機に後れた攻撃防御方法

訴訟上の攻撃防御方法が，時機に後れた攻撃防御方法として却下されるのはどのような場合か。

A 当事者が故意又は重大な過失により時機に後れて提出した攻撃又は防御の方法については，これにより訴訟の完結を遅延させることとなると認めたときは，裁判所は，却下の決定をすることができるとされており，当該攻撃防御方法が時機に後れたかどうかは各事件の具体的な進行状況や当該攻撃防御方法の性質に即して判断される。

解説

1　時機に後れた攻撃防御方法の却下等

民事訴訟法157条１項は，当事者が故意又は重大な過失により時機に後れて提出した攻撃又は防御の方法については，これにより訴訟の完結を遅延させることとなると認めたときは，裁判所は，申立てにより又は職権で，却下の決定をすることができると定めている。これは，迅速で充実した無駄のない審理を実現するためである。

なお，裁判の迅速化に関する法律は，第１審の訴訟手続については２年以内のできるだけ短い期間内にこれを終局させることを目標とする旨規定しており（同法２条１項），当事者，代理人を含む当事者等は，当該目標が実現できるよう，手続上の権利を誠実に行使しなければならない旨定めている（同法７条１項）。これは，上記民事訴訟法の規定と同趣旨といえる。

2　時機に後れたかどうかの判断

攻撃防御方法の提出が時機に後れたかどうかは，各事件の具体的な進行状況や当該攻撃防御方法の性質に即して，その提出時期よりも早期に提出することが期待できる客観的な事情があったかどうかによって判断される（秋山幹男ほか『コンメンタール民事訴訟法Ⅲ〔第2版〕』（日本評論社，2018）376頁）。

攻撃防御方法が時機に後れたかどうかにつき，裁判所には広範な裁量の余地が残されており，攻撃防御方法を却下した裁判例の類型化は困難であるが，証拠調べ後の最終弁論期日やその直前になって提出された攻撃防御方法が却下される事例が多い傾向にある（最大判昭和42年9月27日民集21巻7号1925頁，東京地判平成22年2月12日判タ1343号167頁等）。

3　論　点

建物買取請求権の主張や相殺の抗弁については，提出が時機に後れたか否か，あるいは，当事者の故意・重過失の有無の認定について議論があり得る。

(1)　建物買取請求権

例えば，建物収去土地明渡請求訴訟の被告が，借地の更新拒絶についての正当事由（借地借家法6条）がないと争っている場合に，最終弁論期日の直前になって建物買取請求権（同法13条1項）を行使したとする。正当事由の存在を争う一方で，正当事由の存在を前提とする建物買取請求権を主張することを被告に期待することはできないとも思われる場面である。

この点，建物買取請求権行使の効果は直ちに生じる。したがって，これが明渡しの態様（建物収去の要否）を争う限りにおいては訴訟完結の遅延は生じず，そうとすれば，時機に後れた攻撃防御方法には該当しないということができる（最判昭和30年4月5日民集9巻4号439頁に同旨）。

これに対し，最判昭和46年4月23日判時631号55頁は，建物買取請求権が同時履行の抗弁権を行使する前提として行われたという事情を指摘した上，その場合の建物買取請求権の行使は，時価の算定に関する証拠調べに相当の期間を要すること等を理由にその主張を却下した。なお，同判例においては，上記最判昭和30年は事案を異にすると判示されている。

訴訟当事者としては，仮定的抗弁として主張するなど訴訟の完結を遅延させることのないよう個別の事案に応じた対応が必要である。

⑵　相殺の抗弁

相殺の抗弁については，反対債権を犠牲にして訴求債権を消滅させるものであることに着目し，相殺以外の他の抗弁で訴求債権の存在を真摯に争い，かつ，争うのが合理的と認められる限り，反対債権の存在を知っていながら，控訴審でこれを初めて提出しても重大な過失があるとはいえないという見解もあり得る（上田徹一郎『民事訴訟法〔第6版〕』（法学書院，2009）270頁等）。

しかし，反対債権の存在の認定には，別個の証拠調べを要すること，反対債権の消滅等の再抗弁がさらに提出される可能性があることからすれば，他の抗弁と区別して重過失の認定の上で緩やかに取り扱う必要はないと指摘されている（斎藤秀夫ほか『注解民事訴訟法⑶〔第2版〕』（第一法規，1991）300頁）。この点については，実務上も相殺の抗弁は他の抗弁と特段区別されていないことには留意が必要である（大判昭和9年4月4日大民集13巻573頁，最判昭和32年12月24日新聞91号9頁）。

27 訴訟行為の追完

訴訟行為の追完とは何か。訴訟行為の追完の要件とそれに関する論点にはどのようなものがあるか。

A 訴訟行為に関して定められた不変期間について，当事者がその責めに帰することができない事由により遵守できなかった場合，障害がなくなったのち1週間以内に限り追完することができる。実務上は，当事者の責めに帰することができない事由があるかについて問題とされることがあり，当事者はかかる事由の存在を主張立証する必要がある。

解 説

1 訴訟行為の追完

民事訴訟法97条1項は，当事者がその責めに帰することができない事由により不変期間を遵守することができなかった場合には，その事由が消滅した後1週間以内に限り，不変期間内にすべき訴訟行為の追完をすることができると定めている。

不変期間は上訴等重要な訴訟行為に関し定められているところ，不変期間内に当事者が不測の障害によって訴訟行為ができない場合に，不変期間の原則を貫くと当事者にとって酷であるばかりか公平を失する。そのため，民事訴訟法は，一定の要件の下に訴訟行為の追完を認めている。

なお，外国に在る当事者については，遠隔地であることから，追完期間は，2か月と定められている（民訴法97条1項ただし書）。

2 訴訟行為の追完の要件

訴訟行為の追完は，「当事者の責めに帰することができない事由」によって不変期間を遵守することができない場合に認められる。つまり，当事者に帰責事由がないことが訴訟行為の追完の要件である。

当事者は，上訴の申立てのような訴訟行為をすると同時に，帰責事由のないこと及び当該事由がいつ止んだかを主張立証する必要がある（秋山幹男ほか『コンメンタール民事訴訟法Ⅱ〔第２版〕』（日本評論社，2018）333頁）。

当事者の責めに帰することができない事由の有無が問題となり，訴訟行為の追完の可否が問題となる典型的な事例は次のとおりである。

⑴　天候その他による書面の遅延等

古い裁判例においては，洪水・積雪のための汽車の遅延（大判明治43年10月19日民録16輯713頁，大判大正７年７月11日民録24輯1197頁），暴風雨のための汽船の避難（大判昭和10年12月11日新聞3928号12頁）により，書面が裁判所に到達しなかったときに，追完が認められている。

現在，天候不良等による書面郵送が大幅に遅延することは少なくなっているが，震災その他の大規模災害等には追完の可否が問題になり得る。

なお，関東大震災による通信の途絶により，判決の送達を受けた訴訟代理人が本人と連絡をとることができず，上訴すべきかどうか決し得なかったため，上訴上の提出が遅れた場合に，追完を認めた裁判例がある（大判大正13年６月13日新聞2355号15頁）。

⑵　訴訟代理人の過失

当事者の責めに帰すべき事由の有無はまず本人につき判断されるが，訴訟代理人が選任されている場合には訴訟代理人についても判断される。そのため，当事者本人に過失がなくとも，訴訟代理人の故意又は過失によって不変期間を守ることができなかった場合には，追完は認められない（最判昭和33年９月30日民集12巻13号3039頁ほか）。また，訴訟代理人のみならず，訴訟代理人の補助者（事務員）に過失がある場合にも，当事者の責めに帰すべき事由は否定されず，追完は認められない（東京高判昭和39年11月17日東高民時報15巻11号234頁ほか）。

⑶　公示送達

公示送達は，裁判所の掲示場における掲示を始めた日から２週間を経過することによって効力を生じる（同法112条１項）。しかしながら，当事者が公示送達の事実を知ることは実際上困難であるため，裁判所は，公示送達の場合には当事者の責めに帰することができない事由があるとして，訴訟行為の追完を認める傾向にある。例えば，最判平成４年４月28日判時1455号92頁は，相手方が本邦に不在であることを知りながら公示送達の申立てがなされ，相手方は不在中に訴訟が提起されることを予想し得なかったという事案について，控訴期間（２週間）の経過後の控訴を認めた。

当事者は，住民基本台帳法に基づく届出をしていれば住所の調査が容易である以上，通常の送達を期待してよく，それにもかかわらず公示送達がなされたときは，当事者の責めに帰することができないと認めてよいと解されている（前掲・秋山ほか329頁）。

3　追完期間の延長の可否

裁判所，民事訴訟法97条１項が定める１週間（又は２か月）の期間を伸長し又は短縮することはできない。また，追完期間自体は不変期間ではないので，本条に基づく追完期間がさらに認められることもない。

Q 28 上訴に係る期間制限

控訴，上告，上告受理申立ては，いつまでに提起しなければならないか。

附帯控訴，附帯上告，附帯上告受理申立てには期間制限があるか。

A　1　控訴，上告，上告受理申立ては，判決書等の送達を受けた日から２週間以内に提起しなければならない。なお，期間の末日が日曜日，土曜日，国民の祝日に関する法律に定める休日，１月２日，１月３日，若しくは12月29日から31日までの日に当たるときは，期間はその翌日に満了する。

2　附帯控訴は，控訴審係属時から主たる控訴の口頭弁論が終結するまでの間に提起することができる。これに対し，附帯上告及び附帯上告受理申立ては，原則として，上告理由書（上告受理申立理由書）提出期間の満了時までであるが，附帯上告等が上告等とその理由が同一であるときは，口頭弁論が終結されるまでにこれを提起することができる。

解説

1　控訴，上告，上告受理申立て

控訴，上告，上告受理申立て（以下併せて「上訴」という。）は，判決書の送達を受けた日から２週間以内（以下「上訴期間」という。）に提起をしなければならない（民訴法285条，313条，318条５項）。上訴期間の計算は民法に従い（同法95条），原則として初日を算入しない（民法140条）から，上訴期間は判決書等が送達された日の翌日から起算する。

また，上訴期間の末日が日曜日，土曜日，国民の祝日に関する法律に定める休日，１月２日，１月３日，若しくは12月29日から31日までの日に当たるときは，期間はその翌日に満了する（民法95条3項）。

2　附帯控訴，附帯上告及び附帯上告受理申立て

附帯控訴は，自らの控訴権が消滅した後であっても，控訴審係属時（すなわち，相手方当事者が控訴状を第一審裁判所に提出した時）から主たる控訴の口頭弁論が終結するまでの間に提起することができる（民訴法293条）。

これに対し，附帯上告及び附帯上告受理申立て（以下「附帯上告等」という。）は，原則として，上告理由書（上告受理申立理由書）提出期間の満了時（すなわち，上告提起通知書等の送達を受けた日から50日。民訴法315条1項，318条5項，民訴規則194条）までであるが，附帯上告等が上告等とその理由が同一であるときは，口頭弁論が終結されるまでにこれを提起することができると解されている（最二判昭和43年8月2日民集22巻8号1525頁，秋山幹男ほか『コンメンタール民事訴訟法Ⅵ』（日本評論社，2014）324頁）。

29 抗告の申立てに係る期間制限

民事訴訟において，抗告，即時抗告，再抗告，特別抗告，許可抗告それぞれについて，いつまでに申し立てなければならないか。

A　抗告は，抗告の利益（原裁判の取消しを求める利益）がある限り，いつでも申立てを行うことができる。他方，即時抗告は，裁判の告知を受けた日から１週間の不変期間内に申し立てなければならない。

再抗告は，再抗告の対象となる裁判の内容によって判断され，最初の抗告が通常の抗告である場合には，再抗告も通常の抗告と解されるのに対し，最初の抗告が即時抗告の場合には，これを却下又は棄却した決定に対する再抗告も即時抗告となる。

特別抗告は，裁判の告知を受けた日から５日以内の不変期間内に申立てをしなければならない。

許可抗告も，特別抗告と同様，裁判の告知を受けた日から５日以内の不変期間内に申立てをしなければならない。

解　説

1　抗告，即時抗告

抗告は，不服申立ての期間の定めがないので，抗告の利益（原裁判の取消しを求める利益）がある限り，いつでも申立てを行うことができる（秋山幹男ほか『コンメンタール民事訴訟法Ⅵ』（日本評論社，2014）400頁）。これに対し，即時抗告は，裁判の告知を受けた日から１週間の不変期間内に申し立てなければならない（民訴法332条）。

2　再抗告

再抗告は，対象となる抗告審の裁判の内容によって判断される。すなわち，最初の抗告が通常の抗告である場合には再抗告も通常の抗告と解されるのに対し，最初の抗告が即時抗告の場合には，これを却下又は棄却した決定に対する再抗告も即時抗告として，即時抗告期間内に申し立てなければならない（最判平成16年９月17日裁判集民215号193頁参照）

3　特別抗告，許可抗告

特別抗告及び許可抗告は，裁判の告知を受けた日から５日の不変期間内に申し立てなければならない（民訴法336条２項，337条６項）。

30 再審の訴えの提起に係る期間制限

再審の訴えは，いつまでに提起をしなければならないのか。

A 再審の訴えは，当事者が判決の確定した後，再審の事由を知った日から30日の不変期間内に提起しなければならない。なお，判決が確定した日（再審の事由が判決の確定した後に生じた場合にあっては，その事由が発生した日）から５年を経過したときは，再審の訴えを提起することができない。

ただし，以上の期間制限は，再審事由として，代理権を欠いたこと又は前に確定した判決と抵触することを主張とする場合には，適用されない。

解説

1　再審の訴えの期間制限

再審の訴えは，当事者が判決の確定した後再審の事由を知った日から30日の不変期間内に提起しなければならない（民訴法342条１項）。

また，判決が確定した日（再審の事由が判決の確定した後に生じた場合にあっては，その事由が発生した日）から５年を経過したときは，再審の訴えを提起することができない（民訴法342条２項）。この期間は一種の除斥期間で，これを伸縮すること（同法96条）はできず，また追完（同法97条）も認められない（秋山幹男ほか『コンメンタール民事訴訟法Ⅶ』（日本評論社，2016）62頁）。

2　期間制限に関する留意点

なお，上記１で述べた期間制限は，再審事由として，代理権を欠いたこと（民訴法338条１項３号）及び前に確定した判決と抵触することを主張する場合には，適用されない（同法342条３項）。

Q 31 少額訴訟において当事者が留意すべき期間制限

少額訴訟において，当事者が留意すべき期間制限に関する規定にはどのようなものがあるか。

A 原則として初回の期日で結審となるので，原被告とも，初回の口頭弁論期日における攻撃防御方法の提出に遺漏がないように注意する必要がある。

また，少額訴訟による審理を希望する原告は，訴え提起の際に少額訴訟による審理及び裁判を求める旨の申述をしなければならない。これに対し，少額訴訟における審理を望まない被告としては，最初にすべき口頭弁論の期日において弁論し又はその期日が終了する前に，通常の手続に移行させる旨の申述をする必要がある。

解　説

1　少額訴訟の特色

少額訴訟では，特別の事情がある場合を除き，最初にすべき口頭弁論の期日において，審理を完了しなければならず，当事者は，この期日の前又はその期日において，全ての攻撃又は防御の方法を提出しなければならない（民訴法370条）。また，判決の言渡しは，相当でないと認める場合を除き，口頭弁論の終結後直ちになされる（同法374条１項）。そのため，原被告とも，初回の期日における攻撃防御方法の提出に遺漏がないように注意する必要がある。

2　少額訴訟を希望する原告に関する留意点

少額訴訟による審理及び裁判を求める旨の申述は，訴えの提起の際にしなければならない（民訴法368条２項）。

3　少額訴訟を望まない被告に関する留意点

少額訴訟における被告は，訴訟を通常の手続に移行させる旨の申述をすることができるが，被告が最初にすべき口頭弁論の期日において弁論をし，又はその期日が終了した後はかかる申述をすることができない（民訴法373条）。

Q 32 手形小切手訴訟において当事者が留意すべき期間制限

手形小切手訴訟において，当事者が留意すべき期間制限にどのようなものがあるか。

A 原則として初回の期日で結審となるので，原被告とも，初回の口頭弁論期日における攻撃防御方法の提出に遺漏がないように注意する必要がある。また，口頭弁論期日を変更し又は続行する場合，原則として前の期日から15日以内に指定されるため，通常訴訟と比して準備期間が短い点に留意を要する。

なお，手形小切手訴訟による審理を希望する原告は，訴え提起の際に手形小切手訴訟による審理及び裁判を求める旨の申述をしなければならない。

解　説

1　手形小切手訴訟の特色

手形小切手訴訟では，やむを得ない事由がある場合を除き，最初にすべき口頭弁論の期日において，審理を完了しなければならないとされる（民訴規則214条，221条）。そのため，原被告とも，初回の期日における攻撃防御方法の提出に遺漏がないように注意する必要がある。

また，口頭弁論期日を変更又は続行する場合，やむを得ない事由がある場合を除き，前の期日から15日以内の日に指定しなければならないとされる（民訴規則215条）。そのため，通常訴訟と比して準備期間が短い点にも留意を要する。

なお，少額訴訟と異なり，被告には通常手続への移行申述権は認められていない。

2　手形小切手訴訟を希望する原告に関する留意点

手形小切手訴訟による審理及び裁判を求める旨の申述は，訴状に記載してしなければならない（民訴法350条２項）。

Q 33 支払督促手続に係る期間制限

支払督促手続において当事者が留意すべき期間制限にはどのようなものがあるか。

A 支払督促を申し立てた債権者としては，債務者が支払督促の送達を受けた日から２週間以内に督促異議の申立てをしないときは仮執行宣言の申立てをすることができるが，同日から30日以内にその申立てをしないときは，支払督促はその効力を失うとされている点に留意を要する。

支払督促の送達を受けた債務者としては，仮執行宣言を付した支払督促の送達を受けた日から２週間の不変期間を経過したときは，その支払督促に対する督促異議の申立てをすることができない点に留意が必要である。

解 説

1 支払督促を申し立てた債権者の留意点

支払督促は，債務者が支払督促の送達を受けた日から２週間以内に督促異議の申立てをしないときは，債権者の申立てにより，仮執行宣言を付すことができる（民訴法391条）が，債権者が仮執行の宣言の申立てをすることができる時から30日以内にその申立てをしないときは，支払督促はその効力を失う（同法392条）。そのため，支払督促を申立債権者としては，適時に仮執行の宣言の申立てを行わなければならない点に留意を要する。

2 支払督促の送達を受けた債務者の留意点

仮執行宣言付の支払督促の送達を受けた債務者は，２週間の不変期間が経過するまでに督促意義の申立てを行わなければ，当該支払督促の効力を争うことができない（民訴法393条）。

34　民事調停に係る期間に関する制度

民事調停において当事者が留意すべき期間に関する制度にはどのようなものがあるか。

A　調停事件が不成立となった場合等には，調停の申立人が調停不成立等により調停事件が終了したことを告知（又は通知）された日から２週間以内に調停の目的となった請求について訴訟を提起したときには，調停の申立ての時にその訴えの提起があったものとみなされる。

特に，提訴期間の制限がある事案や時効の完成が切迫した事案について調停事件が先行している場合には，調停の申立ての時に訴えの提起があったものとみなされない場合には期間徒過や時効消滅による不利益を受ける可能性もあるので，留意を要する。

解　説

1　調停事件が不成立となった場合

調停事件が不成立となった場合等には，調停の申立人が調停不成立等により調停事件が終了したことを告知（又は通知）された日から２週間以内に調停の目的となった請求について訴訟を提起したときには，調停の申立ての時にその訴えの提起があったものとみなされる（民調法19条）。

2　期間制限に関する留意点

上記１は，特に，提訴期間の制限がある事案や時効が切迫した事案について調停事件の場合，調停事件による審理が長期間となり，調停不成立となった段階で既に提訴期間が経過し，又は消滅時効が完成した場合，２週間以内の提訴がなければ，これらによる不利益を受ける可能性があるので，留意を要する。

Q 35 不当執行・違法執行に対する救済に係る期間制限

不当執行・違法執行に対する救済手続は，いつまでに行わなければならないか。

A 不当執行に対する救済手続として，執行文付与に対する異議の訴え及び請求異議の訴えは，債務名義に表示された請求権が全て満足されるまでの間，第三者異議の訴えは，強制執行が終了するまでの間，それぞれ提起することができる。

違法執行に対する救済手続として，執行抗告は，裁判の告知を受けた日から１週間の不変期間内に，執行異議は，違法な処分を含む執行手続が終了するまでの間，それぞれ申し立てることができる。

もっとも，これらの訴えの提起や不服申立てだけでは，強制執行手続の進行は妨げられない。進行を止めるためには併せて執行停止等の裁判を求めることが必要となる。

解 説

1 不当執行・違法執行とは

民事執行手続は，主に，確定判決や執行証書等の債務名義に基づく強制執行手続と，担保権の登記に関する登記事項証明書等の法定文書に基づく担保権の実行手続に分類できる。

強制執行手続においては，既に成立している債務名義の内容（実体上の権利の存否）に立ち入った判断がされることはなく，形式的な審査のみで手続が進められる。そのため，実際には，実体上の権利が存在しなかったり，消滅したりしているにもかかわらず，債務名義に基づいて手続が進行されることがある。この場合の手続を不当執行という。他方，債務名義の内容と実体上の権利が一致していたとしても，執行手続それ自体が手続規定に反して進められれば，当該手続は違法なものと評価される。この場合の手続を違法執行という。

担保権の実行手続においては，実体上の権利の存否について実質的な審査を経ることなく，執行手続が開始される。そのため，担保権の不存在や消滅等の事由があるにもかかわらず手続が進行されることがある。そのような手続は，違法執行として是正が図られることとなる。

2　不当執行に対する救済手続に係る期間制限

⑴　各訴えの提起の時期

不当執行に対する救済手続として，①執行文付与に対する異議の訴え，②請求異議の訴え，③第三者異議の訴え等の制度がある。実体上の権利関係を審査する手続であるため，通常の訴訟手続により審理される。

①執行文付与に対する異議の訴えは，条件成就執行文又は承継執行文が付与された場合において，当該条件の成就又は承継の事実を争い，強制執行の不許を求める訴えである（民執法34条）。執行文付与の基礎となった実体的要件を争い，執行力を失わせることを目的とする手続であるから，執行文が付与された時から債務名義に表示された請求権が全て満足されるまでの間につき，提起することができる。

②請求異議の訴えは，債務名義に表示された給付請求権に関し，実体上の事由に基づき，強制執行の不許を求める訴えである（民執法35条）。債務名義の執行力を排除することを目的とする手続であるから，債務名義が成立した時から債務名義に表示された請求権が全て満足されるまでの間につき，提起することができる。

③第三者異議の訴えは，執行の対象とされた財産について所有権等の権利を有する第三者が，当該財産に対する強制執行の不許を求める訴えである（民執法38条）。特定の財産に対する執行を排除することを目的とする手続であるから，強制執行が開始した時から終了するまでの間につき，提起することができるが，債務名義上執行の目的物が特定されており，執行のおそれが認められる場合には，具体的な執行開始前でも，訴えの提起が認められると

されている。[1)]

(2)　執行停止の裁判

上記の各訴えが提起されても，それだけでは強制執行手続の進行は妨げられない。債務者等が異議のため主張した事情が法律上理由があるとみられ，かつ，事実上の点について疎明があったとき，裁判所は各訴えに対する裁判をするまでの間，強制執行の停止等の処分を行うことができるから（民執法36条１項），債務者等が強制執行手続を止めるためには，この仮の処分の申立てを行う必要がある。

なお，この申立ては，上記の各訴え提起の後に（又は各訴え提起とともに），受訴裁判所に対して行う必要がある（民執法36条１項）。急迫の事情があるときは，上記の各訴え提起の前に，執行裁判所に対して行うこともできる（同条３項）。

3　違法執行に対する救済手続に係る期間制限

(1)　選択可能な手続

違法執行に対する救済手続として，執行抗告と執行異議の制度がある。民事執行の手続に関する裁判のうち，特別の定めがあるものについては執行抗告を，定めがないものについては執行異議の申立てを，それぞれ行うことができる（民執法10条１項，11条１項前段）。また，執行官の執行処分及びその遅怠についても執行異議の申立てを行うことができる（同項後段）。

執行抗告の対象とする旨の特別の定めは，民事執行法上多数設けられているが，実務上は，売却許可決定（民執法74条１項，188条）と引渡命令（同法83条４項，188条）に対する執行抗告が圧倒的多数を占めるとされる。[2)]

(2)　申立ての時期

執行抗告の申立てができるのは，裁判の告知を受けた日から１週間の不変期間内であり，その間に原裁判所に抗告状の提出をしなければならない（民

1）鈴木忠一ほか編『注解民事執行法(1)』（第一法規，1986）679頁，山本和彦ほか編『新基本法コンメンタール民事執行法』（日本評論社，2014）113頁等。

2）齋藤隆・飯塚宏『リーガル・プログレッシブ・シリーズ４　民事執行』（青林書院，2014）65頁。

執法10条２項)。抗告状に理由を記載しなかった場合には，抗告状を提出した日から１週間以内に，原裁判所に抗告理由書を提出しなければならない（同条３項)。

執行異議の申立てができる期間については，特段の制限はない。ただし，違法な処分を含む執行手続が終了した後に申立てを行うことはできない。

⑶　執行停止の裁判

執行抗告，執行異議のいずれについても，申立てがあるだけでは裁判の効力は妨げられない。[3] 抗告裁判所は，その判断により，執行抗告，執行異議に対する裁判が効力を生ずるまでの間，原裁判の執行停止等の処分を行うことができるが（民執法10条６項，11条２項)，当事者に申立権はなく，職権発動を促すことができるにとどまる。

4　強制執行の停止に係る期間制限

執行裁判所は，民事執行法39条１項各号に規定される執行停止文書（以下それぞれ「１号文書」などという。）が提出されたときは，強制執行を停止しなければならない。このうち１号文書から６号文書のいずれかが提出されると，既にした執行処分も取り消される（同法40条１項)。

上記２⑴の各訴えに係る認容判決や，上記３⑴の執行抗告，執行異議を認容する裁判は１号文書に，上記２⑵や３⑶の執行停止の裁判は７号文書に，それぞれ当たる。これらの文書を執行機関に提出すると，強制執行は停止される。

なお，８号文書のうち，弁済を受けた旨を記載した文書による執行停止は，４週間に限り，弁済を猶予された旨を記載した文書による執行停止は，２回まで，計６か月間に限り，それぞれ認められる（民執法39条２項・３項)。

3）執行抗告の対象となる裁判の中には，売却許可・不許可の決定（民執法74条５項)，引渡命令（同法83条５項）等，確定しなければ効力を生じない旨が定められている裁判もある。

36　民事執行法上の保全処分に係る期間制限

競売手続の進行に伴い，民事執行法上の保全処分の申立てを行う場合に，把握しておくべき期間制限にはどのようなものがあるか。

A　売却のための保全処分は，差押債権者が，競売申立て時から買受人による代金納付時までの間，申立てをすることができる。また，買受申出人又は買受人のための保全処分は，最高価買受申出人又は買受人が，売却実施終了時から引渡命令の執行時までの間，申立てをすることができる。いずれの処分についても，発令後に執行できる期間が限定されているので，留意すべきである。

抵当権者は，抵当権の実行に先立って，担保不動産競売開始決定前の保全処分の発令を求める申立てをすることができる。申立人は，保全処分命令の告知を受けた日から３か月以内に，担保不動産競売の申立てを行い，執行裁判所に対してこれを証明しなければ，保全処分命令は取り消される。

解　説

1　差押債権者のための保全処分に係る期間制限

(1)　売却のための保全処分

差押債権者は，債務者や不動産の占有者が価格減少行為（不動産の価格を減少させ，又は減少させるおそれがある行為）をするときは，執行裁判所に対し，債務者等への①一定の作為・不作為命令，②目的不動産の執行官保管命令，③占有移転禁止の保全処分の発令を求めることができる（民執法55条１項）。申立期間は，差押債権者が競売を申し立てた時から買受人が代金を納付する時までの間である。競売申立てと同時に申立てを行うことも可能である。

なお，上記②，③の保全処分が発令されても，申立人への告知から２週間が経過したときは，執行することができなくなる（民執法55条８項）。

また，上記②，③の保全処分については，相手方を特定することを困難とする特別の事情があるときには，相手方を特定しないで発令を求めることもできる。ただし，仮にこれが発令されても，執行の場でも特定できない場合には，そのまま執行することはできない（民執法55条の２第１項・第２項）。

⑵　買受けの申出をした差押債権者のための保全処分

差押債権者は，入札又は競り売りの方法による売却を実施しても買受けの申出がなかったときは，執行裁判所に対し，上記②，③の保全処分の発令を求めることができる（民執法68条の２第１項）。申立期間は，入札又は競り売りの方法による売却を１回実施した時（適法な買受けの申出がなかった時）から買受人が代金を納付する時までの間である。なお，この申立てをするには，差押債権者は，次の入札又は競り売りの方法による売却の実施において申出額に達する買受けの申出がないときは，申出額で自ら買い受ける旨の申出とそれに相当する保証の提供をする必要がある（同法68条の２第２項）。

２　最高価買受申出人又は買受人のための保全処分に係る期間制限

最高価買受申出人又は買受人は，債務者や不動産の占有者が価格減少行為や不動産の引渡しを困難にする行為をしている場合やそのおそれがある場合，執行裁判所に対し，これらの行為を防ぐための保全処分の発令を求めることができる（民執法77条）。申立期間は，最高価買受申出人が定められた時（売却実施終了時）から引渡命令の執行時までの間である（同法77条１項柱書）。引渡命令の確定後，直ちに執行できない場合もあるため，執行時までは保全処分の申立てが可能である。

代金納付後６か月が経過した時には[4]，引渡命令の申立てができなくなるため（民執法83条２項），それ以降は保全処分の申立てもできないと解されている[5]。また，上記②，③の保全処分は，申立人への告知から２週間が経過したとき

4）民法395条１項に規定する建物使用者がいる建物については，９か月が経過した時。
5）東京地方裁判所民事執行センター実務研究会編『民事執行の実務〔第３版〕不動産執行編（下）』（金融財政事情研究会，2016）91頁。

は，執行することができなくなる（同法77条２項，55条８項）。

3　担保不動産競売開始決定前の保全処分に係る期間制限

上記の各保全処分の規定は，担保不動産競売にも準用されているため（民執法188条），担保不動産競売手続における担保権者や買受人も，これらの保全処分の申立てを行うことができる。もっとも，担保不動産競売申立てを行う前に，債務者や抵当不動産の所有者・占有者が執行妨害行為に及んだ場合には，これらの保全処分によって阻止することはできない。

そこで，抵当権者は，抵当権の実行に先立って抵当不動産の価値を保全するため，債務者等が価格減少行為をする場合において，特に必要があるときは，執行裁判所に対し，上記①ないし③の保全処分の発令を求めることができる（民執法187条）。申立期間は，担保権を実行するための実体的要件が充足された時（すなわち，被担保債権の弁済期が到来した時）から，担保不動産競売開始決定の発令時までの間である（同条１項柱書）。なお，担保不動産競売申立てと同時又はそれ以降は，売却のための保全処分（上記１(1)）を申し立てることもできるが，その場合でも，担保不動産競売開始決定に先立って保全処分の発令を求める必要があるときは，この保全処分を利用することになる。

申立人は，保全処分命令の告知を受けた日から３か月以内に，担保不動産競売の申立てを行い，執行裁判所に対し，これを証する文書を提出しなければならない。これを行わなかった場合，執行裁判所は，相手方又は所有者の申立てにより，保全処分命令を取り消すこととなる（同条４項）。

37 入札以降の手続スケジュール

入札以降の競売手続において，関係者が特に注意すべき期間制限にはどのようなものがあるか。

A 入札希望者は，公告又は通知された入札条件や，執行裁判所に備え置かれた物件情報を確認の上，期限（多くは入札期間最終日の午後５時）までに，執行裁判所必着で入札する必要がある。

買受人は，代金を納付した日の翌日から６か月以内（一部例外あり）に，執行対象財産につき引渡命令の申立てを行うことができるが，これを過ぎると，別途の訴訟提起等を行う必要が生じるため，注意を要する。

債権者は，終期が到来する前に配当要求を行わなければ，配当受領資格を得られなくなる。また，配当表に不服がある場合には，配当期日に出頭して配当異議の申出を行った上，その後１週間以内（一部例外あり）に，配当異議の訴えや請求異議の訴え等を提起し，執行停止の裁判を得たことを証明しなければならない。

解説

1　期間入札に関する手続スケジュール

不動産競売における売却方法としては，①期日入札，②期間入札，③競り売り，④特別売却の４つの方法が定められている。現在の実務では，入札期間内に入札をさせて開札期日に開札を行う，②期間入札が原則的売却実施方法とされているので，[6] 以下，期間入札のスケジュールについて，その概要を説明する。

6）東京地方裁判所民事執行センター実務研究会編『民事執行の実務〔第３版〕不動産執行編（下）』（金融財政事情研究会，2016）２頁。

⑴　公告・通知

入札開始日の２週間前までに，売却すべき不動産の表示，売却基準価額，入札期間，開札期日及び売却決定期日を開く日時及び場所等の事項が公告される（民執法64条５項，188条，民執規則49条，36条，173条１項）。また，差押債権者，債務者，配当要求をしている債権者等に対しては，入札期間等が通知される（同規則49条，37条，173条１項）。

⑵　物件明細書等の備置き

入札開始日の１週間前までに，物件明細書，現況調査報告書及び評価書（いわゆる３点セット）が執行裁判所に備え置かれる（民執法62条２項，188条，民執規則31条２項・３項，173条１項）。

⑶　入札期間・開札期日・売却決定期日

入札期間は１週間以上１か月以内，開札期日は入札期間の満了後１週間以内の日で定められる（民執規則46条１項，173条１項）。また，売却決定期日は，やむを得ない事由がある場合を除き，開札期日から１週間以内の日で定められる（同規則46条２項，173条１項）。

⑷　入　札

入札は，入札書を入れて封をし，開札期日を記載した封筒を執行官に提出するか，信書便により執行官に送付する方法により行う（民執規則47条，173条１項）。入札期間として定められた日時（最終日の午後５時までと定められる例が多い。）までに必着する必要があるため，注意を要する。

⑸　売却許可決定

売却決定期日において，執行裁判所が売却の許可又は不許可の決定を言い渡す（民執法69条，188条）。この決定は言渡しのときに告知の効力が生じる（民執規則54条，173条１項）。

【期間入札のスケジュール概要】[7]

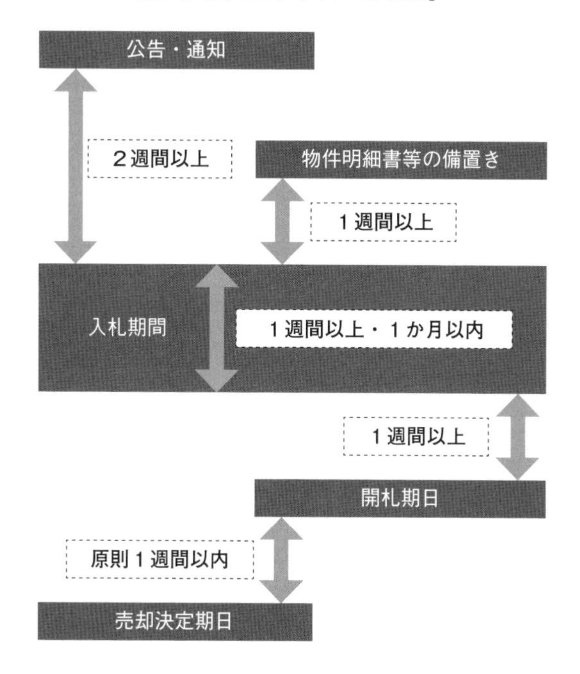

2　代金納付・買受けに関する手続スケジュール

(1)　代金の納付

売却許可決定が確定したとき，買受人は定められた代金納付の期限までに代金を納付しなければならない（民執法78条１項，188条）。この代金納付の期限は，売却許可決定が確定した日から１か月以内の日としなければならないと定められているが（民執規則56条１項，173条１項），訓示規定と解されており，実際はこれより遅い期限が指定されることもある。

買受人が，売却代金から配当又は弁済を受けるべき債権者であり，差引納付（配当又は弁済を受けるべき額を差し引いて代金を納付すること）を希望する場合

7）裁判所職員総合研究所監修『民事執行実務講義案（改訂版）』（司法協会，2006）160頁記載の図を参考に作成した。

には，執行裁判所に対し，売却許可決定の確定までの間にその旨の申出を行うことで，配当期日又は弁済金交付日が代金納付期限となる。このとき，買受人の受けるべき配当の額について配当異議の申出があると，その部分に係る代金については，配当期日から１週間以内の納付を要する（民執法78条４項，188条）。

⑵　引渡命令

買受人は，代金を納付した時に不動産の所有権を取得するが（民執法79条，188条），当該不動産の占有者が任意の引渡しを拒絶する場合には，その占有を確保するために引渡命令の制度（同法83条，188条）等を利用する必要がある。

引渡命令の申立期間は，代金を納付した日から６か月以内（買受時に明渡猶予（民法395条１項）を受けるべき抵当建物使用者が占有していた建物の買受人については９か月以内）である（民執法83条２項，188条）。この期間が経過した後に買受人が当該不動産の占有を確保するためには，別途引渡請求訴訟等の手続を踏む必要が生じることから，上記の期間には注意が必要である。

3　配当に関する手続スケジュール

⑴　配当要求の終期

競売開始決定に係る差押えの効力が生じた後に，裁判所書記官が配当要求の終期を定める（民執法49条１項，188条）。通常はこれを定めた日から１，２か月程度，東京地裁では３週間程度先の日が指定されている。[8)]

配当要求の終期は，到来後３か月以内に売却許可決定がされないとき，又は，３か月以内にされた売却許可決定が取り消されたとき若しくは効力を失ったとき（次順位買受申出人に対して売却許可決定がされた場合を除く。）は，終期から３か月を経過した日に変更されたものとみなされる（民執法52条，188条）。また，裁判所書記官があらかじめ延期することもできる（同法49条３項，188条）。

8）東京地方裁判所民事執行センター実務研究会編『民事執行の実務〔第３版〕不動産執行編（上）』（金融財政事情研究会，2016）228頁。

(2)　配当期日等の指定と債権計算書提出の催告

①買受人から代金の納付がされたとき，②適法な差引納付の申出（民執法78条４項）があった場合に売却許可決定が確定したときは，配当期日又は弁済金交付日が指定される。指定される期日は，①の場合は代金が納付された日から，②の場合は売却許可決定が確定した日から，１か月以内の日である（民執規則59条１項・２項，173条１項）。

配当期日又は弁済金交付日が定められると，裁判所書記官は，各債権者に対し，債権の元本，配当期日等までの利息その他の附帯の債権の額及び執行費用の額を記載した計算書を，１週間以内に提出するよう催告する（民執規則60条，173条１項）。執行裁判所は，提出された計算書の記載を基に，配当表を作成する。

(3)　配当異議の申出とその後の手続

配当期日において裁判所書記官が作成した配当表が示される[9]。これに記載された各債権者の債権又は配当の額に不服のある当事者は，配当異議の申出を行うこととなるが（民執法89条，188条），この申出は配当期日に出頭して行う以外の方法がないので，十分注意すべきである。

配当異議の申出をした当事者は，配当期日から１週間以内（買受人が差引納付の申出を行っている場合は２週間以内）に，執行裁判所に対し，配当異議の訴え又は請求異議の訴え等を提起したことの証明とその訴えに係る執行停止の裁判の正本の提出をしなければならない。これがされない場合には，配当異議の申出は取り下げたものとみなされる（民執法90条６項，188条）。

9）東京地裁では，配当期日の数日前までに配当表原案が作成され，希望する当事者には事前開示される運用である。当事者がこれを確認し，異議を述べた場合，執行裁判所は，それを踏まえて修正の要否等を検討した上で，配当期日において示す配当表を作成する（東京地方裁判所民事執行センター実務研究会編『民事執行の実務〔第３版〕不動産執行編(下)』（金融財政事情研究会，2016）268頁）。

38　差押債権者が競売を続行するための制度に係る期間制限

目的不動産につき無剰余と判断された場合や，売却の見込みがないと判断された場合において，差押債権者は競売の続行を求めて，いつまでにどのような措置をとるべきか。

A　執行裁判所から無剰余の通知を受けた場合，差押債権者が，通知を受けた日から１週間以内にこれを回避するための措置をとらなければ，手続は取り消される。

執行裁判所から売却の見込みがないと認めて競売手続を停止した旨の通知を受けた場合，差押債権者が，通知を受けた日から３か月以内に買受けの申出をしようとする者があることを理由として売却を実施するよう申し出なければ（又は，実際に買受けの申出がなければ），手続は取り消される。

解　説

1　無剰余の判断に対する措置

(1)　無剰余回避の措置を採るべき時期

執行裁判所は，不動産の買受可能価額から差押債権者に優先する債権及び手続費用を弁済して剰余を生じる見込みがないと認めるときは，差押債権者にその旨を通知する（民執法63条１項，188条）。

差押債権者は，手続の続行を希望する場合には，この通知を受けた日から１週間以内に，下記(2)に述べる無剰余回避の措置のいずれかを採る必要がある。差押債権者がこれらの措置を採らなかった場合には，執行裁判所は当該手続を取り消さなければならない（民執法63条２項本文，188条）。なお，東京地裁では，当該措置を採るために一定の期間の猶予を求める旨の上申があった場合，内容によってはこれを認める取扱いをしている。[10)]

(2)　無剰余回避の措置の内容

ア　買受け又は差額負担の申出（民執法63条２項本文，188条）

差押債権者が不動産の買受人となることができる場合には，不動産の買受可能価額から差押債権者に優先する債権及び手続費用の見込額の合計以上の額（申出額）を定め，これに達する買受申出がない場合には，自ら申出額で不動産を買い受ける旨の申出と申出額に相当する保証の提供の措置を採り得る。

差押債権者が不動産の買受人となることができない場合には，申出額と買受申出額との差額を負担する旨の申出と当該差額に相当する保証の提供の措置を採り得る。

イ　剰余を生じる見込みがあることの証明（民執法63条２項ただし書前段，188条）

優先債権がより少額であることの証明，優先債権者による二重開始決定があったことの証明，売却基準価額が誤っており，より高い価額が適正であったことの証明等をなし得る。

ウ　優先債権者の同意を得たことの証明（民執法63条２項ただし書後段，188条）

優先債権者が買受可能価額での売却につき同意したことの証明をなし得る。

2　競売手続の停止に対する措置

執行裁判所は，入札又は競り売りの方法による売却を３回実施しても買受申出がなく，不動産の形状，用途，法令による利用の規制その他の事情を考慮して，更に売却を実施させても売却の見込みがないと認めるときは，強制競売の手続を停止することができ，この場合には差押債権者にその旨を通知

10）東京地方裁判所民事執行センター実務研究会編『民事執行の実務〔第３版〕不動産執行編(上)』（金融財政事情研究会，2016）419頁。

する（民執法68条の３第１項，188条）。

差押債権者は，手続の続行を希望する場合には，この通知を受けた日から３か月以内に，買受申出をしようとする者があることを理由として，売却を実施させるべき旨の申出をする必要があり，この申出がされた場合には，改めて不動産が売却に付されることとなる（民執法68条の３第２項，188条）。差押債権者が上記申出をしなかった場合や，上記申出により売却に付したものの買受申出がなかった場合には，執行裁判所は当該手続を取り消すことができる（同法68条の３第３項，188条）。

Q 39 債権の強制執行手続に係る期間制限

債権に対する強制執行において，把握しておくべき期間制限についてはどのようなものがあるか。

A 差押命令は，第三債務者に送達された時に効力を生じ，差押債権者は，債務者に差押命令が送達された日から１週間を経過したときに，当該債権を取り立てることができる。転付命令や譲渡命令等の換価命令は，告知から１週間の間は執行抗告の対象となり，確定しなければその効力を生じない。

差押債権者は，裁判所書記官に対し，差押命令の送達の日から２週間以内に，第三債務者に差押えに係る債権の存否等につき陳述すべき旨を催告させることができる。催告を受けた第三債務者は，陳述義務を負い，その不履行により差押債権者に生じた損害の賠償責任を負う。

解説

1　債権の換価手続に係る期間の定め

債権執行における換価方法としては，差押債権者による取立権の行使，第三債務者の供託に基づく配当のほか，転付命令，譲渡命令その他の換価命令がある。金銭債権については，第三債務者が取立権を行使するのが最も直截かつ適切であり，原則的な換価方法とされる。

(1)　取立権の行使

差押命令の効力は，第三債務者に送達された時点で生じる（民執法145条４項）。そして，差押えの対象が金銭債権である場合には，上記送達があった日から１週間を経過したとき，差押債権者は当該債権を取り立てることができるようになる（同法155条１項）。取立てに際し，差押命令が確定していることは要しない。

⑵　転付命令

転付命令は，支払に代えて券面額で差し押さえられた金銭債権を差押債権者に転付する命令である（民執法159条１項）。第三債務者への送達から１週間以内に執行抗告をすれば，これに対する裁判があるまで転付命令は確定せず，効力を生じない（同法159条４項・５項，10条２項）。転付命令が確定すると，第三債務者に送達された時に債務の弁済があったものとみなされる（同法160条）。

⑶　譲渡命令等

上記以外の換価手続として，譲渡命令（差押債権等を執行裁判所が定めた価額で差押債権者に譲渡する命令），売却命令（差押債権等の売却を執行官に命ずる命令），管理命令（執行裁判所が管理人を選任して当該債権等の管理を命ずる命令）等がある。いずれも発令の告知から１週間以内に執行抗告をすれば，これに対する裁判があるまで命令は確定せず，効力を生じない（民執法161条３項・４項，10条２項）。

2　陳述催告の制度に係る期間の定め

債権執行においては，差押債権者が差押え以降の手続選択等につき判断を行う資料として，第三債務者から差押えに係る債権についての陳述を得る制度（陳述催告の制度）が設けられている。

この陳述催告は，差押命令を第三債務者に送達するに際して行われるものであるから（民執法147条１項），差押債権者は，遅くとも債権差押命令が第三債務者に対して発送されるまでの間に申立てを行う必要があり，実務上は，債権差押命令の申立てと同時に陳述催告の申立てを行うのが通常である。

第三債務者は，この陳述の催告を受けたときは，差押えに係る債権の存否等について，２週間以内に書面で陳述しなければならない（民執法147条１項，民執規則135条２項）。第三債務者が故意又は過失により陳述義務を履行せず，それによって差押債権者に損害が生じた場合には，第三債務者は賠償責任を負う（民執法147条２項）。

40 保全命令発令後の対応に係る期間制限

保全命令発令後の手続（起訴命令その他）に係る期間制限にはどのようなものがあるか。

A　裁判所が起訴命令において相当と認める一定期間内に本案訴訟を提起しなかった場合には，保全命令が取り消される。この期間は２週間以上でなければならないとされているが，東京地裁保全部ではこの期間を１か月間とする取扱いとされている。

解　説

本設問では，保全命令発令後の手続である，①起訴命令，②保全執行，③保全執行の取消しに関わる期間制限等について概観する。

1　起訴命令

保全命令は民事訴訟の本案による権利確定に至る前に行われる暫定的・仮定的な措置であるところ，本案訴訟が提起されないままでは債務者は不利益な地位に置かれ続けることになり酷である。民事保全法37条は，保全命令を発した裁判所は，債務者の申立てにより，債権者に対し，相当と認める一定の期間内に，本案訴訟を提起することを命じる起訴命令及び保全命令取消しを定めている。

起訴命令に関し定められる一定期間は，法律上２週間以上と定められているが（民保法37条２項），東京地裁保全部の実務上は１か月間とすることとされている（八木一洋ほか『民事保全の実務〔第３版増補版〕（下）』（金融財政事情研究会，2015）103頁）。起訴命令が出された場合，債権者が上記期間内に本案訴訟の提起を証する書面を提出しなければ，保全命令は取り消される（同法37条３項）

2　保全執行

保全命令は，発令時点における両当事者の事情に基づき保全の必要性を認定し，担保の額を決定して発せられるものであるため，発令後あまりに日時が経過して事情の変動の可能性が生じた後における執行開始を許すことは，債務者に不当な損害を与えるおそれがある（前掲・八木ほか160頁）。

そこで民事保全法43条２項は，保全執行は，債権者に対して保全命令が送達された日から２週間を経過したときは，これをしてはならないとして，保全執行の期間を制限している。

もっとも，当該期間内に執行の着手があれば執行を完了することまでは要しないと解されており，この執行の着手の解釈については実務上かなり緩やかに解されている。

期間内に執行の着手があった場合，その続行は原則として期間経過後でも行い得ることになるが，例えば，以下のような場合には執行の続行といい得るかが問題となる（瀬木比呂志『民事保全法〔新訂版〕』（日本評論社，2014）440頁以下）。

①動産仮差押えの場合で，執行期間内に執行に着手したが，執行期間後に別の場所にある動産に対して執行を行うことや，同一の場所であっても期間経過後かなりの日時を経ている場合には執行の続行とは認められない可能性がある（後者につき，東京高決昭和54年10年５日判時947号49頁）。

②別個独立の数個の建物が占有移転禁止の仮処分命令の目的物となっている場合に１個の建物についての執行が期間内に行われても，期間経過後に他の建物に対して執行を行うことはできない（東京高決昭和29年３月28日東高時報〔民事〕５巻４号89頁）。

3　保全執行の取消し

保全執行の取消しは，保全執行によって作り出された状態の除去あるいは保全執行の法的効果からの解放により執行前の状態を回復させるものである（前掲・瀬木422頁）。

保全執行の取消事由としては複数のものがあるが，本設問では，期間制限を伴うものという観点から，追加担保を提供しないことによる保全執行の取消しについて取り上げる。

民事保全法44条1項は，裁判所が，一定期間内に追加の担保を立てることを保全執行の続行のため条件とする旨の裁判を行った場合，債権者は，同裁判により定められた期間内の立担保を証する書面を，その期間の末日から1週間以内に提出しなければならないと定めている。

債権者が上記の書面を期間内に提出しない場合，債務者が追加担保の裁判（民保法32条2項）の正本を提出すれば，既にした保全執行処分は取り消される（同法44条2項）。

Q 41　保全命令に対する不服申立手続の期間制限

保全命令に対する不服申立手続に関する期間制限にはどのようなものがあるか。

A　保全異議又は保全取消しの申立てについては特段の期間制限はない。これに対し，保全異議又は保全取消しの申立てについての裁判に対しては，送達を受けた日から２週間の不変期間内に保全抗告をすることができるとされている。

解　説

1　保全異議の申立て及び保全取消しの申立て

保全命令を受けた債務者が利用することのできる不服申立方法としては，保全異議の申立てと保全取消しの申立てがある。

保全異議の申立ては，民事保全法26条に定めがあり，これは保全命令の当否について再審理を求める申立てであって，その審理の対象は，保全命令申立ての当否，すなわち，被保全権利の存否や保全の必要性の有無である（東京地裁保全研究会『書式　民事保全の実務―申立てから執行終了までの書式と理論』（民事法研究会，2010）422頁）。

一方，保全取消しの申立ては，保全取消事由に応じ民事保全法37条から39条までに定めるものであり，Q15で取り上げた起訴命令に応じない場合の保全取消し（民保法37条）はその一類型である。保全取消しの申立ては，保全命令の存続の当否について審理を求める申立てであって，審理の対象は，保全命令発令後に生じた取消原因の存否である（前掲・東京地裁保全研究会422頁）。

上記いずれの不服申立手続についても，法律上，申立期間に制限は設けられていない。

2　保全抗告

保全異議の申立て又は保全取消しの申立てについての裁判に不服がある当事者は，保全抗告をすることができる（民保法41条１項本文）。

この保全抗告の期間は，上記の裁判の送達を受けた日から２週間の不変期間内に限られている。保全抗告については，抗告に関する民事訴訟法の規定が準用される（民事訴訟法上の抗告に関しては，Q29参照）が，一般の抗告（民執法328条）と異なり，再度の考案はされず，再抗告もできない（民保法41条２項・３項）。

3　保全申立を却下する裁判に対する不服申立手続（補足事項）

これは保全命令に対する不服申立手続ではなく，債権者のための手続であるが，保全命令を却下する裁判に対しては，債権者は，告知を受けた日から２週間の不変期間内に即時抗告をすることができるとされている（民保法19条１項）。

第5章

倒　産

本章では，倒産手続（破産・民事再生・会社更生）における期間制限や時効中断効について取り扱う。

まず，期間制限という観点からは，各種倒産手続における不服申立てである即時抗告の期間（Q42），債権届出期間とこれを徒過した場合の取扱い（Q43），債権査定の申立ての期間（Q44）についてそれぞれ解説する。

また，時効中断効については，債権届出による時効中断の効力が及ぶ主観的範囲（Q45），民事再生手続における共益債権及び一般優先債権についての時効中断効（Q46），小規模個人再生手続におけるみなし届出による時効中断効（Q47），私的整理への参加による時効中断効（Q48），再生債権及び更生債権についての時効中断効（Q49），法人破産終結後に保証債務について消滅時効の援用が可能か否か（Q50）について解説する。

42 各種倒産手続における各決定に対する即時抗告期間

破産手続，民事再生手続，会社更生手続における開始決定，申立棄却決定，申立却下決定に対する即時抗告期間はどのようになっているか。[1)]

A 破産手続，民事再生手続，更生手続の開始決定に対する即時抗告期間については，公告掲載日の翌日から２週間である。

他方，これらの手続の開始申立ての棄却決定及び却下決定の場合の即時抗告期間は，裁判の告知を受けた日から１週間である。

解　説

1　破産手続，民事再生手続，会社更生手続における手続開始の申立てと即時抗告

破産手続開始の申立て，再生手続開始の申立て，更生手続開始の申立てを行うと，開始決定，申立棄却決定，申立却下決定のいずれかの決定がなされる。また，開始決定がなされる場合には裁判所による公告がなされる（破産法32条１項，民再法35条１項，会更法43条１項）。

破産手続開始の申立て，再生手続開始の申立て，更生手続開始の申立てについての裁判（開始決定，申立棄却決定，申立却下決定）については，即時抗告をすることができる旨の定めが置かれている（破産法33条１項，民再法36条１項，会更法44条１項）。

2　即時抗告期間

即時抗告期間は，裁判の公告があった場合には，その公告が効力を生じた

1）申立てについて開始原因がない場合又は棄却事由がある場合には棄却決定が，申立人が申立適格を欠くなど申立ての適法要件を具備していない場合には却下決定が，それぞれなされることとなる。

日から起算して２週間であり（破産法９条後段，民再法９条後段，会更法９条後段），公告は公告掲載日の翌日に効力を生じることから（破産法10条２項，民再法10条２項，会更法10条２項），裁判の公告があった場合の即時抗告期間は，公告掲載日の翌日から起算することになる。

一方，裁判の公告がない場合には，裁判の告知を受けた日から１週間（破産法13条，民再法18条，会更法13条がそれぞれ準用する民訴法332条）である。

以上から，これらの手続の開始決定に対する即時抗告期間は公告掲載日の翌日から起算して２週間であり，棄却決定及び却下決定に対する即時抗告期間は裁判の告知を受けた日から起算して１週間である。

43　各種倒産手続における債権届出期間と相殺権

破産手続，民事再生手続，会社更生手続における債権届出期間はどのようになっているか。また，これらの手続において債権者はどのような場合に相殺を行うことが可能か。

A　破産手続，民事再生手続及び会社更生における債権届出期間は，原則として開始決定の日から２週間以上４か月以下で裁判所が定める期間である。

民事再生及び会社更生においては，再生債権者や更生債権者による相殺は，債権届出期間内に限り可能である。他方，破産における相殺については，期間制限の定めはない。

解　説

1　債権届出期間

債務者につき破産手続，民事再生手続，会社更生手続（以下「各種倒産手続」という。）が開始した場合，破産債権者，再生債権者，更生債権者が弁済を受けるためには各種倒産手続に参加する必要があるが，そのためには債権届出期間内に裁判所に対して債権届出を行う必要がある（破産法111条１項，民再法94条１項，会更法138条１項）。

裁判所は，各種倒産手続の開始決定と同時に，債権届出期間を定めることとなっている（破産法31条１項１号，民再法34条１項，会更法42条１項）。この債権届出期間は，原則として再生手続開始の決定の日から２週間以上４か月以下で裁判所が定める期間である（破産規則20条１項１号，民再規則18条１項１号，会更規則19条１項１号）。

2　債権届出期間の経過後の債権届出の可否

各種倒産手続では，破産債権，再生債権，更生債権の存否及び金額を確定するために債権調査が行われることとなっており，裁判所は，各手続の開始決定と同時に，債権調査期間を定めることとなっている（破産法31条1項1号，民再法34条1項，会更法42条1項。なお，破産手続に限っては，債権調査期間ではなく債権調査期日を定める場合もある。）。

破産債権者，再生債権者，更生債権者による債権届出が債権届出期間の経過後に行われた場合でも，債権調査期間内（又は債権調査期日の終了まで）に行われた場合には，債権調査の対象となる。また，それらの債権者による債権届出が債権調査期間内（又は債権調査期日の終了まで）に債権届出を行うことができなかった場合でも，それが債権者の責めに帰することができない事由による場合には，それらの債権者は債権届出を追完することができる（破産法112条1項，民再法95条1項，会更法139条1項）。これらの定めに従って債権届出を行わなかった場合には，当該債権者は，債権届出を行うことができなくなり，各種倒産手続において配当を受けることができない等の不利益を被ることとなる。

3　債権者による相殺と債権届出期間

破産債権者が，破産手続開始の時に破産者に対して債務を負担しているときは，破産手続によらないで相殺をすることができる（破産法67条1項）。

一方，民事再生手続及び会社更生手続においては，再生計画及び更生計画の作成に当たって相殺される債権及び債務を明確にするために，破産手続と比較して相殺が可能な時期を制限しており，債権届出期間が，相殺が可能な時期の終期とされている。

すなわち，再生債務者が，再生手続開始の時に再生債務者に対して債務を負担しているときは，債権及び債務の双方が債権届出期間の満了前に相殺適状になった場合には，再生債権者は当該債権届出期間に限り，再生計画の定めるところによらないで相殺をすることができる（民再法92条1項）。また，更生債権者についても，更生手続開始の時に更生会社に対して債務を負担しているときは，債権及び債務の双方が債権届出期間の満了前に相殺適状になった場合には，更生債権者は当該債権届出期間に限り，再生計画の定めるところによらないで相殺をすることができる（会更法48条1項）。

Q 44 各種倒産手続における債権査定の申立ての期間等

債権届出に対して異議を述べられた場合の債権査定の申立ての期間はどのようになっているのか。また，債権査定の申立てについての決定に対する異議の訴えの期間はどのようになっているのか。

A 債権査定の申立期間は，破産手続においては異議等のある破産債権に係る一般調査期間若しくは特別調査期間の末日又は一般調査期日若しくは特別調査期日から１か月の不変期間内，民事再生手続においては異議等のある再生債権に係る調査期間の末日から１か月の不変期間内，会社更生手続においては，異議等のある更生債権等に係る調査期間の末日又は会社更生法149条２項の通知があった日から１か月の不変期間内である。

これらの債権査定の申立てについてなされた決定に対する異議の訴えの期間は，いずれの手続においても，その送達を受けた日から１か月の不変期間内である。

解説

1　債権査定の申立て

破産手続，民事再生手続，会社更生手続の債権調査において，破産管財人，再生債務者，管財人は，債権届出がなされた破産債権，再生債権，更生債権の金額等を認めないことができ（破産法117条１項，同121条１項，民再法101条１項，会更法146条１項），また，債権届出を行った他の債権者等も，これらの債権の金額等につき異議を述べることができる（破産法118条１項，同121条２項，民再法102条１項，会更法147条１項。以下，これらの否認や異議を併せて，「異議等」という。）。

債権調査において，異議等を述べられた債権を有する者は，これらの債権の金額等の確定のために，裁判所に，査定の申立てを行うことができる（破

産法125条１項，民再法105条１項，会更法151条１項)。

破産債権，再生債権，更生債権の金額等についての異議等を出せる期間は，一般調査期間の末日又は一般調査期日（これらの債権につき，特別調査期間又は特別調査期日が設けられた場合には，特別調査期間又は特別調査期日）までであり，異議等を述べられた債権を有する者が査定の申立てを行うことができる期限は，一般調査期間の末日又は一般調査期日（これらの債権につき，特別調査期間又は特別調査期日が設けられた場合には，特別調査期間又は特別調査期日）から１か月の不変期間内である（破産法125条２項，民再法105条２項，会更法151条２項)。

この期間内に査定の申立てがなされない場合，異議等を述べられた破産債権，再生債権，更生債権を有する者はその債権の確定を求める手段を失い，以後は，手続に参加できないことになる。

2　債権査定の申立てについての決定に対する異議の訴え

破産債権査定申立て，再生債権査定申立て，更生債権等査定申立てがあった場合，裁判所はそれぞれ破産債権査定決定，再生債権査定決定，更生債権等査定決定をしなければならない（破産法125条３項，民再法105条３項，会更法151条３項。以下，これらの決定を「債権査定の申立てについての決定」という。)。

債権査定の申立てについての決定に不服がある者は，異議の訴えを提起することができるが，異議の訴えの期間はその送達を受けた日から１か月の不変期間内である（破産法126条１項・２項，民再法106条１項，会更法152条１項)。この期間内に異議の訴えが提起されなければ，当該決定が破産債権者，再生債権者，更生債権者全員に対して確定判決と同一の効力を有することになる（破産法131条２項，民再法111条２項，会更法161条２項)。

Q 45 各種倒産手続における債権届出による保証人及び物上保証人に対する時効中断効

各種倒産手続において債権届出がなされた場合，それにより保証人及び物上保証人に対する時効中断効が及ぶか。

A 破産手続，民事再生手続及び会社更生手続のいずれにおいても，主債務の債権届出がなされれば，時効が中断し（民法152条），主債務につき生じた時効中断の効果は，民法457条1項により連帯保証人にもその効果が及び，連帯保証債務も時効中断する。

物上保証人に対する時効中断効については民法457条1項を直接適用することはできず，また判例も存在しないが，主債務につき生じた時効中断の効果が物上保証人に及ばないと解することは難しいと考えられる。

解説

1　保証人に対する時効中断効

破産債権者，再生債権者，更生債権者は債権届出を行うことにより，それぞれ破産手続，再生手続，更生手続に参加するが（破産法111条1項，民再法94条1項，会更法138条1項），破産手続参加，再生手続参加，更生手続参加は時効中断事由のため（民法152条参照），債権届出は時効中断効を有する。そして，主債務について生じた時効中断効は民法457条1項により保証人にも及ぶから，債権届出により保証債務の時効も中断する。

2　物上保証人に対する時効中断効

物上保証人については，保証人と異なり，主債務について生じた時効中断効が物上保証人にも及ぶ旨の条文は存在せず，判例も存在しない。

しかし，物上保証人も被担保債権の消滅時効を援用することができるとされているところ（最判昭和43年9月26日民集22巻9号2002頁），主債務について生じた時効中断効が物上保証人にも及ばないとすれば，物上保証人は被担保債権の消滅時効を援用して抵当権が消滅したと主張することが可能となり，被担保債権と同時でなければ抵当権は時効消滅しない旨定めた民法396条に反することになる（遠藤浩ほか編『民法注解財産法　民法総則』（青林書院，1989）712～713頁〔松久三四彦〕）。

最判平成7年3月10日判時1525号59頁も，債務者の承認により被担保債権について時効中断効が生じた場合には，物上保証人はその時効中断効を否定することはできない旨述べ，その理由として物上保証人が債務者に対して生じた時効中断効を否定することは担保権の付随性に抵触し，民法396条の趣旨にも反することを挙げている。

以上の学説及び最高裁判決の判旨に照らせば，主債務につき生じた時効中断の効果が物上保証人に及ばないと解することは難しいと考えられる。

46 民事再生手続における共益債権及び一般優先債権の再生手続参加の時効中断効

民事再生手続における共益債権及び一般優先債権につき，民事再生手続に参加することにより時効中断効は生じるか。

A　共益債権については，再生手続に服することなく，自らの債権を行使できるので（民再法121条１項），再生手続参加による時効中断効はない。

一般優先債権についても，再生手続によらないで随時弁済するとされ，任意に権利行使できるので（民再法122条１項），再生手続参加による時効中断の効力はない。

解　説

民法152条は，再生手続参加を時効中断事由の１つとしているが，その理由は，①再生債権の届出が裁判上の請求と同じく裁判上の確定をもたらす可能性がある権利行使であり，かつ，②再生手続開始後は，再生債権者は個別的な権利行使を禁止され（民再法39条１項，同85条１項），民法147条１号及び２号に定める行為によって時効を中断することができないことにある（伊藤眞ほか編『注釈民事再生法』（金融財政事情研究会，2000）276頁〔徳岡治，小林康彦〕）。

一方，共益債権及び一般優先債権については，再生手続によらずに随時弁済を受けることが可能であり（民再法121条１項，同122条２項），上記②の事情に該当しないことから，民法152条の適用はなく，再生手続に参加することによる時効中断の効力はない。

47 小規模個人再生手続におけるみなし届出による時効中断効

小規模個人再生手続におけるみなし届出により時効中断効は生じるか。

A 民法147条1号の請求に当たるとして時効中断効が生じると考えられているが，民法147条3号の承認に準ずるとして時効中断効が生じるとする見解もあり，両説では時効中断効の及ぶものの範囲が異なる。

解 説

1 みなし届出について

小規模個人再生においては，無担保再生債権の総額が5000万円を超えないことが手続開始の要件となっているが（民再法221条1項），債権者一覧表がなければ迅速に開始を決定することができない。そこで，債務者が小規模個人再生手続開始の申立てを行う旨の申述をする際には，債権者一覧表を提出しなければならない（同法221条2項・3項）。そして，債権者一覧表に記載された再生債権について，当該債権を有する再生債権者がこれと異なる届出をしない限り，その記載内容どおりに届出があったものとみなされるところ（同法225条），これをみなし届出と呼ぶ。

2 みなし届出と時効中断効について

みなし届出があった場合には，債権届出期間の初日に債権者一覧表の記載内容と同一の内容で再生債権の届出をしたものとみなすところ，再生債権の届出は再生手続参加として，時効中断事由に該当することから（民法152条），同日から，再生債権の届出による時効中断効が生じることになる（園尾隆司・小林秀之編『条解民事再生法〔第3版〕』（弘文堂，2013）1163頁〔中西正，木村真也〕）。

3　みなし届出による時効中断効が及ぶものの範囲について

再生債権の届出による再生手続参加（民法152条）については，時効中断事由を「請求」「差押え，仮差押え又は仮処分」「承認」の３つに分類する場合（同法147条１号ないし３号），「請求」に分類することができる（我妻・有泉ほか『我妻・有泉コンメンタール民法総則・物権・債権〔第４版〕』（日本評論社，2016）306頁）。こう解すると，連帯保証人が再生手続を開始し，再生債権の届出がなされた場合，民法458条が準用する同法434条が適用され，主債務者の債務についても時効中断効が生じる。

みなし届出についても，再生債権の届出を擬制するものだから，「請求」として扱い，時効中断効の範囲について上記と同様に考えることができる。

しかし，みなし届出については，小規模個人再生を行うことを求める債務者が自ら債権者一覧表を作成し，裁判所が再生手続開始に伴い知れている再生債権者に対し債権者一覧表に記載された事項を通知した上でなされるものであることから，時効中断事由のうち「承認」として扱う見解もある（酒井廣幸『続時効の管理〔新版〕』（新日本法規出版，2010）382頁）。この見解によれば，連帯保証人につき小規模個人再生手続が開始してみなし届出があったとしても，民法458条が準用する同法434条の規定の適用がなく，主債務者に対しては時効中断効が及ばないことになる。

48　私的整理への参加による時効中断効

私的整理に債権者として参加することにより時効中断効は生じるか。

A　私的整理のための債権者集会の招集通知それ自体では時効中断効が生じることはないが，債権者集会で債務者作成の債権者名簿が配布され，そこに個別の債権金額が記載されている場合には，当該債権者に対する債務承認となり時効中断効が生じる，とする見解がある。

解　説

1　時効中断事由としての承認とその要件

承認（民法147条3号）は消滅時効における時効中断事由であるが，そこにいう承認とは，時効の利益を受ける当事者が時効によって権利を喪失する者に対し，その権利が存在することを知っている旨を表示することである（我妻・有泉ほか『我妻・有泉コンメンタール民法総則・物権・債権〔第4版〕』（日本評論社，2016）316頁）。

承認については①権利（債権）の存在を認識していること，②相手方（債権者）に対する表示を行うことが必要であり（川島武宜編『注釈民法(5)』（有斐閣，1967）120頁〔川井健〕），また，③債務の同一性が分かること（債務を最低限特定できること）も必要である（篠塚昭次・前田達明編『新・判例コンメンタール民法2』（三省堂，1991）185頁〔荒川重勝〕）。

2　私的整理における手続と承認

私的整理では，債権者に対する債権者集会の招集通知の発送や，債権者集会における債権者名簿の配布等が行われることがあり，法的手続と異なりその方法は様々であるが，前項で述べた承認の要件に照らせば以下の整理が可能である。

⑴　債権者集会の招集通知の発送

私的整理のための債権者集会の招集通知は，通知の宛名人が債権を有していると債務者が認識しているからこそ発送されるものであり，かつ債権者に対して発送されており，上記の①②を満たすと考えられる。したがって，招集通知の記載上，債務の同一性が分かる場合には，上記の③の要件も満たし，承諾として時効中断効を認めても差し支えないと考えられる。一方，招集通知の中には集会の趣旨や日時・場所の記載だけが記載され債務の同一性が分からないものもあり，その場合には時効中断効を認めるのは難しいと考えられる。

⑵　債権者集会における債権者名簿の作成及び配布

私的整理のための債権者集会においては，債務者が，概括的な財産状況や債務の合計額のみを記載した書面ではなく，個別の債権額を記載した債権者名簿を作成し，債権者に配布する場合がある。その場合，上記①ないし③を満たすと考えられることから，承諾として時効中断効を認めても差し支えないと考えられる。

49　再生債権及び更生債権の存続と時効中断効

再生債権及び更生債権について，どのような場合に時効中断効が生じるか。

A　再生債権及び更生債権については，債権届出がなされた時点で時効が中断し（民法152条），再生計画認可決定または更生計画認可決定が確定したときには，これらの再生計画・更生計画の定めによって認められた権利については，再生債務者・更生会社に対して，その債権者表の記載が，確定判決と同一の効力を有することとなる（民再法180条２項，会更法206条２項）。その際，届出再生債権・更生債権の時効期間は10年間に延長される。

解　説

1　債権届出による時効の中断

再生債権及び更生債権についての債権届出は，それぞれ再生手続参加，更生手続参加として時効中断事由になる（民法152条）。中断した時効は，その中断の事由が終了した時から，新たにその進行を始めることから（同法157条１項），再生債権及び更生債権の届出による時効中断効は，再生手続又は更生手続の終了の時まで存続すると解される（園尾隆司・小林秀之編『条解民事再生法〔第３版〕』（弘文堂，2013）523頁〔岡正晶〕，兼子一監修『条解会社更生法（上）』（弘文堂，1973）163頁）。

2　時効期間の延長等

時効期間が10年より短い権利でも，裁判上の和解，調停，その他確定判決と同一の効力を有するものによって確定した場合には，時効期間が10年に延長される（民法174条の２）。

再生計画認可決定又は更生計画認可決定が確定したとき，再生計画又は更生計画の定めによって認められた権利については，再生債務者・更生会社に対して，その債権者表の記載が，確定判決と同一の効力を有する（民再法180条２項，会更法206条２項）。

以上のことから，債権届出がなされた再生債権又は更生債権につき，再生計画認可決定又は更生計画認可決定が確定し，これらの再生債権又は更生債権が再生計画・更生計画によって認められた場合には，時効期間が10年に延長されることとなる（更生債権につき，兼子一監修『条解会社更生法（下）』（弘文堂，1974）781頁）。

Q 50　法人の破産手続が終結した場合の保証債務の消滅時効

法人の破産手続が終結した場合，保証人は主債務の消滅時効を援用できるか。

A　保証人による主債務の消滅時効の援用はできないとするのが判例である。

解　説

1　法人の破産手続の終結と保証債務の存続の有無

法人にとって破産手続開始の決定は解散事由となっており（一般社団法人につき，一般社団法人及び一般財団法人に関する法律148条6号，一般財団法人につき同法202条1項5号，株式会社につき会社法471条5号，持分会社につき同法641条6号），破産手続終結までは法人格の存続が擬制されるが（破産法35条），破産手続終結により法人格を喪失する。しかし，主債務者たる法人が破産により法人格を喪失した後も保証債務は存続するとされている（大判大正11年7月17日民集1巻460頁）。したがって，主債務者たる法人につき破産手続が終結した後も，保証人との関係で消滅時効について論じる実益がある。

2　保証人による主債務の消滅時効の援用の可否

主債務者たる法人の破産手続の終結後における，保証人による主債務の消滅時効の援用の可否については，①破産手続の終結時に主債務が消滅しており，その後に保証人が主債務の消滅時効を援用する余地はないとする説（債務消滅説），②保証債務が存在する場合，破産手続の終結後も，主債務者の法人格は維持され，主債務も（法人格の消滅に伴う）消滅を免れるから，保証人は主債務の消滅時効を援用することができるとする説（債務存続説），③保証債務が存在する場合，破産手続の終結後も，主債務者の法人格は維持され，主債務も（法人格の消滅に伴う）消滅を免れるが，主債務に対する消滅時効の適用がなくなり，保証人も主債務の消滅時効を援用できないとする説（消滅時効不適用説）の３つの学説が存在していた（法曹会編『最高裁判所判例解説　民事篇平成15年度（上）』（法曹会，2006）181頁）。

このように学説が分かれていた中，最判平成15年３月14日民集57巻３号286頁は，「会社が破産宣告を受けた後破産終結決定がされて会社の法人格が消滅した場合には，これにより会社の負担していた債務も消滅するものと解すべきであり，この場合，もはや存在しない債務について時効による消滅を観念する余地はない。この理は，同債務について保証人のある場合においても変わらない。したがって，破産終結決定がされて消滅した会社を主債務者とする保証人は，主債務についての消滅時効が会社の法人格の消滅後に完成したことを主張して時効の援用をすることはできないものと解するのが相当である。」と判示し，債務消滅説を採ることを明らかにし，保証人による主債務の消滅時効の援用を否定した。

第6章

労　働

労働法の分野においては，使用者の労働者に対する権利（労務給付請求権，業務命令権，人事権等）は労働契約期間中に随時行使するものであり，時効が問題となることはほとんどない（懲戒権の行使については，相当期間経過後の権利行使の可否が問題となることはある。）。

主に時効が問題となるのは，労働者の使用者に対する権利，すなわち，賃金請求権，退職金請求権等である。これらの権利は，権利行使可能な時から相当期間が経過した後，場合によっては，労働契約終了後に請求されることもあり，時効による消滅の有無が問題となる（Q51～53）。その場合の時効期間は取引安全及び労働者保護の観点から，民法の規定が修正されているため注意が必要である。

また，使用者は，労働者に対して，労働契約の本来的義務のみならず付随義務を負うこともあるが，労働者の使用者に対する付随義務違反に係る損害賠償請求権について，債務不履行構成とするか不法行為構成とするかにより時効又は除斥期間の起算点が異なる場合があるので注意が必要である（Q54）。

さらに，労働者は，労働保険（労災保険，雇用保険）に関する制度として，国等に対して，未払賃金の立替払の請求や各種保険の給付を請求する権利を有するが，権利関係が長期に不安定になることを防いだり，事務の煩雑さを回避するために，請求期間が制限される場合がある点にも注意が必要である（Q55・56）。

最後に，使用者に対する請求を不当労働行為救済申立て手続で行う場合，申立期間が短期に制限されているため，これについて述べる（Q57）。

51　未払賃金請求権の消滅時効

未払賃金請求権の消滅時効は２年とされているが，２年を超えて遡って請求が認められる場合はあるか。

A　賃金請求権の消滅時効援用が権利濫用と認められる場合，又は，賃金未払が不法行為に該当し，未払賃金相当額について不法行為に基づく損害賠償請求をする場合，２年を超えて遡って請求が認められることがある。

解説

1　賃金請求権の時効

賃金請求権の消滅時効は２年とされている（労基法115条）。

改正前民法では，一般債権については10年の消滅時効が定められ（同法167条１項），「月又はこれより短い時期によって定めた使用人の給料にかかる債権」については１年の短期消滅時効が定められている（同法174条１号）。一方，労働基準法の規定による「賃金（退職手当を除く。），災害補償その他の請求権」については，消滅時効を１年とするのは労働者保護に欠けるが，10年とするのは使用者に酷であることから，工場法に定められていた災害扶助の請求権の例に倣って２年の消滅時効とされている。

2　賃金請求権の時効援用権の濫用

使用者による賃金請求権に関する消滅時効の援用は，使用者が信義に反する方法によって賃金債務を免れるための工作をするなど，労働者の権利行使を阻害した場合は権利濫用となり得る（土田道夫著『労働契約法〔第２版〕』（有斐閣，2016）262頁）。

日本セキュリティシステム事件（長野地佐久支判平成11年７月14日労判770号98頁）では，残業手当の支払について労働組合との間で自主解決の姿勢を見せず，労働委員会のあっせんにおける要望を受け入れず，残業手当を計算するのに必要な資料を交付せず，さらに，裁判が提起された後も，就業規則，賃金台帳，タイムカード等の開示に協力的ではなかった会社が，訴訟提起から約２年４か月後に時効を援用することは，信義にもとるものであり，権利濫用として許されないと判断されている。

他方，北錦会事件（大阪地判平成13年９月３日労判823号66頁）では，使用者が労働基準法違反の刑事事件の発覚を免れる目的で労務関係の資料を処分したこと及び労働委員会における和解協議が長引いたことがあったとしても，使用者による時効の援用は権利濫用に当たらないと判断されている。

また，東建ジオテック事件（東京地判平成14年３月28日労判827号74頁）では，労働組合を通じ労使交渉の場で時間外賃金の支払を請求していたこと及び労働基準監督署が時間外及び深夜手当を支払うよう是正勧告をしたこと等の事実があったとしても，使用者による時効の援用は権利濫用又は信義則違反には当たらないと判断されている。

3　賃金未払の不法行為該当性

不法行為に基づく損害賠償請求権の消滅時効は，損害及び加害者を知った時から３年，不法行為の時から20年とされている（改正前民法724条）。したがって，労働者が使用者に対して賃金の支払を求める場合，賃金未払が不法行為に該当すれば賃金請求権の時効である２年を超えて遡って請求をすることが可能となる。

この点，賃金未払が不法行為に該当するとする裁判例は多くはないが，杉本商事事件（広島高判平成19年９月４日判時2004号151頁）では，従業員の出退勤時刻を把握する手段を整備して時間外勤務の有無を現場管理者が確認できるようにするとともに，時間外勤務がある場合には，その請求が円滑に行われるような制度を整えるべき義務を怠ったことが不法行為に該当するとして，労働基準法115条による２年の消滅時効は適用されないと判断されている。

4　改正民法を踏まえた賃金等請求権の消滅時効期間の検討

改正民法においては，短期消滅時効が廃止され，消滅時効期間が客観的起算点から10年，主観的起算点から５年に統一されたが（改正民法166条１項），これにより労働基準法115条の定める賃金請求権等の２年の消滅時効が改正民法の消滅時効よりも短いこととなった。そこで，賃金等請求権等の消滅時効期間やその起算点等について，労働者の保護と取引の安全の観点から再検討するため，厚生労働省は「賃金等請求権の消滅時効の在り方に関する検討会」を開催し，平成30年夏を目途にとりまとめを行うとしている。

Q 52 退職金請求の消滅時効

従業員の退職金請求権は，時効により消滅するか。

A 退職金請求権は，同権利が発生した時から５年を経過した場合，時効により消滅する。

社外の退職金積立金制度が利用されている場合には，同制度の根拠法令等が適用され，中小企業退職金共済制度又は厚生年金基金のいずれの制度においても，退職金請求権は発生した時から５年を経過すると時効により消滅する。

解 説

1 退職金請求権の時効

労働基準法においては，退職金請求権は５年で時効により消滅する旨が定められている（同法115条）。

退職金請求権の時効期間は当初，賃金請求権等と同じく２年とされていたが，①退職金は高額になる場合が通常であり，資金の調達ができないこと等を理由にその支払に時間がかかることがあること，②労使間において，退職金の受給に関し争いが生じやすいこと，③退職労働者の権利行使は定期賃金の支払を求める場合に比べ，必ずしも容易であるとはいえないこと等から，昭和63年４月から，５年に延長された（厚生労働省労働基準局編『労働基準法 下〔平成22年版〕』（労務行政，2011）1037頁）。

2 退職金請求権の消滅時効の起算点

退職金請求権の消滅時効の起算点は，退職金請求権を行使することができる時（民法166条１項）である。この点，退職金請求権は，賞与と同様，支給基準や要件が労働協約・就業規則・労働契約で明確に規定されることにより発生するものであるため，就業規則等に退職金支払日が特定されていれば，その日が退職金請求権を行使することができる時，すなわち，退職金請求権の消滅時効の起算点となる。

なお，退職金は退職後６か月以内に支払う旨の規定を公序良俗に反せず有効とした裁判例がある（久我山病院事件（東京地判昭和35年６月13日労民11巻３号628頁））。

３　社外積立金型退職金制度における退職金請求権の時効

退職金について，社外積立金型の退職金制度が利用される場合があるが，かかる場合には，それぞれの制度の適用法令又は根拠法令が適用される。例えば，中小企業退職金共済制度を利用している場合には，中小企業退職金共済法が適用され，消滅時効の期間については５年（同法33条１項）と定められている。また，厚生年金基金に加入している場合には，厚生年金保険法が適用され，消滅時効の期間については同じく５年（同法92条１項）と定められている。

53 年次有給休暇の消滅時効

年次有給休暇を取得する権利は，時効により消滅するか。

A 労働基準法上の要件を満たし年次有給休暇の権利が生じた日から２年を経過すると，時効により消滅する。

解　説

1　年次有給休暇の権利

労働基準法上，使用者は，６か月以上継続勤務し，全労働日の８割以上出勤した労働者に対して有給休暇を付与しなければならないとされている（同法39条１項）。

かかる労働基準法上の年次有給休暇の権利は，労働者が継続勤務及び出勤率に関する客観的要件を満たした場合に当然に成立する年休権と，その目的物の特定のための時季指定権（形成権）からなるとされる（林野庁白石営林署事件（最二小判昭和48年３月２日民集27巻２号191頁），菅野和夫『労働法〔第11版補正版〕』（弘文堂，2017）531頁）。

2　年次有給休暇の権利の時効

労働基準法上の年次有給休暇の権利が同法115条の２年の時効にかかるかどうかについては争いがあるが，通説及び解釈例規（昭和22年12月15日基発501号）はこれを肯定している。そして，就業規則で「年次有給休暇は翌年度に繰り越してはならない。」と定めても年度経過後における権利は消滅しないと解されている（昭和23年５月５日基発686号）。

時効の起算点は，時季指定権の行使が可能となる年休権の発生時である。労働者が繰り越した年休と当年度の年休の双方を有している場合には，労働者の時季指定権の行使は繰越分からなされていると推定すべきであると解されている（前掲・菅野544頁）。

なお，民法改正に伴い労働基準法115条の改正が検討されているが，その中で年次有給休暇の権利の消滅時効（繰越期間）についても，年休の取得促進の観点を踏まえつつ，どのように考えるかについて検討がなされている（賃金等請求権の消滅時効の在り方に関する検討会「消滅時効の在り方に関する検討資料」参照）。

3　法定外年休

労働基準法上の年次有給休暇以外の法定外の年次有給休暇については，その成立要件・法的効果は当事者間の取決めに委ねられる（前掲・菅野545頁）。したがって，法定外年休の取得可能期間は，就業規則等に定めがあれば，その定めによることとなり時効は問題とならない。時効消滅した法定の年次有給休暇の積立を利用したいわゆる積立年次有給休暇についても同様である。

Q 54 厚生年金保険被保険者資格取得届出義務違反に係る損害賠償請求権の消滅時効，除斥期間

使用者が従業員の厚生年金保険への加入の届出を怠ったことにより，当該従業員が厚生年金保険に加入していれば受けられたはずの給付額と現実の給付額との差額が発生した場合の，当該従業員による使用者に対する損害賠償請求権の消滅時効又は除斥期間の起算点はどこか。

A　労働者は，使用者に対し，厚生年金被保険者資格取得届出義務違反について，債務不履行又は不法行為に基づき損害賠償を請求する場合があるが，その場合の消滅時効又は除斥期間の起算点については，使用者が保険料の納付を怠った時期とする考え方，労働者が年金額が不支給若しくは低額となることを認識した時期とする考え方，又は，労働者が老齢年金の支給年齢に達し受給を開始した時期とする考え方がある。

解　説

1　事業主の被保険者資格取得届出義務の懈怠と損害賠償責任

厚生年金の適用事業所に使用される70歳未満の者は，適用除外者を除き，厚生年金の被保険者となる（厚保法９条）ところ，被保険者を使用する事業主は，被保険者の資格の取得について厚生労働大臣に届け出なければならないとされている（同法27条）。

事業主が厚生年金の被保険者資格取得の届出を行わなかった場合，結果として事業主は保険料の納付も行わないことから，被保険者等は将来年金を受けることができなくなったり，受給年金額が低くなったりする。特に，保険料徴収権の消滅時効は２年とされており（厚保法92条１項），２年の間に納めなければ，被保険者又は事業主はもはや遡って納めることができなくなる。

そこで，被保険者資格の届出をされなかった労働者が事業主に対して債務

不履行又は不法行為に基づき，被保険者資格取得の届出が行われていれば得られたであろう厚生年金額と現実に受けた給付額との差額について，損害賠償請求をすることがある。

裁判例としては，使用者たる事業主が被保険者資格を取得した個別の労働者に関してその届出をすることは，雇用契約を締結する労働者においても期待するのが通常であり，その期待は合理的なものというべきであるから，事業主が被保険者資格の取得届出を怠ることは，労働契約上の債務不履行を構成するとしたもの（豊國工業事件（奈良地判平成18年９月５日労判925号53頁）），厚生年金の強制加入の原則（厚保法27条）は厚生年金の財政的基盤を強化するという目的とともに，労働者に対して，老齢，障害及び死亡について保険給付を受ける権利をもれなく付与することも目的としているから，被保険者資格の取得届出義務違反は被保険者である労働者との関係で不法行為を構成するとしたもの（京都市役所非常勤嘱託事件（京都地判平成11年９月30日判時1715号51頁）），使用者は，雇用契約の付随義務として，信義則上，厚生年金保険被保険者の取得を届け出て，労働者が老齢厚生年金等を受給できるよう配慮すべき義務を負い，この義務に違反して，届け出ない行為は，債務不履行ないし不法行為を構成するとしたもの（大真実業事件（大阪地判平成18年１月26日労判912号51頁））等がある。

2　事業主の損害賠償義務の消滅時効，除斥期間の起算点

厚生年金保険被保険者資格取得届懈怠に関する損害賠償請求を行う場合，一般に，本来支給されるべき年金が支給されないこと又は本来支給されるべき金額に比べて低額となることは，労働者が被保険者の資格を取得した時，すなわち，事業主が資格取得届を怠った時から相当期間が経過してからのことが多く，時効又は除斥期間により損害賠償請求権が消滅しているのではないかが問題となる。

この点について，確定的な考え方はないが，債務不履行構成の場合，消滅時効の起算点は，「権利を行使することができる時」である。そして，債務不履行に基づく損害賠償請求では，一般に債務不履行時が「権利を行使する

ことができる時」であるところ，損害賠償を求める対象を得べかりし老齢年金に関する逸失利益とする場合は，保険料の全部又は一部の納付を怠った時に債務不履行となり，その時を消滅時効の起算点と考えることができる。具体的には，毎月の保険料は，翌月末日までに，納付しなければならないとされているため（厚保法83条1項），この「翌月末日」が経過した時が「保険料の納付を怠った時」になり，その翌日が時効の起算点になると考えられる。

また，得べかりし老齢年金に関する逸失利益が発生し，それに対する損害賠償請求権を行使できるのは，労働者が老齢年金の支給開始年齢に達して受給権を取得したときであると考え，その時を消滅時効の起算点とすることも考えられるが，その場合，例えば被保険者が30歳の時の保険料納付懈怠による損害賠償を，65歳になるまで請求できないのかという問題が生じる。

不法行為構成の場合，損害賠償請求権は，①被害者が損害及び加害者を知った時から3年間行使しないとき（消滅時効，民法724条前段），又は②不法行為の時から20年を経過した時（除斥期間，同条後段）に消滅する。

上記①の時効の起算点については，加害者である事業主を知るのは容易であるが，損害を知ることは容易でないことが多く，裁判例上は，労働者が年金記録の確認請求の申立てを行ったときに年金額が低額であることを認識したとして，その時を起算点としたもの（名古屋高判平成26年5月29日裁判所ウェブサイト）や，社会保険事務所職員から指摘を受けて，厚生年金に加入することができたことを知るに至った時を起算点としたもの（東京地判平成25年9月18日ウエストロー・ジャパン）がある。

上記②の除斥期間の起算点については，(a)事業主が被保険者資格の届出を怠った時点，(b)事業主が保険料の納付を怠った時点，(c)労働者が老齢年金の支給開始年齢に達して受給権を取得した時点とすることがそれぞれ考えられる。

裁判例では，加害行為が終了してから相当の期間が経過した後に損害が発生する場合には，損害の全部又は一部が発生した時を除斥期間の起算点とする判例（筑豊じん肺訴訟，最判平成16年4月27日民集58巻4号1032頁）と同様に考え，「老齢給付の請求権が発生した時点」から除斥期間が進行するとしたものがある（前掲京都市役所非常勤嘱託事件）。なお，以上については，堀勝洋『年金保険法〔第４版〕』（法律文化社，2017）611～614頁を参照のこと。

上記(b)及び(c)の考え方は，時効又は除斥期間の起算点を，資格取得喪失届出の懈怠時点から一定程度遅らせることにより，労働者保護を図ろうとするものであり，消滅時効，除斥期間の起算点の考え方次第では，長期にわたる保険料不払いにより生じた多額の損害賠償が認められる可能性があるため，留意する必要がある。

3　厚生年金保険以外の被保険者資格届出義務の懈怠

厚生年金保険以外でも，健康保険，雇用保険についても事業主による資格取得届出義務と保険料徴収権の２年の消滅時効が定められている（健康保険法48条，193条１項，雇用保険法７条，74条）。

これらの保険に関しても，厚生年金保険法と同様，資格取得届出義務の懈怠により生じた逸失利益について，多額の損害賠償が認められる可能性があるため，留意する必要がある。

55 未払賃金立替払制度における請求期間の制限

企業が倒産し，従業員に対して賃金が支払われなかった場合，当該従業員は独立行政法人労働者健康安全機構に対していつまでに未払賃金立替払の請求をする必要があるか。

A 労働者が，独立行政法人労働者健康安全機構に対して未払賃金の立替払請求を行う場合には，裁判所の破産手続開始等の決定日又は命令日の翌日から起算して２年，事実上の倒産の場合には，労働基準監督署長が倒産の認定をした日の翌日から起算して２年以内に請求しなければならない。

解 説

1 未払賃金立替払制度

会社が倒産して労働者の退職金や賃金が未払となった場合，労働者は，独立行政法人労働者健康安全機構（以下「機構」という。）に対して会社の代わりに未払賃金の一部の立替払をするように請求することができる（賃金の支払の確保等に関する法律７条）。

未払賃金の立替払が認められるためには，以下の要件を満たす必要がある。

① 労働者災害補償保険の適用事業で１年以上事業活動を行ってきた会社が「倒産」したこと（労災保険法７条，労災保険法施行規則７条）

（なお，「倒産」とは，法律上の倒産手続が取られている場合及び中小企業に限り事実上倒産状態にあることを労働基準監督署長が認定した場合をいう（労災保険法施行令２条）。）

② 労働者が，倒産について裁判所への申立て等（法律上の倒産手続が取られている場合）又は労働基準監督署長への認定申請（事実上の倒産状態にある場合）が行われた日の６か月前の日から２年の間に退職した者であること（労災保険法施行令３条）

立替払の対象となる賃金は，退職日の６か月前の日以後立替払の請求日の前日までの期間において支払期日が到来している定期給与及び退職金の総額（２万円未満であるものを除く。）であり，実際に立替払が行われるのは，その総額の80％に相当する額（ただし，退職日時点の年齢に応じた上限がある。）とされている（労災保険法施行令４条）。

2　未払賃金立替払の請求手続

立替払の請求をしようとする者は，法律上の倒産手続が取られている場合には裁判所等の証明書（実際には，破産管財人等による証明）を，事実上の倒産の場合には労働基準監督署長による確認通知書を添付した請求書を機構に提出しなければならない（労災保険法施行規則17条１項・２項，12条１号，15条）。

立替払の請求は，法律上の倒産手続が取られている場合には破産手続開始の決定等がなされた日，又は，事実上の倒産の場合には労働基準監督署長による認定日から２年以内に行わなければならないとされている（労災保険法施行規則17条３項）。

3　機構による求償

機構が立替払をすることにより，機構は労働者の承諾を得て，労働者に代わって賃金等請求権を代位取得し，事業主に求償することができる（民法499条１項）。これに対して，事業主は賃金等請求権の消滅時効（賃金の場合は２年，退職金の場合は５年）を援用し得る。

Q 56 労災保険給付を受ける権利の時効

労働者が業務中の事故に巻き込まれて亡くなったことを理由に遺族が労災保険給付を受ける権利は時効により消滅するか。

A 業務災害により労働者が死亡した場合，その遺族（葬祭を行う者）は，所轄労働基準監督署長に対して，労災保険給付として，葬祭料及び遺族補償給付の支給決定を請求することができる。

かかる労災保険給付の支給決定を請求する権利は，葬祭料については，労働者が死亡した日の翌日から起算して２年経過すると時効により消滅し，遺族補償給付については，労働者が死亡した日の翌日から起算して５年経過すると時効により消滅する。

解 説

1 労災保険給付を受ける権利の時効

労災保険給付を受ける権利は，労働者又はその遺族若しくは葬祭を行う者が所轄労働基準監督署長に対して保険給付の支給決定を請求する権利（労災保険法12条の８第２項参照）と，所轄労働基準監督署長が支給決定をした結果その者の権利として確定した保険給付の支払を請求する権利との２つに分けて考えることができる（厚生労働省労働基準局労災補償部労災管理課編『労働者災害補償保険法〔六訂新版〕』（労務行政，2005）321頁）。

労働者災害補償保険法上，労災保険給付を受ける権利として時効により消滅するとされているのは，前者の当該保険給付の支給決定を請求する権利である（労災保険法42条）。一方，支給決定のあった保険給付の支払請求権（年金たる保険給付については，支払期月ごとに生ずる支分権たる支払請求権）は，会計法30条後段の規定により５年で時効消滅する（昭和41年１月31日基発73号）。

労災保険給付を受ける権利の消滅時効期間は２年又は５年である。これは，会計法上，金銭の給付を目的とする国の権利及び金銭の給付を目的とする国に対する権利は５年間で消滅するとされている（同法30条）が，労災保険給付を受ける権利等はその行使が容易であり，また，これらの権利関係をいたずらに長期にわたって不安定な状態の下に置くことは，煩雑な事務をますます複雑化するおそれがあるので，２年の短期消滅時効にかからせることとしたものである。ただし，保険給付の年金化が広い範囲により達成されたため，昭和40年改正法により障害補償給付及び遺族補償給付については時効期間が５年に改められている（前掲・『労働者災害補償保険法〔六訂新版〕』653頁）。

労災保険給付を受ける権利の時効の起算点は，客観的起算点，すなわち，当該権利を行使することができる時である。

改正民法において，時効の起算点について，客観的起算点と主観的起算点とが分けられることに伴い，労働者災害補償保険法においても，時効の起算点が客観的起算点である旨が明示されることとなった（民法の一部を改正する法律の施行に伴う関係法律の整備等に関する法律166条，第61回労働政策審議会労働条件分科会労災保険部会資料３『民法（債権関係）の見直しに伴う労働者災害補償保険法等の改正の概要』参照）。

2　葬祭料の支払を受ける権利の時効

労働者が業務上の事由により死亡した場合，葬祭を行う者は，労災保険給付として葬祭料を請求することができる（労災保険法12条の８第１項５号，17条）。葬祭料の請求権者は，葬祭を行う者であり，必ずしも遺族に限られず，例えば，葬祭を執り行う遺族がなく死亡労働者の会社において葬祭を行ったような場合には，葬祭料は当該会社に対して支給されることとなる（平成23年11月29日基災収2965号）。

葬祭料の支払を受ける権利は，労働者が死亡した日の翌日から起算して２年経過した場合には時効により消滅する（労災保険法42条）。葬祭料は，葬祭に要した費用に対する実費補償として支給されるものではなく，葬祭を行う者にその費用として支給されるものであるから，時効の起算点は，葬祭を行った日ではなく，労働者が死亡した日の翌日である（前掲・『労働者災害補償保険法〔六訂新版〕』654頁）。

3　遺族補償給付を受ける権利の時効

労働者が業務上死亡した場合には，遺族は，労災保険給付として遺族補償給付を請求することができる（労災保険法12条の８第１項４号）。また，遺族補償給付については遺族補償年金又は遺族補償一時金のいずれかが支給される（同法16条）。

遺族補償給付は，遺族補償年金を受給できる遺族がいる場合には，原則として遺族補償年金が給付され（労災保険法16条の２），遺族補償年金を受給できる遺族がいない等の例外的な場合に限り，遺族補償一時金が支給される（同法16条の６）。

遺族補償給付の支払を受ける権利は，労働者が死亡した日の翌日から起算して５年経過した場合には時効により消滅する（労災保険法42条，前掲・『労働者災害補償保険法〔六訂新版〕』654頁）。

4　特別支給金の申請期間の制限

労働者災害補償保険法は，労災保険給付だけではなく，被災労働者の社会復帰の促進，被災労働者及びその遺族の援護，適正な労働条件の確保等を図るために，政府が労働福祉事業を行うことができる旨を定めており（労災保険法29条１項），その一環として，被災労働者及びその遺族に対する特別支給金が支給されている（労働者災害補償保険特別支給金支給規則１条）。

遺族に対する特別支給金には，遺族特別支給金，遺族特別年金，遺族特別一時金がある（労働者災害補償保険特別支給金支給規則２条３号・６号・７号）。

遺族特別支給金は，業務上の事由又は通勤により労働者が死亡した場合に，当該労働者の遺族の申請に基づき支給されるものであるが，申請期間は労働者の死亡の日の翌日から起算して５年以内と制限されている（労働者災害補償保険特別支給金支給規則５条１項・８項）。

遺族特別年金及び遺族特別一時金は，それぞれ遺族補償年金若しくは遺族年金の受給権者，又は，遺族補償一時金若しくは遺族一時金の受給権者の申請に基づき支給されるものである。いずれも申請期間が制限されており，遺族補償年金若しくは遺族年金の受給権者となった日，又は，遺族補償一時金若しくは遺族一時金の受給権者となった日，すなわち，労働者が死亡した日の翌日から起算して５年以内に行わなければならないとされている（労働者災害補償保険特別支給金支給規則９条１項・７項，10条１項・４項）。

57 不当労働行為に係る救済申立ての除斥期間

使用者により不当労働行為が行われた場合，労働委員会に対して，いつまでに救済申立てを行う必要があるか。

A 不当労働行為に対する救済申立ての期間は，不当労働行為が行われた日（継続する行為についてはその終了した日）から1年と定められているため，同期間内に申立てを行う必要がある。

解 説

1 不当労働行為救済制度

労働組合法は，労働組合活動の自由に対する使用者からの侵害を防止し，労働組合の自主性を確保するために，使用者に対して，労働組合に関する不利益取扱い，団体交渉拒否，支配介入を不当労働行為として禁止した上で（同法7条），禁止の違反について労働委員会による特別の救済手続を定めている（同法27条以下）。

具体的には，不当労働行為により団体権の侵害を直接・間接に受けた者（労働者個人及び当該労働者が所属する労働組合）は，労働委員会に対して，不当労働行為の救済を申し立てることができ，申立てを受けた労働委員会は，調査・審問を経て，申立人の請求する内容について，その全部又は一部を救済する命令（救済命令）又は申立人の申立てを棄却する命令（棄却命令）を発することとなる（労組法27条の12第1項，労働委員会規則43条1項）。

2 救済申立ての除斥期間

不当労働行為の救済申立ては，不当労働行為の日（継続する行為についてはその終了した日）から1年以内に行わなければならない（労組法27条2項）。1年を過ぎてからなされた申立ては却下される（労働委員会規則33条1項3号）。これは，長期間経過した事件については，証拠が散逸していたり，証人の記憶が薄れていたりして真実を探求することが困難であり，また，救済命令を出しても実益がないか，又はかえって労使関係の安定を害するおそれもないわけではないため設けられた制限である（厚生労働省労政担当参事官室編『労働組合法　労働関係調整法〔５訂新版〕』（労務行政，2006）763頁）。

3　人事考課査定差別事件における救済申立ての除斥期間

人事考課査定における差別事件においては，査定差別の時期と労働者が実際に不利益を受ける当該査定に基づく賃金の支払時期が異なり，また，査定差別が続くことにより不利益が累積していくことから，このような不利益についてどこまで遡って救済を求めることができるのかが問題となる。

第１に，査定差別の時期と当該査定に基づく賃金の支払時期が異なるという点については，判例は，査定差別とそれに基づく低い賃金の支払という一連の行為を「一個の行為」ないし「継続する行為」であると認め，査定差別の時からではなく，低い賃金支払の時から１年以内になされた救済申立てを適法であると判断した（紅屋商事事件，最判平成３年６月４日民集45巻５号984頁）。

第２に，使用者が毎年昇給，一時金，昇格等の査定差別を繰り返していく場合に，これら毎年の昇給，一時金，昇格差別が累積していくという点については，近年は，個別の査定差別行為を一個の行為と捉えながら，申立前１年以内の時点で解消されていない従来の賃金又は格付け上の累積された格差の解消を命じることにより救済を図る方法が有力となっている（日本シェーリング事件（中労委昭和61年11月12日），松蔭学園事件（中労委平成17年２月２日），千代田化工建設事件（東京地判平成９年７月23日労判721号16頁），菅野和夫『労働法〔第11版補正版〕』（弘文堂，2017）1055～1056頁参照）。

このように不当労働行為救済申立ての期間は制限されているが，人事考課差別事件においては，実質的に申立て可能期間を超えて遡って不利益取扱いの是正が命じられる可能性があることに留意する必要がある。

第7章

知的財産

本章では，知的財産に関連する期間制限について，実務的に重要と思われる項目を解説する。まず初めに，特許権侵害に基づく差止請求権，損害賠償請求権及び不当利得返還請求権，並びに，特許ライセンス契約違反による債務不履行に基づく損害賠償請求権，職務発明対価請求権の消滅時効，特許出願における新規性喪失の例外など，特許法に係る主要な期間制限について解説する。次いで，不正競争防止法，商標法，著作権法など他の知的財産法分野における主要な期間制限について述べる。最後に，パブリシティ権の保護期間についても解説する。

Q 58 特許権に基づく侵害停止請求権，予防請求権及び廃棄・除却等請求権の権利行使可能期間

特許権に基づく侵害停止請求権，予防請求権及び廃棄・除却等請求権の権利行使可能期間に制限はあるか。

A 特許権に基づく侵害停止請求権，予防請求権及び廃棄・除却等請求権は，消滅時効にかからず，特許権の存続期間中である限り権利行使し得るが，特許権の存続期間満了により消滅する。仮に特許存続期間満了前に侵害行為を組成したものであっても，存続期間満了後は，侵害の予防に必要な行為として，廃棄・除却等請求を行うことはできない。

解説

特許権者又は専用実施権者は，自己の特許権又は専用実施権を侵害する者又は侵害するおそれがある者に対し，侵害の停止を請求（侵害停止請求）し，又は予防を請求（予防請求）することができる（特許法100条１項）。

また，特許権者又は専用実施権者は，侵害停止請求又は予防請求の付帯的請求として，侵害の行為を組成した物の廃棄，侵害の行為に供した設備の除却，その他の侵害の予防に必要な行為の請求（廃棄・除却等請求）ができる（特許法100条２項）。

特許権に基づく差止請求権とは，狭義には，不作為請求権である侵害停止請求及び予防請求権をいうが，広義には，作為請求権である廃棄・除却等請求権を含む。

特許権に基づく差止請求権は，消滅時効にはかからないが，特許権の存続期間の満了（特許法67条１項）等の事由により特許権が消滅した場合，もはや特許権の効力を主張することはできないため，広義の差止請求権の行使はいずれも認められない。

したがって，特許権の存続期間中に行われた侵害停止請求又は予防請求で

あっても，存続期間の満了が近づいているという場合，差止請求自体は認容され得るものの，特許権の残存期間を考慮し，判決主文において差止めの終期が示されることがある（東京地判平成10年３月23日判時1637号121頁，中山信弘・小泉直樹編『新・注解特許法［下巻］』（青林書院，2011）1434頁〔森﨑博之＝岡田誠〕）。

また，事実審の口頭弁論終結時までに侵害行為が終了しているという場合，侵害停止請求権は成り立たず，予防請求権に関しても，特許権存続期間中に侵害行為が再開するおそれなど「侵害するおそれ」があること，すなわち「客観的にみて侵害が発生する蓋然性があると認められる具体的な事実が存在すること」（東京地判平成10年３月23日判時1637号121頁）が必要となる。

なお，侵害停止請求又は予防請求を行わず，廃棄・除却等請求のみを独自に行使することは，条文の文言上許されないものと解されている（法曹会編『最高裁判所判例解説民事編　平成11年度（下）』516頁）。したがって，仮に特許存続期間満了前に侵害行為を組成したものであっても，存続期間満了後は，侵害の予防に必要な行為として，廃棄・除却等請求を行うことはできないものと解されている（中山信弘『特許法〔第３版〕』（弘文堂，2016）357頁）。

59 特許権侵害による損害賠償請求権及び不当利得返還請求権の消滅時効

特許権侵害による損害賠償請求権及び不当利得返還請求権は，消滅時効による権利行使の制限を受けるか。

A　特許権侵害による損害賠償請求権は，損害及び加害者を知った時から３年間の経過によって時効消滅する。

特許権侵害による不当利得返還請求権は，侵害時から10年間の経過によって時効消滅する。ただし，改正民法の下では，特許権者が不当利得返還請求権を行使できることを知ってから５年間経過したときにも，時効消滅する。

解　説

特許権侵害による損害賠償請求権の法的性質は，民法709条に基づく不法行為による損害賠償請求権であると考えられている。

したがって，民法724条による期間制限を受けるところ，同条においては，損害賠償請求権が消滅するまでの期間について，被害者が「損害及び加害者を知った時から３年間」又は「不法行為の時から20年間」と定められている。改正前民法では，後者の20年間の期間制限は，除斥期間を定めたものと解されており，時効の中断が認められておらず，当事者の援用が不要である点において，消滅時効とは異なるものと考えられていたが，改正民法では，20年間の期間制限が除斥期間から消滅時効期間に変更された。

いかなる場合に被害者が「損害及び加害者を知った」といえるかに関しては，判例及び裁判例上，特許権侵害による侵害者に対する損害賠償請求が事実上可能な状況及び程度が必要であって（最判昭和48年11月16日民集27巻10号1374頁），加害者の行為が特許権の侵害行為であることや，損害の発生を現実に認識することも必要とされている（大阪地判平成22年１月28日（平成19(ワ)第2076号損害賠償請求事件・裁判所ウェブサイト），最判平成14年１月29日民集56巻１号218頁）。

また，特許権侵害による損害賠償請求権と併存して，民法703条又は704条に基づく不当利得返還請求権も認められるが，特許法102条１項ないし３項の損害額推定等の規定に関しては，不当利得返還請求権には類推適用されないとするのが学説の多数説及び多数の裁判例が採用する立場である（中山信弘・小泉直樹編『新・注解特許法〔下巻〕』（青林書院，2011）1760～1761頁〔飯田圭〕）。

特許権侵害による不当利得返還請求権の消滅時効の期間は，改正前民法166条及び167条１項においては，権利を行使することができる時，すなわち侵害時から10年間とされている。しかし，改正民法166条１項では，権利を行使することができる時，すなわち侵害時から10年間の経過による消滅時効（同項２号）に加えて，債権者たる特許権者が不当利得返還請求権を行使できることを知ってから５年間経過したときにも時効消滅することとなる（同項１号）。

60　特許出願公開後の補償金請求権における消滅時効の起算点

特許出願公開後の補償金請求権に関する消滅時効の起算点は，いつの時点となるか。

A　特許出願公開後の補償金請求権に関する消滅時効の起算点は，「損害及び加害者を知った時」ではなく，特許権の設定登録の日である。

解　説

特許出願の出願公開（特許法64条）により，特許出願の内容が一般公衆に強制的に開示されることになるから，第三者は，その内容を実施することが可能となる。そこで，特許出願人は，自己の発明を第三者に実施されたことによる出願人の損失を填補するため，出願公開された発明を実施した者に対し，補償金請求権を行使することができる（同法65条）。

すなわち，特許出願人は，出願公開された特許出願に係る発明の内容を記載した書面（出願公開後に特許請求の範囲に関する補正をした場合，原則としてその補正後の発明の内容を記載した書面。ただし，減縮補正にとどまる場合等には，補正後の再警告は不要と考えられている。（中山信弘・小泉直樹編『新・注解特許法［上巻］』（青林書院，2011）966頁〔酒井宏明＝寺崎直〕））を提示して警告をした後，特許権の設定登録までの間に，業としてその発明を実施した第三者に対し，実施料相当額の補償金の支払を請求することができる（特許法65条１項）。

なお，警告をしない場合であっても，実施した第三者が，出願公開にかかる発明であることを知っていたとき，すなわち悪意の実施者であるときは，補償金の支払を請求することができる（特許法65条１項後段）が，かかる悪意の立証は特段の事情がない限り困難であるから，実務上は，補償金請求権行使にあたっては警告を行っておくことが必要となる場合が多い。

補償金請求権は，特許権の設定登録があった後でなければ行使することができない（特許法65条２項）ことから，その消滅時効については，民法の不法行為にかかる消滅時効の規定（民法724条等）が準用され，「特許権の設定の登録の日」を起算点として，３年間行使しないときは消滅する旨が定められている（特許法65条６項）。仮に民法724条をそのまま準用し，被害者等が「損害及び加害者を知った時」を消滅時効の起算点とした場合，特許権の設定登録がされており，いざ補償金請求権を行使しようと思ったときには，その請求権が時効によって消滅していたということになりかねないからである（特許庁編『工業所有権法（産業財産権法）逐条解説〔第20版〕』（発明推進協会，2017）242頁）。

61 特許出願における出願審査請求の可能期間

特許出願における出願審査請求に関し，どのような期間制限が設けられているか。

A 出願審査の請求可能期間は，原則として出願日から３年以内である。ただし，特許出願の分割等が行われた場合や，期間徒過に正当な理由がある場合において，出願日から３年経過後も出願審査請求を行うことができる場合もある。

解説

特許出願があったときは，出願人に加えて，利害関係のない第三者を含む何人も，実際に特許出願がされた日（特許出願等に基づく優先権の主張を伴う出願についても先の出願の日ではなく，またパリ条約による優先権の主張を伴う出願についても第一国出願日ではない。）を起算日として３年以内に，特許庁長官に対し，出願審査請求をすることができる（特許法48条の３第１項）。出願期間内に出願審査請求がなかったときは，出願を取り下げたものとみなされる（同条４項）。

ただし，出願審査期間の特例として，出願日から３年が経過している場合であっても，特許出願の分割，出願変更又は実用新案登録に基づく特許出願が行われて出願日が遡及した結果，出願期間が徒過してしまっていることとなる場合には，出願の分割等の時から30日以内に限り，出願審査請求を行うことができるものとされている（特許法48条の３第２項）。なお，３年の期間が満了する直前に出願の分割等がされた場合，例えば，３年間の期間が満了する15日前に出願の分割等がされた場合には，３年間の期間満了日から30日以内ではなく，当該分割等がされた日から30日以内に出願審査請求を行わなければならない（中山信弘・小泉直樹編『新・注解特許法［上巻］』（青林書院，2011）883頁〔酒井宏明＝髙村順〕）という点には注意を要する。

なお，平成23年の特許法改正により，特許法48条の３第５項ないし７項が新設され，出願期間内に出願審査請求がなかったことによってその出願を取り下げたものとみなされる場合（同条４項）であっても，期間徒過につき「正当な理由」がある場合，その理由がなくなった日から２月以内で，かつ出願審査請求期間の経過後１年以内に限り，出願審査の請求をすることができるものとされた（特許庁編『工業所有権法（産業財産権法）逐条解説〔第20版〕』（発明推進協会，2017）209頁）。

62　特許出願における新規性喪失の例外

特許出願に先立って公開された発明について，どのような場合に新規性喪失の例外が認められるか。

A　特許を受ける権利を有する者の意に反して特許出願より前に公開された発明や，特許を受ける権利を有する者の行為に起因して特許出願より前に公開された発明に関して，公開から１年以内（ただし，平成29年12月８日までに公開された発明は，６月以内）の出願等の一定の条件を満たした場合，先の公開によってその発明の新規性が喪失しないものと取り扱われる。

解　説

特許出願前に出願に係る発明の新規性が喪失され，特許法29条１項各号の事由に該当するに至った発明であっても，同法30条所定の理由による場合には，例外的に，発明の新規性が喪失されなかったものとして取り扱われる。

まず，発明が，特許を受ける権利を有する者の「意に反して」公知等となり新規性が喪失した場合，当該公知等となった日から１年以内に，特許を受ける権利を有する者がした特許出願に係る発明において，新規性・進歩性の要件の判断（特許法29条１項及び２項）は考慮されない（平成30年改正特許法30条１項。なお，平成29年12月８日までに公知等となった発明に関しては，旧法における「６月以内」の期間が適用される。）。なお，共同発明者の一部や発明協力者が発明を公表した場合が特許を受ける権利を有する者の「意に反する公知」に該当するか否かに関し，共同発明者間あるいは発明協力者との間で，秘密保持契約を締結するなど，発明の公表を制約する合意が存在しない限り，意に反して公知に至ったものということはできない旨を述べた裁判例が存在する（東京地判平成17年３月10日（平成16(ワ)第11289号特許権侵害差止等請求事件・裁判所ウェブサイト)。

次に，発明が，特許を受ける権利を有する者の「行為に起因して」公知等となり新規性が喪失した場合であっても，当該公知等となった日から１年以内に，特許を受ける権利を有する者がした特許出願に係る発明において，新規性・進歩性の要件の判断（特許法29条１項及び２項）は考慮されない（平成30年改正特許法30条２項。なお，平成29年12月８日までに公知等となった発明に関しては，旧法による「６月以内」の期間が適用される。）。平成23年の特許法改正前は，本条の適用を受けることができたのは，意に反して新規性を喪失した場合のほかは，試験の場合，刊行物に発表した場合，電気通信回線を通じて発表した場合，特許庁長官の指定する学術団体が開催する研究集会において文書をもって発表した場合，又は特定の博覧会に出品した場合に限定されていたが，平成23年の特許法改正により，発明が，特許を受ける権利を有する者の行為に起因して特許法29条１項各号のいずれかに該当することとなった場合を，包括的に，本条の対象とすることとなった（特許庁編『工業所有権法（産業財産権法）逐条解説［第20版］』（発明推進協会，2017）94頁）。なお，同条２項の規定の適用を受けようとする者は，その旨を記載した書面を特許出願と同時に特許庁に提出し，かつ，特許法29条１項各号のいずれかに該当するに至った発明が，本条２項の規定の適用を受けることができる発明であることを証明する証明書を，特許出願の日から30日以内に特許庁長官に提出しなければならない（同法30条３項）。

また，国際特許出願の場合は，特許法30条３項の規定にかかわらず，国際特許出願の出願人は，その出願に係る発明について，新規性喪失の例外規定の適用を受けるための手続を，国内処理基準時の属する日後一定期間内に取ることができるという特例が設けられている（同法184条の14）。

63　審決取消訴訟の出訴期間

特許庁の審決及び決定に対する審決取消訴訟について，出訴可能期間の制限はあるか。

A　特許庁の審決及び決定に対する審決取消訴訟は，審決又は決定の謄本の送達があった日から30日以内にすることができる。

解　説

特許庁における取消決定，無効審判・拒絶査定不服審判等の審決や，審判又は再審の請求書等の却下決定に対する司法審査としての取消訴訟（以下「審決等取消訴訟」という。）に関しては，審判手続の準司法的性格等に鑑み，東京高等裁判所（実際には東京高裁の特別支部である知的財産高等裁判所）の専属管轄とされるとともに，行政事件訴訟法の特則が定められている（特許法178条，実用新案法47条，意匠法59条，商標法63条）。

審決等取消訴訟は，審決等の謄本送達があった日から30日以内（初日不算入。特許法３条１項１号）に提起しなければならない（同法178条３項）。この出訴期間は，不変期間である（同条４項）。ただし，審判長は，遠隔地又は交通の不便の地にある者のため，職権で附加期間を定めることができる（同条５項）。なお，特許法178条２項ないし６項は，実用新案法47条２項，意匠法59条２項及び商標法63条２項でそれぞれ準用されている。また，原告適格を有する者の責めに帰さない事由により出訴期間内に提訴できなかった場合，追完することができる（民訴法97条）。

なお，審決等取消訴訟の判決に不服のある当事者は，判決書正本の送達を受けた日から２週間以内に，最高裁への上告や上告受理申立てを行うことができる（民訴法313条及び285条）。

Q 64 特許権実施許諾契約（特許ライセンス契約）違反による債務不履行に基づく損害賠償請求権の消滅時効

特許権実施許諾契約（特許ライセンス契約）の一方当事者が契約に違反した場合，他方当事者が違反当事者に対して行う債務不履行に基づく損害賠償請求には期間制限があるか。

A　特許ライセンス契約の債務不履行に基づく損害賠償請求権は，請求権者が権利を行使することができる時から10年間（債権が商行為によって生じた場合には５年間）の経過によって時効消滅する。

ただし，改正民法の下では，債権が商行為により生じたか否かにかかわらず，債権者が権利を行使することができることを知った時から５年間行使しないときにも，時効消滅する。

解　説

債務不履行に基づく損害賠償請求権は，請求権者が権利を行使することができる時から10年間の経過によって時効消滅する（民法166条１項，167条１項）。

したがって，特許ライセンス契約の一方当事者が当該契約に違反した場合に，他方当事者が違反当事者に対して行う債務不履行に基づく損害賠償請求についても，請求権者が権利を行使することができる時から10年間の経過によって時効消滅する。もっとも，特許ライセンス契約の当事者が少なくとも一方が会社である場合等，特許ライセンス契約上の債権が商行為によって生じた場合には，権利を行使することができる時から５年間の経過によって時効消滅する（商法522条）。

上記消滅時効の起算点となる「権利を行使することができる時」について，債務不履行に基づく損害賠償請求権の起算点は，原則として本来の債務の履行を請求できる時と解されている（大判大正８年10月29日民録25輯1854頁，最判昭和35年11月１日民集14巻13号2781頁，最判平成10年４月24日判時1661号66頁）。

特許ライセンス契約の違反の内容としては，ロイヤリティ支払義務違反，秘密保持義務違反，許諾範囲を超過した販売等が想定されるところ，各違反に対する損害賠償請求権の消滅時効の起算点は，当該ライセンス契約の内容に応じて，それぞれ本来の債務の履行を請求できる時と判断されることになると考えられる。

なお，改正民法の下では，債権は権利を行使することができることを知った時から５年間行使しないときにも，時効消滅する（同法166条１項１号）ため，特許ライセンス契約に違反した当事者以外の当事者が権利を行使することができることを知った時から５年間行使しないときは，権利を行使することができる時から10年間が経過していない場合でも，損害賠償請求権は時効消滅する。また，改正民法の下では商事消滅時効は廃止されるため，施行日以降に発生した債権の消滅時効期間は，商行為によって生じたか否かにかかわらず，改正民法に従い判断されることとなる。

Q 65 職務発明対価請求権の消滅時効

職務発明をした従業者等の対価請求権（特許法35条４項）は，消滅時効による権利行使の制限を受けるか。

A 職務発明をした従業者等の対価請求権は，勤務規則や発明規程において，支払時期の定めがある場合はその到来時から，支払時期の定めがない場合は使用者等の権利取得等の時点から，10年間の経過によって時効消滅する。

ただし，改正民法の下では，当該他の当事者が権利を行使することができることを知った時から５年間行使しないときにも，時効消滅する。

解説

１　職務発明対価請求権の消滅時効期間

職務発明をした従業者等の対価請求権（特許法35条４項）の消滅時効期間について，下級審裁判例の多くは，同請求権が現在の特許法35条４項によって定められた法定債権であることを理由に，民法167条に従い10年と判断している（東京地判昭和58年12月23日判時1104号120頁，大阪高判平成６年５月27日判時1532号118頁，名古屋地判平成11年１月27日判タ1028号227頁，東京地判平成16年２月24日判時1853号38頁，東京地判平成16年９月30日判時1880号84頁，東京地判平成16年１月30日判時1852号36頁，東京地判平成18年５月29日判時1967号119頁，東京地判平成19年８月28日判例集未搭載，知財高判平成21年６月25日判例集未搭載など）。

学説上は，使用者が会社である場合に，対価請求権は附属的商行為（商法503条１項）に基づく債権であるとして，消滅時効を５年とする見解（渋谷達紀『知的財産法講義Ｉ〔第２版〕』（有斐閣，2006）169頁，小倉隆志・労政時報3440号29頁）がある。また，最判平成15年４月22日民集57巻４号477頁の論旨の理由からすると，勤務規則等に基づく金銭債権と解される余地があるとする見解もある（中山信弘・小泉直樹編『新・注解特許法〔第２版〕』（青林書院，2017）662頁〔飯塚卓也＝田中浩之〕）。しかし，平成15年最判自体は起算点から訴訟の提起まで５年を経過していないため，消滅時効期間が何年であるかに触れておらず（法曹会編『最高裁判所判例解説　民事篇　平成15年度（上）』296頁），平成15年最判を引用しつつ，職務発明対価請求権は法定債権であるとして，消滅時効期間を10年とする裁判例もある（東京地判平成20年２月29日判例集未搭載）。このように，実務上は，法定債権であることを根拠に消滅時効期間を10年とする立場が大勢であるといえる。

なお，改正民法の下では，債権は権利を行使することができることを知った時から５年間行使しないときにも，時効消滅する（同法166条１項１号）ため，従業者等が職務発明対価請求権を行使できることを知った時から５年間行使しないときは，権利を行使することができる時から10年間が経過していない場合でも職務発明対価請求権は時効消滅する。また，改正民法の下では商事消滅時効は廃止されるため，施行日以降に発生した債権の消滅時効期間は，商行為によって生じたか否かにかかわらず，改正民法に従い判断される。

2　職務発明対価請求権の消滅時効の起算点

職務発明対価請求権の消滅時効は，請求権者が権利を行使することができる時から進行する（民法166条１項）。「権利を行使することができる時」とは，判例上，権利行使について法律上の障害がないことを意味し，権利者が権利を行使できることを知る必要はないと解されている（大判昭和12年９月17日民集16巻1435頁）。

「権利を行使することができる時」の内容については，判例上，勤務規則や発明規程において職務発明対価請求権の支払時期の定めがある場合は，その支払時期が到来するまでは，法律上の障害があるとして消滅時効は起算されず，その支払時期が職務発明対価請求権の消滅時効の起算点となると解されている（前掲・最判平成15年４月22日）。支払時期の定めがある場合について，具体的に起算点がいつになるかは勤務規則等の文言に従って判断されるべきものであり，勤務規則に分割支払が定められている場合には，勤務規則所定の各分割支払時期が起算点となると考えられる（前掲・法曹会編305頁（注21））。裁判例には，特許権の存続期間中，一定の期間ごとに特許発明の実施の実績に応じた額を従業者等に支払う旨の規定が勤務規則にあった事案で，各期の対価請求権ごとに消滅時効が起算されるとしたものがある（前掲東京地判平成18年５月29日）。

これに対し，勤務規則や発明規程において支払時期の定めがない場合には，職務発明対価請求権は，使用者等が，従業者等から職務発明について特許を受ける権利を取得し，若しくは特許権を承継し，又は使用者等のため専用実施権を設定を受けた時点で発生するから，当該時点で権利を行使できるといえ，当該時点が消滅時効の起算点となる（前掲・中山・小泉663頁〔飯塚＝田中〕）。裁判例でも，支払時期の定めがない事案において，承継の時点から消滅時効が起算すると判断されている（東京地判昭和58年12月23日無体裁集15巻３号844頁，前掲大阪高判平成６年５月27日，前掲名古屋地判平成11年１月27日，前掲東京地判平成16年２月24日）。

なお，１で前述のとおり，改正民法では，従業者等が職務発明対価請求権を行使できることを知った時から５年間行使しないときにも職務発明対価請求権は時効消滅するが，この「職務発明対価請求権を行使できることを知った時」について，支払時期の定めがある場合には条件成就及び弁済期の到来を知った時点をいうと考えられるのに対し，支払時期の定めがない場合には，請求権を抽象的に知った時点とする考え方及び使用者等が発明によって独占的な利益を得たことを知った時点とする考え方の双方があり得るとの見解がある（前掲・中山・小泉664頁〔飯塚＝田中〕）。

Q 66 営業秘密の使用に関する不正競争に係る差止請求権の消滅時効

営業秘密の使用に関する不正競争に係る差止請求権には，期間制限が設けられているか。

A　営業秘密の使用に係る不正競争が行われた場合，営業秘密保有者は，営業使用者に対し，差止請求権を行使することができる。ただし，３年間の短期期間制限と10年間の長期期間制限が定められており，当該期間の経過により，差止請求権は消滅する。

解　説

営業秘密の使用に関する不正競争に係る差止請求権（不競法３条１項）については，消滅時効として，営業秘密保有者が侵害の事実及び行為を行う者を知った日から３年の短期期間制限と，侵害行為開始時から20年（平成27年改正前不競法では10年）の長期期間制限が設けられている（同法15条）。

不正競争防止法15条に定める期間制限の対象となるのは，営業秘密の「使用」に関する不正競争（不競法２条１項４号乃至９号）である。したがって，同法２条１項１号ないし３号及び同項10号ないし16号の不正競争には，不正競争防止法15条は適用されない。

また，不正競争防止法15条の期間制限が適用されるためには，営業秘密の使用者が，使用行為を継続して行っていることが必要となる。このような行為の継続性が要件とされた理由は，営業秘密の使用者が「使用を停止している状態では，保有者も差止請求権を行使する期待可能性が乏しく，この期間を時効に入れることは適当ではないから」（経済産業省知的財産政策室編「逐条解説・不正競争防止法（平成27年改正版）」（2016）156頁）である。

改正前民法のもとでは，20年の長期期間制限は，消滅時効ではなく除斥期間と解されていたところである（小野昌延編著『新・注解　不正競争防止法［第３版］下巻』（青林書院，2012）1196頁〔小野昌延＝愛知靖之〕）。しかし，改正民法724

条２号において，不法行為に係る行為時から20年の長期期間制限につき，除斥期間ではなく消滅時効である旨が明らかにされる改正が行われたことと併せ，不正競争防止法15条に関しても改正民法724条と同様の改正が行われたものである。

なお，差止請求権消滅の効果は，営業秘密の「使用」に関する不正競争（不競法２条１項４号ないし９号）にかかる差止請求権についてのみ発生するのであって，このような不正使用行為に対する差止請求権が同法15条により消滅した後に，当該使用者による不正開示行為が行われたような場合，これに対して差止請求権を行使することは可能であるものと解されている（前掲・小野1201頁〔小野＝愛知〕）。

67 営業秘密の不正使用行為に係る損害賠償請求権の期間制限

営業秘密の不正使用行為に係る損害賠償請求権には，期間制限が設けられているか。

A 営業秘密保有者は，不正競争防止法15条の規定により差止請求権が消滅した後に行われた営業秘密使用行為によって生じた損害については，損害賠償請求することができない。ただし，民法709条の一般不法行為に基づく損害賠償請求権が消滅していない場合，不法行為の要件事実に該当する事実の主張・立証に成功した場合，損害賠償請求することができる。

解説

民法709条は，不法行為に関し，「故意又は過失によって他人の権利又は法律上保護される利益を侵害した者は，これによって生じた損害を賠償する責任を負う」と定めているところ，不正競争防止法４条では，「不正競争」による営業上の利益の侵害が，この要件を充足することが確認的に規定されている（経済産業省知的財産政策室編『逐条解説・不正競争防止法（平成27年改正版）』(2017) 122頁)。

営業秘密の使用に関する不正競争に係る差止請求権（不競法３条１項）については，消滅時効として，営業秘密保有者が侵害の事実及び行為を行う者を知った日から３年の短期期間制限と，侵害行為開始時から20年（平成27年改正前不競法では10年）の長期期間制限が設けられている（同法15条）ところ，差止請求権が時効によって消滅した後は，侵害者といえども，営業秘密を事実上自由に使用することができるのであるから，これに対する損害賠償請求権を行使することもできない旨が定められている（同法４条ただし書，小野昌延編著『新・注解　不正競争防止法［第３版］下巻』（青林書院，2012）990頁〔松村信夫〕)。

なお，不正競争防止法４条ただし書による損害賠償請求権の期間制限の規定は，同法２条１項４号ないし９号に定める営業秘密の使用に関する不正競争以外の不正競争に係る損害賠償請求には適用されず，また，営業秘密の侵害行為に係る損害賠償請求であっても，一般の不法行為法や契約法に基づく損害賠償請求にも適用されない（前掲・小野編著990頁〔松村信夫〕）。

営業秘密の使用に関する不正競争に係る損害賠償請求権には，不正競争防止法４条ただし書による「対象となる行為」に係る期間制限に加え，民法724条による「請求権」に係る期間制限も重畳的に適用されるという点に留意する必要がある。すなわち，例えば，不正競争に該当する営業秘密の使用によって，営業秘密保有者の営業上の利益が継続的に侵害されていたところ，営業秘密保有者が，その侵害の事実や侵害者について，侵害者の行為開始時点（起算点をＸと表現する）から起算して25年目（＝Ｘ＋25年目）にこれを知ったという場合，①「Ｘ～Ｘ＋5年」の期間の損害については民法724条の長期期間制限により請求することができず，②「Ｘ＋20年～Ｘ＋25年」の期間の損害については不正競争防止法15条の長期期間制限により請求することができず，結局，このケースの場合には，侵害行為開始時点から５年目以降20年目（＝Ｘ＋５年～Ｘ＋20年）までの15年間の損害について損害賠償請求を行うことが可能になると考えられる。

Q 68 私益的無効理由に基づく無効審判及び地域団体商標の周知性欠如に基づく無効審判の除斥期間と侵害訴訟における除斥期間経過後の無効の抗弁の主張可能性

私益的無効理由に基づく無効審判及び地域団体商標の周知性欠如に基づく無効審判には，それぞれ期間制限があるか。

また，侵害訴訟において除斥期間経過後に商標権の効力が及ばないとの主張ができるか。

A　私益的無効理由に基づく無効審判は，商標権の設定の登録の日から５年間の除斥期間にかかる。地域団体商標の周知性欠如に基づく無効審判は，無効審判の請求の時点において，商標が周知となっている場合には，５年間の除斥期間にかかる。

また，私益的無効理由の除斥期間経過後に，侵害訴訟において商標権の効力が及ばない旨を主張することは，判例上，無効の抗弁については認められておらず，周知性商標使用者からの権利濫用の抗弁については認められている。

解　説

1　私益的無効理由の除斥期間

商標法47条１項は，商標登録が過誤によってなされたときでも，無効審判の請求がなく，平穏に経過したときは，その既存の法律状態を尊重し維持するために，無効理由たる瑕疵が治癒したものとして，その理由によっては無効審判の請求を認めないという商標登録の無効審判の請求に対する除斥期間の規定である（特許庁編『工業所有権法（産業財産権法）逐条解説〔第20版〕』（発明推進協会，2017）1593頁）。

商標権の設定登録の日から５年間が経過したときには，私益的無効理由に基づく無効審判は，商標権の設定の登録の日から５年間の除斥期間にかかる

（商標法47条１項）。同条の除斥期間を適用するかどうかの判断基準は，その無効理由が公益的な見地から既存の法律状態を覆してまでも無効とすべきものであるかどうかによる（前掲・特許庁1593頁）。

このような観点から，除斥期間の適用のない無効理由，すなわち一定期間の経過によって形成された既存の法律状態を覆してまでも無効にすべきほど公益性の高い無効理由を公益的無効理由とし，除斥期間の適用がある無効理由を私益的無効理由ということがある（金井重彦ほか編『商標法コンメンタール』（レクシスネクシス・ジャパン，2015）738頁）。

商標法４条１項８号，10号ないし15号及び17号違反の無効理由に関しては，私益的無効理由として，除斥期間が適用される（商標法47条１項）。

２　地域団体商標の無効理由に係る除斥期間

地域団体商標に関しては，原則として地域団体商標の登録要件（商標法７条の２第１項）が欠如している場合，除斥期間の適用はない。しかし，登録要件のうち，周知性要件の欠如による無効理由に関しては，商標権の設定登録の日から５年が経過し，かつ無効審判の請求の時点において商標が周知となっている場合には，無効審判請求を制限される（商標法47条２項）。これは，地域団体商標の対象となる商標は本来，独占に適さないとされてきたものであるから，原則的に除斥期間の適用を認めるべきではないとされているが，周知性の要件に関しては，登録時には満たしていなかった場合であっても，その後の営業努力等によって事後的に周知性を獲得していることが考えられるため，地域団体商標の商標登録後に周知となった商標に蓄積された信用や，商標登録に基づく既存の法律状態を保護すべきとの観点からの規定である（前掲・特許庁1594頁）。

３　私益的無効理由について，除斥期間経過後に，侵害訴訟において商標権の効力が及ばない旨を主張することの可否

除斥期間の適用を受ける商標権について，除斥期間経過後に，侵害訴訟において商標権の効力が及ばない旨を主張することが認められるかについては，

明文で規定されていない。判例上，商標法４条１項10号違反を理由とする無効審判請求の除斥期間を経過した場合であるという場合，侵害訴訟の相手方（被疑侵害者側）は，商標法39条が準用する特許法104条の３第１項の抗弁（いわゆる「無効の抗弁」）を主張することは許されないものの，同号違反に基づく「権利濫用の抗弁」を主張することは許されるものとされている（最判平成29年２月28日判タ1438号87頁）。

Q 69 設定登録前の金銭的請求権の発生要件及び消滅時効

商標登録出願人の金銭請求権は，消滅時効による権利行使の制限を受けるか。

A 商標登録出願人の金銭請求権は，商標権の設定の登録の日から３年間の経過によって時効消滅する。

なお，同請求権は，被請求者の商標使用の時から20年を経過したときは除斥期間にかかる。

解説

商標登録出願人は，商標登録出願をした後に当該取得に係る内容を記載した書面を提示して警告をしたときは，その警告後，商標権の設定の登録前に当該出願に係る指定商品又は指定役務について，当該出願に係る商標の使用をした者に対し，当該使用により生じた業務上の損失に相当する額の金銭の支払を請求することができる（商標法13条の２第１項）。商標登録出願人の金銭的請求権は，商標権の設定の登録の日から３年間の経過によって時効消滅する（商標法13条の２第５項・第１項，民法724条）。

商標登録出願中の第三者による商標登録出願に係る商標の使用行為は不法行為に準じたものであるため（特許庁編特許庁編『工業所有権法（産業財産権法）逐条解説〔第20版〕』（2017）1467頁），商標法13条の２第５項は，その消滅時効について民法724条を準用している。ただし，民法724条は，損害賠償の請求権は損害及び加害者を知ったときから３年間行使しないときは時効により消滅する旨を規定しているが，商標法において当該規定をそのまま準用すると，金銭的請求権が商標権の設定の登録後でなければ行使できないこととの関係で，当該請求権が時効により消滅していたという事態とならないように，消滅時効の起算点を商標権の設定の登録の日と読み替えて準用したものである（前掲・特許庁1467頁）。

また，商標登録出願人の金銭的請求権は，被請求者の商標使用の時から20年を経過したときは除斥期間にかかる（小野昌延・三山峻司編『新・注解商標法（上巻）』（青林書院，2016）730頁〔伊原友己〕）。

ただし，改正民法に伴う改正商標法は，20年の期間制限を除斥期間ではなく，消滅時効とする改正民法724条１号を準用していることから，改正民法施行後は，同請求権は20年の経過により時効消滅すると考えられる。

【設定登録前の金銭的請求権行使の時的制限】

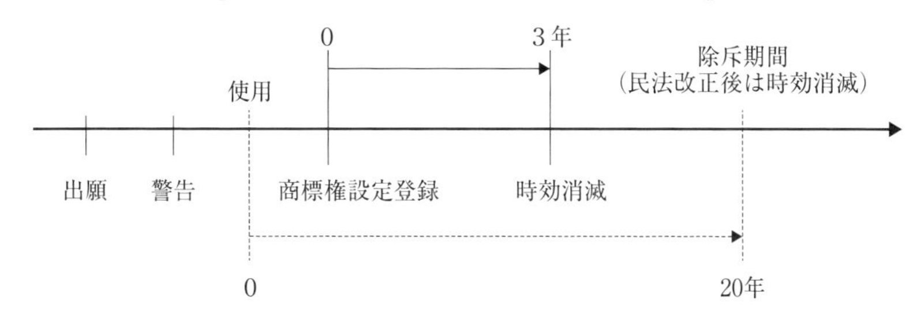

Q 70　商標登録の不使用取消審判

一定期間使用されていない商標について，商標登録を取り消されることがあるか。

A　継続して３年以上日本国内において商標権者，専用使用権者又は通常使用権者のいずれもが各指定商品又は指定役務についての登録商標の使用をしていないとして商標登録を取り消すことについて審判が請求された場合，被請求人が審判請求登録前３年以内の登録商標の使用を証明するか，不使用の正当な理由を明らかにしない限り，当該商標権は審判請求の登録の日に遡って消滅する。

解　説

1　商標権の不使用取消し

継続して３年以上日本国内において商標権者，専用使用権者又は通常使用権者のいずれもが各指定商品又は指定役務についての登録商標の使用をしていないとして商標登録を取り消すことについて審判が請求された場合（商標法50条１項），被請求人が審判請求登録前３年以内の登録商標の使用を証明するか，不使用の正当な理由を明らかにしない限り，その指定商品又は指定役務についての登録商標は取り消される（同条２項）。

当該規定の趣旨は，商標法上の保護は商標の使用によって蓄積された信用に対して与えられるのが本来的な姿であって，一定期間登録商標の使用をしない場合には，保護すべき信用が発生しないか，あるいは発生した信用も消滅してその保護の対象がなくなるし，他方，不使用の登録商標に対して排他的独占的な権利を与えておくのは国民一般の利益を不当に侵害し，かつその存在により権利者以外の商標使用希望者の商標の選択の余地を狭めることから，請求を待って商標権を取り消すということにある（特許庁編『工業所有権

法（産業財産権法）逐条解説〔第20版〕』（発明推進協会，2017）1596頁）。

2　不使用取消の要件

商標法50条１項における「使用」は同法２条３項の使用をいう（金井重彦ほか編『商標法コンメンタール』（レクシスネクシス・ジャパン，2015）748頁〔井奈波朋子〕）。指定商品又は指定役務に類似する商品を使用していたとしても，指定商品又は指定役務についての登録商標の使用に当たらないが，登録商標と物理的に同一である必要はなく，社会通念上同一であればよい（商標法50条１項括弧書）。商標権者等が，不使用取消の審判の請求がされることを知った後に登録商標の使用（いわゆる「駆け込み使用」）をした場合には，正当な理由がない限り「使用」には該当しない（商標法50条３項）。このため，不使用の登録商標の譲渡交渉をする者は，譲渡交渉が成立しない場合には不使用取消審判を請求することを内容証明により通知するなどして，商標権者等が不使用取消の審判の請求がされることを知った時点を証拠化することが有用である。

そして，「継続して３年……使用をしていない」という文言上，請求時に使用していればそれ以前に継続して３年以上使用していなくても取消の要件を満たさず，請求登録時までの３年間のうち，一度でも使用の事実があれば，取消の要件を満たさない（前掲・金井ほか編755頁〔井奈波朋子〕，小山昌延・三山峻司編『新・注解商標法（下）』（青林書院，2016）1421頁〔後藤晴男＝平山啓子〕）。また，商標権の譲渡又は使用権の許諾があった場合でも，当該譲渡又は許諾前の不使用の事実は不問に付されず，不使用の期間が，譲受人又は使用権者との間で新たに起算されるものではない（東京高判昭和56年11月25日無体集13巻２号903頁）。

また，各指定商品又は指定役務についての登録商標の使用をしていないことが要件であるから（商標法50条１項），指定商品又は指定役務が複数あるときには，使用していない指定商品又は指定役務ごとに取消審判の請求ができる（前掲・小山・三山編1424頁〔後藤晴男＝平山啓子〕）が，審判の請求は，その一部の指定商品又は指定役務を一体とする１つの請求であって，その一部の指定商品又は指定役務に属する個々の指定商品又は指定役務ごとに請求があるのではない（前掲・特許庁編1598頁）。請求権者については，平成８年の改正により，利害関係者に限らず，何人も請求権者となれることとなった。

商標権者は，不使用の正当な理由を立証することで取消を免れる（商標法50条２項ただし書）が，当該「正当な理由」については，裁判例上，地震等の不可抗力によって生じた事由，第三者の故意又は過失によって生じた事由，法令による禁止等の公権力の発動に係る事由その他の商標権者，専用使用権者又は通常使用権者の責めに帰することができない事由が発生したために，商標権者等において，登録商標をその指定商品又は指定役務について使用することができなかった場合をいうとされている（知財高判平成22年12月15日判時2108号127頁）。学説上も厳格に解するのが通説であり（前掲・金井ほか編753頁〔井奈波朋子〕），単なる経営不振や商品開発の遅れ，商品の市場性の欠如等による不使用はこれに該当しないと説明されている（前掲・小山・三山編1480頁〔後藤晴男＝平山啓子〕）。「正当な理由」の有無の判断について，裁判例には，商標権を契約によって取得しようとする者又は商標権者から通常使用権の許諾を受けようとする者は，当該登録商標の使用の事実ないし状況のいかんを調査すべきであるとして，商標権の譲渡又は使用権の許諾後の事情のみならず，それ以前の不使用の事実ないし状況も考慮されるべきであるとしたものがある（前掲・東京高判昭和56年11月25日）。

3　不使用取消の効果

不使用取消権が審判で確定した商標権は，審判の請求の登録の日に遡って消滅する（商標法54条２項）。

71　著作権の保護期間

著作権法上，著作権が保護される期間に制限があるか。

A　著作物の保護期間は，創作の時に始まり，原則として著作者の死後50年で満了する。

ただし，著作権法は保護期間の終期に関して複数の例外を設けているため，留意が必要である。特に留意すべき例外については，下記解説のとおりである。

解説

著作権法上，著作権の保護期間は，著作物の創作の時に始まり（著作権法51条１項），原則として著作者の死後50年経過するまで存続する（同法51条２項）とされている。[1)]

ただし，著作権法は，著作者の属性や著作物の性質に応じて，保護期間の終期に関して複数の例外を設けている。取り分け，以下の例外については留意する必要がある。

①　共同著作物（著作権法51条２項括弧書）

共同著作物の保護期間は，著作権法51条２項括弧書により，最後に死亡した著作者の死後50年とされる。

他人と共同して著作物を作成した場合に不利な扱いを受けることのないように，また，権利関係が複雑になることのないようにとの配慮からであるとされる（半田正夫・松田政行編『著作権法コンメンタール２〔第２版〕』（勁草書房，2015）662頁）。

②　無名又は変名の著作物（著作権法52条）

1）近時，米国，EU諸国において保護期間が「死後70年」に延長されていることから，我が国においても「70年」への延長が課題とされている（半田正夫・松田政行編『著作権法コンメンタール２〔第２版〕』（勁草書房，2015）650頁参照）。

無名又は変名の著作物の保護期間は，著作権法52条１項により，公表後50年とされる。ただし，この場合にはさらに例外が規定されており，公表後50年の期間満了前に著作者の死後50年を経過していると認められる場合には，その時点で著作権が消滅したとされる（同項）。また，変名が周知である場合，実名の登録があった場合，又は著作者が，実名若しくは周知の変名を著作者として表示して当該著作物を公表した場合には，原則どおり，著作者の死後50年で保護期間が満了するとされている（同条２項）。

本条の趣旨については，学説上も詳細な記述がなされていないが，起草者は，「無名・変名の著作物について，著作者の死亡時点を客観的に把握することが困難であり，著作権法51条１項の原則的保護期間により難いことから，死亡時点を把握できる特殊な場合を除き，公表後50年をその著作権の存続期間とすることとした」と解説している（加戸守行『著作権法逐条講義〔六訂新版〕』（著作権情報センター，2013）402頁）。

③　法人その他団体名義の著作物（著作権法53条１項）

法人その他団体名義の著作物の保護期間は，著作権法53条１項により，公表後50年，あるいは創作後50年以内に公表されなかったときは創作後50年とされる。

団体は，自然人のように死亡することはあり得ず，また，自然人の死に相当する解散ということがあり得ても，解散がなければ，その著作物は永久的に保護されることになり，合理的であるとはいえないとの配慮からである（前掲・半田ほか670頁）。

④　映画の著作物（著作権法54条１項）

映画の著作物の保護期間は，著作権法54条１項により，公表後70年，あるいは創作後70年以内に公表されなかったときは創作後70年とされる。

映画の創作には多数の者が関与し，著作者を特定することは容易ではなく，したがって死亡時起算主義を採用することが不可能であることから，公表時（公表がなされない場合には創作時）を基準としたものである（前掲・半田ほか688頁）。

⑤　映画に利用される原著作物（著作権法54条２項，62条２項）

映画に利用される原著作物（小説，脚本等）の著作権は，映画の著作物の著作権が，存続期間の満了により消滅したとき（同法54条２項）又は映画の著作物の著作権者の相続人が不存在のとき又は会社の解散により消滅したとき（同法62条２項）には，当該映画の著作物の利用に関する限り，当該映画の著作権とともに消滅するとされる。

映画の著作物の自由利用を確保するために，映画の著作物の著作権が公有に帰したときは，原作である小説や脚本等についても映画の利用に関する限りにおいては自由に利用できるようにすべきとの配慮からである（前掲・半田ほか690頁，765頁）。

72 著作者の死後・解散後における人格的利益の保護期間

著作者の死後・解散後，著作者の人格的利益はいかなる期間保護されるか。

A　著作者人格権は著作者の死亡・解散とともに消滅するが，著作者の人格的利益は，実体法上，一定の限度で，期間の限定なく保護される。

もっとも，民事上の差止請求権及び名誉回復請求権は，請求権者及び請求期間に制限が設けられており，その限度で制約される。刑事罰については，立法担当者は検察官の起訴便宜主義による合理的運用を期待するとしているが，これを制限する反対説も存在する。

解　説

著作者人格権は，人格権としての性質に照らし，一身専属権とされている（著作権法59条）。したがって，著作者の死亡（法人著作の場合は解散）とともに消滅する。

しかしながら，著作権法は，著作者の死後・解散後においても，著作物を公衆に提供し，又は提示する者に対し，著作者の意思を害しないと認められる場合を除き，著作者が存しているとしたならば，その著作者人格権の侵害となるべき行為を禁止しており（著作権法60条），これにより，当該著作者の人格的利益を一定の限度で保護している。そして，かかる保護については，その保護期間に限定がない（加戸守行『著作権法逐条講義　六訂新版』（著作権情報センター，2013）432頁）。そのため，著作者死後・解散後の人格的利益は，理論上は，期間の限定なく保護を受けることとなる。

ただし，当該禁止行為を行ったものに対する民事上の請求権としては，差止請求権（著作権法116条１項前段，112条）及び名誉回復請求権（同法116条１項後段，115条）が規定されているところ，同各請求は，①２親等以内の遺族（具体的には，死亡した著作者の配偶者，子，父母，孫，祖父母又は兄弟姉妹）による請求（同法116条１項），若しくは，②著作者の遺言により指定された者による著作者の死亡後50年以内の請求（同法116条３項）に限り認められている。したがって，著作者が自然人の場合には，かかる限度で請求権の行使期間に実質的な限定が設けられている。また，著作者が法人の場合には，法人解散後は請求権者が存在せず，請求権が事実上消滅するに等しいと考えられている（中山信弘『著作権法〔第２版〕』（有斐閣，2014）532頁）。

他方，刑事罰（著作権法120条）については，理論上は期間の限定なく処罰可能性があり，立法担当者は，検察官の起訴便宜主義による合理的運用を期待するとしている（前掲・加戸827頁）。なお，この点については，起訴便宜主義による解決は好ましくないとの観点から，著作権法施行規則２条１項を類推適用し，旧著作権法施行日に消滅している著作物に関しては著作権法60条及び120条を適用しないと解する説も主張されている（小倉秀夫・金井重彦編『著作権法コンメンタール』（レクシスネクシス・ジャパン，2013）954頁）。

73　保護期間の計算に関する諸問題

著作権の保護期間を計算するとき，著作者の死亡日（又は著作物の公表日若しくは創作日）が属する年を算入すべきか。また，継続的または逐次に公表される著作物について，保護期間の起算点となる「公表の時」は，いつの時点とすべきか。

１．保護期間の起算点

保護期間を計算するときは，著作者の死亡日（又は著作物の公表日若しくは創作日）が属する年を参入せず，その翌年から起算する。

２．継続的又は逐次に公表される著作物の「公表の時」

冊，号又は回を追って公表する著作物は，毎冊，毎号又は毎回の公表の時による。

一部分ずつを逐次公表して完成する著作物は，最終部分の公表の時による。ただし，直近の部分が３年以上公表されないときは，既に公表されたもののうちの最終部分の公表の時による。

解　説

１　保護期間の起算点

著作権の保護期間の計算に関し，著作権法57条は，「著作者が死亡した日又は著作物が公表され若しくは創作された日のそれぞれ属する年の翌年から起算する。」と規定する（暦年主義）。すなわち，著作者の死亡日（又は著作物の公表日若しくは創作日）が属する年は算入せず，その翌年から起算することとなる。例えば，著作者の死亡時から保護期間を計算するとき，著作者が2018年12月31日に死亡した場合には2019年から起算することとなり，2019年１月１日に死亡した場合には2020年から起算することとなる。

2　継続的又は逐次に公表される著作物の「公表の時」

新聞・雑誌・年報のように継続的に刊行される編集著作物や各回でストーリーがまとまっているテレビの連続ドラマ等，冊・号・回を追って公表する著作物は，それ自体が一つの独立した著作物となるため，毎冊・毎号・毎回の公表の時をもって，保護期間の起算点となる「公表の時」となる（著作権法56条１項）。

他方，百科事典や文学全集のように，逐次刊行される編集著作物や著作者名が変名の新聞連載小説等，一部分ずつを逐次公表して完成する著作物は，最終部分の公表時に作品が完結したものとして，その時点をもって，保護期間の起算点となる「公表の時」とされる（著作権法56条１項）。

ただし，起算点が不合理に遅れることを回避するため，一部分ずつを逐次公表して完成する著作物であっても，直近の部分が３年以上公表されないときには，既に公表されたものの最終部分の公表の時をもって，保護期間の起算点となる「公表の時」とされる（著作権法56条２項）。

「冊，号又は回を追って公表する著作物」と「一部分ずつを逐次公表して完成する著作物」の区別は明らかではなく，事例ごとに判断せざるを得ないとされる（中山信弘『著作権法〔第２版〕』（有斐閣，2014）460頁）。なお，新聞に掲載された一話完結型の長編連載漫画について，保護期間は各漫画ごとに進行するとした判例がある（最判平成９年７月17日民集51巻６号2714頁（ポパイネクタイ事件上告審））。

【連載小説等の「公表の時」】

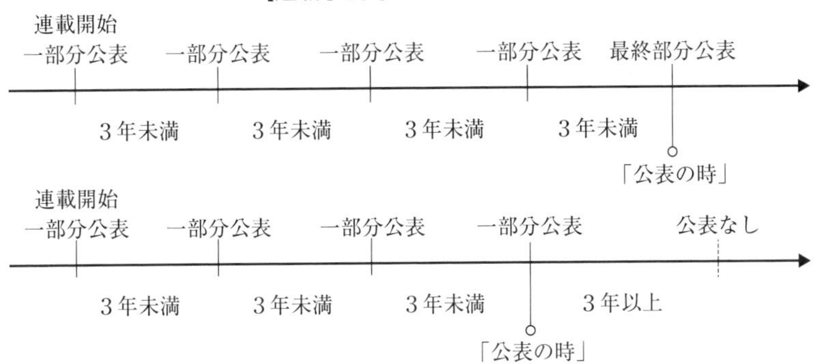

74　死後のパブリシティ権の保護期間

パブリシティ権（人の氏名，肖像等の有する顧客誘引力を排他的に利用する権利）は権利者の死後も保護されるか。また，保護期間に制限はあるか。

A　パブリシティ権は，判例上，人格権に由来する権利とされているため，一身専属的であって相続の対象とならず，死亡により保護されなくなると考えるのが自然とされる。

他方，学説上は，本人の死後も一定期間保護されるべきとする見解も有力である。もっとも，現状では確たる説はなく，具体的な保護期間も含め，最終的には立法又は裁判例の蓄積による解決が待たれる。

解　説

1　パブリシティ権の法的性質について

パブリシティ権については，従前，その権利性及び法的性質（人格権か財産権か）に争いがあったが，最高裁は，最判平成24年2月2日民集66巻2号89頁（ピンクレディー事件）において「人の氏名，肖像等（以下，併せて「肖像等」という。）は，個人の人格の象徴であるから，当該個人は，人格権に由来するものとして，これをみだりに利用されない権利を有すると解される……。そして，肖像等は，商品の販売等を促進する顧客吸引力を有する場合があり，このような顧客吸引力を排他的に利用する権利（以下「パブリシティ権」という。）は，肖像等それ自体の商業的価値に基づくものであるから，上記の人格権に由来する権利の一内容を構成するものということができる。」と判示し，パブリシティ権を人格権に由来する権利として承認することを明らかにした。

2　死後のパブリシティ権の保護及び保護期間

上記判例によれば，パブリシティ権は人格権に由来する権利であることから，一身専属的であって相続の対象とはならないと考えるのが通説とされる（法曹会編『最高裁判所判例解説　民事篇平成24年度（上）』（１月～２月分）59頁〔中島基至〕参照）。したがって，権利者の死亡によりパブリシティ権も保護されなくなると考えるのが自然な帰結である（花本広志「人格権の財産権的側面：パブリシティ価値の保護に関する総論的考察」独協法学45号252頁も同旨）。

しかしながら，学説上は，権利者の死亡と同時にパブリシティ権の保護が消滅することを是としない見解も有力であり，解釈論としては，パブリシティ権が人格権に由来することを前提としても著作権法60条（著作者が存しなくなった後における人格的利益の保護）の類推適用による保護が可能である等の提言がなされている（例えば，内藤篤・田代貞之著『パブリシティ権概説〔第３版〕』（木鐸社，2014）331頁，前掲・法曹会編1213頁も同条を参考とする可能性に言及する。）。

そして，死後のパブリシティ権が法的保護を受ける場合の保護期間については，①著作権法60条，116条の類推適用による期間制限・請求制限に服するとする見解（前掲・内藤ほか331頁）のほか，②明確な期間を定めないものの，信義則・権利濫用論による制限に服するとの見解（竹田稔『プライバシー侵害と民事責任〔増補改訂版〕』（判例時報社，1998）288頁（ただし，同書はパブリシティ権の法的性質を財産権とすることを前提とする。）参照）等の提言がなされている。

もっとも，現状においては，学説の多くも立法的解決・判例法理による発展を望むとしており（前掲・花本251頁，前掲・竹田288頁は立法的解決を望むとしており，上記最高裁判所判例解説は判例法理による発展に委ねるべきとしている。），最終的には，立法又は裁判例の蓄積による解決が待たれる。

第8章

M&A

本章では，M&A取引に関連する期間制限について，法令上及び実務上重要な事項を解説する。

具体的には，会社法上の組織再編行為に関連する手続について，期間制限が問題となる論点を解説するとともに，一般的なM&A契約において定められる補償請求権の行使期限についても言及する。また，M&A取引に関連して，金融商品取引法（開示規制），独占禁止法（企業結合規制），外為法（対内直接投資等・対外直接投資），及び労働契約承継法上の手続についても，併せてその概要を解説する。

Q 75 反対株主による株式買取請求と価格決定申立ての手続期間

組織再編に反対する株主は，会社に対して，自己の所有する株式の買取りを請求することができる（株式買取請求）が，どのようなタイミングで株式買取請求権を行使する必要があるか。また，株式買取請求があった株式について当事者間で買取価格に関する協議が調わなかった場合には，裁判所に価格決定の申立てを行うことができるが，どのようなタイミングで申立てを行う必要があるか。

A　株式買取請求権は，組織再編の効力発生日の20日前の日から効力発生日の前日までの間（新設合併等の場合には，会社が新設合併等をする旨等の通知又は公告をした日から20日以内）に行使する必要がある。また，価格決定申立ては，株式の買取価格に関する協議期間（効力発生日又は設立会社の成立の日から30日間）経過後，30日以内に行う必要がある。

解　説

1　組織再編に反対する株主の株式買取請求権の概要

会社が組織再編を行う場合，当該組織再編に反対する株主（反対株主）は，原則として，会社に対し，株式買取請求権を行使することができる（会社法785条１項，797条１項，806条１項）。株式買取請求は，会社の組織再編に反対する株主に対し，投下資本の回収機会を与えることを意図した制度である。

反対株主が株式買取請求権を行使した場合，株式の買取価格は原則として反対株主と会社との間の協議によって定められる（会社法786条１項，798条１項，807条１項）。しかしながら，この協議が調わない場合には，反対株主と会社の一方又は双方が，裁判所に対して価格決定の申立てを行うことができ（会社法786条２項，798条２項，807条２項），その場合，裁判所が買取価格を決定することとなる。

2　株式買取請求権の期間制限

反対株主による株式買取請求権には，組織再編の手続遅延を防止するため，行使できる期間に制限が設けられている。すなわち，反対株主は，組織再編の効力発生日の20日前の日から効力発生日の前日までの間（新設合併消滅会社，新設分割会社及び株式移転完全子会社の反対株主においては，会社が新設合併等をする旨等の通知又は公告（会社法806条3項・4項）をした日から20日以内）に，株式買取請求に係る株式の数を明らかにして，株式買取請求を行わなければならない（会社法785条5項，797条5項，806条5項）。

3　価格決定申立ての期間制限

会社法は，株式の買取価格の協議が調わない場合に，反対株主又は会社が裁判所に対して価格決定の申立てを行うことができる期間についても，期間制限を設けている。すなわち，組織再編の効力発生日又は組織再編に係る設立会社の成立の日から30日（協議期間）以内に，反対株主と会社との間で買取価格について協議が調わなかった場合には，反対株主又は会社は，協議期間の経過後30日（申立期間）以内に，裁判所に対して価格決定の申立てを行うことができる（会社法786条2項，798条2項，807条2項）。

この点に関して，反対株主と会社の双方が申立期間内に価格決定の申立てを行わない場合であっても，株式買取請求の効果が失効するものではない。すなわち，株式買取請求の効果は，組織再編の効力発生日又は組織再編に係る設立会社の成立の日に発生するものであり（会社法786条6項，798条6項，807条6項），仮に申立期間内に価格決定の申立てが行われないとしても，申立期間の経過後に反対株主と会社との間で買取価格に関する協議が調った場合には，当該価格で株式買取の効果が生じることとなる。なお，価格決定の申立期間経過後は，反対株主は，いつでも株式買取請求を撤回することができる（会社法786条3項，798条3項，807条3項）。

【株式買取請求権の期間制限（吸収合併等の場合）】

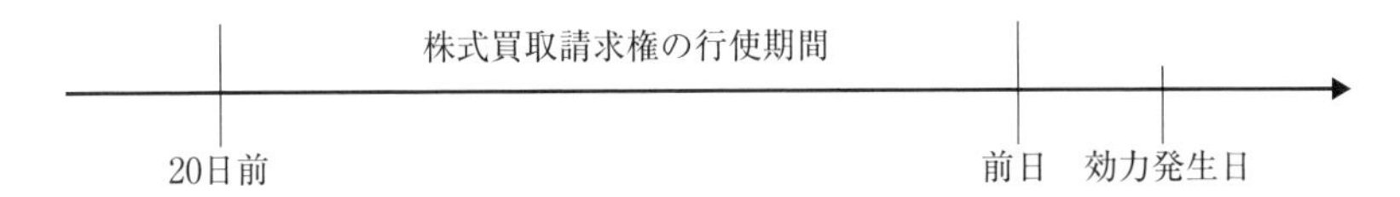

【株式買取請求権の期間制限（新設合併等の場合）】

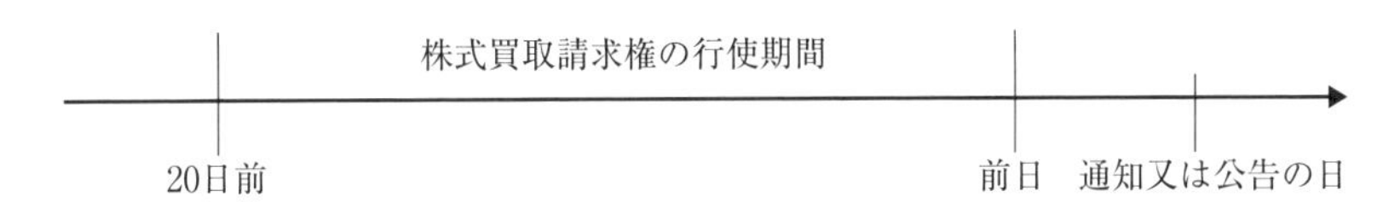

【価格決定申立ての期間制限】

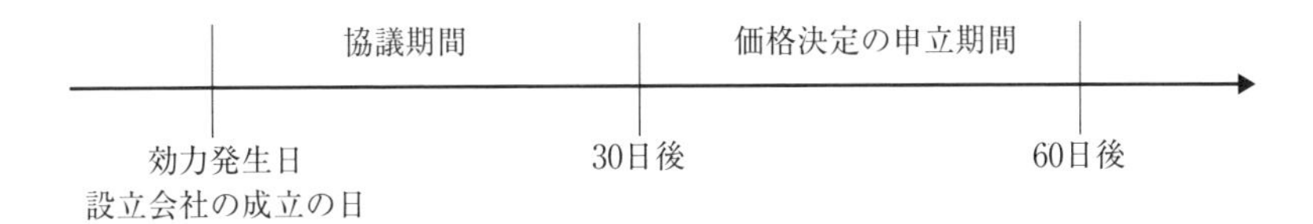

76　債権者異議の申述期間

組織再編に異議のある債権者は，会社に対して，異議を述べることができるが，どのようなタイミングで異議を述べる必要があるか。

A　会社が組織再編をする旨等を公告した日（債権者に対する各別の催告が必要な場合には，当該催告が債権者に到達した日）から，会社が定めた一定の期間内（ただし，1か月を下ることはできない。）において，異議を述べることができる。

解　説

1　債権者異議手続の概要

一般論として，会社が組織再編を行う場合には，会社の債権者が不利益を被る可能性がある。例えば，会社が財務状況の悪化した他社と合併することにより，債権者による債権回収が困難となるような事態が想定される。そこで，会社法は，組織再編を行う会社における一定の債権者に組織再編に対する異議を述べる機会を与えるため，会社に対して，債権者異議手続を経ることを求めている。

債権者が適法に異議を述べた場合，会社は，組織再編が当該債権者を害するおそれがない時を除き，当該債権者に対し，弁済，相当の担保提供又は当該債権者に弁済を受けさせることを目的として相当の財産の信託をしなければならない（会社法789条5項，799条5項，810条5項）。

2　債権者異議の申述期間

債権者異議手続の対象となる債権者が存在する場合，会社は，当該債権者に対して異議を述べる機会を与えるため，組織再編をする旨等の一定の事項について官報による公告を行い，かつ，知れている債権者に対して各別に催告しなければならない（会社法789条２項各号，799条２項各号，810条２項各号。なお，官報による公告に加えて，日刊新聞紙による公告又は電子公告を行う場合には，原則として各別の催告は不要となる（会社法789条３項，799条３項，810条３項）。）。このとき会社が公告及び催告すべき事項には，債権者が異議を述べることができる期間が含まれており，会社は，１か月を下らない期間の範囲で，債権者による異議の申述期間を任意に設定することができる（会社法789条２項４号，799条２項４号，810条２項４号）。

以上より，債権者は，会社が必要事項を公告した日（各別の催告が必要な場合には当該催告が債権者に到達した日）から，会社が定めた一定の期間内において，組織再編について異議を述べることができる。債権者が当該期間内に異議を述べなかったときは，当該債権者は組織再編について承認したものとみなされる（会社法789条４項，799条４項，810条４項）。

なお，吸収合併，吸収分割及び株式交換の場合には，債権者異議手続が終了していない限り，組織再編の効力が発生しないこととされている（会社法750条６項，759条10項，769条６項）。また，新設合併，新設分割及び株式移転の場合には，債権者異議手続が終了していない限り，組織再編により設立する会社の設立登記ができないこととされている（会社法922条１項１号ホ，924条１項１号ホ，925条５号）。したがって，会社がこれらの組織再編を実施する場合には，債権者から異議を述べられた場合に弁済等の対応を行うために必要な期間も含めて，効力発生日又は設立登記の日までに債権者異議手続が終了していなければならないことから，公告・催告の時期，債権者異議の申述期間を設定するに当たっては，この点も考慮する必要がある。

Q 77　簡易組織再編に対する株主の反対通知の期間

いわゆる簡易組織再編（株主総会決議を経ない組織再編）に反対する存続会社等の株主は，会社に対して，反対の通知をすることができるが，どのようなタイミングで反対の通知をする必要があるか。

A　存続会社等が組織再編をする旨等を株主に通知又は公告した日から２週間以内に反対の通知をする必要がある。

解　説

1　簡易組織再編の概要

会社が組織再編を行う場合には，原則として株主総会の特別決議による承認が必要である（会社法783条１項，795条１項，804条１項，309条２項12号）。しかしながら，吸収合併における存続会社，吸収分割における承継会社，株式交換における完全親会社（存続会社等）並びに吸収分割及び新設分割における分割会社については，組織再編による影響が軽微な場合，株主総会の承認決議が不要とされている（簡易組織再編）。

具体的には，存続会社等が組織再編により相手方当事会社又はその株主に交付する対価の価額が存続会社等の純資産額の５分の１以下である場合（ただし，吸収分割及び新設分割における分割会社においては，分割会社が相手方当事会社に承継させる資産の価額が分割会社の総資産額の５分の１以下である場合）には，原則として株主総会の承認決議が不要となる（会社法784条２項，796条２項，805条）。

2　簡易組織再編に対する反対通知

簡易組織再編の要件を満たす場合には，当事会社において，株主総会が開催されないこととなる。この点に関して，当事会社において，仮に株主総会が開催されていれば組織再編に必要な特別決議の成立を阻止できたであろう数の少数株主が存在する場合には，会社が簡易組織再編の方法で組織再編を行うことにより，当該組織再編を阻止できたはずの少数株主の権利が害されることとなる。

そこで，会社法は，存続会社等の一定の数以上の株主が会社に対して簡易組織再編に反対する旨の通知を行った場合，当該通知を受けた会社は，組織再編の効力発生日の前日までに，株主総会の特別決議によって当該組織再編の承認を受けなければならない旨を定めている（会社法796条３項，会社法施行規則197条）。これに対して，吸収分割及び新設分割における分割会社の株主については，このような反対通知の制度は用意されていない（会社法784条，805条参照）。

3　簡易組織再編に対する反対通知の期間制限

簡易組織再編の場合であっても，会社は，組織再編の効力発生日の20日前までに，株主に対し，組織再編をする旨等を通知又は公告しなければならない（会社法797条３項・４項）が，簡易組織再編に反対する株主は，上記の通知又は公告の日から２週間以内に，会社に対して反対通知を行わなければならない（同法796条３項）。

78　組織再編無効の訴えの提訴期間

株主や組織再編を承認しなかった債権者等は，組織再編の無効の訴えを提起することができるが，この訴えを提起できるのはいつまでか。

A　組織再編の効力が生じた日から6か月以内に無効の訴えを提訴する必要がある。

解　説

1　組織再編無効の訴えの概要

会社法は，会社の組織再編行為が無効であると主張する者は，訴えをもってのみその無効を主張することができると規定している（会社法828条1項柱書，同項7号ないし12号）。組織再編の無効原因について，会社法は何ら規定を置いていないが，一般的に，組織再編手続に瑕疵がある場合（組織再編に係る契約の意思表示に瑕疵がある場合及び独占禁止法その他特別法に定める手続を履践していない場合を含む。）には，当該瑕疵が無効原因になると解されている。

組織再編について無効の訴えを提起できる者は，①組織再編の効力発生日において当事会社の株主，取締役，監査役若しくは清算人であった者，②組織再編後存続する会社若しくは組織再編により設立する会社の株主，取締役，監査役，清算人若しくは破産管財人，又は③組織再編を承認しなかった債権者である（会社法828条2項7号ないし12号）。

組織再編行為は会社のステークホルダーの法律関係に広く影響を与えるため，法的安定性を確保し，法律関係を画一的に確定することが必要となる。そこで，組織再編無効の訴えが認容された場合の確定判決の効力について，会社法は，当該確定判決は第三者に対して効力を有する旨，及び当該確定判決は将来に向かってのみその効力を有する旨を定めている（会社法838条，839条）。

2　組織再編無効の訴えの提訴期間

組織再編無効の訴えには提訴期間が定められており，提訴権者は，組織再編の効力発生日から６か月以内に無効の訴えを提起しなければならないこととされている（会社法828条１項７号ないし12号）。会社法がこのような提訴期間を設けている趣旨は，一般的に，提訴期間後の無効主張を封じることにより，組織再編行為に係る法律関係を早期に安定させることにあると解されている。

組織再編の無効は訴えによらなければ主張することができず，提訴期間経過後は当該訴えを提起することができないため，提訴期間中に組織再編無効の訴えが提起されない場合には，組織再編行為は有効なものとして確定する。

Q 79 会社分割における労働契約の承継に関する労働者の異議申出期限

会社分割において，①承継事業に主として従事する労働者の労働契約が承継対象となっていない場合，又は②承継事業に主として従事していない労働者の労働契約が承継対象となっている場合，これらの労働者は，会社に対して，異議を申し出ることができるが，どのようなタイミングで異議を申し出る必要があるか。

A　異議申出権を有する労働者は，労働契約承継法2条1項各号に定める通知がされた日から，当該通知の期限日（分割契約等を承認する株主総会の日の2週間前の日の前日）の翌日から当該株主総会の日の前日までの期間内で，分割会社が定める日（ただし，労働契約承継法2条1項各号に定める通知がされた日との間に少なくとも13日間を置くことが必要）までの間，異議を申し出ることができる。

なお，分割契約等について株主総会の承認を要しない場合には，労働契約承継法2条1項各号に定める通知がされた日から，会社分割の効力が生ずる日の前日までの期間内で，分割会社が定める日（ただし，労働契約承継法2条1項各号に定める通知がされた日との間に少なくとも13日間を置くことが必要）までの間，異議を申し出ることができる。

解　説

1　労働契約承継法に基づく労働者保護手続の概要

会社分割を行う場合，当事会社は，承継会社又は設立会社に承継させる労働契約（労働者）の範囲を，当事会社の意思のみによって定めることができる。このような会社分割の制度は，事業譲渡を行う場合に労働契約（労働者）を承継するためには労働者本人の同意が必要であることと比較して，相対的に労働者が不利益を被る可能性が否定できないといえる。そこで，会社分割が行われる場合に労働者の保護を図ることを目的に，会社法の特例として，労働契約承継法が制定された。労働契約承継法は，会社分割によって不利益を被る可能性のある一定の労働者を保護するための手続を規定している。

会社は，会社分割を行うときは，承継事業に主として従事する労働者（主従事労働者）及びその者の労働契約が承継対象となっている労働者（主従事労働者を除く。）に対し，一定の事項を通知しなければならない（労働契約承継法2条1項各号）。当該通知は，分割契約又は新設分割計画を承認する株主総会の日の2週間前の日の前日（分割契約又は新設分割計画について株主総会の承認を要しない場合には，分割契約の締結日又は新設分割計画の作成日から起算して2週間を経過する日）までに行う必要がある（通知期限日。労働契約承継法2条3項各号）。

当該通知を受けた労働者において，①主従事労働者の労働契約が承継対象となっていない場合，及び②主従事労働者以外の労働者の労働契約が承継対象となっている場合には，これらの労働者は，会社に対して異議を申し出ることができる。異議の内容は，①の場合には，当該労働契約が承継されないことに対する異議であり，②の場合には，当該労働契約が承継されることに対する異議である（労働契約承継法4条1項，5条1項）。①の場合に労働者が異議を申し出たときは，当該労働者の労働契約は，承継会社又は設立会社に承継され，②の場合に労働者が異議を申し出たときは，当該労働者の労働契約は，承継会社又は設立会社に承継されないこととなる（労働契約承継法4条4項，5条3項）。

2　異議申出期間

労働契約承継法2条1項各号に定める通知を行う際，会社は，通知書面に異議申出期限日を記載しなければならない（労働契約承継法2条1項柱書）。そして，労働者は，労働契約承継法2条1項各号に定める通知がされた日から異議申出期限日までの間に，異議を申し出ることができる（労働契約承継法4条1項，5条1項）。

異議申出期限日は，労働契約承継法2条1項各号に定める通知がされた日から，通知期限日の翌日から分割契約又は新設分割計画を承認する株主総会の日の前日までの期間の範囲内で，分割会社が定める（同法４条３項１号）。ただし，労働契約承継法２条１項各号に定める通知がされた日と異議申出期限日との間には，少なくとも13日間を置かなければならない（同法４条２項，５条２項）。

なお，分割契約又は新設分割計画について株主総会の決議による承認を要しない場合には，異議申出期限日は，労働契約承継法２条１項各号に定める通知がされた日から，会社分割の効力が生ずる日の前日までの期間の範囲内で，分割会社が定める（同法４条３項２号）。ただし，労働契約承継法２条１項各号に定める通知がされた日と異議申出期限日との間には，少なくとも13日間を置かなければならない（同法４条２項，５条２項）。

【異議申出期間（株主総会の承認を要する場合）】

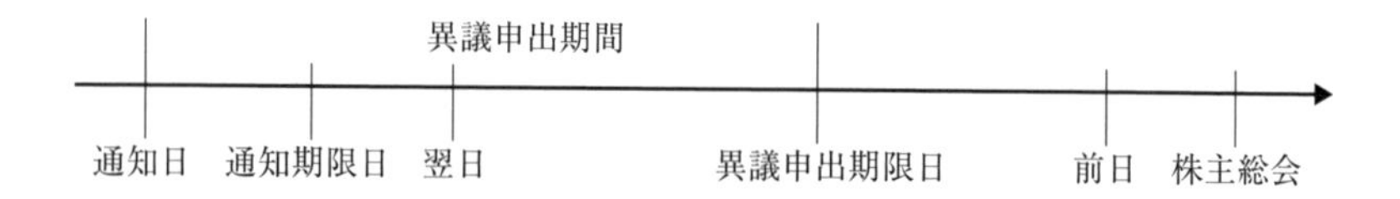

※　通知期限日は，株主総会の日の２週間前の日の前日である（労働契約承継法２条３項１号）。

※　異議申出期限日は，通知日から，通知期限日の翌日から株主総会の日の前日までの間で，分割会社が定める（労働契約承継法４条３項１号）。

※　通知日と異議申出期限日との間には，少なくとも13日間を置かなければならない（労働契約承継法４条２項，５条２項）。

【異議申出期間（株主総会の承認を要しない場合）】

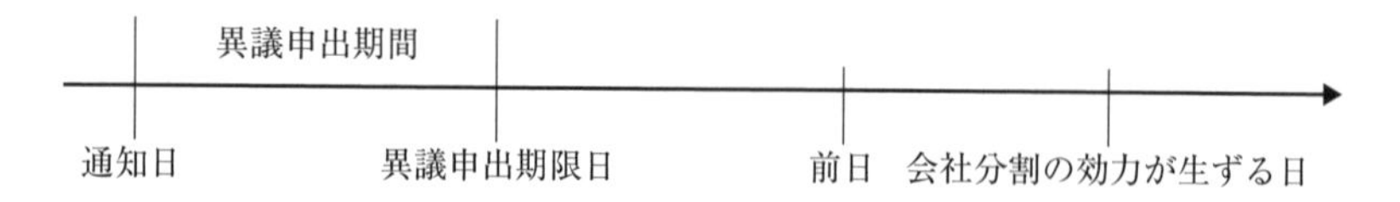

※　異議申出期限日は，通知日から，会社分割の効力が生ずる日の前日までの間で，分割会社が定める（労働契約承継法４条３項２号）。

※　通知日と異議申出期限日との間には，少なくとも13日間を置かなければならない（労働契約承継法４条２項，５条２項）。

Q 80　M&A契約における補償請求権の行使期限

M&A契約における補償条項に基づく補償請求権には行使期限があるか。

A　一般的なM&A契約における補償請求権については，契約上，行使期限が定められているため，個別に補償条項の内容を確認する必要がある。特に，労働関係・税務関係等，特別な消滅時効の対象となる債務を原因とする補償請求権や，特別補償条項に基づく補償請求権については，特別な行使期限が定められている可能性があるため，注意が必要である。

解説

1　通常の補償請求権の行使期限

一般的なM&A契約においては，相手方当事者の表明保証・誓約事項の違反等を原因とする補償請求権が定められることが通常であるが，長期間にわたり補償請求を受ける可能性が存続すると補償義務者の地位が不安定となることを懸念して，補償請求権については行使期限が定められることが多い。具体的な行使期限については，M&A取引の内容・性質，交渉の経緯，契約当事者の属性・関係性等により様々であるが，実務上，補償請求の原因となる事実等が判明するまでの期間と５年の商事消滅時効（改正前商法522条）との兼ね合いから，１年から５年の間で定められていることが多いものの，数か月から半年程度の期間に留まる事例も存在する。もっとも，労働関係・税務関係等，特別な消滅時効（労基法115条，税通法70条等）の対象となる債務を原因とする補償請求権については，特別な行使期限が定められている可能性があるため，注意が必要である。

また，行使期限の起算点は，M&A取引のクロージング時と定められることが多いが，クロージング後も存続する義務（例えば，クロージング後の誓約事項や秘密保持義務等）については，その性質上，行使期限の起算点が当該義務の違反時に設定されることもある。このように義務の性質によって行使期限の起算点が異なる場合もあるため，併せて注意が必要である。

【株式譲渡契約において特別な行使期限等が定められている条項例】

> 第●条（補償）
> 1．各当事者は，①本契約に定める自己の表明及び保証が不実若しくは不正確であること，又は②本契約に基づく自己の義務若しくは誓約に違反があることに起因又は関連して相手方当事者が被った損害を補償する（以下，本項に基づき補償請求権を有する者を「補償権利者」といい，補償義務を負う者を「補償義務者」という。）。
> 2．前項に定める補償の請求は，補償権利者がクロージング時から（クロージング後も残存する義務の違反については，当該義務を負う期間の満了日から）●年以内に限り行うことができる。
> ※　クロージング後も残存する義務の違反について特別な起算点が定められている。
> 3．前項の規定にかかわらず，公租公課に係る売主の表明及び保証が不実又は不正確であることに起因又は関連する補償の請求については，関係当局が法令等に基づき対象会社に対して対象となる公租公課の支払を請求することができる期間の最終日から３か月が経過する日まで，これを請求することができる。
> ※　公租公課に係る表明保証違反について，特別な行使期限が定められている。

2　特別補償条項に基づく補償請求権の行使期限

M&A契約における表明保証違反に基づく補償請求に関しては，補償請求者が，補償義務者の表明保証違反について悪意又は重過失であった場合，表明保証違反に基づく補償請求を行うことができないことを示唆する裁判例（東京地判平成18年１月17日判時1920号136頁）が存在するため，例えば，補償請求者がデュー・ディリジェンス等の過程で認識するに至った問題点については，仮に相手方当事者に表明保証をさせたとしても，表明保証違反に基づく補償請求が否定されるリスクが否定できない。そのため，このような問題点については，M&A契約上，通常の補償請求権に関する条項とは別に，特別補償条項が設けられ，補償請求者の認識にかかわらず補償請求権を行使することができる旨が定められることがある。

なお，特別補償条項は，上記のとおり既に問題点として認識されている事項に関するものであることが多く，補償請求権が将来行使される可能性が高いと言えるため，通常の補償請求権よりも長期の行使期限が定められることも多い。

3　消滅時効

補償請求権については，契約上の行使期限の有無にかかわらず，別途，消滅時効の対象になる。補償請求権も債権であるから，原則として10年の消滅時効（改正前民法167条１項）にかかるが，M&A契約においては，商行為によって生じた債権として，５年の商事消滅時効（改正前商法522条）にかかることが多いと考えられる。

また，消滅時効は「権利を行使することができる時」から進行するところ，かかる消滅時効の起算点の解釈については，議論のあるところである。補償請求権の法的性質との関係で議論が分かれ得ることのほか，個々の違反事由によっては，補償請求者が損害の発生を現実に認識する以前に客観的には損害が発生している場合や，そもそも契約締結時に客観的には損害が発生している場合もあり得ることから，補償請求権の「権利を行使することができる時」を明確に特定することは難しい。したがって，補償請求権の消滅時効の起算点は，保守的に，M&A契約締結時であると解さざるを得ない場合も多いと考えられる。

なお，民法改正後は，商事消滅時効の制度は廃止され，「権利を行使することができることを知った時」から５年，「権利を行使することができる時」から10年の消滅時効（改正民法166条１項）にかかることとなる（詳細は，Ｑ１～Ｑ３参照）。この点に関して，商行為によって生じた債権については，通常は，「権利を行使することができる時」に「権利を行使することができることを知った」ということができるから，規律の実質に大きな変更はないと考えられている（大野晃宏「民法（債権関係）改正に伴う商法改正の概要」旬刊商事法務2154号5頁）が，「権利を行使することができることを知った時」とは，権利行使が期待可能な程度に権利の発生及びその履行期の到来その他権利行使にとっての障害がなくなったことを債権者が知った時点を意味するものと捉えられているため（潮見佳男『民法（債権関係）改正法の概要』（金融財政事情研究会，2017）46頁），M&A契約における補償請求権との関係では，通常，M&A契約締結時に補償請求権者が補償請求権を行使することができることを知っていたとまではいえない場合もあると考えられる。したがって，民法改正後においては，補償請求権の行使期限が従前よりも長く解釈されるべき場合もあると考えられる。

Q 81 有価証券届出書の効力発生前における契約締結の禁止

有価証券届出書の提出義務がある新株発行や株式譲渡を行う場合には，有価証券届出書の効力発生まで，新株発行や株式譲渡に関する契約の締結が禁止される（いわゆる待機期間）が，具体的にどの程度の日数を要すると見込む必要があるか。

A　効力発生までの待機期間は原則として15日間であるが，組込方式や参照方式の利用適格要件を満たす発行者については，待機期間は７日間に短縮されている。また，「特に周知性が高い企業」が投資者に理解しやすい有価証券を発行する場合には，待機期間が撤廃されている。

また，将来発行する有価証券の内容がある程度決まっている場合，発行登録制度を利用することにより，迅速に有価証券を発行することが可能となる。

解説

1　待機期間とは

有価証券の募集又は売出しを行う場合，原則として，内閣総理大臣に対して有価証券届出書を提出する必要があり（金商法４条１項本文），有価証券届出書の効力が発生するまでは，有価証券の取得又は売付けに係る契約を締結してはならない（同法15条１項）。そのため，有価証券届出書の効力がいつ発生するかは重要な意味を有するところ，有価証券届出書は，原則として，内閣総理大臣が届出を受理した日から15日を経過した後にその効力を生ずるとされている（同法８条１項）。これを一般に待機期間という。

待機期間は，内閣総理大臣が提出された有価証券届出書の記載内容を審査するための期間であるほか，開示された情報に基づき投資者が募集又は売出しに応じて有価証券を取得するかどうかの投資判断を行うための熟慮期間を与えるものであるとされている（近藤光男ほか『金融商品取引法入門〔第4版〕』（商事法務，2015）153頁）。

したがって，有価証券届出書の提出義務がある新株発行や株式譲渡を行う場合[1]には，かかる待機期間を念頭に置いた上で，スケジュールを検討する必要がある。

2　待機期間の短縮

内閣総理大臣は，①届出書類の内容が公衆に容易に理解されると認める場合，又は，②当該届出者に係る企業情報（金商法5条1項2号）が既に公衆に広範に提供されていると認める場合には，待機期間を短縮し，又は，届出の当日若しくは翌日にその効力を発生させることができる（同法8条3項）。このような場合には，有価証券届出書の記載内容の審査も容易である上に，熟慮期間を短縮しても投資者の保護に欠けるところはないからであるとされている（前掲・近藤ほか154頁，山下友信・神田秀樹編『金融商品取引法概説〔第2版〕』（有斐閣，2017）116頁）。

実際にどのような場合に待機期間を短縮するかについては，「企業内容等の開示に関する留意事項について（企業内容等開示ガイドライン）」に示されている。例えば，届出者が有価証券届出書について組込方式（金商法5条3項）や参照方式（同条4項）の利用適格要件を満たしている場合，待機期間はおおむね7日とされており（企業内容等開示ガイドライン8－2），上場会社の大部分はこの要件を満たしている。また，届出者が「特に周知性が高い企業」[2]である場合，直ちにその効力を発生させることができるとされている（企業内容等開示ガイドライン8－3）。

したがって，待機期間は原則として15日間であるが，この原則が適用されるのはIPOなどごく限られた場合のみであり，一般論として待機期間は短縮

1）上場会社による新株発行や上場株式の譲渡は，例外事由に該当しない限り，有価証券の募集又は有価証券の売出しに該当する。

2）1年以上継続開示義務を履行している発行者であって，上場株式の時価総額が過去3年間の平均で年1000億円以上であり，その売買金額も過去3年間の平均で年1000億円以上の者を指す（企業内容等開示ガイドライン8－3）。

又は撤廃されることが多いといえる（黒沼悦郎『金融商品取引法』（有斐閣，2016）112頁）。

3　発行登録制度

発行登録制度とは，将来有価証券の募集又は売出しを予定している者が，一定期間における発行予定額等を記載した発行登録書をあらかじめ提出して発行の登録をしておくことにより，実際に募集又は売出しを行う際に，個別の発行価額，発行条件等を記載した発行登録追補書類を提出するだけで，有価証券を取得させたり，売り付けたりすることを可能にするものである（金商法23条の３から23条の12）。

発行登録書の利用適格要件は，参照方式による有価証券届出書の利用適格要件と同じである（金商法23条の３第１項）。また，発行登録書の待機期間も，参照方式による有価証券届出書と同様に短縮され，おおむね７日とされている（同法23条の５第１項，８条，企業内容等開示ガイドライン23の５－１）。そして，発行登録書が効力を生じた後においては，届出者は，発行登録追補書類を提出することにより，直ちに有価証券を取得させたり，売り付けたりすることができる（すなわち，発行登録追補書類に待機期間はない。）。

したがって，参照方式による有価証券届出書の利用適格要件を満たしている届出者については，将来発行する有価証券の内容がある程度決まっている場合，発行登録制度を利用することにより，迅速に有価証券を発行することが可能となる。

Q 82　独占禁止法に基づく企業結合の禁止期間

独占禁止法に基づく事前届出制度の対象となる企業結合を行う場合，企業結合の実行が禁止されるのは，事前届出から何日間か。

A　企業結合に係る事前届出の受理日から30日間を経過するまでは，企業結合の実行が禁止される。ただし，公正取引委員会に対して申し出ることにより，30日間の禁止期間が短縮されることがある。

また，公正取引員会から，事前届出の内容等に関して追加報告等を求められる場合もあり，その場合には30日間を超えて，事実上，企業結合が禁止されることとなる。

解　説

1　企業結合規制の概要

独占禁止法第4章は，会社による株式の取得若しくは所有（同法10条），役員兼任（同法13条），会社以外の者による株式の取得若しくは所有（同法14条），合併（同法15条），共同新設分割若しくは吸収分割（同法15条の2），共同株式移転（同法15条の3）又は事業等の譲受け（同法16条）について，①これらの企業結合が一定の取引分野における競争を実質的に制限することとなる場合，及び②不公正な取引方法によりこれらの企業結合が行われる場合に，これを禁止している。

そして，独占禁止法は，会社による株式の取得（同法10条2項・5項），合併（同法15条2項），共同新設分割若しくは吸収分割（同法15条の2第2項・第3項），共同株式移転（同法15条の3第2項），又は事業等の譲受け（同法16条2項）について，これらの企業結合が一定規模以上の場合に，公正取引委員会に対して事前届出を行うことを義務付けている。かかる事前届出制度の対象となる企業結合を行う場合，当該届出から一定期間，企業結合の実行が禁止されるため，注意が必要である。

なお，届出の要否に関する判断基準や届出書の記載要領等については，公正取引委員会のウェブサイト[3]に詳しく記載されているため，参照することが有益である。

2　企業結合の禁止期間及び禁止期間の短縮

事前届出制度の対象となる企業結合については，企業結合に係る事前届出の受理日から30日間を経過するまでは，企業結合の実行が禁止されるが，公正取引委員会は，必要があると認めるときは，30日間の禁止期間を短縮することができることとされている（独禁法10条8項，15条3項，15条の2第4項，15条の3第3項，16条3項）。

具体的には，公正取引委員会は，①届出の対象となっている事案について独占禁止法上問題がないことが明らかな場合，かつ，②禁止期間を短縮することについて届出会社が書面で申し出た場合には，禁止期間を短縮することとしている（公正取引委員会ホームページ[4]参照）。

3　審査期間

公正取引委員会による審査は，禁止期間内に終了する場合もあるが，禁止期間内に，審査に必要な報告，情報又は資料の提出を求められる場合もある（独禁法10条9項，15条3項，15条の2第4項，15条の3第3項，16条3項）。かかる追加報告等を求められた場合，①届出受理後120日を経過した日と②公正取引委員会が提出を要請した追加報告等を受理した日から90日を経過した日のうち，いずれか遅い日まで審査が継続することとなり，かかる審査が継続している間は，最終的に排除措置命令が行われる可能性も否定できないため，事実上，企業結合は禁止されることとなる。（手続の流れにつき，次頁の図を参照）

3）http://www.jftc.go.jp/dk/kiketsu/index.html
4）http://www.jftc.go.jp/dk/kiketsu/kigyoketsugo/todokede/index.html

【企業結合審査のフローチャート】

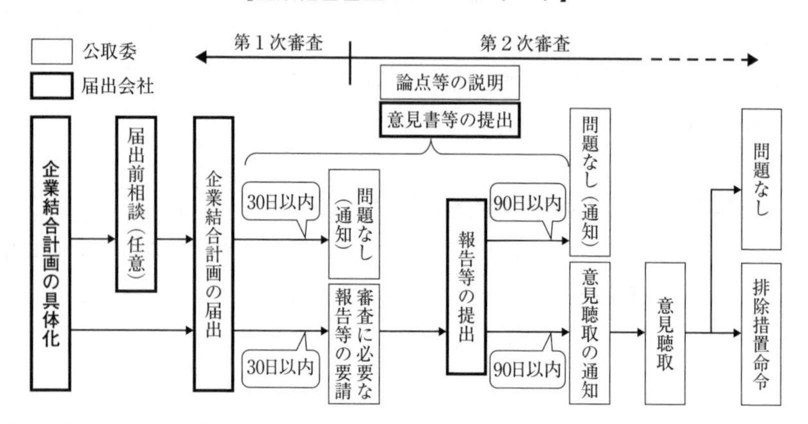

出典：「平成28年度における主要な企業結合事例について（平成29年６月14日公正取引委員会）」
（http://www.jftc.go.jp/houdou/pressrelease/h29/jun/170614_01.files/170614.pdf）106頁より

Q 83 外為法に基づく対内直接投資等及び対外直接投資の禁止期間

外為法に基づく事前届出を要する対内直接投資等又は対外直接投資を行う場合，投資の実行が禁止されるのは，事前届出から何日間か。

A 　事前届出を要する対内直接投資等の場合，当該届出が受理された日から起算して30日を経過する日までは，当該届出に係る対内直接投資等の実行が禁止される。ただし，禁止期間は，特に審査を要するものを除き，通常，２週間に短縮されるほか，グリーンフィールド投資案件，ロールオーバー案件及びパッシブ・インベストメント案件については，特に審査を要するものを除き，禁止期間を届出受理日から４営業日を経過した日までに短縮するよう努めることとされている。

事前届出を要する対外直接投資の場合，当該届出が受理された日から起算して20日を経過する日までは，当該届出に係る対外直接投資の実行が禁止される。ただし，財務大臣により特に支障がないと認められたものについては，禁止期間が短縮されるほか，皮革又は皮革製品製造業向け投資のうち一定の要件を満たすものについては，届出受理日から当該取引を行うことができる。

解　説

1　事前届出を要する対内直接投資等

⑴　制度の概要

外国投資家（外為法26条１項，対内直接投資等に関する政令２条１項・２項）が行う対内直接投資等（外為法26条２項，対内直接投資等に関する政令２条３項から９項）のうち，一定の業種に対するものや一部の国又は地域から行われるもの（対内直接投資等に関する政令３条２項）については，事前に，当該対内直接投資等について，事業目的，金額，実行の時期等を財務大臣及び事業所管大臣に届け出なければならない（外為法27条1項）。例えば，海外の投資家が，航空機や原子力に関連する製造業等，国の安全に関わる事業を営む日本国内の会社の株式を取得する場合，かかる事前届出が必要となることがある。

事前届出は，対内直接投資等を行おうとする日の前6か月以内に，所定の様式により，日本銀行を経由して財務大臣及び事業所管大臣宛てに行わなければならない（対内直接投資等に関する政令3条3項，対内直接投資等に関する命令3条8項）。

⑵　禁止期間

事前届出を要する対内直接投資等に該当し，財務大臣及び事業所管大臣に対して届出を行った場合，我が国の安全等に支障がないかを審査するため，日本銀行が届出書を受理した日から起算して30日を経過する日までは，当該届出に係る対内直接投資等の実行が禁止される（外為法27条2項本文）。

もっとも，禁止期間は，特に審査を要するものを除き，通常，2週間に短縮される（外為法27条2項ただし書，「外為法Q&A（対内直接投資・特定取得編）」21頁）。

また，グリーンフィールド投資案件，ロールオーバー案件及びパッシブ・インベストメント案件[5]については，特に審査を要するものを除き，禁止期間を届出受理日から4営業日を経過した日までに短縮するよう努めることとされている（「外為法Q&A（対内直接投資・特定取得編）」21頁）。

なお，財務大臣及び事業所管大臣は，届出事項が我が国の安全等に支障があるかどうかを審査するため，禁止期間を最長5か月まで延長することができ，審査の結果，届出事項が我が国の安全等に支障があると認められた場合，その投資内容の変更又は中止を勧告することができる（外為法27条3項から6項）。

2　事前届出を要する対外直接投資

⑴　制度の概要

居住者（外為法6条1項5号）が，①漁業（水産動植物の採捕事業），②皮革又

5）これらの詳細については，「外為法Q&A（対内直接投資・特定取得編）」21から22頁参照。

は皮革製品の製造業，③武器の製造業，④武器製造関連設備の製造業，⑤麻薬等の製造業に属する事業に係る対外直接投資（外為法23条２項，外為令12条４項，外為省令23条）を行う場合，事前に，当該対外直接投資の内容，実行の時期等を財務大臣に届け出なければならない（外為法23条１項）。例えば，日本国内の会社が，皮革又は皮革製品の製造業を営む海外の会社の株式を譲り受ける場合，かかる事前届出が必要となることがある。

事前届出は，対外直接投資を行おうとする日の前２か月以内に，所定の様式により，日本銀行を経由して財務大臣宛てに行わなければならない（外為令12条２項，外為省令22条１項）。

(2) 禁止期間

事前届出を要する対外直接投資に該当し，財務大臣に対して届出を行った場合，我が国経済の円滑な運営，国際平和及び安全等の面で問題となるおそれがないかを審査するため，日本銀行が届出書を受理した日から起算して20日を経過する日までは，当該届出に係る対外直接投資の実行が禁止される（外為法23条３項本文）。

もっとも，財務大臣により特に支障がないと認められたものについては，禁止期間が短縮される（外為法23条３項ただし書，「外為法Q&A（資本取引編）」25頁）。

また，皮革又は皮革製品製造業向け投資のうち一定の要件を満たすものについては，届出受理日から当該取引を行うことができる（「外為法Q&A（資本取引編）」25頁）。

なお，財務大臣は，20日間の審査の結果，①我が国経済の円滑な運営に著しい悪影響を及ぼすことになること，②国際的な平和及び安全を損ない，若しくは公の秩序の維持を妨げることになることのいずれかの事態を生じ，外為法の目的を達成することが困難になると認められるとき，又は外為法10条１項の閣議決定が行われたときに限り，当該対外直接投資の届出をした者に対し，当該対外直接投資の内容の変更又は中止を勧告することができる（外為法23条４項）。

第9章

ファイナンス

ファイナンス取引においては，いわゆる民事消滅時効及び商事消滅時効一般に注意すべきことは言うに及ばず，その取引実務や適用法令に伴う固有の期間や期限にも留意する必要がある。

本章では，主として，貸付取引に関連する事項（Q84～Q86），投資取引に関連する事項（Q87～Q89），投資アセット（対象）に関連する事項（Q87～Q93）に関し，それぞれ代表的な期間や期限について取り上げるほか，保険取引における生命保険料の払込猶予期間（Q94）についても概説する。

これらの期間や期限は，その趣旨として，主に関係当事者の利害調整や投資家保護を目的とするものが多く，前者については関係当事者の合意によって調整可能なものも存在する一方で，後者については後見的な見地から関係当事者の合意によっては変更できないものも少なくない。

円滑にファイナンス取引を行うに当たっては，本章で紹介するものを含め，当該取引に適用される種々の期間や期限を念頭に置いた上で，当該期間や期限が関係当事者の合意によってコントロール可能なものか否かについても併せて把握しておくことが有用である。

84 金銭消費貸借契約の締結日と貸付実行日

金銭消費貸借契約の締結日と実行日を異なる日とすることについて，どのような留意点があるか。

A 改正前民法上，消費貸借契約は要物契約とされており（民法587条），金銭消費貸借契約の締結日と実行日は同一になるのが原則である。もっとも，改正前民法の解釈では，諾成契約として金銭消費貸借契約を締結することも認められているため，締結日と実行日を異なる日とすることは可能であり，実務上も多用されている。

金銭消費借契約を諾成契約として行う場合，貸付人・借入人ともに，金銭が授受される実行日に先立って当該契約により拘束されることになる。

解説

1　消費貸借契約の要物性

消費貸借は，当事者の一方が種類，品質及び数量の同じ物をもって返還をすることを約して相手方から金銭その他の物を受け取ることによって，その効力を生ずる（民法587条。消費貸借の要物性）。この消費貸借の成立要件からすれば，金銭消費貸借契約の締結日と実行日は同日になるのが原則である。

2　諾成的消費貸借契約の可否と改正民法

他方で，改正前民法の解釈として，目的物を引き渡さずとも合意によって消費貸借契約を成立させることができる（いわゆる諾成的消費貸借契約も認められる）とする見解が通説とされる（幾代通・広中俊雄編『新版注釈民法⒂債権(6)』（有斐閣，1989）4頁〔広中俊雄〕）。諾成的消費貸借契約を認める通説によれば，金銭消費貸借契約の締結日と実行日を異なる日とすることも可能であり，実際，金銭消費貸借実務において多用されている。

改正民法においては，「……書面でする消費貸借は，当事者の一方が金銭その他の物を引き渡すことを約し，相手方がその受け取った物と種類，品質及び数量の同じ物をもって返還をすることを約することによって，その効力を生ずる。」（改正民法587条の2第1項）との条文が追加された。すなわち，改正民法下においては，「書面でする」金銭消費貸借契約については，当事者間の合意のみによって成立する，いわゆる諾成的消費貸借であるとされた。

3　諾成的消費貸借契約の留意点

当事者間の合意のみによって金銭消費借契約を成立させる場合（すなわち，諾成的金銭消費貸借契約を締結する場合），貸付人・借入人ともに，金銭が授受される実行日に先立って当該金銭消費貸借契約の合意内容に拘束されることになる。そのため，貸付人は，借入人に対し，貸す債務を負担することになる。

85　期限前弁済とその法的位置付け

金銭消費貸借契約における借入人が，約定された弁済期よりも前に借入金の返済を行うことについて，どのような留意点があるか。

A　借入人は，約定された弁済期より前であっても，期限の利益を放棄して借入金の返済（「期限前返済」）を行うことができるものの，貸付人の利益を害することはできない。

借入人による期限前弁済に備え，貸付人の実務対応としては，借入人に清算金（ブレークファンディングコスト）の支払義務を設定するケースがままみられる。もっとも，清算金が利息制限法上の上限金利を超える場合，当該超過部分の支払義務については無効とされる可能性がある。

解　説

1　期限の利益と債務者による放棄

期限は，債務者の利益のために定めたものと推定され（民法136条１項），債務者は期限の利益を放棄することができる（同条２項本文）。そのため，借入人は，期限の利益を放棄して約定された弁済期よりも前に借入金を弁済できる（同法591条２項）。

2　債権者の利益の保護

ただし，期限の利益の放棄によって相手方の利益を害することはできない（民法136条２項ただし書）ため，通説によれば，期限前弁済を行う借入人は，弁済時までの利息のみならず，「本来の期限までの利息」を支払わなければならないとされる（於保不二雄・奥田昌道編『新版注釈民法⑷総則⑷』（有斐閣，2015）813頁〔金山正信〕）。しかし，この通説に対しては，期限前弁済を受けた貸付人は，返済を受けた金銭を再運用等することによって利益を得ることができるのであるから，そのような再運用等による利益を得ながら「本来の期限までの利息」相当額の損害賠償を請求することは，二重取りであって相当でないとの批判がされている。

3　実務対応としての清算金条項

こうした法解釈の議論を踏まえた実務として，貸付人たる金融機関は，借入人に対し，期限前弁済に際して清算金（ブレークファンディングコスト）の支払義務を課す旨の特約を設定した上で，当該清算金額を「本来の期限までの利息」から再運用等することによって得られる利益相当額を控除した金額とするケースがままみられる。もっとも，変動金利による貸付けの場合には，貸付けのために貸付人が資金を調達するコストに対応して，「次回の利払日までの利息」を基準としつつ，そこから再運用等することによって得られる利益相当額を控除した清算金額を定めることが多い。

清算金の支払条件と金額をあらかじめ特約によって合意しておけば，借入人が貸付人に対して期限前弁済に際して負うペナルティを明確化することができる。しかし，合意内容によっては利息制限法の制約を受け，公序良俗に反し無効とされる可能性があることには注意が必要である（前掲・於保・奥田編817頁〔金山正信〕）。

4　改正民法における貸付人の損害賠償請求権

改正民法においては，返還の時期を定めた消費貸借契約において，期限前弁済によって貸付人が損害を受けたときは，借入人に対して損害賠償を請求することができる旨が明文化された（改正民法591条3項）。

86 倒産不申立特約の期間

資産の証券化において，資産保有SPCの役員や債権者が資産保有SPCに対する破産手続開始申立権を放棄する特約を設ける場合，特約の期限をどのように設定するべきか。

A　期限を定めない破産手続開始申立権の放棄は無効と解される可能性があるため，資産保有SPCの役員や債権者が資産保有SPCに対する破産手続開始申立権を放棄する特約を設ける場合には，債務完済の日から１年と１日を経過した日までとの期限を設けるのが通常である。これは，破産手続開始の申立ての日から１年以上前にした行為については危機否認が制限される（破産法166条）ことに対応したものである。

解説

1　SPCの倒産隔離の必要性

いわゆる資産の証券化においては，資産の原保有者（オリジネーター）の信用力に依拠せず，証券化の対象となる資産（対象資産）が生み出すキャッシュフローのみに依拠した資金調達を行うことが目指される。当該目的を達成するため，投資家は，オリジネーターから独立した特別目的会社（SPC）[1]に対して投資（※ここでいう投資には，株式，持分や匿名組合出資といった形式によるエクイティ投資に限らず，デット投資を含むものとする。）を行い，SPCは投資家から調達した資金によってオリジネーターから対象資産を取得するというストラクチャーが構築される。

かかるストラクチャーにおいては，対象資産の保有主体であるSPCの倒産

1）資産の証券化における資産保有主体は「会社」には限られず，例えば信託や組合などを資産保有主体とする資産の証券化案件も多く見られる。もっとも，本稿では，資産保有主体として代表的な「特別目的会社」，すなわちSPCを例にとって解説することとする。

隔離が目指される。SPCの倒産隔離とは，SPCの倒産の可能性を遮断することによって，投資家から見て，対象資産を倒産のリスクから隔離することをいう。SPCの倒産隔離が必要となるのは，対象資産を保有するSPCが倒産した場合には，SPCの資産が法的に定められた手続により債権者に分配されることになるため，投資家が事前に想定されていたようなキャッシュフローの分配を受けられなくなる等，投資家の利益を害する可能性があるからである。

2　申立権放棄特約の期間制限

⑴　申立権放棄特約による倒産隔離

SPCの倒産隔離の措置としては，ストラクチャー上の工夫によるもの，契約上の規定によるものなど様々な方法が考えられ，案件によっていくつかの方法が組み合わされることになる。その中でも，一般的な資産の証券化案件においてほぼ例外なく採用される措置の1つとして，SPCの役員（合同会社・一般社団法人等における社員を含む。以下同じ。）や債権者（SPCとの間で種々の契約を締結することによりSPCに対する債権を有することとなるスキーム関係者）による破産手続開始申立権の放棄（以下「申立権放棄特約」という。）が挙げられる。具体的には，SPCの役員の場合には投資家に対して申立権放棄を約束する書面を差し入れる，あるいはSPCの債権者となるスキーム関係者の場合にはSPCとの契約において申立権放棄を誓約するなどの方法が採られる。

⑵　申立権放棄特約の有効性

申立権放棄特約の有効性については，①SPCの役員による申立権放棄特約の場合と，②スキーム関係者（SPCに対する債権者）による申立権放棄特約のそれぞれについて議論がある。

また，申立権放棄特約について債権的な効力（すなわち，特約を行った当事者を有効に拘束し，申立権放棄特約に違反して倒産手続開始を申し立てた当事者に対して損害賠償を求められる効力）については認めても，手続的な効力（すなわち，申立権放棄特約に違反した倒産手続開始の申立てが裁判所により却下される効力）については否定する見解も存する。債権者による申立権放棄特約については少なくとも債権的効力が認められるのが一般的であり，手続的効力についても認める見解が有力である。一方で，SPCの役員による申立権放棄特約についてはより慎重に解されており，債権的な効力，手続的効力のいずれについても疑問があるとの見解も存する。

(3)　申立権放棄特約の期間制限

上述のように，申立権放棄特約の有効性には議論があるが，期限のない申立権放棄特約は無効であり，合理的な期限が設定されることを条件として有効とする見解が実務上は支配的である。そのため，実務上，SPCの役員又は債権者による申立権放棄特約に期限を付すことが一般的である。

申立権放棄特約の期限は，実務上，以下の条項例のように，「1年間と1日」とされることが多い。「1年間と1日」という期限は，破産手続開始の申立ての日から1年以上前にした行為については危機否認が制限される（破産法166条）ことに対応したものである。投資家としては，破産手続において自らへの債務の弁済等について否認権を行使されれば破産手続に巻き込まれることになるから，投資回収後であっても破産手続開始の申立てを制限する必要がある。一方で，行為の日から1年間が経過すれば危機否認は大幅に制限されることになるから，債務の完済から1年間と1日が経過するまでの間破産手続開始の申立てを制限することには合理性が認められると考えられる。

なお，かかる期限の起算点となる債務の弁済は，デッド投資の優先弁済を確保する観点から，デッド投資に係る債務（貸付け又は社債に係る債務）が基準とされることが多い。

【条項例】

> 本契約の各当事者は，本貸付債権がすべて弁済されてから1年と1日が経過するまでは，借入人（※SPC）について，破産手続，民事再生手続，その他法令に基づく倒産手続の開始の申立てを行わないものとする。

(4)　解散手続の制限

資産の証券化案件の出口において，SPCは，対象資産の売却によって得られた収益を投資家に分配し，最終的には解散するとのシナリオが描かれていることが一般的である。ただし，株式会社や持分会社であるSPCについて解散手続が行われた際に債務超過状態である場合には，清算人が破産手続開始の申立てを行う義務を負う（会社法484条1項，656条1項）ことにより，SPCについて破産手続が開始されるリスクがある。

そのため，SPCの役員による申立権放棄特約においては，直接に破産手続開始申立権を放棄するだけではなく，解散手続への同意を行う等，解散手続に向けた行為も制限する必要がある。その場合，破産手続開始申立権の放棄と同様の理由により，1年と1日との期限を設けるべきである。ただし，破産手続開始のリスクがない場合にはSPCを早期に解散させるニーズもあるため，債務超過の状態にないことを条件として期間経過前の解散を認める場合もある。

(5)　詐害行為取消権の不行使特約

資産の証券化案件において，対象資産の第三者に対する売却がなされた場合，SPCの債権者が当該売却について詐害行為取消権を行使することも，投資家にとってのリスク要因となり得る。そのため，関連契約において，SPCの債権者となるスキーム関係者が，詐害行為取消権を行使しない旨の誓約事項が規定されることもある。詐害行為取消権の不行使特約については，破産手続開始申立権の場合とは異なり，私的自治の範囲内と整理することが可能であるため，期間の制限を設けないのが一般的である。

Q 87 エクイティ投資家に対して行う配当・利益分配への期間による制約

資産の証券化において，資産保有主体がエクイティ投資家に対して行う配当・利益分配には，期間による制約はあるか。

A　一般的には，エクイティ投資家に対する配当について，期間の制限はないものの，その時点において履行期限の到来している資産保有主体が負担する他の債務が全て履行されることを条件として行う旨の制限が課されていることが多い。また，資産保有主体が特定目的会社である場合，特定目的会社の社員に対する配当は，最終事業年度に係る利益配当と，各事業年度に1回に限り行うことのできる中間配当のみ行うことができるとの制限がある（資産流動化法114条，115条）ため，注意が必要である。

解説

1　エクイティ投資家に対する配当・利益分配

資産の証券化において，エクイティ投資家は，証券化の対象となる資産を保有する資産保有主体に対して，エクイティ性の投資を行い（資産の証券化についてはQ86参照），資産保有主体から，配当，あるいは利益分配という形で還元を受けることにより投資の目的を達する。

2　配当・利益分配の期間による制約

エクイティ投資には資産保有主体の法的性質によって様々な形式があり得るから，エクイティ投資に適用される規制について一概に述べることはできない。もっとも，現在一般的な資産の証券化において用いられている出資形式として挙げられる株式，持分会社の持分，匿名組合出資，投資事業有限責任組合の出資持分，民法上の組合の出資持分などの形式においては，エクイティ投資家に対する配当・利益分配のタイミングについて，基本的には案件の性質に応じて自由に設計することが可能である。ただし，エクイティ投資としての性質上，エクイティ投資家に対する配当・利益分配はその時点において履行期限の到来している資産保有主体が負担する他の債務が全て履行されることを条件として行う旨の制限が課されていることが多い。

また，資産保有主体が資産流動化法上の特定目的会社である場合，特定目的会社の社員に対する配当は，最終事業年度に係る利益配当と，中間配当のみ行うことができるとの制限がある。中間配当は各事業年度（事業年度を１年とする場合に限る。）に１回に限り行うことができる（資産流動化法114条，115条）ため，注意が必要である。

88 適格機関投資家等特例業務届出等の期限

適格機関投資家等特例業務を開始する場合，いつまでに届出を行う必要があるか。適格機関投資家等特例業務を開始した後に留意しておくべき期限はあるか。

A 適格機関投資家等特例業務を行おうとする者は，「あらかじめ」届出を行う必要があり，具体的には，遅くとも投資家がファンド持分を取得する前に行う必要がある。

適格機関投資家等特例業務の届出後においては，遅滞なく届出事項の公衆縦覧・公表を行う必要があるほか，届出事項に変更がある場合には遅滞なく届出を行う必要があることに留意する必要がある。また，事業年度ごとに行う必要がある事項として，事業年度経過後３か月以内の事業報告書の作成提出，事業年度経過後４か月を経過した日から１年間の説明書類の公衆縦覧又は公表についても留意が必要である。

解　説

1　適格機関投資家等特例業務

事業者がファンドを組成して投資家から出資を募集し，出資を受けた資金をファンドで運用する場合，ファンドの法形式や投資対象によって，金融商品取引法29条に基づく金融商品取引業の登録が必要となる場合がある。投資事業有限責任組合や匿名組合などのいわゆる集団投資スキーム持分（同法２条２項５号・６号に定める権利）に対する出資の取得を勧誘する行為は，有価証券の募集又は私募（同法２条８項７号）に該当し，また，投資家から出資を受けた金銭を有価証券又はデリバティブ取引に対する投資として運用する行為は自己運用（同項15号）に該当するからである。

もっとも，金融商品取引法は，これらの行為の相手方が，適格機関投資家

（同法２条３項１号）を含み，適格機関投資家以外の投資家が一定の要件を満たす49名以下の者であるなど一定の条件を満たす者（同法63条１項に定める「適格機関投資家等」）である場合には，内閣総理大臣への届出を行うことにより原則として金融商品取引業の登録を不要としている（同法63条１項・２項）。これらの行為を，適格機関投資家等特例業務という（同条２項）。

２　適格機関投資家等特例業務の届出の時期

金融商品取引法の条文上，適格機関投資家等特例業務の届出は，「あらかじめ」行うこととされている（同法63条２項）。そのため，適格機関投資家等特例業務を行う事業者は，適格機関投資家等特例業務を行う前に届出を行うことになる。金融庁は，届出の具体的なタイミングについて，金商法制定時のパブリックコメント回答（「コメントの概要及びコメントに対する金融庁の考え方」）553～554頁（69番・70番）（以下「金融庁回答」という。）においてその見解を示している。

前述のとおり，適格機関投資家等特例業務には①ファンド持分の募集（私募）と②自己運用があるが，金融庁回答は，①ファンド持分の募集（私募）の届出については，「基本的に，投資家が最初に当該持分を取得するまでの間に行うことが求められる」としている。また，②自己運用については，「基本的に，有価証券又はデリバティブ取引による投資運用を行うものとして持分の取得勧誘を行うときには，投資家が最初に当該持分を取得するまでに届出を行う必要があり，また，投資家から出資を受けた後に有価証券又はデリバティブ取引による投資運用を行うことを決定するときには，当該決定を行う前までに届出を行う必要があるものと考えられます」としている。通常は，ファンド組成時において持分の取得勧誘を行う際には有価証券又はデリバティブ取引による投資運用を行うという点は確定していると考えられるので，適格機関投資家等特例業務を行う者は，①ファンド持分の募集（私募）及び②自己運用のいずれに関しても，投資家が最初に持分を取得するまでに届出を行う必要があると考えられる。

なお，金融庁回答には，上述の記載に加えて，①ファンド持分の募集（私募）及び②自己運用のいずれに関しても，実務的には「投資家に取得勧誘を開始するときまでに届出を行うことが現実的であろう」との記載もある。当該記載からすると，金融庁は，投資家に対する取得勧誘を開始するときまでに届出を行うことを期待しているとも考えられるから，投資家に対する取得勧誘の時期が明確に定まるような場合においては，投資家に対する取得勧誘を開始するときまでに届出を行うことが望ましいと考えられる。ただし，実際には，ファンド持分については投資家の需要を踏まえながら内容を確定させることが多く，投資家に対する取得勧誘の時期を確定しがたいことから，現実的には投資家が最初に持分を取得するまでに届出を行わざるを得ないことが多いであろう。

3　適格機関投資家等特例業務の届出後に留意を要する期限

適格機関投資家等特例業務の届出後においては，適格機関投資家等特例業務を行う事業者は，遅滞なく届出事項の公衆縦覧・公表を行う必要がある（金商法63条６項）ほか，届出事項に変更がある場合には遅滞なく届出を行う必要がある（同条８項）ことに留意する必要がある。また，事業年度ごとに行う必要がある事項として，事業年度経過後３か月以内の事業報告書の作成提出（同法63条の４第２項），事業年度経過後４か月を経過した日から１年間の説明書類の公衆縦覧又は公表（同法63条の４第３項，金商法施行令17条の13の４）についても留意が必要である。なお，外国法人又は外国に住所を有する個人については，事業報告書の作成提出及び説明書類の公衆縦覧又は公表について，金融庁長官の承認を受けた期間内に行うこととする特例措置が認められる場合がある（金商法63条の４第２項，金商法施行令17条の13の３ただし書，17条の13の４ただし書）。

89　適格機関投資家の届出

適格機関投資家の届出を行う場合，いつまでに届出を行う必要があるか。また，いつまで適格機関投資家となることができるか。

A　投資家が届出を行うことにより適格機関投資家となる場合，適格機関投資家に該当することとなる期間は，届出が行われた月の翌々月の初日からとされている。したがって，適格機関投資家になろうとする者は，適格機関投資家として行う取引を行う日の属する月の前々月中に届出を行う必要がある。また，適格機関投資家に該当することとなるのは，当該日から２年を経過する日までとされている。

解　説

１　適格機関投資家の定義

適格機関投資家とは，「有価証券に対する投資に係る専門的知識及び経験を有する者」として内閣府令において定める者をいう（金商法２条３項１号，金融商品取引法第２条に規定する定義に関する内閣府令（以下「定義府令」という。）第10条）。適格機関投資家については，適格機関投資家私募（金商法２条３項２号イ）による開示規制や特定投資家（同条31項１号）として取り扱われることによる諸規制等，金融商品取引法上の一定の規制の適用が除外されることから，これらの規制の保護対象とならない。

適格機関投資家には，その属性から当然に適格機関投資家に該当するとされている者，例えば第一種金融商品取引業者及び投資運用業者（定義府令10条１項１号），銀行（同項４号），保険会社（同項５号）等に加えて，一定の属性を有する者が金融庁長官に届出を行った場合に適格機関投資家になる類型も定められている。例えば，定義府令10条１項23号イにおいては，届出を行おうとする日の直近の日における当該法人が保有する有価証券の残高が10億円以上である法人が金融庁長官に届出を行った場合に適格機関投資家に該当する旨が定められている。

2　適格機関投資家となるための届出の時期・適格機関投資家となる期間

適格機関投資家となるための届出を行った者が適格機関投資家に該当することとなるのは，届出が行われた月の翌々月の初日からとされている（定義府令10条5項）。したがって，具体的な取引を想定して適格機関投資家となるための届出を行う場合においては，当該取引が予定される日に合わせて事前に届出を行う必要がある。

また，届出を行った者が適格機関投資家に該当することとなるのは，当該日から2年を経過する日までとされている（定義府令10条5項）。したがって，例えば適格機関投資家等特例業務（金商法63条）など，スキーム上当該投資家が適格機関投資家であることが要請される場合には，適格機関投資家に該当するための届出時期に十分注意して，空白期間が生じないようにしなければならない。

なお，従来，適格機関投資家となるための届出期間は1月，4月，7月，10月の1日から1か月が経過する日までの年4回に限定されていた（なお，適格機関投資家に該当する期間は，それぞれ3月，6月，9月，12月の1日から2年間とされていた。）が，当該届出期間の制限は平成23年5月1日施行の定義府令の改正（平成23年4月6日内閣府令第19号）により撤廃され，届出は随時行うことができることとなった。

90 一般投資家が特定投資家となることのできる期間

一般投資家が特定投資家に移行する場合，いつまで特定投資家として取り扱われることになるか。その取扱いを更新する場合には，いつ更新をする必要があるか。

A　一般投資家は，原則として，金融商品取引業者等から特定投資家への移行につき承諾された日（承諾日）から１年を経過する日までの間，特定投資家として取り扱われることになる。ただし，金融商品取引業者等が毎年一定の日を期限日とする旨を公表している場合には，当該日及び当該日のうち承諾日から起算して１年以内の日のうち最も遅い日が期限日となる。

特定投資家としての取扱いの更新は，当該取扱いが終了する日の原則１か月前にならなければ行うことはできない。

解　説

1　特定投資家の定義

金融商品取引法は，金融商品取引業者等の顧客となる投資家について，「特定投資家」（同法２条31項）とそれ以外の顧客（「一般投資家」という。）に分類している。金融商品取引業者等が「特定投資家」相手に行う行為については，金商法上の一定の規制が適用されず（同法45条），このことにより，金融商品取引のリスク理解能力がある者については過剰規制を排してバランスの良い投資家保護を実現することが意図されている。特定投資家とは，①適格機関投資家（Q89参照），②国，③日本銀行，④内閣府令（定義府令23条各号）で定める法人から構成され，④には資産流動化法上の特定目的会社，上場会社，資本金の額が５億円以上と見込まれる株式会社（定義府令23条６号ないし８号）等が含まれる。

2　特定投資家と一般投資家の間の移行が認められる期間

(1)　特定投資家と一般投資家の間の移行手続

特定投資家と一般投資家の分類はあくまでも一定の類型に沿った分類であるから，個々の投資家の実態を反映していない場合もある。そのため，金融商品取引法は，一般投資家が特定投資家として取り扱われる要件・手続（同法34条の3，34条の4）や，特定投資家（上述の④内閣府令で定める法人に限る。金商法34条の2第1項）が一般投資家として取り扱われる手続（同法34条の2）の規定を設けている。[2] 以下，これらの手続による一般投資家の特定投資家への移行，特定投資家の一般投資家への移行は，いつから効力を生じ，また，いつまで当該移行の効力が認められるかについて述べる。

(2)　一般投資家への移行の効力が認められる期間

特定投資家が金融商品取引法34条の2に定める手続を経て一般投資家に移行する場合，当該投資家は，自己を一般投資家として取り扱うよう金融商品取引業者等に申出を行い，当該金融商品取引業者等が当該申出を承諾することにより，当該承諾の日以降，一般投資家とみなされる（同条5項）。当該移行の効力は，当該投資家が，自己を再び特定投資家として取り扱うよう申し出て，金融商品取引業者等が承諾するまでの間は継続する。ただし，当該投資家が適格機関投資家になった場合には，適格機関投資家は一般投資家に移行することはできないから（同条1項），一般投資家としての取扱いは終了する（同条9項）。

(3)　特定投資家への移行の効力が認められる期間

一般投資家が金融商品取引法34条の3又は34条の4に定める手続を経て特定投資家に移行する場合には，投資家保護を緩和する方向での取扱いを認めるものであるから，(2)で述べた一般投資家への移行の場合と異なり，原則無期限に継続するわけではなく，一定の期間中のみ特定投資家への移行の効力

2）ただし，投資家は，当該投資家が申出を行った特定の金融商品取引業者等との関係で，当該申出において特定する一定の種類の金融商品取引契約に関して特定投資家あるいは一般投資家として取り扱われるのであり，一般的に特定投資家あるいは一般投資家として取り扱われるようになるわけではない。

が認められる。

すなわち，一般投資家は，原則として，金融商品取引業者等から特定投資家への移行につき承諾された日（承諾日）から1年を経過する日までの間，特定投資家として取り扱われることになる（金商法34条の3第2項，34条の4第6項）。ただし，金融商品取引業者等が一定の日を定めて当該日及び当該日のうち承諾日から起算して1年以内の日のうち最も遅い日を期限日（当該投資家を特定投資家として取り扱う期間の末日）とする旨を公表している場合には，当該最も遅い日が期限日となる（同法34条の3第2項，34条の4第6項，金融商品取引業等に関する内閣府令58条，63条）。例えば，金融商品取引業者等が毎年3月31日を期限日とすることを公表している場合，次に述べるように取扱いが更新されない限り，特定投資家への移行の効力は承諾日の直後に到来する3月31日に終了することになる。なお，特定投資家に移行した投資家は，一般投資家に復帰することを申し出ることもできる（金商法34条の3第9項，34条の4第4項）。

(4)　特定投資家としての取扱いの更新を行うことができる期間

特定投資家としての取扱いの更新は，期限日が承諾日から起算して1年を経過する日である場合には，承諾日から起算して11か月を経過する日以降に，承諾日から期限日までの日が1か月を超え1年に満たない場合には，当該期間から1か月を控除した期間を経過する日以後に，承諾日から期限日までの期間が1か月を超えない場合は，承諾日の翌日以降に投資家からの申出が行われなければならないとされている（金商法34条の3第7項，34条の4第6項，金融商品取引業等に関する内閣府令60条1項，64条の2第1項）。

これは，例えば承諾日の直後に取扱いの更新を行う等の行為がなされれば特定投資家への移行の効力が継続する期間を設けた趣旨が潜脱されてしまうことから，原則として特定投資家としての取扱いが終了する日の1か月前にならなければ更新の手続を行えないこととする規定である。

【①　一定の日を期限日とする旨を公表していない場合】

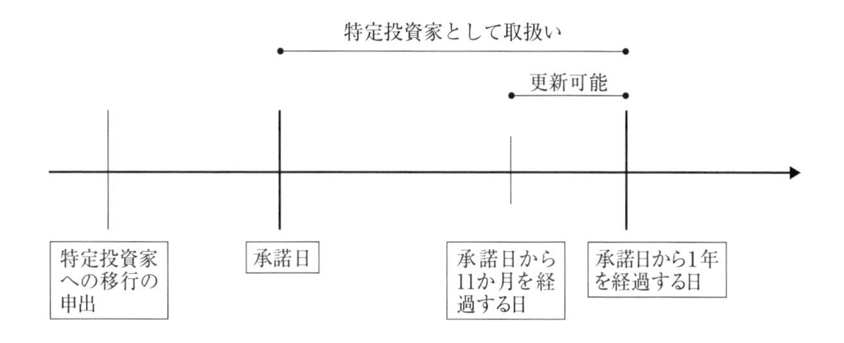

【②　一定の日（ex.毎年３月31日）を期限日とする旨を公表している場合】

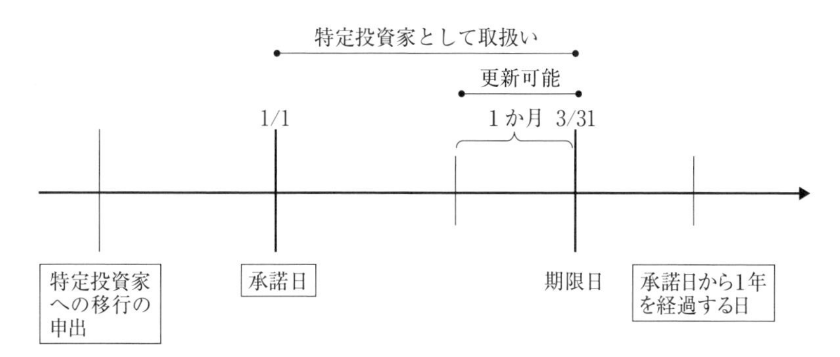

Q 91 資産の売主に対する瑕疵担保請求権の行使期間

資産の売主に対して，買主が瑕疵担保責任を追及する場合，その期間制限はいつまでか。

A 改正前民法上は，瑕疵があることを知った時から１年以内に請求する必要がある（除斥期間）。また，瑕疵担保責任に係る請求権は，目的物の引渡日から消滅時効が別途進行するため，改正前民法に基づく民事消滅時効によれば10年，改正前商法に基づく商事消滅時効によれば５年で時効消滅する。これらに加え，商人間売買では，権利行使の前提条件として，買主は，売主に対して，目的物の引渡日から６か月以内に瑕疵の存在を通知しておく必要がある。

上記の期間制限は特約によって変更可能なものもあるが，宅地建物取引業法，消費者契約法，又は，住宅の品質確保の促進等に関する法律等の特別法によって変更が制限されることがある。

解　説

1　除斥期間及び消滅時効並びに民法改正

改正前民法上，売買の目的物に隠れた瑕疵があり，買主が契約の解除又は損害賠償の請求を行おうとする場合，当該請求は買主が隠れた瑕疵の存在を知ったときから１年以内にしなければならない（改正前民法570条，566条３項）。改正民法下においては，種類・品質に関する「不適合」（以下議論を簡便化させるために，改正前民法と同様に「瑕疵」と呼ぶ。）を知ったときから１年以内に瑕疵を通知すれば足りるものとされている（改正民法566条本文）。ここでいう「通知」は，改正前民法の「請求」とは異なり，まさに瑕疵の通知で足り，瑕疵担保責任を問う意思を告げて請求する損害額の根拠までを示すことは必要ない（潮見佳男『民法（債権関係）改正法の概要』（金融財政事情研究会，2017）267

頁）。

改正前民法における上記期間制限は，法律関係の早期安定のために買主が権利を行使すべき期間を特に限定した除斥期間であり，解除又は損害賠償の請求権については，買主が隠れた瑕疵の存在を知らなくとも，売買の目的物の引渡しを受けた時から消滅時効が進行すると解されている（最判平成13年11月27日民集55巻6号1311頁）。改正民法下においても，やはり瑕疵の通知の期間制限とは別途消滅時効が進行すると解される。

ここでいう消滅時効の期間は，改正前民法の消滅時効によれば10年（改正前民法167条1項）であり，商事消滅時効によれば（すなわち，商行為によって生じた請求権であれば）5年（改正前商法522条）となる。また，改正民法下の消滅時効においては，商事消滅時効が廃止され，主観的起算点から5年及び客観的起算点から10年となる時効期間が統一的に適用される（改正民法166条1項。改正民法下の消滅時効の時効期間についてはQ3参照）。その結果，瑕疵担保責任との関係では，瑕疵を発見した時（主観的起算点）から5年，目的物の引渡しを受けた時（客観的起算点）から10年の消滅時効に服することになる（前掲・潮見268頁）。

2　商人間売買における権利行使の前提条件

上記1の期間制限に加え，売買が商人間のものである場合，買主は，権利行使の前提要件として，瑕疵を発見したときは直ちに売主に対して瑕疵の存在を通知する必要がある。そして，瑕疵が直ちには発見できない場合であっても売買の目的物の引渡しから6か月以内に当該通知ができなかったときは，これらの請求をなし得なくなる（商法526条。最判昭和47年1月25日判時662号85頁）。

この商法526条が規定する買主の通知義務は，民法改正後も維持されるところ，改正民法566条に定める通知との関係では，商人間の売買においては商法526条が優先適用され，非商人間の売買においては改正民法566条が適用されると解される（債権法研究会編『詳説　改正債権法』（金融財政事情研究会，2017）448頁参照）

3　当事者間における特約の可否とその制限

除斥期間及び権利行使の前提要件は，原則として当事者間の合意によって適用を排除することや短縮することが可能であると解されるものの，売主が瑕疵の存在について悪意であった場合のほか，重過失により知らなかった場合にも短縮できない可能性があり（改正前民法572条，改正民法566条ただし書及び572条，商法526条３項参照），加えて，特別法による制限等を受けることがある。

例えば，宅地建物取引業者が売主となり，非宅地建物取引業者が買主となる宅地建物の売買の瑕疵担保責任については，目的物の引渡しの日から２年以上とする特約を除き，買主に不利となるものは無効となる（宅建業法40条）。もっとも，この規定は，商法526条が定める権利行使の前提要件を排除するものではないため，宅地建物取引業法40条の適用がある宅地建物の売買において商法526条を排除する特約を設けない場合，買主が６か月以内に瑕疵の存在を通知しないときは，同条により瑕疵担保責任は追及できなくなるものと解される（東京地判平成21年３月６日判例集未搭載）。

その他にも，当事者の合意による瑕疵担保責任に係る請求期間の短縮については，消費者取引においては消費者契約法10条により，また，新築住宅の売買における住宅の構造耐力上主要な部分等の隠れた瑕疵については住宅の品質確保の促進等に関する法律95条によるほか，それぞれ特別法によって制限を受ける場合があることに注意すべきである。

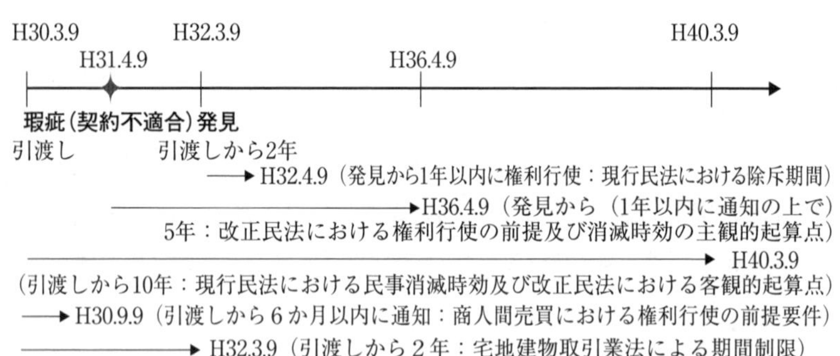

Q 92　遺留分減殺請求権の消滅時効

ファイナンスにより調達した資金によってアセットを取得する場合において，売主が遺贈によって当該アセットを取得していたことがわかった場合，遺留分減殺請求権を行使される可能性について注意する必要があるのはいつまでか。

A　ファイナンスにより調達した資金によってアセットを取得する場合，アセットの取得者が譲渡の時において遺留分権利者に損害を加えることを知っていた場合には，アセットの取得者に対して直接遺留分の減殺を請求されることもあり得る（民法1040条1項）ため，注意が必要である。

遺留分減殺請求権は，遺留分権利者が相続の開始及び減殺すべき贈与又は遺贈があったことを知ったときから1年間，又は相続開始の時から10年間行使することができる（民法1042条）。したがって，遺留分権利者が，相続の開始と売主によるアセットの取得が減殺の対象となることを知ってから1年間遺留分減殺請求を行っていない場合には，遺留分減殺請求を行うことはできない。一方，遺留分権利者が，相続の開始と売主によるアセットの取得が減殺の対象となることを知らない場合には，相続の開始から10年間は遺留分減殺請求の可能性がある。

解　説

1　転得者に対する遺留分減殺請求

高齢化社会の進展により，取引において，相続によって発生するリスクを考慮に入れる必要があるケースが増加している。ファイナンスに関係して取引を行う場合も例外ではない。例えば，金融機関が，不動産などのアセットの買主に対してファイナンスを行い，買主は調達した資金によってアセットを取得する場合において，当該アセットの売主が遺贈によって当該アセットを取得している場合等においては，遺留分減殺請求権が行使される可能性について留意するべき場合がある。

遺留分減殺請求の対象となる遺贈・贈与の目的物が第三者に対して譲渡された場合であっても，被相続人から遺贈又は贈与を受けた受遺者・受贈者に対して遺留分減殺請求が行われ，受遺者・受贈者が価格による弁償を行うのが原則である（民法1040条。なお，民法1040条は贈与の場合の規定であるが遺贈の場合にも類推適用される。最判昭和57年３月４日民集36巻３号241頁）。したがって，遺留分減殺請求の対象となる遺贈・贈与の目的物を譲り受けた転得者には影響が及ばないのが原則であるが，「譲受人が譲渡の時において遺留分権利者に損害を加えることを知っていたとき」は，遺留分権利者は転得者に対しても減殺を請求することができてしまう（同法1040条１項ただし書）。したがって，ファイナンスにより取得（転得）するアセットの遺贈又は贈与が減殺請求の対象となることが想定されている場合には，アセットの取得者に対して遺留分減殺請求が行使される可能性にも注意する必要がある。

2　遺留分減殺請求の時効

民法1042条は，遺留分減殺請求について，遺留分権利者が相続の開始及び減殺すべき贈与又は遺贈があったことを知った時から１年間，又は相続開始の時から10年間行使することができる旨を定めている。したがって，遺留分権利者が，相続の開始と売主によるアセットの取得が減殺の対象となることを知ってから１年間遺留分減殺請求を行っていない場合には遺留分減殺請求を行うことはできない[3]。一方，遺留分権利者が，相続の開始と売主によるアセットの取得が減殺の対象となることを知らない場合には，相続の開始から10年間は遺留分減殺請求の可能性がある。

民法1042条の「知った時」とは，単に贈与の事実を知った時ではなく，そ

3）なお，この１年間の期間については消滅時効，10年の期間は除斥期間と解すのが多数説である（中川善之助・加藤永一編『新版注釈民法(28)〔補訂版〕』（有斐閣，2002）524頁〔高木多喜男〕）。

【①　減殺の対象となることを知った日から１年が先に経過する場合】

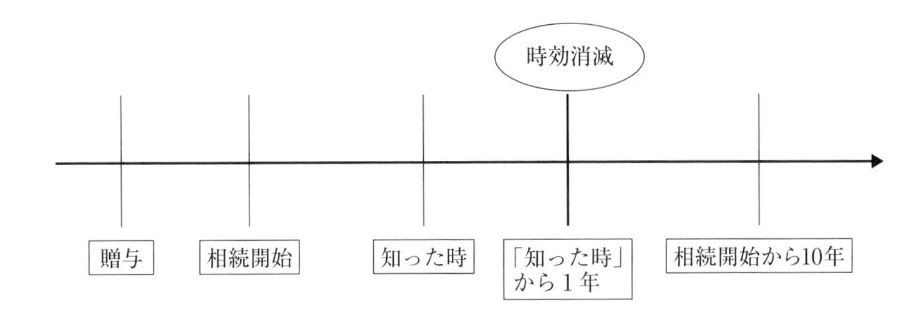

【②　相続開始から10年が先に経過する場合】

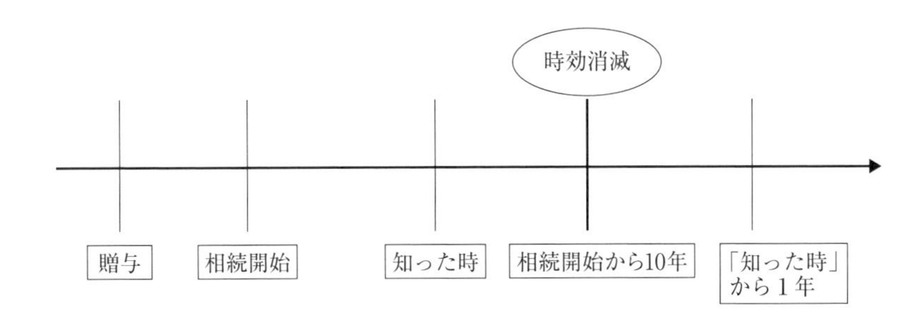

れが減殺をなし得べきことを知った時を指すと解すべきとされている（大判昭和13年２月26日大民集17巻275頁）が，被相続人の財産のほとんどを贈与したことを知っているような場合には，特段の事情がない限り，減殺できるものであることも知っていると推認されるとした最高裁判例がある（最判昭和57年11月12日民集36巻11号2193頁）。したがって，ファイナンスによりアセットを取得しようとする者やその資金を供与する金融機関は，遺留分権利者が，目的物の遺贈・贈与の事実や減殺の対象となる状況について知っているのかについて確認をする必要がある。仮にそのような状況を知らない遺留分権利者がいる場合には，相続開始から10年間は遺留分減殺請求のリスクを負うことになってしまうから，遺留分権利者に対して知らせた上で１年間の除斥期間の

経過を待つか遺留分を放棄[4] させることも検討すべきであろう。

３　遺留分減殺請求の対象となるアセットの時効取得

なお，遺留分減殺請求の対象となるアセットの遺贈・贈与を受けてから10年又は20年経過した場合，受遺者・受贈者において取得時効が成立し，遺留分減殺請求権は消滅しないかも問題となる。

この点，最判平成11年６月24日民集53巻５号918頁は，遺留分を侵害する贈与がなされてから被相続人が死亡するまでに時効期間が経過した場合には遺留分権利者が取得時効を中断する手段のないまま遺留分に相当する権利を取得できなくなってしまうことなどを理由として，「受贈者が，右贈与に基づいて目的物の占有を取得し，民法162条所定の期間，平穏かつ公然にこれを継続し，取得時効を援用したとしても，それによって，遺留分権利者への権利の帰属が妨げられるものではないと解するのが相当である。」としている。

4）民法1043条１項は相続開始前の遺留分の放棄について家庭裁判所の許可に係らしめるが，相続開始後の放棄については家庭裁判所の許可も不要である（前掲注３中川・加藤編『新版注釈民法(28)〔補訂版〕』（有斐閣，2002）524頁〔高木多喜男〕537頁）

93 受託者の損失補填責任等に係る債権等の消滅時効

①受託者の損失補填責任等に係る債権（信託法40条），及び②法人である受託者の役員の連帯責任に係る債権（同法41条）について，消滅時効及び除斥期間はどのように定められているか。

A　①受託者の損失補填責任等に係る債権の消滅時効は債務不履行責任に係る債権の消滅時効の例によるものとされており，②法人である受託者の役員の連帯責任に係る債権の消滅時効期間は10年間とされている。なお，いずれの債権についても，受益者が受益者としての指定を受けたことを知るに至るまでの間は消滅時効は進行しないものとされている。

また，いずれの債権についても除斥期間は20年間とされている。

解説

1　受託者の損失補填責任等に係る債権

(1)　消滅時効

受託者は，その任務を懈怠した場合，受益者に対し，①当該任務懈怠によって信託財産に損失が生じた場合には損失の填補を，また，②当該任務懈怠によって信託財産に変更が生じた場合には原状回復を行う責任を負う（信託法40条1項。以下「受託者の損失補填責任等」という。）。

受託者の損失補填責任等は債務不履行責任の一種と位置付けられるため（寺本昌広『逐条解説　新しい信託法〔補訂版〕』（商事法務，2008）162頁），受託者の損失補填責任等に係る債権の消滅時効は，債務不履行責任に係る債権の消滅時効の例によるとされている（信託法43条1項）。

したがって，受託者の損失補填責任等に係る債権の消滅時効期間は，改正前民法下においては原則として10年間となり（改正前民法167条1項。ただし，信託引受行為が商行為となるときは，商法522条により消滅時効期間は5年間となる。），改正民法下においては，受益者が権利を行使することができることを知った時から５年間，又は権利を行使することができる時から10年間となる（改正民法166条１項）。

なお，受益者はそもそも自らが受益者であることを知らない場合もあるため，受益者が受益者としての指定を受けたことを知るに至るまでの間（受益者が現に存在しない場合には信託管理人が選任されるまでの間）は，受託者の損失補填責任等に係る債権の消滅時効は進行しないとされている（信託法43条３項）。

(2)　除斥期間

受託者の損失補填責任等に係る債権の除斥期間は，信託財産に損失又は変更が生じた時から20年間とされている（信託法43条４項）。

2　法人である受託者の役員の連帯責任に係る債権

(1)　消滅時効

受託者である法人が受託者の損失補填責任等を負う場合において，受託者である法人の理事等の役員のうち当該法人の任務違反行為について悪意又は重過失がある者は，受益者に対し，当該法人と連帯して，損失の填補又は原状の回復を行う責任を負う（信託法41条。以下「受託者役員の連帯責任」という。）。

受託者役員の連帯責任の消滅時効期間は，会社法429条に基づく取締役の対第三者責任の消滅時効期間が改正前民法167条１項により10年間とされていること（最判昭和49年12月17日民集28巻10号2059頁）を踏まえ，信託法43条２項において10年間と定められている（前掲・寺本163頁）。

この点，民法改正により消滅時効期間が改正されることに伴い，受託者役員の連帯責任の消滅時効期間も，受益者が権利を行使することができることを知った時から５年間，又は権利を行使することができる時から10年間となる（民法改正に伴う改正後の信託法43条２項）。

なお，前述のとおり，受益者はそもそも自らが受益者であることを知らない場合もあるため，受益者が受益者としての指定を受けたことを知るに至るまでの間（受益者が現に存在しない場合には信託管理人が選任されるまでの間）は，受託者役員の連帯責任に係る債権の消滅時効は進行しないとされている（信託法43条3項)。

(2)　除斥期間

受託者役員の連帯責任に係る債権の除斥期間は，受託者の損失補填責任等の場合と同様に，信託財産に損失又は変更が生じた時から20年間とされている（信託法43条4項)。

Q 94 生命保険料の払込猶予期間及び保険契約の失効

生命保険料の払込猶予期間とは何か。払込猶予期間を経過し保険契約が失効した場合の復活とそれに関しどのような議論がなされているか。

A 生命保険契約に関する約款においては，払込期月内に保険料が支払われない場合でも，一定の猶予期間を設ける特約が定められている（払込猶予期間）。また，約款には，保険料が払い込まれることなく払込猶予期間が経過し，保険料の自動振替貸付が行われない場合には，保険契約は催告や解除の意思表示を要することなく失効する旨の条項が設けられている。

約款では通常，保険契約者が保険契約の失効後３年以内に復活の申出をし，保険会社がこれを承諾した場合には，保険契約の効力は回復する旨が定められており，保険契約に基づく保険会社の責任が開始することとなる。

解　説

1　払込猶予期間及び無催告失効条項

実務上，生命保険契約に関する約款においては，保険料の払込期月内に払込みがない場合でも，月払の場合には払込期月の翌月末日まで，半年払・年払の場合には原則として払込期月の翌々月末日までの期間は猶予期間があることが特約されており（猶予期間条項），この期間が払込猶予期間と呼ばれるものである。約款上，この払込猶予期間内に保険料が支払われず，保険料の自動振替貸付も行われない場合には，催告や解除の意思表示を要することなく，当該期間の経過後，保険契約が失効することとされている（無催告失効条項）。この猶予期間条項と無催告失効条項とは一体として規定されているものといえる。

2　無催告失効条項をめぐる裁判例

東京高判平成21年９月30日判タ1317号72頁は，上記のような無催告失効条項は消費者契約法10条により無効となると判示し実務に大きなインパクトを与えた。

これに対し，上告審である最判平成24年３月16日民集66巻５号2216頁は，①無催告失効条項が，保険料が払込期限内に払い込まれず，かつ，その後１か月の猶予期間の間にも保険料支払債務の不履行が解消されない場合に，初めて保険契約が失効する旨を明確に定めるものであり，②約款に，払い込むべき保険料等の額が解約返戻金の額を超えないときは，自動的に保険会社が保険契約者に保険料相当額を貸し付けて保険契約を有効に存続させる旨の条項が置かれており，③保険会社が，保険契約の締結当時，上記債務の不履行があった場合に契約失効前に保険契約者に対して保険料払込みの督促を行う実務上の運用を確実にしているときは，消費者契約法10条にいう「民法第１条第２項に規定する基本原則に反して消費者の利益を一方的に害するもの」に当たらないとした。

この最高裁判決は，無催告失効条項が無条件に有効であると認めたものではなく，保険会社において保険契約者の利益を保護するための実務が行われていることを前提とするものである。現に，無催告失効条項の存在にもかかわらず，実務上は，払込期月内に保険料の支払がなされない場合には，払込猶予期間内に保険料が払い込まれない場合には保険契約が失効することなどを記載した払込督促通知を送付することが行われている。

3　関連論点

(1)　払込猶予期間中の保険事故

払込猶予期間中も保険契約は有効に存続しているため，この期間中に保険事故が生じた場合には，保険会社は保険給付義務を負う。約款においては，保険金額から未払の保険料を差し引いて保険金を支払うこととされているのが通常である。

(2) 保険契約の復活

保険契約が失効した場合，契約関係は消滅する。しかし，実務上は，失効後３年以内は保険契約の復活を請求することができるとされているのが通常である（復活条項）。復活の請求を受けた保険会社が復活を承諾し，保険契約者が保険会社が指定する日までに未払込保険料を払い込んだときから，保険会社は保険契約上の責任を負う（責任開始）ことになる。

保険契約が復活した場合の免責条項による免責の成否が問題となった事案として東京高判平成24年７月11日金法2018号82頁がある。当初の保険契約の責任開始期からは２年以上が経過しているものの，保険契約が失効し，復活条項の適用によって契約が復活した日から２年以内に被保険者が自殺したという事案において，責任開始日から２年以内の自殺は免責される旨の免責条項による免責が認められるかが問題となったが，裁判所は保険会社の主張は権利濫用ないし信義則違反になるものではないとして，免責を認めた。

第10章

独占禁止法

独占禁止法は，公正且つ自由な競争を促進するなどして一般消費者の利益を確保するとともに，国民経済の民主的で健全な発達を促進するという目的（同法１条）を達成するため，禁止行為として私的独占（同法２条５項），不当な取引制限（同条６項）及び不公正な取引方法（同条９項）を定め，合わせて企業結合規制（同法第４章）を定めるとともに，これらに違反した場合の行政処分や刑事罰（同法45条以下）を規定している。

独占禁止法において期限が問題となるのは主として行政処分に関連するものであり，本章では，調査手続における審査官の処分に対する異議申立て（Q95），課徴金減免申請に関する期限（Q96），並びに排除措置命令及び課徴金納付命令に関する期限（Q97～Q99）を取り上げている。特に，課徴金減免申請は課徴金の額に直結する手続であり，その期限の徒過による影響は多大なものとなり得るので留意されたい。

そのほか，独占禁止法上の刑事罰の公訴時効期間（Q100），同法25条に基づく損害賠償請求の消滅時効期間（Q101）についても取り扱う。

95 審査官の処分に対する異議申立て

審査官の処分に対して不服があるときに申し立てる異議についての期限はどのように定められているか。

A　処分を受けた日から1週間以内に，その理由を記載した文書をもって，公正取引委員会に申立てをしなければならない（公正取引委員会の審査に関する規則22条1項）。任意の調査は異議申立ての対象にならないが，任意の供述聴取に不服がある場合，聴取日から1週間以内に苦情を申し立てることができる（苦情申立制度）。

解説

1　審査官による行政調査

公正取引委員会（以下解説部分では「公取委」という。）が実施する独占禁止法違反被疑事件の強制調査には行政調査と犯則調査があるところ，行政調査は公取委が指定した審査官によって実施される（独禁法47条2項）。

指定を受けた審査官は，事件について必要な調査をするため，以下の処分をすることができる（独禁法47条1項各号）。

① 事件関係人又は参考人に出頭を命じて審尋し，又はこれらの者から意見若しくは報告を徴すること。

② 鑑定人に出頭を命じて鑑定させること。

③ 帳簿書類その他の物件の所持者に対し，当該物件の提出を命じ，又は提出物件を留めて置くこと。

④ 事件関係人の営業所その他必要な場所に立ち入り，業務及び財産の状況，帳簿書類その他の物件を検査すること。

これらの処分に違反したり検査を拒絶したりした場合に関しては罰則が設けられており（独禁法94条各号），調査への協力が罰則により間接的心理的に担保されている（間接強制調査）。

2　審査官の処分に対する不服申立て

審査官による独占禁止法47条１項各号に規定する処分に対して不服がある場合，当該処分を受けた日から１週間以内に，その理由を記載した文書をもって，公取委に異議の申立てをすることができる（公正取引委員会の審査に関する規則（以下「審査規則」という。）22条１項。なお，独占禁止法70条の12により，行政不服審査法による不服申立てはできない。）。例えば，事情聴取中に作成したメモの提出を命じられたことにつき異議を申し立て，却下された事例がある（公取委決定平成15年10月24日審決集50巻551頁）。

公取委は，異議の申立てに理由があると認めるときは，異議を申し立てられた処分の撤回，取消し又は変更を審査官に命じ，これを申立人に通知する（審査規則22条２項）。異議の申立てを却下したときは，これを申立人に通知し，却下の理由を示さなければならない（同規則22条３項）。

3　任意の供述聴取に係る苦情申立制度

⑴　苦情申立制度の新設

上記２の異議申立ての対象は，審査官が行った独占禁止法47条１項各号に規定する処分のみであり，調査対象者の任意の協力や同意に基づいて実施される任意調査はその対象とならない。

しかしながら，公取委が実施する任意の事情聴取については，例えば誘導的な質問，執拗な質問，違反被疑事実と関係のない質問等がなされる，審査官が公取委のストーリーに合った調書を取ろうとするために何度も呼び出されて同じことを聞かれる，調書の記載の修正を求めても応じてくれない，ストーリーに沿わなければ調書を作成しないといった指摘もなされていた。[1)]

さらに，供述聴取において供述人が審査担当官の対応に不満がある場合に苦情を受け付ける仕組みを公取委内部に整備することが独占禁止法審査手続についての懇談会より提言されたことも踏まえ，[2)] 公取委において苦情申立制

1）独占禁止法審査手続についての懇談会報告書（http://www8.cao.go.jp/chosei/dokkin/finalreport/body.pdf）20頁及び30頁

2）前掲注１独占禁止法審査手続についての懇談会報告書34頁

度が平成25年12月25日に新設された。同制度は平成26年１月４日以降に実施される聴取から適用されている。

⑵ 苦情申立ての対象

苦情申立ての対象は，任意の供述聴取において独占禁止法審査手続に関する指針（以下「本指針」という。）「第２ ２ 供述聴取」に反する審査官の言動等があった場合であり，具体的には以下のものをいうとされている。[3)]

① 供述聴取時の手続・説明事項に関するもの

例：供述聴取開始までに任意である旨の説明がされなかった。

② 威迫・強要など審査官等の言動に関するもの

例：違反事実を認めるまで部屋から出さないと言われ，強引に供述を迫られた。

例：審査官等が期待する供述を行う代償として利益を供与することを示唆された。

③ 聴取時間・休憩時間に関するもの

例：同意なく１日につき８時間（休憩時間を除く。）を超える聴取が続けられ，帰りたいと申し出ても帰してもらえなかった。

④ 供述調書の作成・署名押印時の手続に関するもの

例：署名押印をする前に，審査官等による調書の読み聞かせが行われず，閲読もさせてもらえなかった。

例：調書の訂正を申し立てたが，訂正が行われず，審査官等から訂正しない理由について何ら説明なく訂正しないまま，署名しろと言われた。

⑶ 苦情申立ての期間

苦情申立ての期間は，供述聴取が行われた日から１週間であり，以下の事項を記載した書面を公取委事務総局官房総務課に持参，郵送又はFAXにより提出することにより実施する（聴取を受けた者だけでなく，その者の所属する事業者及び事業者団体並びにその代理人も申立ては可能である。）[4)]。

---

3) 任意の事情聴取に係る苦情申立制度の導入について（http://www.jftc.go.jp/houdou/pressrelease/h27/dec/151225_2.files/151225_2honbun.pdf）の１参照。

4) 前掲注３任意の事情聴取に係る苦情申立制度の導入についての２参照。

① 苦情申立ての年月日

② 申立人の氏名・住所（法人又は団体の場合は，主たる事業所の所在地及び名称）及び連絡先

③ 苦情申立ての原因となった供述聴取が行われた日時・場所，聴取を受けた者の氏名

④ 当該供述聴取の担当審査官等の氏名・所属

⑤ 当該苦情申立ての内容が該当する前記⑵①ないし④の項目及び当該項目に係る具体的事実

なお，申立書の書式例は公表されており，【文例】のとおりである。

⑷ 苦情申立てへの対応

公取委事務総局官房総務課は，申し立てられた苦情について速やかに必要な調査を行い，調査結果等について公取委に報告し，公取委は，当該調査結果等を踏まえ，当該苦情申立てに係る供述聴取において本指針「第２　２供述聴取」に反する審査官等の言動等があったと認められるときは，必要な措置を講じる。[5] その上で，公取委は，申立人に対し，当該苦情申立ての処理結果について，書面により遅滞なく通知する。[6]

5）前掲注３任意の事情聴取に係る苦情申立制度の導入についての３参照。
6）前掲注３任意の事情聴取に係る苦情申立制度の導入についての４参照。

【文例】

任意の供述聴取に係る苦情申立書

平成　　年　　月　　日

公正取引委員会事務総局
　官房総務課　苦情対応担当官　殿

《申立人》
氏名：東京　一郎
住所：東京都千代田区霞が関１－１－１
所属：△■株式会社　営業部
連絡先電話番号：０３－１２３４－５６７８

独占禁止法違反被疑事件の行政調査手続において公正取引委員会の審査官等により行われた任意の供述聴取について，下記のとおり苦情を申し立てます。

記

1　苦情申立ての原因となった供述聴取が行われた日時・場所，聴取を受けた者
　日時：平成○年○月○日　○○時○○分～○○時○○分
　場所：公正取引委員会８階　審査局Ａ会議室
　聴取を受けた者：△■株式会社　営業部　東京　一郎

2　当該供述聴取の担当審査官等の氏名・所属
　審査局第○審査　公取　太郎

3　苦情申立ての該当する項目及び当該項目に係る具体的事実
(1)　苦情を申し立てる項目（チェック。複数可。）
　□　供述聴取時の手続・説明事項に関するもの
　□　威迫・強要など審査官等の言動に関するもの
　□　聴取時間・休憩時間に関するもの
　□　供述調書の作成・署名押印の際の手続に関するもの
(2)　具体的事実
　別添の陳述書のとおり。

4　添付資料（添付資料がある場合に記載。）
　陳述書：１通

96 課徴金減免申請に関する期限

課徴金減免申請を行うに当たり，報告書の提出期限はどのように定められているか。

A 公正取引委員会の調査開始日前に課徴金減免申請を行う場合，報告書（様式第１号）の報告書を提出した後，公正取引委員会から指定された期間内に報告書（様式第２号）及び資料の提出を行うこととなる。

公正取引委員会の調査開始後に課徴金減免申請を行う場合，報告書（様式第３号）の提出期限は，調査開始日から起算して20日（休日等を除く。）を経過した日までとされている。

解説

1　課徴金減免制度

課徴金減免制度とは，カルテル・入札談合などに関与した事業者が，公取委に対してその違反内容を自主的に申告した場合には，当該事業者が納付すべき課徴金の金額を全額免除するか又は一定の割合を減額することを定めた制度である。

公取委の調査開始日前と調査開始日後で合わせて最大で５社まで（ただし，調査開始日後の申告は最大で３社まで）が同制度の適用の対象となり，次頁の図のとおり，調査開始日前に最初に申告を行った事業者については課徴金納付金額の全額（及び刑事告発）が免除，２番目に申告を行った事業者については課徴金納付金額の50％が減額，３番目以降に申告を行った事業者については課徴金納付金額の30％が減額される（ただし，調査開始日後に申告を行った事業者については一律に課徴金納付金額の30％が減額される。）（独禁法７条の２第10項ないし第12項）。

【課徴金減免制度・減免率】

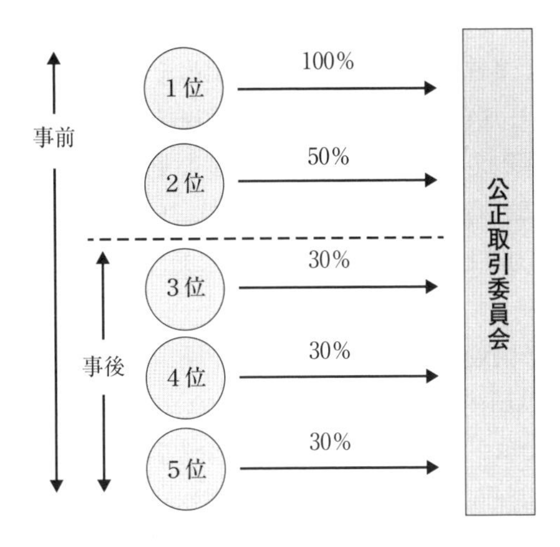

2　公取委による調査開始前の課徴金減免申請

公取委の調査開始前の課徴金減免申請については，「公正取引委員会が定めるところによ」って行うこととされ（独禁法7条の2第10項及び第11項），更に，「委員会（筆者注：公取委を指す。）は，前条第1項に規定する報告書（筆者注：調査開始前の課徴金減免申請を行う場合の報告書（様式第1号）を指す。）を受理したときは，当該報告書を提出した者に対し，当該報告書の提出の順位並びに様式第2号による報告書による当該違反行為に係る事実の報告及び資料の提出を行うべき期限……を通知するものとする。」と定められている（課徴金の減免に係る報告及び資料の提出に関する規則（以下「減免規則」という。）2条）。

そのため，公取委の調査開始前に課徴金減免申請を行う場合，報告書（様式第2号）の提出は公取委が定めて通知した期限までに行う必要がある。通常は，様式第1号の報告書の提出を行った際に，公取委の課徴金減免管理官から口頭で提出期限を告げられ，同報告書の提出日からおおむね2週間程度の期限が定められることが多い。

なお，調査開始前の減免申請の対象となる者については「当該報告及び資料の提出が当該違反行為に係る事件についての調査開始日……以後に行われた場合を除く。」（独禁法7条の2第10項1号括弧書）と定められているため，公取委の調査開始前に課徴金減免申請を行い，様式第1号の報告書を提出したとしても，様式第2号の報告書及び資料の提出を行う前に公取委の調査が開始された場合には，調査開始前の課徴金減免申請の要件を満たさなくなり，その効果である課徴金の全額の免除及び刑事告発の免除を受けることができなくなることには注意を要する（なお，2番目以下の申請者についても同様の取扱いがなされる（同条11項1号ないし3号括弧書)。)。

3　公取委による調査開始後の課徴金減免申請

公取委の調査開始後の課徴金減免申請については，「公正取引委員会規則で定める期日までに……公正取引委員会に当該違反行為に係る事実の報告及び資料の提出を行」うこととされ（独禁法7条の2第12項1号），「当該違反行為に係る事件について法（筆者注：独占禁止法を指す。以下同じ。）第47条第1項4号に掲げる処分又は法第102条第1項に規定する処分が最初に行われた日から起算して20日（行政機関の休日に関する法律（昭和63年法律第91号）第1条第1項各号に掲げる日の日数は，算入しない。）を経過した日とする。」（減免規則5条）と定められている。

そのため，公取委の調査開始後に課徴金減免申請を行う場合，報告書（様式第3号）の提出は調査開始日から起算して20日（休日等を除く。）を経過した日までに行う必要がある。

97　排除措置命令，課徴金納付命令の除斥期間

公正取引委員会から調査対象とされた調査中の事件がかなり古い時期のものになる場合について，排除措置命令及び課徴金納付命令には除斥期間は存在するか。

存在する。

「当該行為がなくなった日」又は「実行期間（又は違反行為期間）が終了した日」から５年を経過した場合には，排除措置命令及び課徴金納付命令を出すことができない。

解　説

1　排除命令の除斥期間

公取委は，私的独占（独禁法２条５項），不当な取引制限（同条６項），不公正な取引方法（同条９項）等に該当する行為を行った事業者に対し，当該行為の差止め等を命ずることができるとされている（同法７条１項，20条１項，排除措置命令）。

排除措置命令については，違反行為が既になくなっている場合であっても，一定の場合には当該行為が排除されたことを確保するために必要な措置を命ずることができるとされているが（独禁法７条２項本文，20条２項），「当該行為がなくなった日から５年を経過したときは，この限りでない。」（同法７条２項ただし書，20条２項）とする除斥期間が定められており，違反行為が終了した日から５年間が経過している場合は排除措置命令を出すことはできない。

2　課徴金納付命令の除斥期間

公取委は，事業者が，不当な取引制限等に該当する行為をしたときは，当該事業者に対して課徴金の納付を命じなくてはならない（独禁法７条の２，20条の２，20条の６）。課徴金額は，独占禁止法が行為類型ごとに定める一定の算定基礎に，同法が定める課徴金算定率を乗じて定められ，課徴金算定率は下図のとおりである。

【課徴金算定率】

	製造業等	小売業	卸売業
不当な取引制限	10%（4%）	3%（1.2%）	2%（1%）
支配型私的独占	10%	3%	2%
排除型私的独占	6%	2%	1%
共同の取引拒絶 差別対価 不当廉売 再販売価格の拘束	3%	2%	1%
優越的地位の濫用	1%		

（　）内は事業者が中小企業の場合の割合である。

課徴金納付命令については，「実行期間（第4項に規定する違反行為（筆者注：排除型私的独占を指す。）については，違反行為期間）の終了した日から5年を経過したときは，公正取引委員会は，当該違反行為にかかる課徴金の納付を命ずることができない。」と規定されており（独禁法7条の2第27項，20条の7），排除措置命令と同様に，除斥期間は5年間である。

なお，「実行期間」とは「当該行為の実行としての事業活動を行つた日から当該行為の実行としての事業活動がなくなる日までの期間」とされており，「その期間が3年を超えるときは，当該行為の実行としての事業活動がなくなる日からさかのぼって3年間」とされている（独禁法7条の2第1項）。

98　課徴金納付命令の累犯加重

過去に課徴金納付命令を受けていた場合，新たな処分に関して影響を受けることがあるか。また，影響を受ける場合，その期間はいつまでか。

影響を受けることはある。

違反行為に係る調査開始日（立入検査の実施日）又は立入検査が行われなかった場合には事前通知の日から遡って10年以内に，不当な取引制限又は私的独占に係る課徴金納付命令（確定しているものに限る。）を受けている場合には，課徴金の算定率の加重が行われ，通常の1.5倍とされる。

解　説

1　違反を繰り返す者の加重算定率

不当な取引制限等，一定の独占禁止法違反行為を対象とする課徴金納付命令制度においては，違反行為の抑止効果を高めるために算定率の割増加算事由とその加算率を定めており（独禁法７条の２第７項・第８項），対象となる事業者が過去の一定期間内に課徴金納付命令を受けていた場合には，課徴金の算定率が通常の10％（100分の10）から15％（100分の15）の1.5倍に加算されることとなる（同条第７項）。過去の違反行為について，新たな違反行為と取引の分野や対象商品等が同一である必要はなく，新たな違反行為と過去の違反行為の対象期間の前後も問わないとされている（菅久修一編著『独占禁止法〔第３版〕』（商事法務，2018）215頁）。

ただし，新たな違反行為又は過去の違反行為のいずれかが不公正な取引方法であった場合については，加算の対象とされていない。

なお，過去の違反行為に関して，課徴金減免制度の利用又は刑事手続における罰金との調整により課徴金の納付が命じられないこととなった場合（独占禁止法第７条の２第10項・第19項ないし第21項），罰金との調整により課徴金納付命令が取り消された場合（同法63条２項）であっても，実際に課徴金納付命令を受けていた場合と同様に扱われることとなる（同法７条の２第７項)。

２　過去の違反行為が対象となる期間

過去の違反行為が対象となる期間は，「調査開始日から遡り10年以内」（独禁法７条の２第７項１号）又は立入検査が行われなかった場合には「当該違反行為について事前通知を受けた日から遡り10年以内」（同項２号）とされており，新たな違反行為についての調査開始日（立入検査日）又は事前通知の日を起算点として10年以内に課徴金納付命令を受けたことがある場合が対象となる。

99 課徴金の納期限

課徴金納付命令を受けたときの，課徴金の納期限はどのように定められているか。

A　課徴金納付命令書の謄本を発する日から７月を経過した日とされている（独禁法62条３項）。納期限は課徴金納付命令書に記載される（同条１項）。

解説

1　課徴金の納期限

公取委は，事業者が，不当な取引制限等に該当する行為をしたときは，当該事業者に対して課徴金の納付を命じなくてはならないとされているところ（課徴金納付命令制度についてはＱ97参照。），課徴金の納期限は，課徴金納付命令書の謄本を発する日から７月を経過した日とされ（独禁法62条３項），かかる期限は課徴金納付命令書にも記載される（同条１項）。課徴金納付命令書については【文例】を参照されたい。

課徴金の納期限は，平成25年独占禁止法改正前は，課徴金納付命令書の謄本を発する日から３か月とされていたが（旧独禁法50条３項），平成25年独占禁止法改正により７か月に変更された。これは，抗告訴訟の出訴期間が６か月とされているところ（行訴法14条１項本文），かかる出訴期間に１か月の猶予を持たせる趣旨であると解されている（村上政博ほか編『条解独占禁止法』（弘文堂，2014）740頁）。

2　納期限までに納めない場合

課徴金をその納期限までに納付しない者には，公取委が書面（督促状）により期限を指定してその納付を督促する（独禁法69条１項）。また，督促を受けてもなおその者が指定する期限までに課徴金を納付しないときは，国税滞納処分の例により徴収する（同法69条４項）。課徴金を納期限までに納付しない場合は，納期限の翌日からその納付の日までの日数に応じ，その課徴金の額につき年14.5％の割合で計算した延滞金を徴収することができる（同法69条２項）。

なお，課徴金納付命令は名宛人に送達されることにより直ちに効力を生じ，執行可能となる（独禁法62条２項）。仮に抗告訴訟を提起したとしても執行は停止されず，課徴金納付命令の執行の停止を求めるのであれば，別途「処分，処分の執行又は手続の続行により生ずる重大な損害をさけるため緊急の必要があるとき」に該当することを主張して執行停止を申し立てる必要がある（行訴法25条２項）。

【文例】

公審通第○○○○号
平成○○年○○月○○日

Ａ株式会社
　代表取締役　Ｂ　殿

公正取引委員会事務総局
審査局長　○　○　○　○

通　知　書

平成○○年（査）第○○号△△の件について，私的独占の禁止及び公正取引の確保に関する法律（昭和22年法律第54号）の規定に基づき，本通知書に添付の課徴金納付命令書謄本のとおり課徴金納付命令の措置を採ることになりましたので，行政事件訴訟法（昭和37年法律第139号）第46条第１項及び公正取引委員会の審査に関する規則（平成17年公正取引委員会規則第５号）第24条第２項の規定により，下記のとおり通知します。

記

1　この課徴金納付命令に不服がある場合には，当該課徴金納付命令があったことを知った日から６か月以内に，東京地方裁判所に対し，公正取引委員会を被告として，取消訴訟を提起することができます。ただし，正当な理由があるときは，６か月を経過した場合であっても取消訴訟を提起することができます（行政事件訴訟法第３条第１項及び第14条第１項並びに私的独占の禁止及び公正取引の確保に関する法律第77条及び第85条第１号）。
2　当該取消訴訟は，当該課徴金納付命令の日から１年を経過したときは，当該課徴金納付命令があったことを知った日から６か月以内であっても提起することができなくなります。ただし，正当な理由があるときは，１年を経過した場合であっても取消訴訟を提起することができます（行政事件訴訟法第14条第２項）。
3　当該課徴金納付命令の表示は，平成○○年（納）第○○号です。

平成○○年（納）第○○号

課徴金納付命令書

東京都○○区○○１丁目１番１号
Ａ株式会社
同代表者　代表取締役　　Ｂ

公正取引委員会は，上記の者に対し，私的独占の禁止及び公正取引の確保に関する法律（以下「独占禁止法」という。）第７条の２第１項の規定に基づき，次のとおり命令する。

主　文

Ａ株式会社（以下「Ａ」という。）は，課徴金として金●●万円を平成○○年○○月○○日までに国庫に納付しなければならない。

理　由

１　課徴金に係る違反行為

Ａは，別添平成○○年（措）第○○号排除措置命令書（写し）記載のとおり，……することにより，公共の利益に反して，△△の取引分野における競争を実質的に制限していたものであって，この行為は，独占禁止法第２条第６項に規定する不当な取引制限に該当し，独占禁止法第３条の規定に違反するものであり，かつ，独占禁止法第７条の２第１項第１号に規定する役務の対価に係るものである。

２　課徴金の計算の基礎

(1)　Ａは，……。Ａが前記１の違反行為の実行としての事業活動を行った日は……。また，……。

したがって，Ａについては，……，独占禁止法第７条の２第１項の規定により，実行期間は，平成○○年○○月○○日から平成○○年○○月○○日までとなる。

前記実行期間における△△に係るＡの売上額は，私的独占の禁止及び公正取引の確保に関する法律施行令第６条第１項及び第２項の規定に基づき算定すべきところ，当該規定に基づき算定すると，別紙記載の物件に係る▲▲万円である。

【課徴金減免申請が認められたなどの増減事由がない場合の一例】

⑵　Ａが国庫に納付しなければならない課徴金の額は，独占禁止法第７条の２第１項の規定により，前記▲▲万円に100分の◇◇を乗じて算出された●●万円である。

【課徴金減免申請が認められた場合の一例】

⑵　Ａは，……。

　したがって，Ａは独占禁止法第７条の２第○○項の規定の適用を受ける事業者である。

⑶　Ａが国庫に納付しなければならない課徴金の額は，独占禁止法第７条の２第１項の規定により，前記▲▲万円に100分の◇◇を乗じて得た額から，同条第○○項の規定により当該額に100分の◆◆を乗じて得た額を減額し，同条23項の規定により１万円未満の端数を切り捨てて算出された●●万円である。

よって，Ａに対し，独占禁止法第７条の２第１項の規定に基づき，主文のとおり命令する。

平成○○年○○月○○日

公　正　取　引　委　員　会
委員長　○ ○ ○ ○
委　員　○ ○ ○ ○
委　員　○ ○ ○ ○
委　員　○ ○ ○ ○
委　員　○ ○ ○ ○

100　独占禁止法上の刑事罰の公訴時効期間

独占禁止法上の刑事罰に関し，それぞれの公訴時効期間はどうなっているか。

A　法定刑として５年以下の懲役（若しくは500万円以下の罰金又はその併科）が定められている，独占禁止法89条の罪（私的独占，不当な取引制限，事業者団体による競争の実質的制限の罪）及び94条の３の罪（秘密保持命令違反の罪）については，公訴時効期間は５年であり，その他の罪については，公訴時効期間は３年である。

解　説

1　独占禁止法上の刑事罰とそれぞれの公訴時効期間

独占禁止法に規定される罰則については，厳罰化傾向にあり，平成21年改正によって同法89条の罪に対する懲役刑が改正前の３年以下の懲役から５年以下の懲役に引き上げられた（同条１項)。かかる引上げに伴い，公訴時効期間も３年から５年に伸長されたことになる（刑事訴訟法250条２項５号・６号)。また，独占禁止法24条に規定された差止請求訴訟にかかる同法81条に基づく秘密保持命令違反の罪に対する懲役刑についても５年以下の懲役と規定されているため（同法94条の３)，その公訴時効期間も前同様に５年である。

上記以外の独占禁止法上の刑事罰については，懲役刑が長期５年未満と規定されているか，又は罰金刑のみが規定されているため，公訴時効期間はいずれも３年である。

なお，独占禁止法89条の罪等については，両罰規定によって，自然人たる行為者だけでなく法人等にも罰金刑が課されるが（同法95条１項)，本来，罰金刑のみが科される罪についての公訴時効期間は３年であるところ，自然人に対する罪の公訴時効期間との公平を図る観点から，法人に対する公訴時効期間も５年に伸長されている（同条４項)。

2　不当な取引制限の罪についての公訴時効の起算点

不当な取引制限の公訴時効の起算点である「犯罪行為が終ったとき」（刑事訴訟法253条1項）については，基本合意の成立などの相互拘束行為等の終了時ではなく，相互拘束行為等による実質的な競争制限効果の消滅時であると解されている。これは，裁判例上，不当な取引制限行為の性質に関し，いわゆる状態犯ではなく継続犯であると解されており，不当な取引制限行為は，相互拘束行為等が行われて競争が実質的に制限されることにより既遂となるが，その時点では終了せず，競争が実質的に制限されているという行為の結果が消滅するまでは継続して成立するものと解されるためである（東京高判平成9年12月24日高刑50巻3号181頁）。

101　独占禁止法に基づく損害賠償請求の消滅時効

民法上の不法行為に基づく損害賠償請求と，独占禁止法25条に基づく損害賠償請求とでは，消滅時効期間に違いがあるか。

A　両請求の消滅時効はいずれも３年であるが，その起算点が異なる。

民法上の不法行為に基づく損害賠償請求では「損害及び加害者を知った時」が消滅時効の起算点であるが，独占禁止法25条に基づく損害賠償請求では「排除措置命令又は納付命令が確定した日」が消滅時効の起算点である。

解　説

1　両請求の消滅時効期間及びその起算点

民法709条に規定された不法行為に基づく損害賠償請求（以下「709条請求」という。）及び独占禁止法25条に基づく損害賠償請求（以下「25条請求」という。）の消滅時効期間は，いずれも３年であり，両請求において，消滅時効期間自体に差異はない。

もっとも，両請求では，消滅時効の起算点が異なっており，709条請求の消滅時効の起算点が「損害及び加害者を知った時」（民法724条１項１号）であるのに対し，25条請求の消滅時効の起算点は，「排除措置命令又は納付命令が確定した日」である（独禁法26条２項）。これは，709条請求が不法行為による損害発生時から請求できるのに対し，25条請求は，排除措置命令又は課徴金納付命令（以下「排除措置命令等」という。）が確定して初めて裁判上主張することができると規定されているためである（独禁法26条１項）。そのほか，25条請求では，排除措置命令等の確定が前提となっていることに鑑み，709条請求とは異なって，違反行為者の無過失責任を規定している（同法25条２項）。

2　消滅時効の起算点である「排除措置命令又は納付命令が確定した日」

排除措置命令等の確定時期は，これらについての取消訴訟が提起されないまま行政事件訴訟法14条１項の出訴期間が経過したとき（処分又は採決があったことを知った日から６か月を経過したとき）又は取消訴訟において，排除措置命令等を受けた事業者の敗訴が確定したときである。したがって，25条請求の請求権者（独禁法３条，６条[7]，８条及び19条の違反行為により損害を被った者）が，取引先事業者などによる独占禁止法違反行為の存在及びこれによる損害の発生を知ったとしても，上記のような当該事業者に対する排除措置命令等の確定がなければ，25条請求の消滅時効は進行しない。

25条請求は，709条請求に比して，消滅時効の起算時期が遅くなるのが通常であり（下図参照），この点が両請求を比較した上での25条請求の大きなメリットといえる。25条請求の請求権者は，損害の発生及び加害者の知情により709条請求の消滅時効が進行していたとしても，違反行為をした事業者らに対する排除措置命令等の確定を待って25条請求を行うといった対応が可能である。

【両請求の消滅時効期間のイメージ】

（排除措置命令等の確定より前に損害及び加害者を知った場合を想定）

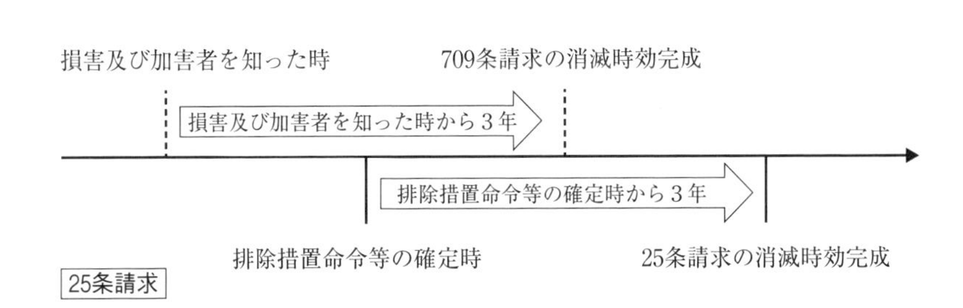

7）独占禁止法６条に規定する違反行為により25条請求にかかる損害賠償責任を負うのは，「当該国際的協定又は国際的契約において，不当な取引制限をし，又は不公正な取引方法を自ら用いた事業者に限る。」とされている（同法25条１項）。

なお，民事裁判官は，公取委の判断には拘束されないため，25条請求にかかる訴訟において，排除措置命令等の基礎となった事実認定とは異なる認定がなされる可能性がある。

3　違反行為を行った旨認定されたものの，排除措置命令等を受けなかった事業者に対する25条請求の可否

25条請求を裁判上主張するためには，排除措置命令等のいずれかの確定が必須であるため，排除措置命令等のいずれも受けなかった事業者に対しては25条請求ができないという点には注意が必要である。

すなわち，公取委により，当該事業者が不当な取引制限などの違反行為に加功していた旨認定されたとしても，既に違反行為が終了しており，かつ，公取委が排除措置命令の必要を認めなかった場合には，違反行為をした当該事業者に対する排除措置命令がなされない（独禁法７条２項）。また，これに加えて，当該事業者が，公取委の調査開始以前に第１位で課徴金減免申請を行っていた場合（課徴金減免制度についてはQ96参照。）には，当該事業者に対する課徴金の全額が免除される関係上，当該事業者に対する課徴金納付命令がなされないこととなり，結果として当該事業者に対する排除措置命令等（の確定）を欠くために25条請求がなし得ないこととなる。

第11章

行　政

本章では，行政法分野のうち通則的な手続法（行政手続法・行政不服審査法・情報公開法・行政事件訴訟法・地方自治法）に係る期間制限を取り扱う。

まず，行政庁に許認可を申請したが却下された場合に，審査請求・再審査請求・訴訟提起をする一連の流れにおいて，行政庁が定める標準処理期間の意義（Q102），審査請求ができる期間（Q103），再審査請求ができる期間（Q104），訴訟提起ができる期間（Q106）につきそれぞれ解説する。また，情報公開請求において，開示決定期間（請求からこれに対する決定までの期間）の定めの意義についても解説する（Q105）。

また，住民監査請求・住民訴訟に関連して，監査請求及び訴訟提起が可能な期間につき判例を踏まえて解説を行う（Q107・108）。

102　行政機関における標準処理期間

処分行政庁に対し，ある許認可の申請を行った際の標準処理期間とは何か。処分行政庁の不作為が違法となるのはどのような場合か。

A　標準処理期間とは，行政庁において，申請がその事務所に到達してから当該申請に対する処分をするまでに通常要すべき標準的な期間である（行政手続法６条）。標準処理期間は，処分行政庁がこれを定めることを努力義務とされるにとどまる。また，標準処理期間を経過した場合に処分行政庁の不作為が違法といえるためには，不作為が相当の期間にわたる必要がある。

解　説

1　標準処理期間の意義

標準処理期間とは，申請が行政庁の事務所に到達してから当該申請に対する処分をするまでに通常要すべき標準的な期間をいう。行政庁は標準処理期間を定めるよう努めるとともに，これを定めたときは，これらの当該申請の提出先とされている機関の事務所における備付けその他の適当な方法により公にしておかなければならないとされる。なお，法令により当該行政庁と異なる機関（経由機関）が当該申請の提出先とされている場合（例えば知事の権限に属する許認可につき市町村長が提出先とされている場合など）は，当該行政庁における標準処理期間と併せて，経由機関での処理に要する期間も定めるべきこととされている（以上につき，行政手続法６条）。

2　標準処理期間を経過した場合の違法性

申請をしたのにいつまでも何らの処分も得られない場合のために，不作為の違法確認訴訟や処分義務付け訴訟といった争訟手段があり，どのような場合に処分行政庁の不作為が違法になるかが問題となる。この点，標準処理期間は，最長処理期間として期間内の処理を義務付けるものではない。また，行政庁は，申請を可能な限り速やかに処理する義務を負うにとどまるのであるから，標準処理期間の設定は「時期の裁量」に関する裁量基準にも当たらない。そのため，処分が標準処理期間を越えて遅延したとしても，不作為についての争訟において，当然に「相当の期間」を過ごしたとはいえない。下級審判例ではあるが，さいたま地判平成21年10月14日（裁判所ウェブサイト掲載）は，当該処分を行うのに通常要する期間が経過しているにもかかわらず，許可・不許可の処分が行われていない場合は，その不作為は違法となり，この期間が経過したことを正当化するような特段の事情がある場合に限り，その不作為は違法とはならないと解すべきである旨を判示している。

103 審査請求ができる期間

処分行政庁に申請したが，却下されたので，審査請求をしたい。いつまでに審査請求をする必要があるか。

A 処分があったことを知った日の翌日から起算して３か月，処分があった日の翌日から起算して１年を経過した場合は審査請求をすることができない。もっとも，正当な理由があるときはこの限りではない（行服法18条１項・２項）。

解説

1　審査請求の意義

審査請求とは，行政庁の処分又は不作為に対して，処分庁ないし不作為庁以外の行政庁に対し不服を申し立てる手続をいう（行服法２条，３条）。法令に基づき行政庁に対して処分についての申請をした者は，当該申請から相当の期間が経過したにもかかわらず，行政庁の不作為がある場合，すなわち，法令に基づく申請に対して何らの処分をしない場合には，当該不作為についての審査請求をすることができる。通常は処分庁の直近行政庁に対して申し立てるが，法律によって上級行政庁以外の機関が定められる場合には当該機関に対して申し立てることとなる（同法４条）。

2　審査請求期間

⑴　一般論

処分についての審査請求は，処分があったことを知った日の翌日から起算して３月（当該処分について再調査の請求をしたときは，当該再調査の請求についての決定があったことを知った日の翌日から起算して１月）を経過したときは，することができない（行服法18条１項）。さらに，処分についての審査請求は，処分（当該処分について再調査の請求をしたときは，当該再調査の請求についての決定）があった日の翌日から起算して１年を経過したときは，することができない（同法18条２項）。ただし，正当な理由があるときは，この限りでない（同条１項ただし書・２項ただし書）。

なお，処分についての審査請求が法定の期間経過後にされたものである場合その他不適法である場合には，審査庁は，裁決で，当該審査請求を却下することとされる（行服法45条１項）。

⑵　審査請求期間の起算日

審査請求期間の起算日は，処分があったことを知った日の翌日であるが，ここでいう「処分があったことを知った日」の意義については，当事者が書類の交付，口頭の告知その他の方法により処分の存在を現実に知った日を指すものであって，抽象的な知り得べかりし日を意味するものでないと解するのを相当とするのが判例である（最判昭和27年11月20日民集６巻10号1038頁）。より具体的には，以下のとおり，類型ごとに分類して整理される。

①　処分の名宛人の場合

ア　個別の通知がなされた場合：その通知がなされた日。

イ　告知，公告がなされた場合：告知・公示がなされた日（最判昭和61年６月19日裁判集民148号239頁，最判平成14年10月24日民集56巻８号1903頁，最判昭和27年11月20日民集６巻10号1038頁）。

（例）　都市計画法における都市計画事業の認可，建築基準法46条１項に基づく壁面線の指定等

②　処分の名宛人以外の第三者の場合

処分の通知が個別にされるわけではなく，また，告示等により画一的に告知されるものでもないため，どの時点を起算日と考えるべきかが問題となるが，最判平成５年12月17日民集47巻10号5530頁は，都市再開発法に基づく権利変換処分に関して第三者から審査請求がされた事案について，「処分の名宛人以外の第三者の場合については，諸般の事情から，右第三者が処分があつたことを了知したものと推認することができるときは，その日を右にいう『処分があつたことを知つた日』としてその翌日を右第三者の審査請求期間の起算日とすることができるというべきである」と判示している。

104　再審査請求ができる期間

審査請求に対する裁決に不服があるので，再審査請求をしたい。いつまでに再審査請求をする必要があるか。

A　審査請求に対する裁決（原裁決）を知った日の翌日から起算して１か月，原裁決があった日の翌日から起算して１年を経過した時はすることができない。もっとも，正当な理由があるときはこの限りではない（行服法62条１項・２項）。

解　説

1　再審査請求の意義

行政庁の処分につき法律に再審査請求をすることができる旨の定めがある場合には，当該処分についての審査請求の裁決に不服がある者は，再審査請求をすることができる（行服法６条１項）。再審査請求の対象は，原裁決すなわち，再審査請求をすることができる処分についての審査請求の裁決又は当該処分であり，また，再審査請求先は，法律に定める行政庁となる（同条２項）。

2　再審査請求期間

処分についての再審査請求は，処分があったことを知った日の翌日から起算して３月（当該処分について再調査の請求をしたときは，当該再調査の請求についての決定があったことを知った日の翌日から起算して１月）を経過したときは，することができない（行服法62条１項）。さらに，処分についての審査請求は，処分（当該処分について再調査の請求をしたときは，当該再調査の請求についての決定）があった日の翌日から起算して１年を経過したときは，することができない（同条２項）。ただし，正当な理由があるときは，この限りでない（同条１項ただし書・２項ただし書）。

このように，審査請求期間の起算日は前記Q103と別に解されるものではない。

105 情報公開請求の開示決定期間

行政庁に対し，情報公開請求を行ったが，いつまでに情報公開に関する決定がなされるかという目安はあるのか。

A 情報公開請求に対する決定は，原則として請求（補正がなされた場合には補正後）から30日以内（行政機関情報公開請求法10条１項）とされ，正当な理由がある場合にさらに30日以内の範囲で延長することができるとされる（同条２項）。

この決定がなされる期間を情報公開請求の開示決定期間と呼ぶが，この開示決定期間を経過しても，直ちに国家賠償法上違法となるものではないとされている。

解説

1　開示決定期限の意義

行政機関の長は，開示請求があったときは，開示情報に係る行政文書に不開示情報が記録されている場合を除き，開示請求者に対し，当該行政文書を開示しなければならないとされる（行政機関情報公開法５条柱書）。そして，開示請求に対する措置として，行政機関の長は，開示情報に係る行政文書の全部又は一部を開示するときは，その旨の決定，又は全部を開示しないときは，開示をしない旨の決定をしなければならない（同法９条）。以上の決定を総称して，「開示決定等」という。

開示決定等は，開示請求があった日から30日以内にしなければならないとされる（行政機関情報公開法10条１項本文）。ただし，補正（同法４条２項）に要した期間は算入されない（同法10条１項ただし書）。また，期間に関し，事務処理上の困難その他正当な理由があるときは，30日以内に限り延長することができるとされる（同条２項）。

なお，開示情報に係る行政文書が著しく大量であるため，当該開示請求があった日から60日以内にその全てについて開示決定等をすることにより事務の遂行に著しい支障が生ずるおそれがある場合には，開示決定期間内には相当の部分の開示で足り，残部の開示は相当期間内にすれば足りるとされる（行政機関情報公開法11条）。

2　開示決定期間経過後の開示請求者の救済手段

行政機関の長が，開示決定期間を経過しても，開示請求に対し何らの決定もしない場合，当該開示請求者が採り得る手段は，通常，不作為についての審査請求（行服法３条）が挙げられるが，その他，不作為の違法確認訴訟（行訴法３条５項），開示決定義務付け訴訟（同条６項）のほか，不作為違法を理由とする国家賠償訴訟（国家賠償法１条）が考えられる。

期間の不遵守に関し，東京高判平成18年９月27日訟月54巻８号1596頁は，「当該開示請求に対する開示又は不開示の決定の期限の不遵守が社会通念上一般人において受認すべき限度を超えない限り，国家賠償法上の違法行為を構成することはないと解するのが相当である」と判示した。同裁判例を参考にすれば，開示決定期間を経過しても，直ちに国家賠償法上違法になるものではないと解される。

106 行政訴訟の出訴期間はいつまでか

行政庁に営業停止を命じられたので，取消訴訟を提起したい。いつまでに訴訟を提起する必要があるか。

無効等確認訴訟の場合はどうか。

A　取消訴訟は，審査請求を経ていない場合には，処分又は裁決があったことを知った日から（初日不算入，以下同じ。）6か月以内，かつ，処分又は裁決の日から1年以内に提起しなければならない。審査請求を経ている場合には，裁決があったことを知った日から6か月以内，裁決の日から1年以内に提訴しなければならない。

この期間制限が遵守されなかった場合においても，期間制限を守ることができなかったことにつき「正当な理由」がある場合には，例外的に訴え提起が適法になり得る。

一方，無効等確認訴訟の場合には，このような期間制限はない。

解　説

1　行政訴訟における出訴期間の意義

行政処分は，性質上広く公共の利害に関係することが多いため，その効力を早急に確定させ，法律関係の安定を図る必要性がある。そのため，行政事件訴訟法14条は，取消訴訟を提起して行政処分の効力を争うことができる期間（出訴期間）を限定しており，出訴期間を経過した後に提起された取消訴訟については訴訟要件を欠くものとして訴えが却下される。

2　取消訴訟における出訴期間

(1)　期間の定め

ア　出訴期間は，次のとおり定められている。

① 審査請求を経ていない場合

①－１　処分又は裁決があったことを知った日から６か月（行訴法14条１項）

①－２　処分又は裁決の日から１年間（行訴法14条２項）

② 審査請求を経た場合

②－１　審査請求に係る裁決があったことを知った日から６か月（行訴法14条３項）

②－２　審査請求に係る裁決の日から１年間（行訴法14条３項）

「知った日」とは，当事者が書類の交付・口頭の告知その他の方法により処分等の存在を現実に知った日を指すが，社会通念上処分があったことを当事者が知り得べき状態となったとき（処分を記載した書類が当事者住所に送達された場合等）は，処分があったことを知ったと推定されるほか（最判昭和27年11月20日民集６巻10号1038頁），公告等により多数の関係者に画一的に処分等の通知を伝達することが法定されている場合には，公告等が適法になされた日が「知った日」となる（都市計画事業認可の告示について，最判平成14年10月24日民集56巻８号1903頁）。

イ　なお，出訴期間の計算においては，次の点に留意する必要がある。

(ア)　出訴期間の初日である，処分等を「知った日」や，処分等「の日」は，算入しない（初日不算入の原則）。

(イ)　出訴期間の末日が，日曜日，土曜日，国民の祝日に関する法律が規定する休日又は12月29日から１月３日である場合には，出訴期間はその翌日に満了する（行訴法７条，民訴法95条）。

(2)　期間制限の例外

上記(1)の期間制限を遵守せずに取消訴訟を提起した場合においても，「正当な理由があるとき」は，出訴期間の制限には違反しない。

「正当な理由」の有無の判断においては，処分等の内容・性質，行政庁の教示の有無・内容，処分等に至る経緯やその後の事情，処分の際に原告が置かれていた状況，その他出訴期間が経過した原因に関わる諸事情を総合考慮することになるが（南博方ほか編『条解行政事件訴訟法〔第４版〕』（弘文堂，2014）

393頁〔深山卓也〕），「正当な理由」が認められる場合としては以下のものがあるものの，現状狭く解されている。

「知った日から６か月」の期間制限につき正当な理由が認められた事例としては，誤教示の事例（最判昭和55年12月９日訟月27巻４号824頁，民訴法97条１項に基づく訴訟行為の追完の事例），大震災による混乱状況において期間制限を１日経過した事例（神戸地判平成９年２月24日判タ959号167頁，同じく民訴法97条１項の事例），制度が複雑で提起すべき訴訟が明確でないうえ行政側の追加主張に対応して行った追加的併合に係る訴訟を提起した事例（東京地判平成22年９月29日判タ1351号133頁）などがある。

また，「日から１年間」の期間制限につき正当な理由が認められたものとしては，行政庁が出訴期間につき誤教示をした事例（福岡高判昭和47年11月20日裁判所ウェブサイト）があるほか，教示を怠った場合にも「正当な理由」を認める可能性があるとする指摘がある（前掲・南博方ほか編396頁）。

3　無効等確認訴訟の場合

上記の取消訴訟の場合と異なり，行政処分に無効の瑕疵が認められる場合は，出訴期間の制限なく，無効等確認訴訟を提起して行政処分の効力を争うことができる（行訴法38条参照）。

107　住民監査請求を行うことができる期間

地方公共団体の長などによる財務会計上の行為について監査請求を行う場合，いつまでに行わなければならないか。

怠る事実を対象として監査請求を行う場合はどうか。

A　財務会計上の行為があった日又は終わった日から１年以内に行わなければならない。財務会計上の行為には一連の行為として行われるもの（支出負担行為，支出命令，支出など）があるが，その場合には，財務会計上の行為ごとに行われた日から期間制限が起算される。

上記期間内に監査請求をしなかった場合においても，正当な理由がある場合には監査請求が適法となる。この正当な理由は，普通地方公共団体の住民が相当の注意力を持って調査したときに客観的に見て当該行為を知ることができたかどうか，当該行為を知ることができたと解される時から相当な期間内に審査請求をしたかどうかによって判断される。

怠る事実を対象としてなされた監査請求のうち，「不真正怠る事実」については，地方自治法242条２項の期間制限が適用されるが，「真正怠る事実」には，監査請求期間の制限はない。

解　説

1　住民監査請求の意義

住民監査請求の制度は，普通地方公共団体の財政の腐敗防止を図り，住民全体の利益を確保する見地から，当該普通地方公共団体の長その他の財務会計職員の違法若しくは不当な財務会計上の行為又は怠る事実について，その監査と予防，是正等の措置とを監査委員に請求する権能を住民に与えたものであって，住民訴訟の前置手続として，まず当該普通地方公共団体の監査委員に住民の請求に係る行為又は怠る事実について監査の機会を与え，当該行為又は怠る事実の違法，不当を当該普通地方公共団体の自治的，内部的処理によって予防，是正させることを目的とするものである（最判昭和62年２月20日民集41巻１号122頁）。

2　財務会計行為を対象とする監査請求を行うことができる期間

(1)　期間の定め

地方自治法242条２項本文は，財務会計上の行為（財務会計行為）があった日又は終わった日から１年を経過したときは，住民監査請求をすることができないと定めている。

複数の財務会計行為が一連のものとして行われることが多いものの（例えば，普通地方公共団体が公金を支出する際は，支出負担行為（契約締結）・支出命令・狭義の支出が一連のものとして行われる。），これらは権限主体，要件，時期等において異なることのある別個独立の行為であるから（上記の例では，支出負担行為は財務部長が，支出命令は会計課長が，支出は出納課長が行うということがしばしばある。），それぞれの財務会計行為ごとに，監査請求期間は当該行為があった日から計算される（最判平成14年７月16日民集56巻６号1339頁）。

なお，財務会計行為が一時的行為であれば「あった日」から，継続的行為であれば「終わった日」からそれぞれ起算することになる（最判平成14年９月12日民集56巻７号1481頁，最判平成14年10月15日裁判集民208号157頁）。例えば，市が貸主として締結した土地賃貸借契約が違法であるとする住民監査請求は，賃貸借契約の締結（一時的行為）を対象とするものとして締結日を基準として監査請求期間を算定することになるが，賃貸借契約の履行行為（継続的行為）を対象とするものであれば（賃貸借契約締結自体は適法だが，物件の使用態様が違法・不当である場合等）履行行為が終わった日を基準として算定すべきことになる。

(2)　期間制限の例外

上記(1)の期間制限を遵守せずに監査請求を行った場合においても，「正当な理由があるとき」は，監査請求期間の制限には違反しない（地方自治法242条２項ただし書）。

「正当な理由」の有無は，当該監査請求者が請求対象の違法・不当な事実を一般住民よりも早く知り得たなど特段の事情のない限り，住民が相当の注意力をもって調査したときに客観的に見て当該行為が違法・不当であることを知ることができたと解されるときから相当な期間内に監査請求をしたか否かにより判断される（最判昭和63年４月22日裁判集民154号57頁，前掲最判平成14年10月15日，前掲最判平成14年９月12日）。相当の注意力をもっての調査については，情報公開請求を含め積極的な調査を行うことが前提とされており，報道や広報誌等の受動的な情報のみに注意を払えば足りるものではない（東京高判平成19年２月14日判タ1265号204頁など）。相当な期間については，財務会計行為の内容や収集資料の具体性等の事案ごとの判断となるため一般化が困難であるが，収集資料を速やかに分析し，分析完了後速やかに監査請求を行うことが求められる。

3　怠る事実を対象とする監査請求を行うことができる期間

⑴　真正怠る事実を対象とする場合

地方自治法242条２項は，財務会計行為に係る住民監査請求の期間制限を規定しているが，「違法若しくは不当に公金の賦課若しくは徴収若しくは財産の管理を怠る事実」（怠る事実）に係る監査請求については何ら規定していない。

そして，怠る事実は継続している以上，期間制限は適用されないのが原則である（真正怠る事実）。例えば，収入役が町長の職印を無断使用し農協から金員を詐取したため，町が農協に対し損害賠償金を支払ったことについて，収入役の監督義務等を町長が怠ったことなどから町は町長に対し損害賠償請求権を有するにもかかわらず，これを怠っているとして住民監査請求がされた事案においては，期間制限が適用されない（最判昭和53年６月23日裁判集民124号145頁）。

⑵　不真正怠る事実を対象とする場合

一方で，財務会計職員の違法な財務会計上の行為に関して，当該行為が違法であることに基づいて発生する財務会計職員に対する損害賠償請求権や，行為の相手方に対する不当利得返還請求権の行使を地方公共団体が怠っている（不真正怠る事実）と構成して監査請求を行うことも可能とされている。

このような場合に期間制限の適用がないとすると，財務会計行為についての監査請求期間制限の趣旨を没却することになる。したがって，不真正怠る事実については，原因となった財務会計行為があった日又は終わった日を基準として地方自治法242条２項の期間制限が適用される。

⑶　真正怠る事実と不真正怠る事実との区別基準

怠る事実を対象としてされた監査請求であっても，特定の財務会計上の行為が財務会計規範に違反して違法であるか，またはこれが違法であって無効であるからこそ発生する実体法上の請求権の行使を怠る事実を対象とするものである場合には，当該行為が違法と判断されて初めて当該請求権が発生するから，監査委員は当該行為が違法であるか否かを判断しなければ当該怠る事実の監査を遂げることができない関係にあり，これを客観的，実質的にみれば，当該行為を対象とする監査を求める趣旨を含むものとみざるを得ない場合には，「不真正怠る事実」となり，そうでない場合には「真正怠る事実」に当たると解されている。

例えば，町長が随意契約により町有地を低廉な価格で売却・登記移転をしたことにつき，当該随意契約が違法無効であるからこそ，町に発生する買主に対する損害賠償請求や不当利得返還請求，所有権移転登記抹消登記請求を怠る事実の請求は，不真正怠る事実となり，監査請求期間の規定が適用される（最判昭和62年２月20日民集41巻１号122頁）。

108　住民訴訟の提起を行うことができる期間

住民訴訟は，いつまでに提起しなければならないか。

住民訴訟は，次の期間内に提起しなければならない。

①　監査請求の監査の結果・勧告に不服がある場合
→監査の結果又は勧告の内容の通知があった日から30日以内

②　監査委員の勧告を受けた議会，長などの措置に不服がある場合
→当該措置に係る監査委員の通知があった日から30日以内

③　監査委員が請求をした日から60日を経過しても監査又は勧告を行わない場合
→当該60日を経過した日から30日以内

④　監査委員の勧告を受けた議会，長などが措置を講じない場合
→当該勧告に示された期間を経過した日から30日以内

これらの出訴期間制限については，「正当な理由」による救済規定はない。

解　説

1　期間の定め

住民訴訟においては，裁判よりも前に監査委員に監査の機会を与え，当該行為又は怠る事実の違法，不当を当該普通地方公共団体の自治的，内部的処理によって予防，是正させるため，適法な住民監査請求が前置されることが要求されている。

このことは，地方自治法242条の２第２項における住民訴訟の期間制限の定めに表れており，次のとおり監査請求により出された結果・勧告やその後

の措置等に不服がある場合，監査請求に対し監査勧告が行われない場合であることを前提となっている。また，いつまでも争い得る状態にしておくことは地方公共団体の行政運営の安定性を確保する見地や取引の安全を図る見地から適切ではないという趣旨から，具体的な出訴期間が定められている。

① 監査請求の監査の結果・勧告に不服がある場合：監査の結果又は勧告の内容の通知があった日から30日以内

② 監査委員の勧告を受けた議会，長などの措置に不服がある場合：当該措置に係る監査委員の通知があった日から30日以内

③ 監査委員が請求をした日から60日を経過しても監査又は勧告を行わない場合：当該60日を経過した日から30日以内

④ 監査委員の勧告を受けた議会，長などが措置を講じない場合：当該勧告に示された期間を経過した日から30日以内

これらの期間は不変期間であり（地方自治法242条の２第３項），「正当な理由」による救済規定はない。

なお，適法な監査請求であるにもかかわらず監査委員がこれを不適法であるとして却下した場合（例えば，監査請求期間につき実際には「正当な理由」があるとして期間制限違反にならないにもかかわらず，監査委員がこの判断を誤り期間制限を徒過した請求として却下した場合）においても，地方自治法242条の２第２項１号に準じて，出訴期間は却下の通知があった日から30日以内とされる（最判平成10年12月18日民集52巻９号2039頁）。

2　再度の住民監査請求とこれによる例外的取扱い

同一住民が同一の財務会計行為又は怠る事実について複数回の監査請求を行ったとしても，前の監査請求に対する監査結果の通知があった日から30日を経過していれば，後の監査請求に対する監査結果の通知があった日から30日以内に訴え提起をしたとしても，出訴期間の制限に違反する（最判昭和62年２月20日民集41巻１号122頁）。

もっとも，適法な監査請求であるにもかかわらず監査委員がこれを不適法として却下した場合，上記１のとおり直ちに訴えを提起することができるほ

かに，（適法に監査請求し得る期間内であれば）再度の監査請求を行い得るとされており（前掲最判平成10年12月18日），この場合における出訴期間は，再度の監査請求に対する監査結果の通知があった日から起算される。

第12章

税　務

本章では，税務に関連する期間制限について，納税者側の実務から見て重要と思われる項目を中心に解説する。

まず初めに，我が国の主要な租税である所得税や法人税で採用されている申告納税方式の下での，納税申告の期限を解説する。

次いで，課税当局の側から，納税申告の内容を変更する手続である更正処分の期限や，納税申告の後に納税者自ら，税額の減少方向での変更を求める，「更正の請求」の期限について述べる。

最後に，課税処分をめぐる争いが，行政上の不服申立て手続や訴訟に至る場合の手続期限について解説する。

109 納税申告の期限（原則）

主な国税の納税申告の期限は，原則としてどのようになっているか。

A 原則として，主な国税の納税申告の期限は以下のとおりである。なお，これらには例外があるが，例外についてはQ110を参照されたい。

申告所得税：翌年３月15日（所得税法120条１項，128条）

法　人　税：事業年度終了の日の翌日から２か月以内（法人税法74条１項，77条）

相　続　税：相続の開始があったことを知った日の翌日から10か月以内（相続税法27条１項，33条）

解　説

申告納税方式による国税の納税者は，国税に関する法律の定めるところにより，納税申告書を法定申告期限までに税務署に提出し納税しなければならない（税通法17条，34条）。

主な国税に関する法律が定める納税申告の期限は以下のとおりである。なお，これらには例外があるが，例外についてはQ110を参照されたい。

① 申告所得税……翌年３月15日（所得税法120条１項，128条）

② 法　人　税……事業年度終了の日の翌日から２か月以内（法人税法74条１項，77条）

③ 相　続　税……相続の開始があったことを知った日の翌日から10か月以内（相続税法27条１項，33条）

④ 消　費　税……課税期間（原則として個人事業者は１月１日から12月31日，法人は事業年度）の末日から２か月以内（消費税法19条１項１号・２号，45条１項，49条）

110　納税申告の期限（例外）

主な国税の納税申告の期限には，Q109で解説された原則的なルールに対する例外があると聞いた。例外は，どのような場合か。

A　法人税について，定款等又は特別の事情があることにより，今後，各事業年度終了の日の翌日から２か月以内にその各事業年度の決算についての定時総会が招集されない常況にあるため，申告書の提出期限を１か月間延長しようとする場合の申告期限の延長の特例の申請制度（法人税法75条の２第１項）をはじめ，いくつかの例外がある。

解　説

主な国税の納税申告の期限に関する原則的なルール（Q109参照）に対する例外として，国税全般に適用されるものと，各国税に関する法律に定められたものがある。

国税全般に適用される例外として，国税庁長官等は，災害その他やむを得ない理由により，国税に関する法律に基づく納税申告の期限までに納税申告できないと認める場合，その理由のやんだ日から２か月以内に限り，延長することができる旨の規定がある（税通法11条）。この延長をする必要が生じた場合には，その理由が都道府県の全部又は一部にわたるときは，国税庁長官が職権で地域及び期日を指定し（地域指定），また，その理由が個別の納税者にあるときは，納税者の申請により税務署長等が納税者ごとに期日を指定し（個別指定），期限を延長する（税通法施行令３条）。

各国税に関する法律に定められたものとして，以下のような法人税の申告期限の延長制度などがある。なお，これは申告期限の延長であり，納税期限の延長ではないため，利子税が発生することには留意が必要である（税通法64条）。

（例）　定款等又は特別の事情があることにより，今後，各事業年度終了の日の翌日から２か月以内にその各事業年度の決算についての定時総会が招集されない常況にあるため，申告書の提出期限を１か月間延長しようとする場合の申告期限の延長の特例の申請制度（法人税法75条の２第１項。次頁の書式も併せて参照されたい。）　など。

【申告期限の延長の特例の申請書の書式（国税庁HPより転載）】

申告期限の延長の特例の申請書

※整理番号	
※連結グループ整理番号	

税務署受付印

平成　年　月　日

税務署長殿

提出法人		
	納税地	〒 電話(　　)　－
□□ 単連 体結 法親 人法 人	（フリガナ）	
	法人名等	
	法人番号	
	（フリガナ）	
	代表者氏名	㊞
	代表者住所	〒
	事業種目	業

自平成　年　月　日　□ 事業年度から法人税の確定申告書
至平成　年　月　日　□ 連結事業年度から法人税の連結確定申告書
の提出期限の延長をし、延長月数の指定若しくは指定の取消しを受け又は延長月数の変更をしたいので申請します。

記

申告期限延長期間	
	⑴ 申告期限が延長されていない法人 □ 申告期限を1月（連結事業年度は2月）延長したい場合 □ 申告期限の延長及び2月（連結事業年度は3月）以上の延長月数の指定を受けたい場合　その月数（　）
	⑵ 申告期限が1月（連結事業年度は2月）延長されている法人 □ 2月（連結事業年度は3月）以上の延長月数の指定を受けたい場合　その月数（　）
	⑶ 2月（連結事業年度は3月）以上の延長月数の指定を受けている法人 □ 延長月数の指定の取消しを受け、1月（連結事業年度は2月）延長としたい場合　取消し前の月数（　） □ 2月（連結事業年度は3月）以上の範囲内で延長月数の指定を受けている月数を変更したい場合　変更前の月数（　）　変更後の月数（　）

各事業年度若しくは各連結事業年度終了の日の翌日から2月以内（延長月数の指定を受けようとする場合には事業年度終了の日の翌日から3月以内又は連結事業年度終了の日の翌日から4月以内）に各事業年度若しくは各連結事業年度の決算についての定時総会が招集されない、又は各連結事業年度の連結所得の金額若しくは連結欠損金額及び法人税の額の計算を了することができない理由	根拠条文	□ 法人税法第75条の2第1項（同法第144条の8において準用する場合を含む。）又は同法第81条の24第1項 □ 法人税法第75条の2第1項第1号（同法第144条の8において準用する場合を含む。）又は同法第81条の24第1項第1号 □ 法人税法第75条の2第1項第2号（同法第144条の8において準用する場合を含む。）又は同法第81条の24第1項第2号 □ 法人税法第75条の2第2項（同法第144条の8において準用する場合を含む。）又は同法第81条の24第2項
その他の参考事項	添付書類等	1 定款等の写し 2 その他 （　　　　）

税理士署名押印	㊞

※税務署処理欄	部門		決算期		業種番号		番号		入力		名簿等		通信日付印	確認印
	回付先	□ 親署 → 子署 ・ □ 子署 → 調査課											年　月　日	

29.04 改正

（規格A4）

申告期限の延長の特例の申請書の記載要領等

1　この申請書は、内国法人が法人税法第75条の2の規定により、連結親法人が法人税法第81条の24の規定により、又は外国法人が法人税法第144条の8の規定により、
①　定款等の定めにより、又はこれらの法人に特別の事情があることにより、今後、各事業年度又は各連結事業年度終了の日の翌日から2月以内にその各事業年度又は各連結事業年度の決算についての定時総会が招集されない常況にあるため、申告期限の延長をしようとする場合
②　連結子法人が多数に上ること、その他これに類する理由により連結所得の金額又は連結欠損金額及び法人税の額の計算を了することができないことにより、今後、各連結事業年度終了の日の翌日から2月以内に法人税の連結確定申告書を提出できない常況にあるため、申告期限の延長をしようとする場合
③　会計監査人を置いている場合で、かつ、定款等の定めにより、今後、各事業年度終了の日の翌日から3月又は各連結事業年度終了の日の翌日から4月以内にその各事業年度又は各連結事業年度の決算についての定時総会が招集されない常況にあるため、申告期限の延長及び延長期間の月数の指定を受けようとする場合
④　特別の事情があることにより、今後、各事業年度終了の日の翌日から3月又は各連結事業年度終了の日の翌日から4月以内にその各事業年度又は各連結事業年度の決算についての定時総会が招集されない常況にあること、その他やむを得ない事情があるため、申告期限の延長及び延長期間の月数の指定を受けようとする場合
⑤　特別の事情があることにより、今後、各連結事業年度終了の日の翌日から4月以内に連結所得の金額又は連結欠損金額及び法人税の額の計算を了することができない常況にあること、その他やむを得ない事情があるため、申告期限の延長及び延長期間の月数の指定を受けようとする場合
⑥　③～⑤に掲げる理由に変更が生じたことにより、延長されている月数の指定の取消しを受けようとする場合又は指定を受けた月数の変更をしようとする場合
に使用してください。
なお、これらの規定は、平成22年9月30日以前に解散した法人の清算中の事業年度及び平成22年10月1日以後に解散した法人の残余財産の確定の日の属する事業年度には適用がありません。

2　この申請書の提出期限は、次の区分によりそれぞれ掲げる期限までに納税地の所轄税務署長に1通（調査課所管法人にあっては2通）提出してください。
①　確定申告書の延長特例……最初に適用を受けようとする事業年度終了の日まで
②　連結確定申告書の延長特例……最初に適用を受けようとする連結事業年度終了の日の翌日から45日以内

3　各欄は、次により記載します。
(1)　申請本文の｛□ 事業年度から法人税の確定申告書／□ 連結事業年度から法人税の連結確定申告書｝には、いずれか該当する□にレ印を付してください。
(2)　「申告期限延長期間」欄には、申請の内容に応じていずれか該当する□にレ印を付してください。
なお、2月以上（連結確定申告書にあっては3月以上）の延長月数の指定を受けようとする場合には、その指定を受けようとする月数(注)を「その月数（　　）」の（　　）内に、申告期限の延長月数の指定の取消しを受け1月（連結確定申告書にあっては2月）延長にしようとする場合には、その指定の取消しを受ける前の月数を「取消し前の月数（　　）」の（　　）内に記載し、申告期限の延長月数の変更をしようとする場合には、変更する前の月数を「変更前の月数（　　）」の（　　）内に、変更しようとする月数(注)を「変更後の月数（　　）」の（　　）内に記載してください。
(注)　申請の事由が上記1の③に該当する場合は、（　　）内には「2」から「4」までの数字を記載してください。
(3)　「各事業年度又は連結事業年度終了の日の翌日から2月以内（延長月数の指定を受けようとする場合には事業年度終了の日の翌日から3月以内又は連結事業年度終了の日の翌日から4月以内）に各事業年度又は連結事業年度の決算についての定時総会が招集されない、又は各連結事業年度の連結所得の金額若しくは連結欠損金額及び法人税の額の計算を了することができない理由」欄には、上記1の①から⑥までに掲げる事由が生じることとなった理由を簡明に記載してください。
(4)　「根拠条文」欄には、申請の内容に応じていずれか該当する□にレ印を付してください。
(5)　「添付書類等」欄は、この申請書に添付したものの番号を○で囲んでください。
(6)　「税理士署名押印」欄は、この申請書を税理士及び税理士法人が作成した場合に、その税理士等が署名押印してください。
(7)　「※」欄は、記載しないでください。

4　この申告期限の延長の特例が認められた場合には、延長された期間について利子税を納付する必要があります。

(注) 1　法人税法第81条の24の規定による連結確定申告書の提出期限の延長が認められるには、同法第75条の2の規定による確定申告書の提出期限の延長が認められていた法人も改めて連結確定申告書に係る「申告期限の延長の特例の申請書」を提出する必要があることにご注意ください。
2　この申請書により法人税の確定申告書又は連結確定申告書の提出期限の延長が認められた場合でも、消費税の確定申告書の提出期限については適用がないことにご注意ください。
3　連結納税の承認申請中において提出された、連結事業年度を対象とした法人税法第75条の2の規定による確定申告書の申告期限の延長の特例の申請書は、連結納税が承認された場合、無効なものとなります。
このため、連結グループから離脱した際に、法人税法第75条の2に規定する確定申告書の提出期限の延長の特例を受けようとする場合は、法律の定める日までに改めて申請書を提出する必要があることにご注意ください。
4　連結確定申告書又は個別帰属額等の届出書を提出する法人は、法人税法第75条の2の規定による申請書を提出することができないことにご注意ください。
5　この申請により連結確定申告書の提出期限の延長の特例が認められると、その提出期限が連結子法人の個別帰属額等の届出書の提出期限となります。

5　留意事項
○　法人課税信託の名称の併記
法人税法第2条第29号の2に規定する法人課税信託の受託者がその法人課税信託について、国税に関する法律に基づき税務署長等に申請書等を提出する場合には、申請書等の「法人名等」の欄には、受託者の法人名又は氏名のほか、その法人課税信託の名称を併せて記載してください。

111　更正処分の除斥期間（原則）

税務署が，確定申告に誤りがあるとして更正処分を行うことのできる期限は，原則としてどのようになっているか。

A　更正処分は，原則として，法定申告期限から５年を経過した日以後は，することができない（税通法70条１項）。なお，これには例外があるが，例外についてはQ112を参照されたい。

解　説

我が国の租税の中心をなす所得税や法人税については，申告納税方式が採用されている。申告納税方式とは，課税所得や税額の確定を，第一義的に納税者本人による確定申告に委ねるものである。しかし，課税所得や税額の算定について，課税当局と納税者との間で見解の相違が生ずることもある。このように納税者の確定申告の内容について課税当局が見解を異にする場合，課税当局（所轄税務署）は，当局の意図する課税所得や税額の内容を納税義務として確定する行政処分を行うことになる。かかる行政処分を「更正」処分という。

更正については，原則として，対象の租税の法定申告期限から５年を経過した日以後はすることができないとされている（税通法70条１項）。これを更正の「除斥期間」という。

Q 112 更正処分の除斥期間（例外）

更正処分の期限には，Q111で解説された原則的なルールに対する例外があると聞いた。例外は，どのような場合か。

A　いくつかの例外があるが，実務上重要なのは，偽りその他不正の行為により税を免れた場合の更正処分は，法定申告期限から７年を経過する日まで行うことができるという点である（税通法70条４項１号）。

解説

Q111に記載のとおり，更正処分の除斥期間は，法定申告期限から５年というのが原則ルールである。しかしながら，これにはいくつかの例外があり（税通法70条２項から４項参照），中でも実務上重要なのは，偽りその他不正の行為により税を免れた場合，法定申告期限から７年を経過する日まで行うことができる（原則ルールである５年から７年に延長される），という点である（同法70条４項１号）。そして，ここでの「偽りその他不正の行為」に該当する行為類型と，重加算税の賦課要件である「隠蔽」又は「仮装」（同法68条１項）に該当する行為類型とは，実際上重なり合う部分が多いことから，重加算税の賦課される事案（新聞報道で「所得隠し」と報じられるような事案）については，通常，更正処分の期限が７年に延長されるという点に留意が必要である。

113　更正の請求の期間制限

納税者が確定申告の誤りに気付いて課税標準や税額の修正を求める更正の請求の期限は，どのようになっているか。

A　通常の更正の請求を行うことのできる期間は，原則として，法定申告期限から５年である（税通法23条１項）。これに対し，後発的理由による更正の請求については，事案の類型に応じた期間が定められている（同条２項）。

解　説

納税者が，一旦確定した課税標準や税額を自己に有利に変更すべきことを税務署長に求めることを，「更正の請求」という。「通常の更正の請求」（後述の「後発的理由による更正の請求」と対比してこう呼ばれる。）の期限は，原則として，法定申告期限から５年である（税通法23条１項）。これは，（Q111で記載のとおり）更正処分の除斥期間が５年とされていることと平仄を合わせたものとされている。

これに対し，後発的に課税要件事実に変動が生じた場合に，確定済みの租税法律関係を変動した状況に適合させるための救済手続として，「後発的理由による更正の請求」がある。後発的理由による更正の請求については，かかる後発的理由が生じた具体的な場面に応じて，期限が定められている（税通法23条２項各号及び税通法施行令６条１項）。例えば，判決によって，課税標準や税額の計算の基礎となった事実が申告の際に前提とした事実と異なることが確定した場合の更正の請求の起源は，判決確定日の翌日から２月以内とされる（税通法23条２項１号）。

【更正の請求書の書式（国税庁HPより転載）】

税務署受付印

平成＿＿年分所得税の更正の請求書

＿＿＿＿税務署長

＿＿年＿＿月＿＿日提出

住所	（〒　　－　　　）	個人番号	
フリガナ 氏名	印	職業	電話番号

平成＿＿年分所得税について次のとおり更正の請求をします。

請求の目的となった申告又は処分の種類		申告書を提出した日、処分の通知を受けた日又は請求の目的となった事実が生じた日	年　月　日

更正の請求をする理由、請求をするに至った事情の詳細等	
添付した書類	

請求額の計算書（記載に当たっては、所得税の確定申告の手引きなどを参照してください。）

			申告し又は処分の通知を受けた額	請求額
総合課税の所得金額			円	円
	合計	①		
※		②		
※		③		
所得から差し引かれる金額	雑損控除 医療費控除			
	社会保険料 小規模企業共済等掛金 控除			
	生命保険料控除			
	地震保険料 寄附金 控除			
	障害者、寡婦 寡夫、勤労学生 控除			
	配偶者控除			
	配偶者特別控除			
	扶養控除		人	人
	基礎控除			
	合計			
課税される所得金額	①に対する金額	④		
	②に対する金額	⑤		
	③に対する金額	⑥		

		申告し又は処分の通知を受けた額	請求額
税額	④に対する金額	円	円
	⑤に対する金額		
	⑥に対する金額		
	計		
配当控除 投資税額等の控除			
（特定増改築等）住宅借入金等特別控除			
政党等寄附金等特別控除			
住宅耐震改修特別控除 住宅特定改修・認定長期優良住宅新築等特別税額控除			
電子証明書等特別控除			
差引所得税額			
災害減免額			
外国税額控除			
源泉徴収税額			
申告納税額			
予定納税額（第1期分・第2期分）			
第3期分の税額	納める税金		
	還付される税金		
加算税	申告加算税		
	重加算税		

千円未満の端数は切り捨ててください。

赤字の場合は0と書いてください。

黒字の場合、百円未満の端数は切り捨ててください。

※　②、③の各欄は、「分離短期譲渡所得」、「分離長期譲渡所得」、「株式等の分離譲渡所得等」、「上場株式等の分離配当所得」、「先物取引の分離雑所得等」、「山林所得」、「退職所得」を記載してください。

還付される税金の受取場所	（銀行等の預金口座に振込みを希望する場合） ＿＿＿＿銀行・金庫・組合・農協・漁協　＿＿＿＿本店・支店・出張所・本所・支所 ＿＿＿＿預金　口座番号＿＿＿＿	（ゆうちょ銀行の口座に振込みを希望する場合） 貯金口座の記号番号　　－ （郵便局等の窓口受取りを希望する場合）

税理士署名押印（電話番号）　印

税務署整理欄	通信日付印の年月日	確認印	整理番号	番号確認	身元確認	確認書類	一連番号
	年　月　日		0		□ 済 □ 未済	個人番号カード ／ 通知カード・運転免許証 その他（　　）	

第12章　税務

114　更正処分に対する行政上の不服申立期間

更正処分に対して，どのような不服申立てが可能か。また，不服申立期間はいつまでか。

A　原則として国税不服審判所長に対する審査請求及び処分行政庁に対する再調査の請求を選択することができる。いずれについても，処分があったことを知った日（処分に係る通知を受けた場合には通知を受けた日）の翌日から３か月の主観的期間と，処分があった日から１年の客観的期間の２つの期間制限にかかるが，正当な理由があるときはこの限りでない。

解　説

1　不服申立ての種類

税務署長，国税局長又は税関長が行った更正処分に対する不服申立てとしては，①国税不服審判所長に対する審査請求及び②処分行政庁に対する再調査の請求をすることができる（税通法75条１項１号）。ただし，税務署長が行った処分であっても，国税局調査課所管の処分に対する再調査の請求は国税局長に対して行う必要があり，また，国税庁調査課所管の処分については国税庁長官に対する審査請求のみが可能である（同条２項）。

2　不服申立ての期間

審査請求と再調査の請求いずれの不服申立てについても，処分があったことを知った日（処分に係る通知を受けた場合には通知を受けた日）の翌日から３か月（ただし，再調査の請求後にする審査請求については，再調査決定書の謄本の送達があった日の翌日から起算して１か月）の主観的期間（税通法77条１項・２項）と，処分の知・不知にかかわらず処分があった日から１年の客観的期間（同条３項）の２つの期間制限にかかるが，いずれについても正当な理由があるときはこの限りでない。

正当な理由とは，不服申立期間内に不服申立てをしなかったことが，社会通念上，不可避である又は致し方ないと認められる天災その他やむを得ない理由のほか，処分の際に，不服申立期間について教示されず又は誤って長期の不服申立期間が教示され，当事者が他の方法でも不服申立期間を知ることができなかった場合が該当する（志場喜徳郎ほか共編『国税通則法精解〔平成28年改訂〕』（大蔵財務協会，2016）1003頁）。

3　審査請求と再調査の請求の選択

審査請求と再調査の請求は選択可能であり（税通法75条１項），再調査の請求をせずに，審査請求をすることもできるが，審査請求をした場合には，再調査の請求はできなくなる（行服法５条１項）。再調査の請求をしたときには，当該再調査の請求についての決定を経た後でなければ，審査請求をすることができないのが原則であるが（税通法75条３項），再調査の請求をした日の翌日から起算して３か月を経ても決定がない場合その他再調査の請求についての決定を経ないことにつき正当な理由がある場合には，決定を経ずに審査請求をすることができる（同条４項）。

115　更正処分取消訴訟の出訴期間

更正処分に関する取消訴訟を提起するためには，不服申立てを前置させる必要があるか。また，取消訴訟の出訴期間はいつまでか。

A　更正処分に関する取消訴訟は，審査請求についての裁決を経た後でなければ，提起することができないのが原則である（不服申立前置主義）。また，取消訴訟は，裁決があったことを知った日から6か月又は裁決の日から1年の期間に取消訴訟を提起しなければならないが，正当な理由があるときは，この限りでない。

解　説

1　不服申立前置主義

税務署長，国税局長又は税関長が行った更正処分に対しては不服申立てが可能であることから（税通法75条1項1号），更正処分に関する取消しを求める訴えは，審査請求についての裁決を経た後でなければ，提起することができない（不服申立前置主義。同法115条1項）。再調査の請求と審査請求の選択が認められている処分について，処分を受けた者が再調査の請求を選択した場合，再調査の請求と審査請求の各審級における決定又は裁決を経なければならないのが原則である（志場喜徳郎ほか共編『国税通則法精解〔平成28年改訂〕』（大蔵財務協会，2016）1222頁）。

2　不服申立前置主義の例外

①国税不服審判所長又は国税庁長官に対して審査請求がされた日の翌日から起算して3か月を経過しても裁決がないとき，②更正決定等の取消しを求める訴えを提起した者が，その訴訟の係属している間に当該更正決定等に係る国税の課税標準等又は税額等についてされた他の更正決定等の取消しを求

めようとするとき，③審査請求についての裁決を経ることにより生ずる著しい損害を避けるため緊急の必要があるときその他その裁決を経ないことにつき正当な理由があるときは，審査請求についての裁決を経ることなく取消訴訟を提起できる（税通法115条１項ただし書）。更正処分に対する所定の不服申立手続を既に経由し，更正処分に対する出訴期間内でかつその出訴前に再更正処分がなされた場合，再更正処分について，さらに所定の不服申立手続を経由しなければ取消訴訟を提起できないとすることは，納税者に対しいたずらに繁雑な手続を強制するものであることから，裁決を経ないことにつき正当な理由が認められるとして，裁決を経ることなく取消訴訟を提起できる（佐賀地判昭和50年４月25日行集26巻４号625頁）。

3　出訴期間

更正処分につき審査請求を行い，裁決を経た場合，裁決があったことを知った日から６か月又は裁決の日から１年の期間に取消訴訟を提起しなければならないが，正当な理由があるときは，この限りでない（行訴法14条１項及び２項）。なお，審査請求がされた日の翌日から起算して３か月を経過しても裁決がないときなど，裁決を経ずに取消訴訟を提起する場合には，裁決があったことを知った日から６か月を経過したとき又は裁決の日から１年を経過したときまで出訴可能である（宇賀克也『行政法概説II　行政救済法〔第５版〕』（有斐閣，2015）153頁）。

第13章

国際取引

本章では，国際取引において，日本の裁判所に国際管轄権があることを前提に契約書において準拠法の規定を設けたことの意義を解説するとともに，主要な諸外国（米国（ニューヨーク州），イギリス，フランス，中国，シンガポール，タイ）における消滅時効制度の概要を紹介する。具体的には，各国において，(1)請求権又は訴権が一定の期間の経過を理由として消滅し，又は行使できなくなる制度が存在するか。(2)時効制度が存在する場合，その制度の概要，(3)時効期間及びその起算点（請求権又は訴権の種類によって時効期間の長さ及び起算点が異なるか等），(4)時効期間の進行を停止させる事由及び停止後に時効期間の進行を再開させる事由の有無・その内容，(5)当事者の同意による時効の延長及び短縮の可否，について紹介する。なお，各国の時効制度の紹介は，一般的な時効期間等に関する記述であり，具体的な法的助言を提供するものではない。個別の事案に関しては，各国（州）の法律資格を有する専門家から個別の事案の事実関係や法律関係を踏まえた助言を得るなどの対応が求められる。

Q 116　準拠法について

日本企業Ａ（東京に本店がある。）が，米国企業Ｂとの間で製造用機械を販売する契約（以下「本件販売契約」という。）を締結し，当該外国内において同機械をＢに引き渡したが，ＢはＡに対し支払期限を経過しても売買代金を支払おうとせず，既に数年が経過した。本件販売契約には，東京地方裁判所を専属管轄とする旨の規定はあるが，準拠法の規定はない。この場合，日本企業Ａが米国企業Ｂに対して東京地方裁判所に販売代金の支払請求訴訟を提起したところ，Ｂが消滅時効の主張（抗弁）を提出してきた。この場合，準拠法はどこの国の法律になるか。

A　日本法となる可能性が高いが，特徴的給付理論による推定が破られた場合には米国法となる可能性がある。

解説

契約の解釈や適用についてどこの国の法律を適用するか（いわゆる「準拠法」の問題）を判断する法律は「国際私法」という法律である。しかし，この国際私法は，国によって内容が異なるため，まずは，準拠法の判断の前提として，準拠法判断の基準となる国際私法はどこの国の国際私法を適用するのかが問題となる。この点については，手続は法廷地法によるという原則が確立している。すなわち，事件が提起された裁判所が，自国の国際私法に従って準拠法を決定することになる（その前提として，ある国際取引に係る問題について当該国の裁判所が裁判管轄を有すること（国際裁判管轄がある）が必要であるが，ここでは論じない。）。本件では，日本の裁判所に訴訟が提起されているため，日本の裁判所に国際裁判管轄がある場合は，準拠法は日本の国際私法に基づき判断されることになる。

日本における国際私法は「法の適用に関する通則法」（以下「通則法」とい

う。）という法律である。通則法において，国際取引において関係することの多い法律行為（契約を含む。）については7～12条に規定されている。

通則法7条は「法律行為の成立及び効力は，当事者が当該法律行為の当時に選択した地の法による。」と規定し，準拠法の指定についての当事者自治が原則とされている。本件のように，法律行為の成立と効力について，当事者が準拠法を指定していない場合について，通則法8条1項は「法律行為の成立及び効力は，当該法律行為の当時において当該法律行為に最も密接な関係がある地の法による。」と定め，準拠法が「最密接関係地法」によるものとしている。通則法8条2項によれば，契約（法律行為）において特徴的な給付を当事者の一方のみが行うものであるときは，その給付を行う当事者の常居所地（主たる事務所・営業所の所在地）が「最密接関係地」と推定される（いわゆる「特徴的給付の理論」）。この「特徴的な給付」とは，例えば動産の売買契約では，動産の引渡しという給付がその契約を他の契約から区別するメルクマールと考えられる（反対給付はどの種類の契約でも存在する金銭の支払であり，契約の種類を区別する基準とはならない。）（小出邦夫編著『逐条解説　法の適用に関する通説法〔増補版〕』（商事法務，2015）108頁）。以上のことから，本件の場合，通則法8条2項により，物品の給付を行う売主である日本企業Aの常居所地法が「最密接関係地法」と推定されるということになる。ただし，通則法8条2項は「推定」規定でしかなく，東京地方裁判所が，米国が通則法8条1項にいう「最も密接な関係がある地」であると判断した場合には，この推定を破り，米国法を準拠法と判断することも許されることになることに留意が必要である。

このように契約書に準拠法の規定を設けなかった場合には，紛争が起きた際に，訴訟を提起した国の国際私法で準拠法が判断されることとなるが，これでは予測可能性が低く契約当事者が不測の損害を被る可能性も否定できない。このため，契約書作成の時点で，準拠法の規定を設けることが望ましい。

117 米国の消滅時効制度

米国における消滅時効制度の概略はどのようになっているか。

解　説

1　概　要

米国の時効制度は，州毎に異なり，各州の訴権に関するstatutes of limitations（出訴制限法）によって規律されている。当該出訴制限法規定の期間を経過して訴訟を提起する場合，相手方は出訴制限法の期間が経過したことを抗弁として主張することが可能になり，権利主張が妨げられるという効果が発生する。前記のとおり，出訴期間の制限という米国の時効制度の構成は，訴訟法上の構成を採るものであり，日本法上の消滅時効と異なり，実体法上の権利消滅という構成を採るものではない。したがって，例えば出訴期間満了後の債務弁済も有効な弁済と解されている。

2　各種請求権の消滅時効期間及び起算点

前記のとおり，米国の時効制度は州ごとに異なるが，例えばニューヨーク州法上の消滅時効期間及び起算点については，以下のとおりである。

(1)　契約が請求権又は訴権の発生原因となる場合

原則として契約違反の発生時から６年以内である（N.Y. C.P.L.R. §213(2)）。ただし，物品の売買等，Uniform Commercial Code（以下「UCC」という。）が適用される場合，契約違反の発生時から４年以内である（NY UCC §2-725(1)）。

(2)　不法行為が請求権又は訴権の発生原因となる場合

不法行為の発生時から３年以内である（N.Y. C.P.L.R. §214(5)）。ただし，不法行為の内容（請求原因事実）によって期間が異なる場合があることに留意する必要がある。

⑶　製造物責任に基づく請求権の場合

原則として損害発生時から３年以内である（N.Y. C.P.L.R. §214⑶）。

⑷　不動産若しくは動産に対する権利が請求権となり，又は訴権の発生原因となる場合

原則として損害発生時から３年以内である（N.Y. C.P.L.R. §214⑷）。

⑸　雇用契約から生じる請求権

契約違反及び不払賃金請求については６年以内である（N.Y. C.P.L.R. §213⑵, NY Labor Law §198⑶）。ただし，請求原因によって期間が異なる場合があること，及び，請求原因によっては，Equal Employment Opportunity Commissionへの申立て等の特別な手続が存在することに留意する必要がある。

⑹　環境に関する請求権

不法行為に関する一般的な規定（前記２⑵参照）が適用されるほか，特定の場合に時効期間が延長される旨の規定が存在する（N.Y. C.P.L.R. §214-f）。

3　時効の中断

時効期間の進行停止事由としては，訴訟提起のほか，①当事者が未成年・心神喪失等である場合，②Equity（衡平法）上，当事者が詐欺等により時効主張を行うことを妨げられた場合，③クラス・アクションが提起された場合等に，時効期間の進行停止が認められることがある。

また，請求原因事実の発生後，諾約者の署名を伴う書面による時効期間の放棄が認められている（GOB §17-103）ほか，債務者による債務の一部弁済や債権者による担保権の実行に伴い，時効期間が中断する場合がある。

4　時効の延長及び短縮

請求原因事実の発生後，諾約者の署名を伴う書面による時効期間の延長合意を行うことが認められている（GOB §17-103）。

また，物品の売買等，UCCが適用される場合に，当事者の合意により時効期間を１年以上４年以内とすることが可能である（NY UCC §2-725⑴）。

118　イギリスの消滅時効制度

イギリスにおける消滅時効制度の概略はどのようになっているか。

解　説

1　概　要

イギリスの消滅時効制度は，The Limitation Act 1980（以下「Limitation Act」という。）において規律されるが，裁判所の裁量に委ねられる特定履行，差止命令その他の衡平法上の救済方法に係る訴訟についてはLimitation Actは適用されない。

消滅時効期間の起算点は訴訟原因に応じて様々である。また，消滅時効の進行は当事者の合意等により停止することができる。なお，消滅時効は被告によって抗弁として主張される必要がある。

2　各種請求権の消滅時効期間及び起算点

(1)　契約関係

契約に基づく請求権についての消滅時効期間は，原則として，訴訟原因が発生した日（契約違反日）から６年である（Limitation Act 5条）。捺印証書契約に基づく請求権については，訴訟原因が発生した日から12年である（Limitation Act 8条）。

(2)　不法行為

不法行為に基づく請求権についての消滅時効期間は，訴訟原因が発生した日（損害を被った日）から６年である（Limitation Act 2条）。ただし，潜在的損害についての過失による不法行為の場合は，訴訟提起のために必要な事実を知り又は知り得るべき日から３年である（Limitation Act 14A条）。ただし，人身損害については，訴訟原因が発生した日又は傷害を知った日のいずれか遅い日から５年である（Limitation Act 11条）。なお，人身損害については，裁判所は裁量により消滅時効を適用しないことができる（Limitation Act 33条）。

⑶　製造物責任

製造物責任に基づく請求権についての消滅時効期間は，損害を被った日又は訴訟原因を知った日のいずれか遅い日から３年である（The Consumer Protection Act 1987）。

⑷　不動産に対する権利

土地回復訴訟に関する消滅時効期間は，原則として，未登記の土地については占有喪失日から12年である（Limitation Act 15条）。

⑸　商行為

商行為に基づく請求権に係る消滅時効期間についての特則は存在しない。

⑹　環境に関する請求権

環境に関する請求権の場合，それが不法行為に基づく請求権であれば前記⑵のLimitation Actが適用され，コモン・ロー上の権利であるニューサンス（nuisance）に係る請求権の場合は，消滅時効期間は，損失を被った時から６年である。

3　消滅時効の停止

当事者は契約を締結して合意することにより，時効期間の進行を止めることができる。また，詐欺に関する場合，又は，被告が原告に対して，訴訟提起に必要な情報を故意に隠蔽していた場合には，原告が詐欺又は隠蔽を知った若しくは知り得たときまで，消滅時効期間は進行しない。

4　合意による消滅時効期間の延長及び短縮

法令上，消滅時効期間を当事者の合意によって延長又は短縮することができるか否かについて規定はないが，実務上は，契約当事者間において法定の消滅時効期間を短縮する合意は行われている。もっとも，法定の時効期間を短縮することは，不公正契約条項法（Unfair Contract Terms Act）の適用対象となることから，契約条項は合理的なものであることが求められる点に留意が必要である。

119 フランスの消滅時効制度

フランスにおける消滅時効制度の概略はどのようになっているか。

解　説

1　概　要

フランスの消滅時効制度は，Law of June 17th, 2008 reformed the sections of the French Civil Code concerning statutes of limitations（民事時効改正に関する2008年6月17日の法律）において規定されている。同法上，消滅時効は，①普通消滅時効（民事，商事，刑事，行政，税制等の所定の類型に該当する権利・請求に適用されるもの）と，②特別消滅時効（特定の権利・請求にのみ適用されるもの）とに区別されている。

原則として，消滅時効は，権利者が権利の行使を可能とする事実を知り又は知り得るべきであった時点から進行が開始するとされる。

2　各種請求権の消滅時効期間及び起算点

(1)　普通消滅時効

後記(2)の特別消滅時効が適用される特定の請求権に当たらない限り，原則として，普通消滅時効の時効期間は，民事上の権利も商事上の権利についても，契約に基づく請求か不法行為に基づく請求かにかかわらず，また，権利者が誰であるか（商人，専門家，消費者等）にかかわらず，権利の行使を可能とする事実を知り又は知り得るべきであった時点から５年である。ただし，適用ある法定除斥期間がある場合，当該期間を経過したときは訴訟提起ができなくなるため，留意が必要である（例えば，専門家が消費者に対して訴訟提起する場合の出訴期限は２年以内とされる等）。

⑵　特別消滅時効

主な特別消滅時効は，以下のとおりである。

ア　物権に関する消滅時効

所有権には消滅時効制度の規定は適用されないが，それ以外の不動産に関する物的請求権についての消滅時効期間は，権利者が，その権利行使が可能であるという事実を知り又は知り得るべきであった時点から30年である。

イ　人損に関する消滅時効

人身損害に関する請求についての消滅時効期間は，損害が確定した時から10年である。ただし，拷問若しくは野蛮行為又は未成年者に対する性的侵害を原因とする人身損害については消滅時効期間を20年とする特則がある。

ウ　環境損害に関する消滅時効

環境損害に関する金銭的義務に係る請求についての消滅時効期間は，環境損害を知ってから10年である。

エ　製造物責任に関する消滅時効

製造物責任に関する請求についての消滅時効期間は，損害，瑕疵及び製造業者を知ったときから３年である。ただし，人損の場合の時効期間は，前記イのとおり，10年である。なお，製造物責任に関する請求については，特別消滅時効に加え，製造業者により商品が市場に置かれた日から10年間で除斥期間にかかるとされている点に留意が必要である。

オ　隠れたる瑕疵に係る消滅時効

買主の売主に対する隠れたる瑕疵に係る救済に関する請求についての消滅時効期間は，買主が瑕疵を知ってから２年である。他方で，売主の製造業者に対する隠れたる瑕疵に係る救済に関する請求については，売主が瑕疵を知ってから１年である。

カ　労働債権

労働に関する請求権の消滅時効期間は，原則として５年である。もっとも，一定の事項について特別消滅時効の適用があり，例えば，賃金に関する訴訟については３年間，雇用契約の解除に関する訴訟については２年間の消滅時効期間に服する。

3　消滅時効の停止

消滅時効の停止事由として，①無能力の場合（権利者が未成年の場合，成年被後見人の場合等），②不可抗力の場合，③婚姻期間中の夫婦間の場合等がある。

4　消滅時効の中断

消滅時効の中断事由としては，①債務者による承認，②訴訟提起（ただし，原告が訴えを取り下げた場合，又は請求が棄却された場合には中断効は生じない。）等がある。

5　合意による消滅時効期間の延長及び短縮

法令上，消滅時効期間を当事者の合意によって延長又は短縮することができる。ただし，①賃金，賃料，扶養料等の定期支払金に関する請求，②専門家と一般消費者との間の契約に関する請求，③保証契約に関する請求，④雇用差別に関する請求については，合意による時効期間の延長及び短縮は禁止されている。

120　中国の消滅時効制度

中国における消滅時効制度の概略はどのようになっているか。

解　説

1　概　要

中国では，権利者が法定期限において権利を行使しなかったことにより，裁判所に対して当該権利の保護を請求する権利が消滅するという訴訟時効制度がある。

同制度の下では，権利者が時効期間の経過後に当該権利について訴訟提起をした場合，裁判所がこれを却下するものとされる（ただし，当事者による時効の主張がない限り，裁判所は自ら時効に関する審査をすることはできない。）。もっとも，実体法上の権利は時効期間の経過後にも消滅せず，債務者が債務の履行をする意思がある限り，債権者はなお実体法上の債権を有するとされる。また，時効に関する規定は強行規定であり，当事者間で合意した時効期間，計算方法及び時効の停止・中断等に関する合意は無効である。

2　時効期間及び起算点

(1)　時効期間及びその種類

時効期間は，①普通時効期間，②特別時効期間，及び③最大時効期間に分類される。

普通時効期間とは，法律に特段の定めがある場合を除き，民事の法律関係に適用される時効期間のことをいい，消滅時効期間は３年である（中華人民共和国民法総則188条１項）。

特別時効期間とは，法定の特別な民事法律関係に適用される時効期間のことをいい，普通時効期間より優先的に適用される。特別時効期間を定めた例としては，国際貨物売買契約及び技術輸出入契約に関わる紛争における訴訟提起又は仲裁申立てに係る消滅時効期間について，当事者がその権利を侵害された日を知り又は知り得るべきであった日から４年とする規定（中華人民共和国契約法129条）が挙げられる。

最大時効期間とは，訴訟時効の停止・中断が認められない時効期間のことをいい，権利者は，権利侵害を認識した時期に関わらず，権利侵害の日から20年を超えた場合には，裁判所に対し保護を求めることができなくなるとされている（中華人民共和国民法総則188条２項）。

(2)　時効期間の起算点

時効期間は，原則として，権利が損害を受けており，かつ，権利者が義務者を知り又は知るべきであった日から起算する（中華人民共和国民法総則188条２項）。

もっとも，当事者が同一債務について分割履行をする場合には，時効期間は，最後の履行期間が満了した日から起算する（中華人民共和国民法総則189条）。また，未成年者が性的被害を受けた場合の損害賠償請求権の時効期間については，被害を受けた者が満18歳となった日から起算する（同法191条）。

(3)　時効が適用されない請求権

時効の適用範囲について，①侵害停止，妨害排除及び危険除去の請求，②不動産及び登記された動産の権利者による財産の返還請求，並びに，③養育費又は扶養費の支払請求には，時効の規定が適用されない（中華人民共和国民法総則196条）。また，④預金の元金払戻及び利息支払請求権，⑤国債，金融債及び不特定の者を対象に発行された社債の元金及び利息の現金払戻請求権，並びに，⑥投資関係に基づいて生じた出資払込請求権についても，時効の規定が適用されない（民事事件の審理における訴訟時効制度の適用に関する若干問題についての規定１条）。

3　時効期間の停止・中断

(1)　時効期間の停止

時効期間満了の６か月前において，以下の事由により請求権を行使することができない場合は，時効期間が停止する（中華人民共和国民法総則195条）。

①不可抗力，②民事行為無能力者若しくは制限民事行為能力者に法定代理人がいないとき，又は法定代理人が死亡し，民事行為能力を喪失し，若しくは代理権を喪失したとき，③相続の開始後，相続人又は遺産管理人が確定していないとき，④権利者が義務者又はその他の者によって支配されているとき，⑤その他権利者による請求権行使を不能とする障害があるとき。なお，時効の停止事由が解消された日から６か月が経過した場合には，時効期間は満了する（中華人民共和国民法総則194条）。

⑵　時効期間の中断

時効期間の中断事由（中華人民共和国民法総則195条）は以下のとおりである。

①権利者が義務者に履行請求を提出したとき，②義務者が義務の履行に同意したとき，③権利者が訴訟を提起し又は仲裁を申し立てたとき，④訴訟の提起又は仲裁の申立てと同等の効力を有するその他の事由が生じたとき。

「訴訟の提起又は仲裁の申立てと同等の効力を有するその他の事由」には，裁判所に対する支払命令の申請，破産の申立て，債権の申告，権利主張のための義務者の失踪若しくは死亡の申請，起訴前の財産保全の申請，及び，強制執行の申立て等が含まれるが，これらに限らないと解されている。

4　時効の延長

時効期間の経過後に，裁判所が権利者の申請に基づき特段の事由があると認定したときに時効期間が延長されるという時効の延長制度があり（中華人民共和国民法総則188条２項），普通時効期間，特殊時効期間及び最大時効期間のいずれも同制度の適用対象と解されている。なお，ここでいう「特段の事由」とは，時効期間の経過について権利者が無過失又は正当な理由がある場合をいう。

121　シンガポールの消滅時効制度

シンガポールにおける消滅時効制度の概略はどのようになっているか。

解　説

1　概　要

シンガポールにおける時効制度は，原則として，Limitation Act（Cap. 163, 1996 Rev. Ed.）により規律される。Limitation Actによって時効の効果が認められる場合，時効は原告による請求を却下へと導く訴訟法上の効果を有するが，被告によって抗弁として明示的に主張されない限り，その法律効果を生じない。なお，Limitation Actは，別途制定法に時効期間の規定がある場合には適用されない（Limitation Act 3条）。また，Small Claims Tribunal Act（Cap. 308, 1998 Rev. Ed.）に基づく請求についても適用がない（Small Claims Tribunal Act 5条(3)項）。

2　各種請求権の消滅時効期間及び起算点

シンガポール法上の消滅時効期間及び起算点については，以下のとおりである。

(1)　契約が請求権又は訴権の発生原因となる場合

時効期間は，原則として，請求原因の発生時より６年である（Limitation Act 6条(1)(a)）。

(2)　不法行為が請求権又は訴権の発生原因となる場合

時効期間は，原則として，請求原因の発生時より６年である（Limitation Act 6条(1)(a)）。ただし，人身損害については，時効期間を請求原因の発生時から３年，又は，原告が損害賠償を請求することが可能であることを知った日から３年のいずれか遅い方とする特則がある（Limitation Act 24A条(2)）。ま

た，損害が遅れて生じた場合の特則が存在する（Limitation Act 24A条）。さらに，不法行為のうち，共同不法行為者に対する求償請求権（Contribution）については，時効期間を請求原因の発生時から２年とする特則が存在する（Limitation Act 6A条）。

⑶　製造物責任に基づく請求権の場合

製造物責任の場合の特則は原則として存在せず，前記２⑵の不法行為の場合の時効期間が同様に適用される。

⑷　不動産若しくは動産に対する権利が請求権となり，又は訴権の発生原因となる場合

不動産の所有権に係る請求は，原則として，請求原因発生時から12年が時効期間となる（Limitation Act ９条⑴項）。動産に対する権利が請求権となる場合は，前記２⑴の時効期間が適用されるのが原則である。

⑸　商行為が請求権又は訴権の発生原因となる場合

商行為に基づく請求権に係る特則は存在せず，前記２⑴の時効期間が適用されるのが原則である。

⑹　雇用契約から生じる請求権

契約に基づく請求，不法行為に基づく請求の場合のLimitation Actの規定が適用される。なお，不法行為に基づく請求の場合，人身損害の場合の特則，及び，遅れて生じた損害の特則に留意が必要である。また，前記１記載のとおり，少額訴訟の特別手続（Small Claims Tribunal）が利用される場合の特則にも留意が必要である。

⑺　環境に関する請求権

環境に関する請求権については，請求権の発生原因に応じて，Limitation Actの各規定が適用される。

３　時効の中断

時効期間の進行の停止事由としては，①権利者が制限行為能力者あるいは行為無能力者である場合の時効期間の延長（Extension（Limitation Act 24条）），及び，②請求原因事実が被告又は被告の代理人による詐欺（Fraud）に基づく場合，請求をする権利が前記の者による詐欺によって隠蔽（Conceal）されていた場合，錯誤（Mistake）を理由とする請求権の場合などに，時効期間の進行は停止する（Postponement（Limitation Act29条））。①については，制限行為能力や行為無能力が回復するか，これらの者の死亡のいずれか早い事由の発生により時効期間の進行が開始し，その後の時効期間は6年，3年など請求の類型ごとに定められている。②については，原告が当該詐欺・錯誤について認識した場合，又は，合理的な注意を払えば当該詐欺・錯誤について認識できるであろう状況が生じた場合に，時効期間の進行が再開する。

4　時効の延長及び短縮

当事者間の合意により，時効期間の延長又は短縮を行うことは可能である。かかる合意は契約上なされるのが一般的である。

122　タイの消滅時効制度

タイにおける消滅時効制度の概略はどのようになっているか。

解　説

1　概　要

タイにおいては，Civil and Commercial Code（以下「CCC」という。）上，各種の請求権について異なる期間の消滅時効が規定されている。

原則として，請求権の行使が可能となった時点から，当該請求権について消滅時効の進行が開始する。ただし，請求権の内容が不作為を求めるものである場合には，権利が侵害された時点から消滅時効の進行が開始する。消滅時効の効果として，法定の期間内に請求権が行使されない場合には，当該期間の経過後，当該請求権の行使は禁止され，債務者は当該請求権について履行を拒絶することが可能となる。

2　各種請求権の消滅時効期間及び起算点

(1)　契約に基づく請求権

商人，労働者，及び，専門家が有する契約上の請求権は2年の消滅時効に服する。ただし，遅延利息の請求権は5年の消滅時効に服する。

また，請負人は，原則として，仕事の引渡し後1年以内に明らかになった瑕疵について請負契約に基づく責任を負うが，土地上の建造物（木造の建物を除く。）が請負の目的物である場合には，仕事の引渡し後5年以内に明らかになった瑕疵について請負契約に基づく責任を負う。また，瑕疵が明らかになった時から1年が経過した後は，請負人の責任を追及する訴訟を提起することはできない。

なお，日本における「商行為」に類する消滅時効に関する特則は，タイにおいては存在しない。

⑵　不法行為に基づく請求権

不法行為（tort）に基づく請求権に係る消滅時効期間は，被害者が加害行為及び加害者を知った時から１年間，又は，加害行為が行われた日から10年間である。不法行為が人的損害に係るものであるか，物的損害に係るものであるかによって，消滅時効期間の長短に差異はない。

⑶　製造物責任

製造物責任制度はLiability Arising from Damages from Unsafe Products Act of B.E. 2551（2008）によって規律されるところ，製造物責任に係る消滅時効期間は，以下のとおりである。

原則として，消費者が損害の発生及び加害者を知った時から３年以内，かつ，製品が販売された時から10年を超えない期間に，訴訟提起がなされなければならない。

損害が体内への化学物質の蓄積により引き起こされた場合，又は，症状が現れるまでに一定の時間経過が必要となる場合には，消費者が損害の発生及び加害者を知った時から３年以内，かつ，消費者が損害の発生を知った時から10年を超えない期間に，訴訟提起がなされなければならない。

⑷　不動産又は動産に係る権利

不動産又は動産の所有者は，第三者からその所有に係る不動産又は動産を取り戻す権利を有し，かかる権利は消滅時効に服さない。

占有が法的根拠なく侵害される場合に，占有者がその侵害を除去するよう求める訴訟は，侵害の発生から１年以内に提起されなければならない。

⑸　労働債権

労働債権の消滅時効は，Labour Protection Act B.E. 2541（以下「LPA」という。）により規律される。同法によれば，賃金その他の報酬債権は，有期雇用労働者と無期雇用労働者とを問わず，２年の消滅時効に服する。

法定の退職金及び不当解雇に基づく補償金は，10年の消滅時効に服する。

セクシャル・ハラスメントに基づく請求については，LPAにおいて規定が設けられていないため，不法行為に係る請求権として，CCCに基づき10年の消滅時効に服する。

3　消滅時効の中断

消滅時効の中断に関する制度は，以下のとおりである。

① 以下の場合には，消滅時効の中断が生じる。

(a) 債務者が，書面，一部の弁済，利息の弁済，担保権の設定，又は，請求権の存在の自認を黙示的に示す明確な行為により，債権者に対して請求権の存在を自認した場合。

(b) 債権者が，請求権の存在を確認し，又は履行を求める訴訟を提起した場合。

(c) 債権者が調停を申し立てた場合。

(d) 債権者が訴訟提起に準じる効果を生じる行為を行った場合。

② 消滅時効の中断が生じた場合には，中断前に進行していた期間は，消滅時効期間に算入されないこととなる。その後，時効中断事由が消滅した時点から，新たな消滅時効期間の進行が開始する。

4　合意による消滅時効期間の延長及び短縮

法令上，消滅時効期間を合意によって延長又は短縮することは禁止されている。もっとも，債務者が請求権の存在を自認することにより，前記3のとおり，消滅時効の中断が生じる。

編著者・執筆者等略歴

[岩田合同法律事務所]

1902年，故岩田宙造弁護士（後に司法大臣，日本弁護士連合会会長等を歴任）により創設され，爾来110余年に亘り，一貫して企業法務の分野を歩んで来た，我が国に現存する最古の法律事務所。

《連絡先》
〒100-6310　東京都千代田区丸の内二丁目4番1号丸の内ビルディング10階
代表電話　03-3214-6205

編集代表 ―――――――――

田子　真也

岩田合同法律事務所パートナー弁護士
1990年　一橋大学法学部卒業
1993年　弁護士登録，当事務所入所
2001年　Cornell Law School卒業（LL.M.）
2001年-2002年　Coudert Brothers LLP（New York）勤務
2002年　ニューヨーク州弁護士登録
最高裁判所司法研修所民事弁護教官，法務省司法試験考査委員・予備試験考査委員（民法），日興アセットマネジメント社外監査役，日本デキシー社外監査役等を歴任。

著作に，『Q&A　社外取締役・社外監査役ハンドブック』（編著，日本加除出版，2015年），「ITCによる米国関税法337条調査について―訴訟に代わる知的財産権保護の選択肢として」NBL1123号（共著，2018年）等多数。

編著者 ―――――――――

佐藤　修二

岩田合同法律事務所パートナー弁護士
1997年　東京大学法学部卒業
2000年　弁護士登録
2005年　Harvard Law School卒業（LL.M., Tax Concentration）

2005年-2006年　Davis Polk & Wardwell LLP（New York）勤務
2011年-2014年　東京国税不服審判所国税審判官
2015年-　成蹊大学法科大学院非常勤講師
著作に，『実務に活かす！税務リーガルマインド』（編著，日本加除出版，2016），『債権法改正Q&A（仮称）』（共編著，銀行研修社，近刊）等多数。

村上　雅哉

岩田合同法律事務所パートナー弁護士
2001年　東京大学法学部卒業
2003年　弁護士登録
2015年-　成蹊大学法科大学院非常勤講師
著作に，『債権法改正Q&A（仮称）』（共編著，銀行研修社，近刊）等多数。

大櫛　健一

岩田合同法律事務所パートナー弁護士
2004年　上智大学法学部法律学科卒業
2006年　弁護士登録
2009年-　上智大学法科大学院非常勤講師
2015年-　成蹊大学法科大学院非常勤講師
2015年-　一般社団法人全国地方銀行協会・コンプライアンス検定試験問題作成委員
著作に，『Q&Aインターネットバンキング』（共編著，金融財政事情研究会，2014）等多数。

飯田　浩司

岩田合同法律事務所弁護士
2003年　東京大学法学部卒業
2006年　東京大学大学院法学政治学研究科総合法政専攻（研究者コース）修了（法学修士）
2009年　東京大学法科大学院修了
2010年　弁護士登録
2014年-2016年　金融庁総務企画局企画課保険企画室勤務
著作に，「平成26年改正保険業法関係改正府令（２年内施行部分）の解説（上）（中）（下）」NBL1079号～1081号等多数。

執筆者 ――――――――――

第１章　［時効総論］　飯田浩司
第２章　［民法一般］　伊藤菜々子，冨田雄介，鈴木智弘
第３章　［不法行為］　青木晋治，森駿介，佐々木智生
第４章　［訴訟］　徳丸大輔，上西拓也
第５章　［倒産］　村上雅哉，齋藤弘樹
第６章　［労働］　藤原宇基，羽間弘善
第７章　［知的財産］　工藤良平，堀田昂慈，中村紗絵子
第８章　［M&A］　伊藤広樹，山田康平，小西貴雄
第９章　［ファイナンス］　大櫛健一，柏木健佑，冨田雄介，上西拓也
第10章　［独占禁止法］　永口学，平井太
第11章　［行政］　村上雅哉，松原崇弘
第12章　［税務］　佐藤修二，武藤雄木，唐澤新
（以上第１章～第12章までの執筆者のいずれも，岩田合同法律事務所弁護士）

第13章　［国際取引］
【全体総括】
田子真也（編集代表欄参照）
角野秀（岩田合同法律事務所弁護士）
【各国の消滅時効制度】
１．米国（ニューヨーク州）
別府文弥（岩田合同法律事務所弁護士）
２．イギリス
Nick Cunningham
Rebecca Limer
Nickolas Vuckovic
Alice Loughney
（上記４名いずれもGowling WLG（UK）LLP弁護士）
Gowling WLG（UK）LLP
URL：https://gowlingwlg.com/en/global-reach/united-kingdom
３．フランス
Bernard Teze
Henrick Emeriau
（上記２名いずれもDS Avocats Paris弁護士）
DS Avocats Paris
URL：http://ds-savoirfaire.com/en/home/

Landry Guesdon（岩田合同法律事務所）

4．中国

郁　志明

李　文一

段　潔琦

（上記3名いずれも金茂律師事務所弁護士）

金茂律師事務所

URL：http://www.jinmao.com.cn/jp/index.aspx

5．シンガポール

松田章良（岩田合同法律事務所弁護士，Drew & Napier LLC勤務）

Drew and Napier LLC

URL：http://www.drewnapier.com/home

6．タイ

Ittichai Prasongprasit（R&T Asia（Thailand）Limited弁護士）

R&T Asia (Thailand) Limited

URL：https://th.rajahtannasia.com/

丸山真司（岩田合同法律事務所弁護士）

時効・期間制限の理論と実務

平成30年7月25日　初版発行

編　　者　岩田合同法律事務所
編集代表　田　子　真　也
編 著 者　佐　藤　修　二
　　　　　村　上　雅　哉
　　　　　大　櫛　健　一
　　　　　飯　田　浩　司
発 行 者　和　田　　　裕

発行所　日本加除出版株式会社

本　　社　郵便番号 171-8516
　　　　　東京都豊島区南長崎3丁目16番6号
　　　　　TEL (03)3953-5757(代表)
　　　　　　　(03)3952-5759(編集)
　　　　　FAX (03)3953-5772
　　　　　URL www.kajo.co.jp

営 業 部　郵便番号 171-8516
　　　　　東京都豊島区南長崎3丁目16番6号
　　　　　TEL (03)3953-5642
　　　　　FAX (03)3953-2061

組版・印刷 ㈱ 郁文 ／ 製本 牧製本印刷 ㈱

落丁本・乱丁本は本社でお取替えいたします。
★定価はカバー等に表示してあります。

ISBN978-4-8178-4492-7